法学研究
CHINESE JOURNAL OF LAW

法学研究 专题选辑　陈甦／总主编

法律实证研究的
兴起与分化

THE RISE AND DIFFERENTIATION OF
EMPIRICAL STUDY OF LAW

陈柏峰　主编

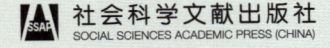

社会科学文献出版社
SOCIAL SCIENCES ACADEMIC PRESS (CHINA)

总　序

　　回顾与反思是使思想成熟的酵母，系统化的回顾与专业性的反思则是促进思想理性化成熟的高效酵母。成熟的过程离不开经常而真诚的回顾与反思，一个人的成长过程是如此，一个学科、一个团体、一本期刊的发展过程也是如此。我们在《法学研究》正式创刊40年之际策划《〈法学研究〉专题选辑》，既是旨在引发对有关《法学研究》发展历程及其所反映的法学发展历程的回顾与反思，也是旨在凝聚充满学术真诚的回顾与反思的思想结晶。由是，《〈法学研究〉专题选辑》是使其所刊载的学术成果提炼升华、保值增值的载体，而不只是重述过往、感叹岁月、感叹曾经的学术纪念品。

　　对于曾经的法学过往，哪怕是很近的法学过往，我们能够记忆的并非像我们想象的那样周全、那样清晰、那样深刻，即使我们是其中许多学术事件的亲历者甚至是一些理论成就的创造者。这是一个时空变化迅捷的时代，我们在法学研究的路上走得很匆忙，几乎无暇暂停一下看看我们曾经走过的路，回顾一下那路上曾经的艰辛与快乐、曾经的迷茫与信念、曾经的犹疑与坚定、曾经的放弃与坚持、曾经的困窘与突破，特别是无暇再感悟一下那些"曾经"中的前因后果与内功外力。法学界同仁或许有同样的经验：每每一部著述刚结句付梓，紧接着又有多个学术选题等待开篇起笔，无参考引用目的而只以提升素养为旨去系列阅读既往的法学精品力作，几为夏日里对秋风的奢望。也许这是辉煌高远却又繁重绵续的学术使命造成的，也许这是相当必要却又不尽合理的学术机制造成的，也许这是个人偏好却又是集体相似的学术习惯造成的，无论如何，大量学术作品再阅读的价值还是被淡化乃至忽略了。我们对没有被更充分传播、体现、评价及转化的学术创造与理论贡献，仅仅表达学人的敬意应该是不够的，真正的学术尊重首先在于阅读并且一再阅读映现信念、智慧和勇气的学术作品。《〈法学研究〉专题选辑》试图以学术史研究的方法和再评价的方式，向学界同行表达我们的感悟：阅读甚至反复阅读既有成果本该是学术生活的重要部分。

我曾在另外一本中国当代法学史著作的导论中描述道：中国特色社会主义法治建设之路蜿蜒前行而终至康庄辉煌，中国法学研究之圃亦蔓延蓬勃而于今卓然大观。这种描述显然旨在鼓舞而非理解。我们真正需要的是理解。理解历史才能理解现在，理解现在才能理解未来，只有建立在对历史、现在和未来的理解基础上，在面对临近的未来时，才会有更多的从容和更稳妥的应对，才会有向真理再前进一步的勇气与智慧。要深刻理解中国法学的历史、现在以及未来，有两种关系需要深刻理解与精准把握：一是法学与法治的关系，二是法学成果与其发生机制的关系。法学与法治共存并互动于同一历史过程，法学史既是法律的知识发展史，也构成法治进步史的重要组成部分。关于法、法律、法治的学术研究，既受制于各个具体历史场景中的给定条件，又反映着各个历史场景中的法律实践和法治状况，并在一定程度上启发、拨动、预示着法治的目的、路径与节奏。认真对待中国法学史，尤其是改革开放以来的法学史，梳理各个法治领域法学理论的演进状态，重估各种制度形成时期的学术供给，反思当时制度设计中背景形塑和价值预设的理论解说，可以更真实地对法治演变轨迹及其未来动向作出学术判断，从中也更有把握地绘出中国法学未来的可能图景。对于既有法学成果，人们更多的是采取应用主义的态度，对观点内容的关注甚于对观点形成机制的关注。当然，能够把既有学术观点纳入当下的理论创新论证体系中，已然是对既往学术努力的尊重与发扬，但对于学术创新的生成效益而言，一个学术观点的生成过程与形成机制的启发力远大于那个学术观点内容的启发力，我们应当在学术生产过程中，至少将两者的重要性置于等量齐观的学术坐标体系中。唯其如此，中国法学的发展与创新才会是一个生生不息又一以贯之的理性发展过程，不因己悲而滞，不因物喜而涨，长此以往，信者无疆。

作为国内法学界的重要学术期刊之一，《法学研究》是改革开放以来中国法学在争鸣中发展、中国法治在跌宕中进步的一个历史见证者，也是一个具有主体性、使命感和倡导力的学术过程参与者。《法学研究》于1978年试刊，于1979年正式创刊。在其1979年的发刊词中，向初蒙独立学科意识的法学界和再识思想解放价值的社会各界昭示，在办刊工作中秉持"解放思想、独立思考、百家争鸣、端正学风"的信念，着重于探讨中国法治建设进程中的重大理论和实践问题，致力于反映国内法学研究的最新成果和最高学术水平，热心于发现和举荐从事法学研究工作的学术人才。创刊以来，《法学研究》虽经岁月更替而初心不改，虽有队伍更新而使命不坠，前后8任主编、50名编辑均能恪守"严谨、务实、深入、学术"的办刊风格，把《法学研究》作为自己学术生命的存续载体和学术奉献的展示舞台。或许正因如此，《法学研究》常被誉为"法学界风格最稳健、质量最稳定的期刊"。质而言之，说的是刊，看的是物，而靠的是人。我们相信，《法学研究》及其所刊载的文章以及这些文章的采编过程，应该可以被视为研究中国改革开放以来法学发展、法治进步的一个较佳样本。也正因如此，我们有信心通过《〈法学研究〉专题选辑》，概括反映改革开放以来中国法学发展的思想轨迹以及法学人的心路历程。

本套丛书旨在以《法学研究》为样本，梳理和归整改革开放以来中国法学在一个个重要历史节点上的思想火花与争鸣交织，反思和提炼法学理论在一个个法治建设变奏处启发、拨动及预示的经验效果。丛书将《法学研究》自创刊以来刊发的论文分专题遴选，将有代表性的论文结集出版，故命名为"《法学研究》专题选辑"。考虑到《法学研究》刊发论文数量有限，每个专题都由编者撰写一篇2万字左右的"导论"，结合其他期刊论文和专著对该专题上的研究进展予以归纳和提炼。

丛书专题的编者，除了《法学研究》编辑部现有人员外，多是当前活跃在各个法学领域的学术骨干。他们的加入使得我们对这套丛书的编选出版更有信心。

所有专题均由编者申报，每个专题上的论文遴选工作均由编者主要负责。为了尽可能呈现专题论文的代表性和丰富性，同一作者在同一专题中入选论文不超过两篇，在不同专题中均具代表性的论文只放入其中的一个专题。在丛书编选过程中，我们对发表时作者信息不完整的，尽可能予以查询补充；对论文中极个别受时代影响的语言表达，按照出版管理部门的要求进行了细微调整。

不知是谁说的,"原先策划的事情与实际完成的事情,最初打算写成的文章与最终实际写出的文章,就跟想象的自己与实际的自己一样,永远走在平行线上"。无论"平行线"的比喻是否夸张,极尽努力的细致准备终归能助力事前的谨慎、事中的勤勉和事后的坦然。

我思故我在。愿《法学研究》与中国法学、中国法治同在。

陈　甦

2022 年 9 月 4 日

于沙滩北街 15 号

目录 Contents

导　论 …………………………………………… 陈柏峰 / 1

关于重庆市推行合同制的调查报告 …………… 梁慧星　王金浓 / 27

大包干合同制的产生和发展
　　——凤阳县农村调查报告 ………………………… 史探径 / 34

《秋菊打官司》案、邱氏鼠药案和言论自由 ………… 苏　力 / 46

中国媒体与司法关系现状评析 …………………… 徐　迅 / 70

行政处罚听证制度的功能
　　——以上海听证制度的实施现状为例 ………… 朱　芒 / 84

中国民间组织的合法性困境 ……………………… 谢海定 / 115

量刑基准实证研究 ………………………………… 白建军 / 146

中国法律工作者的职业化分析 …………………… 朱景文 / 162

我国仲裁机构现状实证分析 ……………………… 陈福勇 / 184

羁押场所巡视制度研究报告 ……………………… 陈卫东 / 210

我国刑事诉讼运行状况实证分析 ………………… 徐美君 / 264

人民陪审员制度的复苏与实践：1998—2010 …… 彭小龙 / 281

人民法院内部审判运行机制的构建 …………………… 顾培东 / 310

中国土地执法摇摆现象及其解释 …………………… 何艳玲 / 340

城镇规划区违建执法困境及其解释
————国家能力的视角 …………………………… 陈柏峰 / 357

检察人员对分类管理改革的立场
————以问卷调查为基础 ………………………… 程金华 / 385

审判委员会运行状况的实证研究 …………………… 左卫民 / 406

导 论

陈柏峰*

一 范畴

法学研究方法可以概括为三类：价值分析、规范研究、实证研究。价值分析处理"应当"问题，往往从价值偏好出发对法律规范作出"好"、"坏"的判断，研究法律规范应当如何。规范研究关注法律规范本身，运用法律自身的原理，遵循逻辑和体系的要求，以原则、规则、概念等要素制定、编纂和发展法律，以及通过适当的解释规则来阐释法律。实证研究关注事实问题，研究"法律实践是什么"的问题，一般通过对法律现象的观察、调查和实验，获取客观材料，归纳出法律现象的本质属性和发展规律。

实证研究关注的重心不是法律规范本身，而是法律规范在社会中的实践，以及在社会实践中所造就的诸多现象之间的关联。"实证"一词，意味着"形而下"，实证研究是法律规范的"形而下"研究。"法律实证主义"是法学史上的一个流派，虽然名曰"实证"，但与实证研究方法相距甚远，倒是与规范研究有靠近之处。因为"法律实证主义"之"实证"是相对于自然法而言的。在近代以前的西方法学传统中，世俗政权制定的法律，总是需要从自然法（或神法）中寻找合法性依据，自然法构成了国家法律的"高级法"背景。① 法律实证主义之"实证"，就是将目光从自然

---

* 陈柏峰，中南财经政法大学教授。
① 〔美〕爱德华·考文：《美国宪法的"高级法"背景》，强世功译，三联书店，1996，第1—16页。

法、神法放到了"形而下"的世俗国家政权制定的法律。相对于国家制定的法律，法律规范背后的政治条件、社会结构、文化因素、实施过程、社会效果等诸多方面，都是"形而下"的"实证"内容，属于法律实证研究的范畴。

法律实证研究关注制度外的事实问题，以法律实践及其治理问题为研究方向。法律实证研究的问题意识来源于法律实践，通过对法律现象的观察、调查和实验，获取客观材料，归纳出法律现象的本质属性和发展规律。中国法律实证研究是一种运用实证研究方法，探讨支撑在法条背后的社会历史根据，探讨制定法在中国的实际运作状况以及构成这些状况的诸多社会条件的研究领域。

在中国作实证研究天然具有正确性，原因有二：一是中国人的思维结构本来就比较实用主义；二是与中国共产党的实践和主张有关。中国共产党在革命时期就吃过教条主义的亏，因此一直强调调查研究，在执政后也是如此。在革命危难时期，毛泽东就提出"没有调查，就没有发言权"[1]、"不做正确的调查，同样没有发言权"[2]、"调查研究就像'十月怀胎'，解决问题就像'一朝分娩'。调查就是解决问题"[3] 等著名论断。改革开放初期，邓小平就提出"我们办事情，做工作，必须深入调查研究，联系本单位的实际解决问题"。[4] 改革开放以后，在党和中央领导人大力倡导和亲自带领下，以调查研究为核心的社会调查传统得到了迅速恢复和发扬，这些都为中国法律实证研究的兴起营造了良好的实践环境。

近年来，法律实证研究得到了快速的发展：一是运用实证研究方法的学术群体不断壮大；二是基于法律实证研究的知识生产不断增多；三是法律实证研究的领域不断拓展，研究方法越来越多元。从方法论的角度，可以辨析法律实证研究的内涵，其大体可以分为三种。一是历史实证研究，关注历史上的法律规范背后的历史依据、政治社会条件、影响因素等，[5]

---

[1] 《毛泽东选集》第 1 卷，人民出版社，1991，第 109 页。
[2] 《毛泽东文集》第 1 卷，人民出版社，1993，第 268 页。
[3] 《毛泽东选集》第 1 卷，人民出版社，1991，第 110—111 页。
[4] 《邓小平文选》第 2 卷，人民出版社，1994，第 123 页。
[5] 历史实证研究的作品参见尤陈俊《清代讼师贪利形象的多重建构》，《法学研究》2015 年第 5 期；吴佩林《法律社会学视野下的清代官代书研究》，《法学研究》2008 年第 2 期；黄宗智《实践与理论：中国社会、经济与法律的历史与现实研究》，法律出版社，2015。

既有质性的分析，也有一些量性的分析。二是对现实问题的量性研究，这是典型的实证研究，用数据统计方法分析法律现象中的数量关系，包括规模、水平、结构比例、概率分布、因素关联等。三是对现实问题的质性研究，通过对法律现象的参与观察，对当事人和知情者的深度访谈，掌握大量的经验材料，了解当事人的生活经历，把握法律现象的形成过程，探讨法律制度的实践背景、过程和效果。

目前，学者通常所说的法律实证研究，主要指对当下现实问题的研究。因此，本书所指的法律实证研究，主要指第二种和第三种研究。从研究对象和材料的来源上，实证研究既包括基于实地调查获取材料的研究，也包括在通过访谈、问卷、信息收集等各种方法获取材料和数据基础上的研究，还包括运用年鉴资料、既有数据、新闻媒体素材等二手资料进行的研究。从某种意义上讲，对司法案例的研究，也可以算实证研究，但由于案例研究有专门的研究传统，因此本文不讨论案例研究。

知识需要回应社会发展的需求，因此与社会变迁联系在一起。法律实证研究的兴起与分化需要置于历史和社会进程中去考察，在社会变迁中去理解知识生产。在不同历史时期中，法律实证研究所面临的和需要解决的问题不一样。[①] 随着中国法治建设的深入，对法律实证研究的现实需求也会越来越大。基于此，本文将以知识社会学为视角，对改革开放以来中国法律实证研究的学术史进行述评，对其领域分布、知识生产、方法分野、理论脉络等进行梳理，考察法律实证研究的兴起与分化，分析其对法治事业的意义，并进行反思与展望。

二　兴起

其实，法律实证研究在改革开放之初就存在，而且研究规模不算小。

[①] 例如美国"法律与社会运动"兴起于 20 世纪 60 年代，第一波学者主要进行"差距研究"，目的是减少"行动中的法"与"书本上的法"的差距，对法律实施进行改善，其社会背景是黑人民权运动、女权运动、反主流文化运动等，尝试推动社会变革。第二波则兴起了以法律现实主义为基础的批判法学，发生了文化转向的理论范式转换。到了 20 世纪 90 年代，在种族、性别和阶级矛盾持续尖锐的社会背景下，兴起了第三波研究。参见刘思达《美国"法律与社会运动"的兴起与批判》，《交大法学》2016 年第 1 期。

以《法学研究》杂志为例,其发表了不少基于实地调查的研究报告。① 这些实证研究,可以视为第一波法律实证研究,以调查法律现象或与法律有关的社会现象为主,反映法律实践的状况。相关研究论文中,描述和记录以事实白描为主,也会有一些数据性描述,但一般限于简单的数量和分布统计。例如,《大包干合同制的产生和发展》一文,介绍了大包干合同的产生和它的内容、村集体的提留情况、合同的订立和履行情况、合同的管理和公证情况等,并对合同的性质展开了一些讨论。② 这一阶段的法律实证研究以描述社会事实、反映法律实践的状况、提供政策参考为研究重心,问题意识是以政策和立法为导向的。例如,在 1979 年五届全国人大二次会议上,国家领导人提出民事立法。当年中国社会科学院法学研究所召开了"民法与经济法学术座谈会"并展开讨论,民事法律实证研究成果开始出现。③

第一波法律实证研究还没有进入理论解释的层次,更没有理论提炼意识。这种研究可以说属于政策研究,还不能算开启了学术传统,它没有学术研究的问题意识和关切。改革开放初期,学者刚刚从禁锢中解放出来,学术传统尚处于中断状态,学术问题意识的重建并不能马上到位。由于在中国共产党的传统中,一贯强调调查研究,因此调查研究之风自然就进入了尚没有学术传统的法学研究之中。尤其是,此时法律体系尚未建立起来,整个国家面临巨大的立法任务,针对相应法律问题展开的调查既有现实需要,也符合问题思考的一般逻辑。例如,1979 年北大法律系就组织了全国经济立法调查。④ 这种立法和政策的调查,在当时应当很受中央和地

---

① 梁慧星、王金浓:《关于重庆市推行合同制的调查报告》,《法学研究》1980 年第 2 期;杨紫烜、田建华、寇孟良:《关于扩大企业自主权与加强经济立法的调查报告》,《法学研究》1980 年第 2 期;薛恩勤、陈彰明:《审理经济纠纷案件要认真执行政策和依法办事——鞍山市中级人民法院审理经济纠纷案件的情况调查》,《法学研究》1982 年第 4 期;史探径:《大包干合同制的产生和发展——凤阳县农村调查报告》,《法学研究》1983 年第 4 期;伍再阳、陈思聪、涂政权:《对重庆市联营的调查与思考》,《法学研究》1988 年第 3 期;郭润生、董国强:《城市化与少年犯罪——山西省城市少年犯罪管窥》,《法学研究》1988 年第 4 期。

② 史探径:《大包干合同制的产生和发展——凤阳县农村调查报告》,《法学研究》1983 年第 4 期。

③ 梁慧星:《难忘的 1979—1986》,中国法学网:http://www.iolaw.org.cn/showArticle.asp? id = 2665,最后访问日期:2017 年 10 月 4 日。

④ 刘俍:《道心惟微 神理设教——访著名法学家芮沐教授》,《法学杂志》1984 年第 6 期。

方各级领导的支持和鼓励。

  第一波法律实证研究兴起之时，法律社会学在理论建设上已经开始有所作为，但其成果尚未反映到法律实证研究之中。早在1981年，沈宗灵在与陈守一合作的《论法学的范围和分科》一文中就提出，法律社会学着重研究法律制定后在社会中的实施，以及法律在社会中的作用和效果等。① 当时的青年学者季卫东、齐海滨在赵震江的指导和帮助下，开展了一系列的法律社会学理论研究和学术活动。② 这一时期，西方法律社会学思想也不断被译介到中国，例如庞德的著作《通过法律的社会控制》中译本于1984年由商务印书馆出版；中国学者也开始讨论西方学者的法律社会学思想，包括韦伯、庞德、布莱克、塞尔兹尼克、罗杰·科特瑞尔等的法律社会学思想。但是，这一时期理论的引介和研究似乎对法律实证研究并未产生影响，法律社会学理论研究与实证研究走在两条不同的轨道上。在理论研究上积极活跃的学者沈宗灵、赵震江、张文显等都未进行过实证研究，季卫东、齐海滨等青年学者虽然对实证研究有所关注，③ 但并未身体力行地进行深入的实证研究。

  20世纪90年代初，法律实证研究迎来第二波。第二波法律实证研究以农村田野调查为基础，通过抽样问卷调查和入户访谈获得调查数据和访谈材料，对调查数据和访谈材料进行统计分析，展开对中国农村法制状况和法律发展的讨论。其中的代表性成果之一可能是郑永流、马协华、高其才、刘茂林等人对湖北农村法制的研究成果，主要体现在《当代中国农村法律发展道路探索》和《农民法律意识与农村法律发展》两本著作中，④ 相关成果精华也在权威学术期刊上有所展示。⑤ 这些实证研究的关注重心是中国农民的法律意识和中国农村的法律发展。在那个时代，法律发展体

---

① 沈宗灵：《法律社会学的几个基本理论问题》，《法学杂志》1988年第1期。
② 刘思达：《中国法律社会学的历史与反思》，《法律和社会科学》第7卷，法律出版社，2010，第26—29页。
③ 季卫东在一篇英文文章中提到了几项实证研究，包括齐海滨1987年对河南省和沈阳市的合同纠纷的调查。参见 Ji Wei-Dong, "The Sociology of Law in China: Overview and Trends," *Law & Society Review 23*: (1989) 903–914。
④ 郑永流：《当代中国农村法律发展道路探索》，上海社会科学院出版社，1991；郑永流、马协华、高其才、刘茂林：《农民法律意识与农村法律发展》，武汉出版社，1993。
⑤ 郑永流、马协华、高其才、刘茂林：《中国农民法律意识的现实变迁——来自湖北农村的实证研究》，《中国法学》1992年第6期。

现为对法律手段在农村的运用及前景的判断,而这又与农民法律意识的实际状况息息相关。而在论者心中,提高农民法律意识的关键,在于着力把握好法律乡村化的主旨,通过制定、执行、宣传诸环节让法律植入农村社会,走进农民生活。

几乎与此同时,云南的张晓辉、徐中起及贵州的吴大华等对少数民族习惯法进行实证研究,从习惯法的角度来探讨法的起源、习惯法与国家法的关系、少数民族法律文化等,试图建构有关国家法律在少数民族地区实施的一般理论。① 这些研究在西南地区的高校中产生了持续影响,在部分高校中形成了民族法学学科,并成为法律人类学研究的部分早期源头。

第二波法律实证研究的另一代表性成果是夏勇等人的研究著作《走向权利的时代》。② 这项成果源自中国社会科学院法学研究所组织的"中国社会发展与公民权利保护"研究课题,该研究课题在夏勇、高鸿钧、张志铭、贺卫方等学者的主持下展开了大规模的田野调查,在北京、吉林、河南、广东、贵州、甘肃六省市发放了大量问卷,试图通过描述和解释当代中国人权利的发展来把握中国社会和法治的发展。

第二波法律实证研究中,研究者一般秉持很强的价值预设。"法律意识"、"走向权利的时代",从这些研究主题甚至可以直接看出研究者的价值倾向。他们试图从法律规范出发展开对法治发展问题的探讨,期望法律制度能够推动社会和法治的发展。也许正是如此,与第一波法律实证研究中多有部门法学者不同,第二波法律实证研究几乎都是法学理论学科的研究者。在立法开始增多、司法适用问题日益凸显的 20 世纪 90 年代,也许法律规范性问题更能吸引部门法学者,而部分法理学者的兴趣则被吸引到了中国法制发展问题上来。由于当时在整个理论界、政策部门、法学界,现代化范式、思潮、思维一路高歌、如日中天,法理学者头脑中尽是法制现代化的理念,而农村在学者头脑中属于"落后"的"异邦"、法制建设的薄弱之地,是法制建设所需要改造的对象。可以说,第二波法律实证研究是在现代化的思维和理论范式下,法理学者以实证的方式对农村法制落后现状和权利意识萌芽的一次证成。

---

① 代表作是徐中起、张锡盛、张晓辉《少数民族习惯法研究》,云南大学出版社,1998。
② 夏勇主编《走向权利的时代:中国公民权利发展研究》,中国政法大学出版社,1995。

与第一波法律实证研究类似，第二波法律实证研究也未能延续下去，没有形成一种学术传统，知识生产实际上是中断的。这些学者后来也没有继续从事法律实证研究，郑永流转入了德国法哲学和法社会学理论的研究，夏勇则转入了中国民权哲学的研究，刘茂林则回到其宪法学研究的老本行。稍有例外的可能是高其才，他一直耕耘在民间习惯法研究领域，① 其研究虽有平面扩展，但理论上的纵深推进不够。第二波法律实证研究缺乏传承的原因有很多，最重要的也许是这种研究自身的缺陷，它在很大程度上只是学者用来证实既有认识的工具，而非发现学术问题的工具。实证研究的意义在于获取更加详细的素材和数据，来展示农村法制状况。实证研究结论可能比既有认识更加细致，但与学者的既有认识并无大的出入。这种实证研究，并不产生问题意识，这注定了其不可持续性。另外一个原因可能是，法学教育和研究日渐步入专业化轨道，法律学者从事社会调查日益"不经济"，实地调查、抽样问卷调查等方法在法学院难免日渐衰落。与此形成对比的是，此后社会学界仍有人关注乡村法制问题，实地调查、抽样问卷调查方法的运用依旧是主流，代表性的有中国人民大学法律社会学研究所的研究成果。②

三 浪潮

在改革开放以来中国法律实证研究的历史中，苏力是一个掀起浪潮的人物，他在学界掀起了有重要影响的一波浪潮。苏力与第二波法律实证研究的郑永流、夏勇等人年龄相仿，由于出国求学的经历，他在那一代学人中略显特殊，进入学界时间略晚，从事法律实证研究也略晚。他的研究在时段上属于第二波法律实证研究，但因其学术观点、论述方式、广泛的影响力和争议性而具有特殊性。也许受到第二波法律实证研究视野的影响，苏力刚回国时的研究也是关注乡村法制发展问题。不过，苏力没有拘泥于

---

① 高其才：《中国习惯法论》，湖南出版社，1995；高其才：《中国少数民族习惯法研究》，清华大学出版社，2003；高其才：《瑶族习惯法》，清华大学出版社，2008；高其才：《多元司法——中国社会的纠纷解决方式及其变革》，法律出版社，2009；高其才：《国家政权对瑶族的法律治理研究》，中国政法大学出版社，2011；高其才：《习惯法的当代传承与弘扬——来自广西金秀的田野考察报告》，中国人民大学出版社，2015。

② 可参见郭星华、陆益龙等《法律与社会——社会学与法学的视角》，中国人民大学出版社，2004。

当时"社会学意味"更浓的实地调查和问卷方法，几乎是在"直觉"的基础上进行个案实证研究。

他对从资讯（电影和新闻报道）中获知的具体案件进行评析，然后从中引申出对宏观问题的论述，如国家法与民间法的关系、法律多元或纠纷解决方式多元、法律规避等问题，其成果体现在《法治及其本土资源》这一著作中。① 他的讨论并不限于具体问题，而是着眼于微观场景和社会关系，上升到一般性的法律现象，从中讨论中国的法律体制、法律运行等问题，在经验基础上阐释法治实践。不久，他又深入基层派出法庭展开实地调研，在个案基础上开展对基层司法制度的研究。② 他站在一个很高的话语平台上讨论基层司法，将司法体系与乡土社会之间的知识紧张关系、司法官僚体制的内部结构等纳入思考范围，并将基层司法置于现代民族国家建构这个 20 世纪以来的总体目标之中予以考量。苏力的研究建构了这一研究领域的话语高峰，后来的许多研究都在此平台上进行。在苏力的带动下，出现了一批以个案调查为基础的实证研究论文，由强世功、赵晓力、郑戈等人作出，这些作品散见于一些文集。③

苏力的研究构成法律实证研究历史中的"浪潮"，原因在于它有着特别的转折意义。这种转折对法律实证研究有着巨大的影响，甚至在形塑法学学术的性格方面，也有着未被明确估量的巨大贡献。苏力的研究对法律社会学成为一门"显学"起到了极大的推动作用，为法学甚至其他社会科学学科的知识转型作出了贡献，推动了社会科学对乡村法制问题的广泛关注。更为关键的是，苏力的研究让法律实证研究变得在方法上可以学习、在学术上可能创新，从而带动了许多模仿学习者。从个案素材出发，运用理论进行分析的实证研究方法，似乎特别适合法学学人关注社会，因为研究成本不高，法律学人可以从文艺作品、新闻资讯、社会调查中低成本地获得个案，然后展开理论分析。正因此，苏力是法律实证研究中的一个关键性人物。以下几个方面的转折意义，使法律实证研究具有了理论吸引力。

---

① 苏力：《法治及其本土资源》，中国政法大学出版社，1996。
② 苏力：《送法下乡》，中国政法大学出版社，2000。
③ 王铭铭、王斯福主编《乡村社会的公正、秩序与权威》，中国政法大学出版社，1997；强世功：《法制与治理》，中国政法大学出版社，2003；赵晓力：《通过合同的治理》，《中国社会科学》2000 年第 2 期。

第一，诉诸事理阐明法理。苏力的研究与其同时代学者最大不同在于，从事理切入讨论法理问题，而不是抽象地讲法理。① 从事理讲法理，诉诸的是常情、常理、常识，讲述的是生活经验。这对于读者而言，很容易接受，也很容易被说服。不过，这种说理方式看起来学理意味不浓，因此一些人认为其不是法理。法律和法学最早来自西方，源自对西方社会生活规则的提炼和研究，建立在其上的理论必然也是以西方社会和西方法治为基础的。对于经历改革开放不久的中国人而言，西方社会和西方法治毕竟是外来的，难免有隔膜感，因此理解建基于西方社会和法治的法理就存在很大困难。从而，法理给人的印象就是抽象的，甚至是晦涩难懂的。这背后的原因，不是法理本身晦涩难懂，而是法理因与中国人的生活之间有隔膜而难懂。苏力的研究，从常情、常理出发，将法治实践置于具体人的生活中予以省思，从而将法治还原成生活经验，让法律人从社会生活角度去理解法治、接受法理。

第二，灵活运用社会科学理论。与当时的法律实证研究学者相比，苏力对社会科学理论（包括哲学、社会学、政治学、社会生物学等多个学科的理论）运用更有广度和深度。从20世纪80年代开始，法理学者就开始学习、译介、研析西方社会科学理论，90年代达到了一个顶峰。例如，当时中国政法大学出版社引进的"当代法学名著译丛"系列作品，就是由在日本留学的季卫东组织编译的在国外法律社会学与法理学领域具有影响力的著作。这套译丛为早期中国法律实证研究提供了宝贵的理论资源积累。学界学习理论热情虽高，但结合理论有力分析中国法治实践的实例，还比较缺乏。虽然夏勇等人在分析中国公民权利意识问题时，也运用了权利理论、现代化理论、国家与社会理论等，但这种运用主要体现在研究框架上，与对经验现象的解释结合得并不紧密。相比而言，苏力对社会科学理论的运用，就相对娴熟。他在田野中研究基层法院的司法实践，将"送法下乡"的日常司法现象与中国现代民族国家的建构联系起来，运用国家与社会理论、吉登斯的民族国家理论，几乎自然而然、了无痕迹。他在《法治及其本土资源》《送法下乡》两本著作中，对格尔茨、福柯、韦伯、吉登斯等西方学者的社会理论的运用、变用随处可见，对国家与社会理论、

---

① 陈柏峰：《事理、法理与社科法学》，《武汉大学学报》（哲学社会科学版）2017年第1期。

民族国家理论、科层制理论的运用也是如此。强世功、赵晓力、郑戈等人的作品也呈现类似特征。

第三，从理论关切回应现实。20世纪90年代，中国开始全面推进社会主义市场经济建设，并提出建立社会主义法治国家的宏大目标，法治现代化的思潮一路高歌猛进，如何实现"法治现代化"是法学家讨论的话题。在此背景下，苏力却通过实证研究反思法治现代化，反思现代性的法学话语，并反思作为制度基础的法律移植。苏力的这一问题意识本身来源于法治现代化的历史进程，眼光放在当时的时代最前沿，是高度回应现实的。而且，他对问题的关注不是从宏大视角而是从微观视角，关注人的基本生存境况，例如秋菊，例如村子里被强奸的女性。同时，苏力对现实的回应，不是政治或政策方式的，而是有深厚理论关切的。例如，在讨论言论自由问题时，他以司法个案为基础，诉诸事理的同时，运用制度经济学的理论分析框架，提出权利配置的制度化问题。① 苏力看到了以西方法治为理想模型的中国建构主义法治实践的种种悖谬之处，提出要重视"本土资源"，力求"语境化理解任何一种相对长期存在的法律制度、规则的历史正当性和合理性"。② "本土资源论"是当时苏力对中国法治发展道路的理论回应。

苏力的研究，是在法学界掀起的一波浪潮，有很大学术影响，也备受争议。由于他眼光向下，提出要重视"本土资源"，对当时占主流地位的法律现代化范式有所反思，学界因此对苏力产生了很多误解，也给了他不少"帽子"，如"反法治"、"保守主义"等。③ 苏力似乎以一种被"主流"重视的方式成了法学"非主流"学者。

在学术上，苏力的研究也存在不少缺陷和问题。第一，实践取向不够彻底。苏力有超凡的理论想象力，因此在面对实证材料时容易一触即跳，这反而容易让理论遮蔽实践逻辑，从而使其实践取向不够彻底，这反过来影响其社会调研的深入性。例如，在"依法收贷案"的分析中，简单介绍完案例后，苏力即指出，司法下乡是为了保证或促使包括法律力量的国家

---

① 苏力：《〈秋菊打官司〉案、邱氏鼠药案和言论自由》，《法学研究》1996年第3期。
② 苏力：《语境论——一种法律制度研究的进路与方法》，《中外法学》2000年第1期。
③ 谢晖：《法治保守主义思潮评析——与苏力先生对话》，《法学研究》1997年第6期；刘大生：《从"本土资源"到"本土法治"——苏力本土资源理论之学术解构》，《山东大学学报》（哲学社会科学版）2001年第3期。

权力向农村有效渗透和在农村得到有效控制，遵循的是现代民族国家建构的逻辑。① 其判断基础是，案件发生地在靠近沙漠的陕北农村，是"法律不入之地"，因为当地政府上午 10 点半以后就找不到人了，当地欠贷不还的情况比较普遍。② 但实际上，在那个年代的乡镇政府，上午 10 点半找不到人很正常，因为工作人员早上上班碰头后，都下乡忙各种事情去了。对于此类问题，侯猛已有所批评。③ 不过苏力的回应仍然强调实证研究的想象力。④ 在笔者看来，想象力当然重要，但如果实践取向不彻底、社会调研不深入，就可能使理论的想象力走偏。

第二，未能形成可传承的学术传统。由于实践取向并不彻底，苏力的研究方式带有很明显的个人特性，从而使这种法律实证研究的可传承性有所折扣。在《送法下乡》之后，苏力基本上离开了法律实证研究领域，转向社会热点案件分析研究（当然这是另一种实证研究），以及法律与文学、中国古代宪制研究。当年受其影响的强世功、赵晓力、郑戈等人也无一在此领域坚持。甚至苏力的学生，也只有个别从事法律实证研究。这背后可能有各种原因，其中之一是不彻底的实践导向及消费理论的倾向。这个原因使苏力的研究论域不稳定，离开法律实证研究就可以理解。尤其是"消费"理论的浓厚倾向，导致具体实证问题研究的可持续性受到限制。他们关于乡村法制问题的论文，高度依赖福柯、格尔茨等人的理论，这与当时社会学界的乡村研究属于一个学术共同体。⑤ 应该说，对福柯理论的应用和"消费"本身是很成功的。随着苏力学术兴趣延伸至其他领域，核心成员转向研究其他主题，法律社会学的"北大学派"未能得到维系，这一时期的法律实证研究传统未能传承下去。⑥ 这种研究未能使后来者找到容易直接学习的方法论，不足以支撑乡村法制的实证研究成为长久的学术传统。学术传统的塑造需要一代代学者的研究脉络传承，形成系统的研究体

---

① 苏力：《送法下乡》，中国政法大学出版社，2000，第 30 页。
② 苏力：《送法下乡》，中国政法大学出版社，2000，第 37 页以下。
③ 侯猛：《社科法学的跨界格局与实证前景》，《法学》2013 年第 4 期。
④ 苏力：《好的研究与实证研究》，《法学》2013 年第 4 期；苏力：《中国法学研究格局的流变》，《法商研究》2014 年第 5 期。
⑤ 当时社会学界的研究论文，参见《清华社会学评论》（特辑），鹭江出版社，2000。
⑥ 刘思达、侯猛、陈柏峰：《社科法学三人谈：国际视野与本土经验》，《交大法学》2016 年第 1 期。

系和成熟的研究方法。遗憾的是，苏力并未将法律实证研究带到这个高度，他只是带来了浪潮。

四 发展

尽管留有遗憾，苏力的研究仍然是法律实证研究中的重要浪潮，形塑了后来法律实证研究的风格，也对法学研究的发展产生了重要影响。法学研究越来越多地从微观上关注法治实践，从不同角度回应处于经济社会转型巨变中的中国问题，"不满足于对法条、概念的解释，试图探讨支撑法条背后的社会历史根据，探讨制定法在中国社会中实际运作的状况以及其构成这些状况的诸多社会条件"。① 虽然苏力和最早受其影响的学者逐渐退出了法律实证研究领域，但是全国各地年轻一辈的学者受其感召不断加入这一领域，并汇集成更为巨大的潮流。

首先，苏力的学生以及在北京大学学习的学生进行实证研究。贺欣最早从事基层执法的研究，对北京工商户经营执照中"法律合谋"及北京市政府管理"浙江村"问题进行实地调查研究;② 后来又对法院内的各种现实问题展开实证研究，至今仍在此领域耕耘。③ 侯猛最早曾对最高人民法院规制经济问题展开实证研究，④ 后来又实地调查研究最高人民法院的涉诉信访问题，⑤ 还对全国法学院、法学期刊、法学学者的声名展开实证研究。⑥ 艾

---

① 苏力:《也许正在发生——中国当代法学发展的一个概览》，《比较法研究》2001 年第 3 期。
② 贺欣:《在法律的边缘——部分外地来京工商户经营执照中的"法律合谋"》，《中国社会科学》2005 年第 3 期; He Xin, "Why Do They Not Comply with the Law?," *Law & Society Review* 39, no. 3 (2005): 527 - 562; He Xin, "Sporadic Law Enforcement Campaigns as a Means of Social Control," 17 *Columbia Journal of Asian Law* 121 (2003 - 2004): 122 - 145。
③ 这方面的文献很多，仅举一例，参见贺欣《合同执行的变化——来自西部某区法院的经验研究》，《法律和社会科学》第 12 卷，法律出版社，2013，第 130—152 页。
④ 侯猛:《中国最高人民法院研究——以司法的影响力切入》，法律出版社，2007。
⑤ 侯猛:《最高人民法院访民的心态与表达》，《中外法学》2011 年第 3 期; 侯猛:《进京接访的政法调控》，《法学》2011 年第 6 期; 侯猛:《进京上访的社会管理》，《法学》2012 年第 5 期。
⑥ 侯猛:《CSSCI 法学期刊:谁更有知识影响力?》，《北大法律评论》第 10 卷第 2 辑，北京大学出版社，2009; 侯猛:《精英法学院的形成与转型:个案研究》，《学习与探索》2014 年第 9 期; 侯猛:《中国法学的实力格局——以青年学者的引证情况为分析文本》，《中国法律评论》2017 年第 5 期。

佳慧则对法院管理展开了一系列研究。① 刘思达对中国法律服务市场进行了深入实证调查，对其竞争与规范相关问题进行了社会科学分析。② 汪庆华在于山东等地长期实证调查的基础上，对中国行政诉讼的制度功能、经验逻辑和实践效果展开追问。③ 这样的名单还可以继续列下去。这些研究的田野调查都是各自独立完成的，并未受到苏力直接的田野指导，虽然在分析方法上可能受到了影响。

其次，在北京大学之外，有不少学者自发进行实证研究。徐昕从华南城市的"收债"个案调查切入，对中国社会中普遍存在的私力救济问题展开分析，并梳理国家对待私力救济的态度，探讨多元化纠纷解决机制。④ 喻中在田野调查获得的素材的基础上，在现代都市与传统乡村、政治中国与市井社会的空间对比中，解析了当代中国乡村司法的实态。⑤ 王启梁运用边疆少数民族地区丰富的田野调查资料，围绕秩序是如何形成的问题，透视了法律与多元社会控制之间的复杂关系。⑥ 陈柏峰则在华中村治传统下，以田野调研为基础，对乡村"混混"、乡村司法、地权制度、信访、城镇化法治等多种基层法治问题进行了深入研究。⑦ 这些学者因为各种各样的机缘和考虑走上法律实证研究的道路，或多或少也受到了苏力的影响和启发。他们中有的人作完一项研究后学术兴趣就发生了转移，如徐昕、喻中；有的则延续至今，如王启梁、陈柏峰。

谢晖多年来所推动的声势浩大的民间法研究，也是法律实证研究发展潮流中不可忽视的一支。在《法治及其本土资源》中，苏力发现现代性法律制度的干预破坏了熟人社会中的社会关系默契和预期，进而用民间法来反思法治建设的"现代化方案"，从而涉及外来法与本土资源、国家法与民间法的复杂关系。受此启发，很多学者进一步推进了民间法研究。谢晖教授一直主持《民间法》年刊，至2022年初已出版28卷；他先后在《山

---

① 仅举一例这方面的文献，参见艾佳慧《中国法院绩效考评制度研究》，《法制和社会发展》2008年第5期。
② 刘思达：《割据的逻辑：中国法律服务市场的生态分析》，上海三联书店，2011。
③ 汪庆华：《政治中的司法：中国行政诉讼的法律社会学考察》，清华大学出版社，2011。
④ 徐昕：《论私力救济》，中国政法大学出版社，2005。
⑤ 喻中：《乡土中国的司法图景》，中国法制出版社，2007。
⑥ 王启梁：《迈向深嵌在社会与文化中的法律》，中国法制出版社，2010。
⑦ 陈柏峰：《乡村江湖》，中国政法大学出版社，2011；陈柏峰：《乡村司法》，陕西人民出版社，2012；陈柏峰：《传媒监督的法治》，法律出版社，2018。

东大学学报》、《甘肃政法学院学报》等开辟民间法研究专栏;还主编了一套"民间法文丛"①,其中多篇是他指导的博士论文。

此外,人类学、社会学领域也有一些从事法律实证研究的学者。例如朱晓阳、赵旭东、嘉日姆几等,他们的研究总体上聚焦于纠纷或社会控制,对具体的部门法问题较少涉足。②这些研究与前述一些研究(如苏力)有所对话,其中的人类学、社会学方法和视野对法学领域的研究产生了方法论和视野上的影响。另外,社会学的法律社会学研究者郭星华、黄家亮等还积极推动社会学界与法学界的学术对话。

这些多少有些类似"个体户"式的研究,在问题意识、思维方式、分析思路上,更多受制于每个人自己的知识积累和学术视野。例如,民间法研究中有不少学者,从概念上梳理民间法,或从经验中寻找民间法。这不能不说是一个学术视野的误区。他们将"国家法与民间法"的理论框架实体化,在二元对立模式下对基层法律实践进行切割,从而陷入纠缠于概念的民间法研究。从法律实践中选取个案来说明民间法及其与国家法的关系,将法律实践处理为城市与乡村、国家与社会、西方与中国等简单的二元对立。殊不知,当代中国农村早已不具备均质性,也不存在实体性的民间法。此外,很多学者所在的地域和学术团体的影响也不可忽略。例如,王启梁身处云南,该地属于多民族边疆地区,王启梁对边疆社会秩序问题较为敏感,在研究方法上也受到民族学、人类学的影响。陈柏峰身处武汉,师出华中乡土派,其研究旨趣、地域、方法等都属于华中村治研究,③

---

① 中国政法大学出版社 2010 年开始出版。包括王新生的《习惯性规范研究》、魏治勋的《民间法思维》、厉尽国的《法治视野中的习惯法》、贾焕银的《民间规范的司法运用》、龙大轩的《乡土秩序与民间法律:羌族习惯法探析》、徐晓光的《原生的法:黔东南苗族侗族地区的法人类学调查》、尚海涛的《当代中国乡村社会中的习惯法》、淡乐蓉的《藏族"赔命价"习惯法研究》、陈文华的《民间规则在民事纠纷解决中的适用》等。

② 朱晓阳:《罪过与惩罚:小村故事(1931—1997)》,天津古籍出版社,2003;朱晓阳:《面向"法律的语言混乱"》,中央民族大学出版社,2008;朱晓阳:《小村故事:地志与家园(2003—2009)》,北京大学出版社,2011;此外,朱晓阳在其最近出版的《地势与政治:社会文化人类学的视角》(社会科学文献出版社,2016)汇集了其最重要的研究文章。赵旭东:《法律与文化:法律人类学研究与中国经验》,北京大学出版社,2011;赵旭东:《权利与公正——乡土社会的纠纷解决与权威多元》,天津古籍出版社,2003;嘉日姆几:《尊严,利益?——云南小凉山彝汉纠纷解决方式的人类学研究》,云南大学出版社,2014。

③ 陈柏峰:《华中村治研究:问题与方法》,《甘肃行政学院学报》2010 年第 3 期。

他在乡村治理研究传统中开拓基层法治研究领域。

　　学术发展从来不是单线的。苏力之后的很多学者从事法律实证研究，他们的研究或多或少受到了苏力的影响，但都并非苏力研究的自然延续，他们各自的研究有着自身独特的问题意识和发展路向。同时，还有许多法律实证研究并未受20世纪90年代苏力浪潮的影响，典型的就是法律问题的定量研究。

　　最早从事法律定量研究的是北京大学白建军教授，他从1999年就开始对刑事法领域的犯罪、刑罚、死刑等问题展开定量研究，并一直延续至今。2004年，白建军出版了也许是中国第一本的法律定量研究著作《罪刑均衡实证研究》。该书是以"罪刑关系具有均衡性"为理论假设，以全部法定犯罪和"法意案例数据库"中全部抢劫罪案例为样本，提出理论假设并加以检验的大规模（立法全样本、司法大样本）实证研究的著作。① 在持续进行多年实证研究后，白建军出版了法律定量研究的方法论著作。② 他的学生程金华也一直沿着法律实证研究的定量分析路向发展，并发表了不少高质量研究成果。③

　　法律定量研究运用最为广泛的是在诉讼法学界，有大量关于诉讼程序、非诉程序的研究发表。左卫民自2004年开始带领团队开展实证研究，用定量方法分析刑事诉讼各个环节的法律问题，产出了大量学术成果。持续发表的刑事诉讼、司法改革问题的实证研究成果，几乎涉及刑事诉讼的全部过程和环节，④ 以及司法改革中的重大问题。⑤ 差不多与此同时，王亚新也开始带领团队对民事诉讼进行实证研究，他通过实地调查取得第一手

---

① 白建军：《罪刑均衡实证研究》，法律出版社，2004。
② 白建军：《法律实证研究方法》，北京大学出版社，2014。
③ 参见程金华《中国行政纠纷解决的制度选择》，《中国社会科学》2009年第6期；程金华《四倍利率规则的司法实践与重构——利用实证研究解决规范问题的学术尝试》，《中外法学》2015年第3期。
④ 左卫民：《中国刑事诉讼运行机制实证研究》，法律出版社，2009；左卫民等：《中国刑事诉讼运行机制实证研究（二）：以审前程序为重心》，法律出版社，2009；马静华：《中国刑事诉讼运行机制实证研究（三）：以侦查到案制度为中心》，法律出版社，2010；郭松：《中国刑事诉讼运行机制实证研究（四）：审查逮捕制度实证研究》，法律出版社，2011；左卫民等：《中国刑事诉讼运行机制实证研究（五）：以一审程序为侧重点》，法律出版社，2012；左卫民、马静华等：《中国刑事诉讼运行机制实证研究（六）：以新〈刑事诉讼法〉实施中的重点问题为关注点》，法律出版社，2015。
⑤ 左卫民等：《中国基层法院法官任用机制研究》，北京大学出版社，2015；左卫民：《中国基层司法财政变迁实证研究（1949—2008）》，北京大学出版社，2015。

资料，接近社会转型期的民事诉讼和纠纷解决制度，关注法律程序实际上如何运作，分析运作程序的主体、影响程序运作的资源获取等。① 不过，完成此项研究后，王亚新的学术兴趣就离开了法律实证研究，转入民事诉讼法的解释学研究。

陈卫东及其学术团队，2002 年就开始进行实地调研和实证研究，并一直延续。② 到 2008 年他开创了实验研究方法，与检察院合作开展了"羁押场所巡视制度"试点，在试点过程中开展实证研究，设置实验组与对比组案件，采取观察、调取司法统计数字、发放问卷、个别访谈、阅卷等多种方法开展研究。③ 他还用实验型实证研究方法研究了量刑问题。④ 同一学术团队的李奋飞还通过模拟实验的方法，研究由公众意见主导形成的强大舆论场对轰动案件中的司法自洽性产生的影响。⑤ 这种实验型的实证研究方法，在学术和实务中都产生了积极反馈。

从 2002 年开始，民法学的陈小君团队就开始用实证方法研究农村土地权利问题，包括权利归属、权利行使、权利流传、权利实现、权利保障等，以及与此相关的政府、集体和农民三者的关系。⑥ 后来又从田野经验延伸到土地权利体系构建，⑦ 以及农村集体经济有效实现的法律保障研究。⑧ 这些研究虽然在理论方法上创新不多，但对于长期关注法律规范重于法律实践的民法学界，无疑有着十分重要的意义。

近年来学界开始关注的法律发展、法治评估给定量的法律实证研究带来了新的发展点。朱景文及其学术团队自 2007 年开始发布《中国法律发展报告》，至 2020 年底已出版 9 卷。在运用其中数据的基础上，朱景文

---

① 王亚新等：《法律程序运作的实证分析》，法律出版社，2005。
② 陈卫东：《人大刑事诉讼法学的特色与贡献》，《法学家》2010 年第 4 期。
③ 陈卫东：《羁押场所巡视制度研究报告》，《法学研究》2009 年第 6 期。
④ 陈卫东、程雷：《隔离式量刑程序实验研究报告——以芜湖模式为样本》，《中国社会科学》2012 年第 5 期。
⑤ 李奋飞：《舆论场内的司法自洽性研究：以李昌奎案的模拟实验分析为介质》，《中国法学》2016 年第 1 期。
⑥ 陈小君等：《农村土地法律制度研究——田野调查解读》，中国政法大学出版社，2004。
⑦ 陈小君等：《中国农村土地制度体系构建：田野、实证与法理》，北京大学出版社，2012；高飞：《集体土地所有权主体制度研究》，法律出版社，2012；耿卓：《传承与革新：我国地役权的现代发展》，北京大学出版社，2017。
⑧ 陈小君等：《我国农村集体经济有效实现的法律制度研究：村庄经验与域外视野》，法律出版社，2016。

对法律发展和法治评估中的重要问题展开学术研究。① 其团队中的彭小龙也运用这些数据,对人民陪审制度的历史实践进行实证研究。② 钱弘道团队自 2008 年起就开始关注法治评估问题,设计了余杭法治评估指标体系,并以余杭法治发展为实验点,用社会调查、量化分析方法,探索法治实践规律,观测法治方案效果。在此过程中,产出了一批学术论文。③ 这一过程逐渐扩展为"法治浙江"实践,伴随着在浙江进行的法治指数、司法透明指数、电子政府发展指数等一系列法治实验,"法治浙江"成为法学家深入基层进行法治实践、协同创新的一个契机,法治指数的实验因此成为法治创新实践的平台,钱弘道自称已经孕育出了一个"中国法治实践学派"。④

2010 年之后出现的法律认知科学研究,产出了一批成果,也给法律实证研究带来了新视野。⑤ 法律认知科学集中讨论人的认知能力对其行为的影响,由于法律需要通过人来实施,在法律实施过程中,作为主体的人的所思所想,就会影响到法律的运行,成为法律认知科学观察、审视和研究的对象。法律认知科学一般通过实验方法开展,在关涉法律的人性基础、法律认知与判断、司法证据等多方面为法学研究带来新知识,⑥ 以温和的科学主义方式,重申法律实践的规约性特征和法律价值的科学基础。⑦

---

① 朱景文:《中国诉讼分流的数据分析》,《中国社会科学》2008 年第 3 期;朱景文:《中国法律工作者的职业化分析》,《法学研究》2008 年第 5 期;朱景文:《论法治评估的类型化》,《中国社会科学》2015 年第 7 期。
② 彭小龙:《人民陪审员制度的复苏与实践:1998—2010》,《法学研究》2011 年第 1 期。
③ 钱弘道:《法治评估及其中国应用》,人民出版社,2017。
④ 钱弘道:《中国法治实践学派的基本精神》,人民出版社,2017。
⑤ 李学尧、葛岩、何俊涛、秦裕林:《认知流畅度对司法裁判的影响》,《中国社会科学》2014 年第 5 期;葛岩、秦裕林、林喜芬:《为什么自愿守法——自动化社会行为发生机制研究》,《法律和社会科学》第 14 卷第 1 辑,法律出版社,2015,第 1—29 页;刘庄、冯时:《法律教育与法律决策的内在一致性——基于实验的研究》,《法律和社会科学》(第 12 卷),法律出版社,2013,第 48—71 页;吴旭阳:《陪审团模式之行为实验比较研究》,《学术月刊》2017 年第 1 期;吴旭阳:《从演化博弈看"司法裁判"的本质和完善——行为策略实验的视角》,《自然辩证法通讯》2017 年第 2 期。
⑥ 葛岩:《法学研究与认知—行为科学》,《上海交通大学学报》(哲学社会科学版)2013 年第 4 期。
⑦ 王凌皞:《走向认知科学的法学研究》,《法学家》2015 年第 5 期。

五 分化

目前，法律实证研究呈现多元的格局，定性与定量研究并存，它们各自都有着巨大的发展空间，获得了前所未有的发展。与苏力浪潮及其之前相比，目前的法律实证研究问题意识变得多元，研究视野更加开阔，研究方法的运用更加多样。研究者开始进入具体的法律制度领域，研究视角从宏观的理论话语转向具体法律运作的制度逻辑和经验处境。这与中国社会快速转型，法治建设有了各种需求、暴露出各种问题密切相关。显然，这些需求和问题为法律实证研究带来丰富的素材，各种法治的公共议题也亟须实证研究予以关注。实证研究成为分析法律制度和法律实践的重要视角，乃至于某种程度上成为学界的一种趋势，法律实证研究迎来发展的机遇。法律实证研究正是在回应这些时代问题中发展前行。

不过，法律实证研究在学科间呈现不均衡性。在传统法律部门中，法律实证研究成果在诉讼法学领域最为集中。原因也许是学科知识体系化、专业化程度的差异。诉讼法学学科教义化程度比诸如民法、刑法等部门法要弱，学科知识的实践性更强，诉讼法学研究针对的是司法实践中出现的问题。法律实证研究强调亲历性或经验性，运用访谈、实验、问卷调查、量化分析等实证研究方法更容易发现"行动中的法"与"文本中的法"之间的差距。而且，诉讼法领域中诸多有影响力的学者都已进入法律实证研究队伍，这也促进了诉讼法研究范式的转型。[①] 而司法改革、行政执法、土地问题领域的研究，具有学科交叉的特点，很难说属于哪个学科，它们本身就是问题导向的，需要关注法律和其他社会因素的互动，受社会科学理论的影响程度要更强。尤其是法治发展和改革的问题，既涉及对现实情况的了解，又更多依赖法学之外的社会科学知识，交叉学科和实证研究的重要性就不言而喻。另外，在一些新兴的学科如金融法、证券法、网络法等领域，法律实证研究方法的运用也越来越普遍。

2013年底，以《法律和社会科学》编委和作者群为依托，具有学术共同体意义的"社科法学连线"成立。来自国内数十所高校的中青年教师参

---

① 宋英辉：《实证方法对我国刑事诉讼法学研究之影响》，《法学研究》2012年第5期。

与这一学术共同体，同时与国外的中国法律社会问题研究学者维持着常态联系。在"社科法学连线"的整合和推动下，青年学者们继续轮流承办年会，轮流做执行主编，主编《法律和社会科学》，出版"社科法学系列读本"，举办"社科法学系列对话"、"社科法学连线系列讲坛"。"社科法学连线"整合和推动的活动，可以称为一场社科法学运动，发起者试图建立"无形的学院"，推动具有不同知识背景的法律社会学者、法律经济学者、法律人类学者，以及其他跨领域社科法学者跨界对话，① 与法教义学、部门法学者进行学术对话。参与"社科法学连线"的多数学者从事法律实证研究，其中最积极的参与者如侯猛、王启梁、陈柏峰等，主要从事基于田野调查的质性研究，从事定量研究的法律实证研究者虽也有所参与，但不处于社科法学运动的核心位置。

"社科法学运动"本意在于推动运用社会科学理论和方法来研究法律和法学问题，法律实证研究所运用的方法，当然属于社会科学方法，理应属于社科法学的范畴。② 然而，左卫民指出，法律实证研究是一种基于数据的研究，因与社科法学关联而具备社科法学的某些"血缘特征"，但在研究对象选取、数据运用、法律现象阐释等方面已显著不同于社科法学。③ 他认为，未来中国的法律实证研究，应当利用定量的比较优势，挖掘并利用各种数据，改变目前以描述性统计为主的现状，走出一条量化程度和规范化程度更高的实证研究路径，打造"定量法学"更广阔的发展空间。左卫民如此强调区分他所从事的定量的法律实证研究与社科法学的区别，一个原因可能是，社科法学运动中的最积极的参与者主要从事质性研究，从事量性研究的参与者处于边缘地位。

左卫民在定量研究意义上使用"法律实证研究"这一概念，这与通常的用法似乎有所冲突。因此有必要对法律实证研究中的质性研究和量性研究加以区分。为了区分这两类研究，以更好地揭示法律实证研究当下的分化状况，笔者曾对法律经验研究和法律实证研究加以区分，将对法律问题

---

① 侯猛：《社科法学的跨界格局与实证前景》，《法学》2013年第4期；侯猛：《前言》，载侯猛编《法学研究的格局流变》，法律出版社，2017，第1页及以下。

② "社科法学"只是部分学者定义和使用的，事实上在学界也遭到各种质疑，包括语词上的，也包括方法上的。

③ 左卫民：《一场新的范式革命？——解读中国法律实证研究》，《清华法学》2017年第3期。

的定量实证分析称为法律实证研究,将对法律问题在田野调查基础上的质性研究称为法律经验研究,后者特别强调对研究对象的质性把握,甚至要求进入研究对象的精神世界,强调研究者的经验质感。[1] 当然,两者的区分并不绝对,不排除两种方法结合使用。[2] 这样一来,广义的法律实证研究,包括狭义的法律实证研究和法律经验研究。需要提及的是,法律经验研究与法律实证研究所对应的英语词汇都是 empirical legal research。

法律实证研究和法律经验研究的分化,源自当下法律实证研究与社科法学运动主流的分化,其根源在于社会科学研究中长久以来的质性与量性研究的区隔。一般来说,狭义上的法律实证研究一直受自然科学的思维逻辑和研究进路的影响,[3] 以"主客二分"的二元思维为基础,以物理学为模范,主张社会科学的研究对象必须是客观的、可观察的经验事实,将研究任务定位为发现跨越个别现象的普遍规律,通过逻辑演绎来说明变量之间的规律关系,通过中立观察所获取的数据来验证理论假设,寻找量化的社会因素之间的规律关系,从而揭示社会事物的运作机制。

而法律经验研究要求对研究对象及其所在的环境有质性了解,甚至要求进入研究对象和相关主体的精神世界,要求对法律现象关联因素全面把握;强调研究者的经验质感,强调研究者对法律问题的质性理解。这与受实证主义影响的实证研究方法有所区别。费孝通曾指出,传统"主客二分"的实证主义方法论,无法把握中国社会的日常生活中的"理"、"心"和"性"等,而诸如儒道这些中国的社会思想影响中国社会数千年,确实起到维护中国社会秩序的作用,却无法用现代主流的社会科学方法对其加以研究,因此需要找到"与古人跨越时间和历史交流的手段",需要从社会科学知识论和方法论的角度,扩展社会科学的传统界限。[4] 法律经验研究强调研究者的经验质感,要求研究主体进入研究对象的精神世界,这被认为可以克服传统实证主义方法论的缺陷。

---

[1] 陈柏峰:《法律经验研究的机制分析方法》,《法商研究》2016年第4期。
[2] 例如,基于田野调查形成数据进行量化分析,量化分析会反馈服务于田野调查,最终为了更好地进行质性把握。参见李娜《守法作为一种个体性的选择——基于对建筑工人安全守法行为的实证研究》,《思想战线》2015年第6期。
[3] 黄宗智:《社会科学和法学应该模仿自然科学吗?》,《开放时代》2015年第2期;赵鼎新:《社会科学研究的困境:从与自然科学的区别谈起》,《社会学评论》2015年第4期。
[4] 费孝通:《试谈扩展社会学的传统界限》,《北京大学学报》(社会科学版)2003年第3期。

法律实证研究与法律经验研究，在任务上是一致的，都是需要运用社会科学方法对法律实践现象作出因果解释，但在方法上存在差异，这源自认识论上的实证主义与阐释主义的分歧。应该说，任何研究方法都有其优势，也有其劣势，并不存在所谓天然更好的研究方法，而是面对不同问题时有更合适的方法。实证研究和经验研究，既存在学术范式上的竞争关系，也有不同问题适宜不同方法的分化。无论运用何种方法，有说服力的研究才能在学术市场上获得认可和竞争优势。

法律经验研究要求研究者从体验出发，从调研经验中分析事物的内在联系，分析现象或要素之间的关联和作用机制，其中最主要的是因果关系。它要求研究者有良好的经验质感，对研究对象的精神世界有深入理解，在对研究对象及相关现象透彻理解和把握的基础上，对要素、现象、事物之间的因果关系作出判断。法律经验研究的具体方法包括参与观察、深度访谈、试验等。当今中国处于前所未有的社会转型期，法治建设在转型社会中探索前行。这一时期的社会性质和法治建设状况决定了，法学研究需要对作为法治基础的转型期社会性质，以及法治进程中丰富复杂的法律现象作出质性判断，尤其是常常需要在很短时间内、有限资源投入的前提下作出精准的质性判断。此时，法律经验研究有其用武之地，经验研究方法往往也更加有效。即使是有足够的时间、更多的资源投入研究，但在实证研究之前，往往也需要必要的观察和判断，法律经验研究因此必不可少。如果缺乏这一环节，贸然对法律现象作出预设，并投入资源进行研究，可能造成资源的大大浪费。

法律实证研究以法律规范为参照，通过逻辑演绎来说明变量之间的规律关系，通过中立观察所获取的数据来验证理论假设，用数据统计方法分析法律现象中的数量关系。① 法律实证研究强调针对研究对象收集较大范围内的样本和数据，根据对大样本数据的分析得出结论，阐述因果关系。在当今越来越复杂的数据化社会，很多法律社会现象的因果关系，很难通过通常的"观察－判断"或"假设－验证"模式得出，而涉及大量数据处理的质性认识建立在数据处理的基础上。高度复杂性和高度异质性的社会

---

① 法律实证数据的运用，参见何挺《刑事司法实证研究：以数据及其运用为中心的探讨》，《中国法学》2016 年第 4 期。

生活，有时适合通过实证研究统计处理的对象，用可靠的科学方法对之进行计量分析，并在此基础上进行因果关系阐释。此时，法律实证研究常常比经验研究显得更为有效。通过对较大范围数据的收集、整理、分析和运用，可以以更加具有科学性的方式呈现法律现象背后的因果关系。伴随着互联网所带来的社会形态的变化，人们在互联网上留下的活动痕迹和数据，变得有法律意义。这些有法律意义的数据客观上需要进行捕捉、管理、收集、处理、分析，从而形成全面、准确、前瞻、科学地分析和判断法律现象的基础。这给法律实证研究带来了巨大的机遇。在网络法、金融法等领域，大数据对学术研究的影响和意义越来越凸显，法律实证研究方法越来越有效，也越来越有必要性。

六 挑战

总体上说，在越来越多问题需要法律实证研究，① 不断壮大的研究群体的推动下，法律实证研究呈现上升的发展趋势，相应的文献数量和比例较之前应当都大大地增多提高，近年的学术产出还在持续增多。而且，法律实证研究在学术市场上显露出有效的竞争力。统计分析显示，法律实证研究成果数量呈现上升的趋势，法律实证研究成果形成了较大的知识市场，法学核心期刊和课题基金项目对于"实证研究"（至少是字面上带有实证的）接纳程度也更高。② 然而，学术成就绝不是以数量来衡量的，也不是以学术市场上课题经费的获取为标准，数量和课题经费都不能从实质上证明当前法律实证研究的成就。坚实的学术立场、新颖的理论范式、可行的方法进路、有效的问题回应策略、可持续的发展脉络，才是衡量学术研究成就的重要标准。

在理论和方法方面，目前的法律实证研究并未获得认可。强世功指出，它缺乏统一集中的理论范式或问题意识，呈现一种分散化的研究取向。法理专业的研究者较多关注部门法的剩余范畴，对部门法的具体问题

---

① 由于本节不涉及法律实证研究的分化，因此还是广义上使用法律实证研究，它既包括狭义的法律实证研究，也包括法律经验研究。
② 程金华：《当代中国的法律实证研究》，《中国法学》2015 年第 6 期；雷鑫洪：《方法论演进视野下的中国法律实证研究》，《法学研究》2017 年第 4 期。

把握不够，而且常常受到理论框架的预先束缚，而部门法的研究者过分关注具体问题却忽略了对理论问题的思考。"缺乏更大的问题意识和理论关怀，变成了在研究问题对象化之后的专业操作，许多研究往往是用经验数据或田野故事包装出来的、千篇一律的学术工业品。"① 他将目前困境的原因归结为法律教育体制所造成的隔离，法律实证研究者缺乏人文社科理论的系统训练，受制于专业壁垒，社会科学知识和方法主要基于个人兴趣摸索，因此在理论上难以提升。同时，理论法学的法律实证研究大多关注部门法学中的剩余话题，与部门法学的法律实证研究未能真正共享问题，丧失对话的能力和基础。

这一批评无疑是有力的。中国法律实证研究兴起已有30多年，至今每年产生大量实证研究的作品，但同时面临着知识生产内卷化的困境。尽管从学术产量上看，法律实证研究呈现繁荣的景象，但知识增量和理论创见远远不够，真正运用实证研究方法在把握法律实践机制上有所创新的研究很少。类似的问题，世界多国都曾面临或正在面临。英国的法社会学研究，同样呈现分散性和碎片化，未能发展出有影响力的理论和方法，跨学科方法似乎成为各个学科的边缘地带，实证研究日渐衰落。② 美国也不例外，弗里德曼曾批判法律与社会运动："除了老生常谈的怀疑主义之外，它似乎没有什么贡献，其最核心的意涵是，一切都是相对的。偶尔也出现一些宏大理论，但它们并没有生命力，而被个案研究蚕食，缺乏精髓。"③ 而在当前的权力不平等范式下，美国法社会学产生了大量实证研究成果，理论核心却越来越单薄，少有突破。④ 法国似乎有些例外。二战以后，法国法社会学研究虽然呈现多元化，但根植于大陆法系和中央集权传统，这些研究趋同于以政治化视角审视法律问题，关注"政治司法化"、"司法与国家权力的关系"、"律师的公共政治身份"等问题，发展出"关于法律的政治社会学"的理论范式。⑤ 中国的"政治－法律"关系结构与法国有类似之处，法律实证研究可能从中吸取经验。

---

① 强世功：《中国法律社会学的困境与出路》，《文化纵横》2013年第5期。
② 何勤华、李琴：《英国法社会学研究70年》，《法学》2017年第12期。
③ Lawrence Friedman, "The Law and Society Movement," *Stanford Law Review* 38 (3) (1986): 779.
④ 刘思达：《美国"法律与社会运动"的兴起与批判》，《交大法学》2016年第1期。
⑤ 杨帆：《法国法社会学的发展与转型》，《法学家》2018年第1期。

在面对时代的挑战上，与面对法律社会问题的研究需求相比，法律实证研究做得远远不够。如何回应法治实践、书写未来图景，这是法律实证研究所面临的时代任务。在笔者看来，以下几个方面恐怕难以回避。

第一，多学科的理论视野。很多人容易把理论研究与实证研究对立起来，这完全是一种误解。其实理论视野对于实证研究极为重要。在田野调查研究中，面对杂乱无章的经验现象，如果没有丰富的理论视野，根本就提不出问题；如何提问，如何切入问题，都取决于调研者的理论准备。在定量研究中也有类似问题，面对海量的信息，没有有效的理论视野，根本就不知道如何收集有用的数据，也不知道通过何种方式抓取数据，更不知道如何用模型分析数据。目前，大数据法学研究的学者已经感受到这种问题，在丰富的大数据面前，缺乏开发有法律理论意义的数据的能力。[1] 而且，实证研究的问题很难说单纯属于法律或法学问题，它无疑要借助其他学科的理论，视野越广阔，看待问题就越是多面，就越能得出有效的判断。部分由于这个原因，强世功主张从"法律与社会"研究转向"法律与公共政策"研究，不仅从社会学、经济学、人类学等学科获得理论资源，还需要从政治哲学、政治学和公共行政学等学科中汲取理论营养。[2] 如此，可以把微观描述与宏观理论思考结合起来，把部门法的规范与其作为公共政策的政治导向和后果分析结合起来，把法律的历史、现状与未来发展结合起来。虽然当下的法律实证研究大多面对具体问题，缺乏统一的宏大理论，但并不能因此而丧失理论关怀。

第二，面向中国的问题意识和理论意识。法律实证研究的问题意识应当来源于中国社会生活和法治实践，研究者需要保持理论自觉，从实践出发提出中国的法治理论。目前，在诉讼法、刑法等专业，初步具有面向中国的问题意识和理论意识，但在民法、宪法等专业，中国问题意识和理论意识还亟须加强。费孝通晚年提出了社会科学研究的"文化自觉"问题，他指出："充满'东方学'偏见的西方现代化理论，常成为非西方政治的指导思想，使作为东方'异文化'的西方，成为想象中东方文化发展的前

---

[1] 钱宁峰：《走向"计算法学"：大数据时代法学研究的选择》，《东南大学学报》（哲学社会科学版）2017年第2期。
[2] 强世功：《中国法律社会学的困境与出路》，《文化纵横》2013年第5期。

景，因而跌入了以欧美为中心的文化霸权主义的陷阱。"① 在他看来，实现"文化自觉"的关键在于田野调查，这与法律实证研究是相通的。只要是以中国社会实践为出发点，实证研究的田野无处不在，法律的存在、运作或产生影响之处都可以是法学研究的"田野"。② 当前中国剧烈的社会转型和法治实践，无疑会为研究带来丰富的素材。从中国实践出发建构的法学和法治理论，需要充分理解中国法治展开的宏观背景、资源条件、政治架构、制约结构、社会基础等，理解中国法治各具体环节的实践过程、机制、后果、制约条件等，对它们进行提炼和概括，揭示出重要的结构、因素和机制，并有相当程度的概念化、体系化、理论化。这种理论对内可以在意识形态、政法构架、法治策略、治理技术、话语模式等方面为中国法治建设和发展建言献策，对外很可能溢出中国的范围，为世界法治和法学理论发展作贡献，为其他国家法治发展提供选择性方案。

第三，多层次学术共同体的建设。现代社会科学的卓越贡献，已经不是一个人能独立作出的，常常需要学术共同体的长期努力。法律实证研究的突破，可能需要多层次的学术共同体的形成和努力。既要有在具体地域和大学里着力于某一主题和领域的研究机构的小共同体，这些小共同体如果取得成功便可能成为学派；也需要国内外有相同研究方法和旨趣的松散联合体构成"无形的学院"，如发起社科法学运动的"社科法学连线"；还需要在法学学术圈乃至社会科学学术圈内建立更广泛的联系和学术共同体，如社科法学与法教义学基于对话而构成的共同体，或者法学学者与社会学、政治学、人类学等学科学者基于相同研究领域而建立的共同体。这与西方各国法社会学发展经验相契合。例如，法国在 20 世纪 70 年代后期开始形成清晰的学术共同体，著名学者在不同大学创办研究中心，共同成立松散的组织"法社会学与法律规范学连线"，后来升级为"法国法律与社会协会"，并组织"欧洲法律与社会网络"，创办刊物《法律与社会》，召开全球性学术会议，出版了一系列出版物，极大地推动了法国法社会学的发展。③

不同层次的共同体有着不同的功能，以某一大学为中心形成的小共同

---

① 费孝通：《我对自己学术的反思》，《读书》1997 年第 9 期。
② 王启梁：《法学研究的"田野"》，《法制与社会发展》2017 年第 2 期。
③ 杨帆：《法国法社会学的发展与转型》，《法学家》2018 年第 1 期。

体处于基础性地位，也许也是最重要的。美国社会学之所以可以在全世界范围内长期独占鳌头，在相当程度上就是因为存在一代代的学术流派，如芝加哥学派、哈佛学派、哥伦比亚学派、符号互动论者、冲突论者等，生生不绝，绵延不息。以芝加哥社会学派为例，潜藏于学派繁盛表象之下的是学派在组织上、智识上、立场上的共识，这些构成了学派凝聚与维系的根基，也是学派作为一个知识共同体存在的根源。[①] 这非常值得中国法律实证研究借鉴。同时，芝加哥学派理论与经验结合的学派特质，也值得目前阶段中国的法律实证研究学习。当前兴起的法律实证研究仍然较为"业余"，如何探索有效的研究路径，聚合力量建立联系紧密的学术团队，形成稳定而有延续性、有生命力的学术传统，不因个别人学术兴趣转移而中断学术传统？如何在实证研究中进行跨学科交流协作，保持有效沟通和研究合作，塑造良好的学术环境，成就积极向上的学术共同体？这些问题还需要持续深入地探索。

---

① 何雨：《社会学芝加哥学派》，社会科学文献出版社，2016，第 415 页。

关于重庆市推行合同制的调查报告[*]

梁慧星　王金浓[**]

摘　要：过去，由于工厂片面追求产值，以产定销，工商之间经常在品种问题上发生争执。重庆市从1978年下半年开始试行产销合同制，开展合同管理工作，并在市工商局和长寿县工商局进行试点。产销合同制着重强调了在缔约与签订合同时，合同内容是否切合实际是合同能否全面执行的基础，并实行合同的鉴证管理与"二级调解，二级仲裁"的合同纠纷处理程序。推行合同制的经验说明：实行合同制有利于保障企业和社队的经营管理自主权，有利于实行计划调节与市场调节相结合，以销定产，产销衔接，促进商品流通，满足人民需要。国家可运用合同制这一法律工具督促经济部门按照经济发展客观规律，用经济办法管理经济。

关键词：合同制　合同管理　试点

重庆市从1978年下半年开始试行产销合同制，开展合同管理工作，并由市工商局和长寿县工商局进行试点。沙坪坝区和九龙坡区的蔬菜产销合同和鲜鱼产销合同，也作为重点试行内容。从1979年1月到8月，全市报经工商部门鉴证的合同共7098份，其中工商合同158份，农商合同5793份，其他合同347份。推行产销合同后，工商企业和农业社队增强了责任感，发挥了积极性，按合同组织生产和收购，实行以销定产，从而改善了

---

[*] 本文原载于《法学研究》1980年第2期。
[**] 梁慧星，中国社会科学院学部委员、北理工珠海学院民商法律学院名誉院长；王金浓，发文时为中国人民公安大学教师，职称不祥，已去世。

经营管理，减少了产销矛盾，保证了国家计划的实现，发展了生产，繁荣了市场。长寿县1979年全年农副产品收购计划，到8月底就完成了84%，收购的产品值比上年同期增长20%。如榨菜，收购近20万担，比计划收购数超额10%多；而且质量有较大提高，每担平均价比上年增加4角多。仅这一项，社队就增加收入近10万元。

多年来，重庆市蔬菜供应产销矛盾很大，旺季大量烂菜，淡季供不应求，而且蔬菜质量差，品种单调。群众对此意见大，蔬菜公司也很苦恼："蔬菜难搞，不多就少，多了要烂，少了要吵。"长期找不到一个使种菜人、卖菜人和吃菜人三满意的办法。自实行蔬菜产销合同后，蔬菜生产提高了计划性，减少了盲目性，做到了蔬菜均衡上市。往年8月、9月、10月为淡季，而1979年的这三个月里，蔬菜上市量增加到上年的2.4倍多，出现了淡季不淡的好现象，而且细菜、好菜、优质菜比例上升。沙坪坝井口公社与双碑菜站签订了产销合同，虽然遇到严重干旱，仍保证了市场供应；与上年同期比较，井口公社还增加收入20多万元，双碑菜站则减少亏损54000多元。实行蔬菜产销合同，找到了种菜人、卖菜人和吃菜人三满意的路子。

多年来重庆市人民吃不上鲜鱼，鲜鱼生产和交售计划总是无法落实。副食水产公司与郊区社队订立鲜鱼产销合同后，保证人民群众在节日和平时都能买到鲜鱼。

过去产销不见面，以产定销，工厂片面追求产值，不按品种计划生产，工厂与商业部门之间经常在品种问题上发生争执。以搪瓷脸盆为例，市场上彩色花脸盆长期脱销，素色脸盆却大批积压，最多时达1200万个。商业部门与搪瓷厂经常扯皮，称为"花素之争"。实行产销合同后，工厂面对市场需要，按合同组织生产，改善经营管理，调整奖励办法，工人生产一个彩色脸盆比生产一个素色脸盆多得一分钱。产品花、素比例达到了商业部门的要求，解决了长期存在的"花素之争"，改善了工厂与商业部门的关系，满足了市场需要。

实行合同制试点的单位，在实践中尝到了甜头。如沙坪坝区就为蔬菜产销合同总结了五条优越性：(1) 尊重了生产队自主权；(2) 能保证落实国家计划；(3) 能促使蔬菜均衡上市，并增加品种，提高质量；(4) 既能增加集体和社员收入，又能减少国家亏损；(5) 能进一步密切农商关系。

重庆市推行产销合同制取得显著成效的原因，主要有以下四个方面。

第一，重庆市各级领导对推行合同制和开展合同鉴证管理工作十分重视。他们对合同的签订和鉴证作出了明文规定，使工作有了法律依据。各级领导同志还亲自深入社队和企业搞合同试点，参与调解合同纠纷，及时解决实际存在的问题。九龙坡区就曾针对农商合同工作中的问题制定了"四项原则"，有力地推动了试点工作的开展。

第二，在推行合同制和合同管理工作中，各部门互相协作，密切配合。重庆市各经济部门坚决贯彻上级领导部门关于推行合同制的通知的精神，与工商部门协同开展合同管理工作。银行坚决执行没有合同不发放贷款、不办理托收承付结算的规定，认真执行工商部门的调解书和仲裁通知书。市中级人民法院经济审判庭及时审理合同纠纷案件。报社、电台则在宣传报道典型、经验等方面，进行有力配合。

第三，"文化大革命"期间，工商管理部门是被"砸烂"单位，重庆市却保存了一批老工商行政管理干部，约占现有工商管理干部的1/4，他们具有在20世纪50年代和60年代初管理合同的经验，在工作中发挥了骨干作用。合同管理干部改变了以前"等客上门，盖章鉴证"的老办法，走出机关，深入社队和企业，亲自掌握合同协商、签订、执行的全过程，摸索和总结了就地订约、就地鉴证、就地调解等一套行之有效的合同管理办法。

第四，采取"先搞试点，取得经验，典型示范，逐步推广"的办法，使社队和企业从实践中亲自认识到实行合同制的好处，从而使实行合同制成为广大干部和群众的自觉要求。长寿县太平公社一位生产队长说："签订合同后，产品不愁卖，收入有保障，发生纠纷也有鉴证单位说公道话，这样我们就可以放心大胆地规划种植了。"供销部门反映："农商之间的合同，一经工商部门鉴证，就得到法律保障，促使社队产品纳入了国家收购计划。"现在干部群众普遍要求订合同，特别是社队干部反映，不订合同不放心，订了合同心里才踏实。合同管理机关也有了威信。

重庆市推行合同制的工作，有以下四个方面值得介绍。

一 协商和签订合同应注意的原则

从协商合同条件到正式签约，是合同管理工作的第一个重要环节。合同内容是否切合实际,是合同能否全面执行的基础,也是发生纠纷后判断是非、进行调解仲裁的依据。因此,协商签约这个环节,必须慎重对待,不可草率从事。重庆市各试点地区都从实践中总结了签订合同时应坚持的几条原则。大致可归纳为以下五点。

(1) 充分尊重社队和企业的自主权,不强迫命令,不硬分任务。

(2) 符合有关政策法令,兼顾国家、集体和个人利益。

(3) 坚持平等互利,民主协商,双方权利与义务平等。

(4) 合同内容要具体,条款要清楚,经济责任要明确。对经济制裁条款,成熟一条订一条,不强求统一。

(5) 要充分估计乙方的生产能力和技术设备条件,以及甲方的调运销售情况。农商合同要考虑自然条件的影响,允许产销双方协商约定一个增减幅度。

二 合同的鉴证管理

合同鉴证管理的目的在于预防和减少经济纠纷,促进经济流转,更好地发挥合同制的作用。重庆市规定:合同的鉴证管理机关是各级工商行政管理部门;凡经鉴证的合同,一律具有法律效力。

工商局在鉴证合同时,首先,审查缔约双方单位的合法性。企业须领有工商管理部门颁发的营业证照,外地单位必须持有县一级业务主管局或公司出具的证明文件,签约代表须是该企业、社队负责人或其他合法代理人。其次,审查合同是否符合有关政策、法令,不合法的不予鉴证。再次,审查所订产品的原辅材料、燃料来源是否可靠,设备能力、技术条件是否具备,社队种植面积、资金、设备、秧苗种子、技术措施是否落实。条件不具备和不能落实的,或属于"无米之炊"的合同不予鉴证。最后,审查合同条款是否清楚,责任是否明确,不得订立无具体交货期限的合同,如"款到发货"、"交货期限:1979 年"等。

报送鉴证的合同,一律使用工商管理局统一印制的合同书。合同书有工商合同和农商合同两种格式。合同书对产品名称、规格、质量、数量、包装、价款,交货期限,运输方式,结算方式等,均列有详细规定项目。要求按规定填写一式三份,签订合同双方各执一份,鉴证机关存一份。

合同双方须缴纳合同鉴证费。合同金额在 5000 元以下者，各缴 5 角；在 5000 元以上者，双方各缴总金额的万分之一。

合同经过鉴证即发生法律效力。工商管理部门承担监督合同全面履行的责任，有权查阅企业有关业务资料，检查合同执行情况。

重庆市工商管理部门特别注意把监督检查合同执行情况作为合同管理工作的重点，市工商局对签订第三季度产销合同的 60 家工厂都派人进行了检查。长寿县仅 1979 年上半年就派出干部 1335 人次，先后深入 657 个单位检查合同执行情况。在检查中及时解决了一些妨碍合同执行的问题，把工作做在纠纷发生之前，减少了国家和社队的损失。

在试行合同鉴证之初，群众有各种思想顾虑，有的怕"花钱买个紧箍咒"，有的担心工商局"屁股坐在商业一边"。经过实践，广大干部、群众认识到了合同鉴证管理的好处："一份合同套三家，谁也脱不了责任，发生了纠纷有鉴证单位主持公道，不会吃亏。"开展合同鉴证管理，维护了订约双方的利益，防止和减少了经济纠纷，促进了合同制的推行。

三 合同纠纷处理程序

重庆市在实践中形成了一套"二级调解，二级仲裁"的合同纠纷处理程序。调解，工商所为第一级，区、县工商局为第二级。仲裁，区、县工商局为第一级，市工商局为第二级。

工商管理部门在处理合同纠纷时，坚持"以调解为主，仲裁为辅，多调解，少仲裁"的原则。上论调解或仲裁，均以合同条文为判断是非的依据，尽可能使争执双方在合同约定的基础上统一起来，及时地解决纠纷，促使合同全面履行，使可能受到的损失得到补救。长寿县在处理合同纠纷时，凡属以下四类情况一般采用调解的办法解决：（1）虽然违约，但未给对方造成经济损失，或有一定损失但尚可弥补的；（2）由于合同条款不够明确，难以划分责任的；（3）甲乙双方应共同承担责任的；（4）属于人力不可抗拒的原因而违约的。

调解无效时进行仲裁。仲裁的依据主要是合同条款。仲裁机关必须调查清楚造成违约的原因，分清造成违约的责任，核实因违约造成的经济损失（要求有较准确的数据）。在情况、事实清楚的基础上，作出裁决，制作仲裁决定通知书。如对仲裁不服，可在仲裁通知书下达 10 天内，提出申诉，请求复议。如对二级仲裁不服，可向市人民法院经济审判庭起诉。过期不提出申诉，仲裁决定即生效。仲裁决定中有关经济赔偿、违约罚金等条款，由中国人民银行及有关部门协助执行。

无论调解或仲裁，在作出决定前，工商管理部门一般都主动征求合同双方上级业务主管部门的意见，重大合同纠纷的处理还报经区、县革委会批准。

合同纠纷经过调解或仲裁，一般都可以得到解决。长寿县 1979 年 1 月到 10 月发生合同纠纷 221 件，调解解决的 214 件，仲裁解决的 7 件，没有告到法院的。其他区、县或市工商局直接抓的行业中，告到法院的合同纠纷也只是极少数。这些纠纷比较复杂和难以解决，但由于工商管理部门在调解和仲裁时做了大量工作，事实已经基本上搞清楚，法庭审理时也就比较容易解决。

四　合同的财产责任

所谓财产责任，主要是赔偿损失和违约罚款。重庆市在推行合同制试点时，始终坚持合同必须规定财产责任。在条件不具备，如原材料没有保证等情况下，宁可不签订合同或不予鉴证。条件基本具备，就一定要规定合同双方的财产责任，以维护合同的严肃性。

重庆市规定：合同条款，应明确规定生产、收购双方各自应负的经济责任；对于那些不按合同办事造成经济损失的企业，工商管理部门有权给予经济制裁，除罚款、赔偿损失外，严重的还要追究主要人员的经济、法律责任。

重庆市在实际处理合同纠纷中，注意区分客观原因、主观原因、主客观兼而有之的原因造成违约的三种不同情况。关于处以赔偿损失或罚款的标准，除按合同条款规定执行外，一般按以下三条原则掌握。

第一，违反合同主要是由于人力不可抗拒的原因，违约方经过努力，仍不能完成的，一般可不予赔偿。

第二，虽有客观困难，但在解决这些困难时，由于计划安排不当、官僚主义、措施不力等主观原因而违反合同的，根据损失大小和情节轻重等情况，应作适当赔偿。

第三，合同规定的主要条件基本具备，但不按合同安排生产造成违约的；不按合同规定范围自销，造成合同不能如期、如量完成的；以质量好的产品作为样品签订合同，交货时的产品与样品质量完全不符的；不按合同规定提货、付款的；不按合同规定的质量标准验收，而予压级、压价的；不按合同规定供应原辅材料的；均应赔偿损失。情节严重的还要处以罚款，直至追究主要人员的经济、法律责任。

重庆市合同制推行工作，当前还存在一些困难。例如，有些生产单位原辅燃料和动力来源没有保障，不具备签订合同的基本条件；有些生产单位的生产计划不符合客观实际，下达时间又太晚，而且往往由上到下层层加码，追加计划。这些都影响到合同的签订和执行。此外，有少数领导干部不认识合同制的重要意义，不重视合同工作，甚至凭借权力，任意更改、中断或废止合同，受损失的一方慑于权势不敢上告，工商管理部门也不能行使职权，严重地损害了合同的严肃性，在群众中造成极为不良的影响。

重庆市在推行合同制和开展合同管理工作中，有些问题还值得进一步探讨。例如，合同是否必须经过鉴证才算有效；对不服仲裁的合同纠纷案件的审理，以哪一级法院第一审为宜；在追究财产责任中，对个人科以罚款以及"没收上交"，是否妥当；等等。

重庆市在推行合同制工作中取得了十分可贵的经验。他们的经验说明：实行合同制有利于保障企业和社队的经营管理自主权，促进改善经营管理，有利于实行计划调节与市场调节相结合，以销定产，产销衔接，促进商品流通，满足人民需要。国家运用合同制这一法律工具，督促经济部门按照经济发展客观规律，用经济办法管理经济，这对于加速四个现代化的建设，具有十分重要的意义和作用。

大包干合同制的产生和发展[*]
——凤阳县农村调查报告

史探径[**]

摘　要：大包干合同最初在农民群众中自发产生。由于合同书规定的内容增多，凤阳县于1981年在合同书的基础上增加"附本"，但实践中经常出现承包户拿错、收购和供销部门对照不便等问题，于是1983年印发"农业大包干经济合同书"统一使用。从大包干合同的内容、订立和履行、管理和公证等多个环节可以看出其是贯彻按劳分配原则的法律保证，也是经济组织内部经营管理的合同形式，大包干合同强调承认承包户独立自主经营的平等原则。在大包干合同制不断完善、发展的过程中，存在大包干合同的性质、合同作用的估价、大包干合同与农商合同的关系等问题，须进一步探讨。

关键词：大包干合同制　自主经营　按劳分配

安徽省凤阳县在党的十一届三中全会以后不久，从1979年初起就实行农业联产承包责任制。一开始是包干到组，很快就发展为包干到户。现在全县3812个生产队，除6个生产队外，其余全部实行了包干到户。四年来，全县粮食总产量从1978年的2.9亿多斤猛增到7.1亿多斤，油料产量增长6倍半，棉花产量增长近五成，林、牧、渔业和其他农副业也都有一

---

[*] 本文原载于《法学研究》1983年第4期。
[**] 史探径，曾任中国社会科学院法学研究所特聘研究员，已去世。

定发展。1982 年农村 48 万人口平均每人收入为 325 元，比大包干前最好的 1977 年的 74 元增长 3.3 倍。1983 年 4 月，笔者参加中国法学会调查组去凤阳县调查，看见夏季作物长势喜人，丰收在望，城乡经济活跃，购销旺畅，人民丰衣足食，生活安定，形势很好。

包干到户是以农民家庭为单位的承包责任制，农民简单地称之为"大包干"。凤阳县和其他农村地区一样，实行大包干时都订立了大包干合同。订立合同是一项法律行为，大包干合同制是一种法律制度。大包干责任制以及其他形式的联产责任制，都是一种经济制度。大包干合同制是在大包干责任制的基础上产生的，它反过来又为大包干责任制服务，为稳定和完善大包干责任制起了重要的促进作用。

一 大包干合同的产生和它的内容

凤阳县的大包干合同最初是在农民群众中自发产生的。当大包干责任制开始实行，还缺少一定的管理办法的时候，群众就采用他们喜闻乐见的合同这一法律形式，来明确生产队与承包户之间的权利义务关系。凤阳县委及时总结和推广了试点经验。1980 年，为了稳定群众情绪，全县印发了统一的"合同书"，打算一用三年。后来发觉这个合同书较多地规定了承包户应尽的义务，才于 1981 年又增加一个"附本"，规定了对承包户供应化肥、农药、良种等生产物资的内容。到 1982 年，承包户手里除拿着上述合同书和附本两个本子外，还有棉花、烟叶、猪、禽、蛋等几个收购合同，另外加上户口簿，几个本子使用时常常拿错，收购和供销部门要把几个本子对照看，也觉得不便。凤阳县总结了前几年的经验，于 1983 年印发了一个新的包括以上各种合同内容的合同本子，叫作"农业大包干经济合同书"，在全县统一使用。

凤阳县根据党中央关于推行农业生产责任制的方针政策，制定了《关于包干到户的管理办法》，1982 年又加以修订。这个《办法》可以看作签订大包干合同的政策依据。我国《经济合同法》从 1982 年 7 月 1 日起施行。《经济合同法》第 54 条规定："个体经营户、农村社员同法人之间签订经济合同，应参照本法执行。"这条规定进一步为签订大包干合同提供了法律依据。

"农业大包干经济合同书"(以下简称"大包干合同")的主体是生产队和承包土地的农户,前者称为甲方,后者称为乙方。按照《经济合同法》的规定,经济合同应具备的主要条款是:标的,数量和质量,价款或者酬金,履行的期限、地点和方式,违约责任。大包干合同大体上包括上述主要条款内容,但它不同于一般的经济合同,"价款或者酬金"这个条款,是用乙方应尽哪些交售、交纳义务的形式来规定的。另外,根据大包干责任制的需要,合同里还规定了双方其他一些权利义务内容。

凤阳县大包干合同的条款,包括几个方面的内容。

(1)"甲方将土地交给乙方承包。"这条规定是合同得以成立的依据和前提,是最主要的条款,乙方由此获得在承包土地上依法自主经营的权利,也就是承包地的使用权和收益权。这项使用权和收益权即为大包干合同的标的,而其所依附之对象——土地,则为大包干合同的客体。

(2)"乙方负责完成粮、油、棉、烟等生产指标",保证在当年年底以前"完成农副产品交售任务和上缴各项集体提留"。这是乙方应尽的主要义务,是取得自主经营权利的对应条款。

(3)甲方有权统一安排用水和向乙方分摊"合同以外的费用(如抗旱排涝)和用工(如农田基本建设)","乙方必须服从甲方安排","乙方必须如数交纳和完成"。

(4)"甲方负责提供化肥等必要的生产物资。"

(5)"乙方超额完成包干任务给予奖励,违反合同规定应受经济处罚。"

大包干合同书在各项条款规定后面还附有承包土地、生产指标、供应物资、交售粮油及提留任务、猪禽蛋任务、计划生育、奖惩记录、银行贷款等的记录表卡,这些记录表卡所要填写的数字也是合同的内容,应该完成。因为融合多种内容于一册,可以说它是一揽子合同。

我们在城西乡前进村仔细看了一个承包户的合同。合同上写着:家有6口人,其中劳力1人,承包耕地6.2亩。在"生产指标"表中记着:粮食9630斤,其中小麦3480斤,水稻6150斤;油料28.2斤,全部是油菜籽;棉花种植0.62亩,生产皮棉37斤。除棉花规定了种植面积外,其余都可以自己安排种植。在"交售粮油及提留任务"表内记明:征纳公粮228斤,以每斤0.136元计算,折合款31元;统购粮328斤;超购1992斤(其中夏季785斤,秋季1207斤);统购油菜籽44斤,超购70斤;另外规定完成集体提留任务 61.05 元。

从合同条款内容可以看出：（1）大包干合同有效地贯彻了按劳分配原则，承包户按合同规定完成了交售、交纳义务后，所得产品就是他的劳动收入；（2）大包干合同是完成国家农业生产指令性计划的重要保证，也是落实国家指导性计划的重要手段；（3）大包干合同关于违约责任的规定，贯彻的是过失责任原则，如规定，"如遇人力不可抗拒的自然灾害而减产过多时"，可以核减乙方承包的"包干指标"，乙方"违反合同规定应受经济处罚"，当然是指乙方在有过失的情况下应该承担责任。

我们和凤阳县的一些同志讨论后认为，现在大包干合同的条款规定无需要研究和改进之处。例如，合同包括的内容似乎过于庞杂，有些是不宜规定在大包干合同里的；"甲方负责提供化肥等必要的生产物资"，事实上不能办到；甲方违反合同时应该承担何种责任没有规定；甲方有义务在必需的方面为组织安排生产作出努力的规定也不明确；等等。

二　集体提留的情况

集体提留是合同的主要条款内容之一，也是合同履行中发生纠纷较多的问题，有必要加以单独说明。

所谓集体提留，是生产队为了生产和公益事业等需要而向承包户提取的费用。滁县地区规定，集体提留包括公积金、公益金、行政管理费、固定资产保值金四大项。包干到户开始实行时，生产队把有些不需要统一使用的集体财产如耕牛、犁耙、小型拖拉机等，作价分给各户保管使用。从1983年起，要分期收回这部分财产的价款，收回的价款就叫作固定资产保值金。有些生产队1983年还没有把这个项目列入提留之内。

凤阳县委对于集体提留的指导思想是：既要在发展生产的基础上逐步增加集体积累，又要贯彻休养生息方针，减轻群众负担。1982 年全县农民平均每人交集体提留 9.4 元，在滁县地区各县中数字最低。1983 年，除武店区计划提留数较高外，一般计划平均每人提留 10 元稍多一些，最高的为 12 元。各乡提留的标准不一致，例如 1982 年平均每人提留数量为：城西乡 7 元多，武店区全区 7.5 元，该区所属娄店乡 7.8 元，武店乡 5.7 元，考城乡 9 元，官塘乡 5.3 元，龙坝乡 9.6 元，马湖乡 10.6 元。

关于集体提留的项目，在前面所说的四大项之下还有许多具体项目，这些具体项目各乡也不一致。例如城西乡1983年计划提留71545元，全乡7282人平均每人提留不到10元，提留项目包括公积金、公益金、村固定干部补贴费、生产队干部补助费、行政管理费五项，固定资产保值金没有被列入。公益金下面又分五保户生活费、烈军属照顾费、建校费、文化费、民兵训练费以及其他提留六项。武店区拟订的1983年计划提留任务没有分大项、小项，而是平列出24个项目。计：（1）公积金；（2）公益金；（3）行政管理费；（4）建校费；（5）水电费；（6）烈军属补助费；（7）五保户生活费；（8）村固定干部补贴费；（9）村副职干部补助费；（10）生产队干部补助费；（11）中小学民办教师补助费；（12）护林员补助费；（13）养路员补助费；（14）管水员补助费；（15）广播线路维修员补助费；（16）电影放映员补助费；（17）农电工补助费；（18）铁路哨所看管员补助费；（19）民兵训练费和武器看管员补助费；（20）生猪防疫费；（21）耕牛防疫费；（22）独生子女保健费；（23）文化福利费；（24）固定资产保值金。

1981年以前，集体提留由生产队向承包户收取，很难收齐。1982年改为由粮站在收购粮食付款时代扣。但有的户借别的户已完成粮食征、统、超购任务的合同书卖粮，粮款照付，还是扣不到他的，不得不催要。为催缴提留款，常常发生纠纷。

集体提留数应该怎样确定，多或少怎样衡量，这是需要分析研究的。武店区1983年计划按每亩承包地10元提取，按人算，平均每人19元，比其他乡高得多。据区里一位负责同志说，去年平均每人7.5元的提留数太少，影响了生产和公益事业的举办，今年算了细账，必须提留这么多才敷应用。他们认为每亩10元这个数不算高，只占种植收入200元的5%。除去生产费用20元，也只占180元的5.5%。与大包干以前比较，1978年修订的《人民公社工作条例》规定行政管理费（0.5%）、公积金（5%）、公益金（2%—4%）三项占可分配收入的7.5%—9.5%，现在农民的负担减轻多了。

要说农民的负担减轻多了，当然是正确的。就拿生产队来说，现在只有队长、会计二人可以每年各补助不超过80元，而过去需要补助的有正副队长、妇女队长、指导员、会计、保管员等六七个人；至于大吃大喝、多吃多占、借支挪用不还等更是普遍，现在这些都没有了。但绝不能因此就可以任意增加提留数字，增加群众负担。农民大包干以来生活确实好多了，可是他们现在的花销也很多。而生产费用也有增加的趋势，有些农民说一亩地 20 元根本不够。订立大包干合同时，特别要做到当事双方的充分协商。在方式上，有时需要按照上级规定精神，在全乡范围内讨论后作出统一规定，以便各生产队与承包户订立合同时一致遵行。

三 合同的订立和履行

从凤阳县调查情况看，有些是生产队组织社员集体讨论后决定实行大包干的，有些则是在社员强烈要求下实行大包干的。所以，承包户和生产队都是真实地表达了自己的意思，不存在任何对社员强迫命令的因素。生产队按照集体决定的办法，把土地划分给承包户耕种，各户就同生产队产生了承包的权利义务关系，并订立大包干合同把这种权利义务关系固定下来。我们认为，订立大包干合同的行为，是完全符合一项法律行为成立并且有效的必要条件的。

按照实行农业生产责任制长期不变的方针，生产队和承包户之间本来可以订立一个长期的大包干合同，不过因为合同里所应包括的国家关于农业生产的指令性计划是每年通过生产队分配确定的，双方需要每年签订一次合同，长期的合同也就没有必要签订，这样对双方来说都更灵活主动一些。

大包干合同里关于粮、油、棉等的生产指标和交售任务的条款是依据国家下达的计划订立的。计划下达的程序是这样：县、区、乡、村、生产队，生产队通过协商方式，把任务分配到户，订入大包干合同中。凤阳县委和县政府 1982 年 12 月 28 日在给各区（镇）党委、区公所（镇人民政府）发出的《关于下达一九八三年农业生产计划和农副产品交售任务的通知》中说："现将……下达给你们。望抓紧分配到乡、村，再落实到队，于春节前订好'包干合同'。"各区和乡分别将任务不增不减地书面分配到乡和行政村；行政村召集生产队长和会计会议，把任务分配到生产队；生产队与承包户讨论后，再把各户应完成的任务数字填入大包干合同里，同时填上集体提留等数字，这就完成了签订合同的手续。

按规定合同应在春节前签订完成。由于统一的大包干合同书 1983 年刚刚开始使用，还缺乏经验，加上指令性生产任务临时有些变动等原因，我们调查时发现，有些乡没有及时把合同书发到各承包户手里。在一般情况下，主要的生产和交售任务指标，同上一年不会有多大出入。各承包户就根据上一年的情况，妥善地安排了自己的种植计划。至于是否可能有和合同书规定不相一致的地方，他们不管，抱着到时候再说的态度。看来，订立合同要及时并经过双方充分协商，这一点还是需要引起注意的。

关于合同的履行，从承包户方面来说是比较好的，特别是指令性的粮、油、棉交售任务，绝大多数户是能不折不扣地完成的。征粮是农业税，义务缴纳，不给价款。农民说："这是国粮，是农民对国家应该作的贡献，不能不缴。"统购粮是平价，他们认为这也是应尽的义务。征、统购两项合计，数字不大，一般只占总产量的百分之五六。至于超购任务，因价格优惠，农民更愿意交售，卖粮时常出现排长队现象。总的来看，大多数承包户懂得正确处理国家、集体、个人三者利益的关系，能够顾大局，识大体，信守合同。

凤阳县法院经济庭曾对城西、总铺、板桥、江山四个乡大包干合同的执行情况进行调查。这四个乡共有 32 个行政村，包括 240 个生产队，共有 7562 户，除 42 户五保外，其余农户都签订了大包干合同。1982 年完全不履行合同的有 21 户，占 0.28%，部分不履行合同主要是不愿缴集体提留款的 271 户，占 3.6%。从不履行合同的原因来分析，有些是因为干部工作疏忽，把合同内容填错；有些是因为干部办事不公，或者承包户某个遗留问题长期得不到解决，引起承包户不满。在纠正了合同内容的错误、解决了遗留问题、批评了干部之后，这些户都按照规定履行了义务。也有一些社员私心较重，抱着"赖掉国家的，拖掉集体的，收的都是自己的"这种态度，经过批评或在经济庭找他们之后，一般也都完成了交售、交纳任务。只有极个别的户不讲理，工作做不通，问题一直拖着解决不了。

关于猪、禽、蛋的收购，本来有派购、计划收购、议购的不同，可是到承包户那里却没有多大差别，反正都需要完成。这些有关收购猪、禽、蛋的合同规定，由于有经济制裁办法保证，有些户即使临时没有这项产品，也不得不买了产品来卖给公家。有时几户被临时指派多卖一头猪，这几户就合买一头猪交售，损失的价款由几户分摊，农民称之为"抬杠子钱"。

作为甲方的生产队，不履行合同的情况就比较多了。例如，甲方常常不能"负责提供化肥等必要的生产物资"。凤阳县磷肥和碳酸基本上能满足需要,尿素和复合肥等优质化肥供应比较紧张。娄店乡农民反映,好多农户交售生猪和烟叶所得优质化肥奖励票,用它买不到货,到一定时候还"过期作废"。农民说:"我们的任务没完成从来没有过期作废。反正他们嘴大,说不过他们。"种烟户应得的烤烟用的煤和器材也不能满足供应。农民特别反感的是有些干部把他们买不到的东西开后门卖给关系户。不过生产队不能履行上述义务的主要原因还在于自己不掌握优质化肥等生产物资,而掌握这些物资的部门又不承担供应农户的义务。

合同变更和解除的情况是很少的。凤阳县《关于包干到户的管理办法》规定,承包土地在"没有进行调整土地之前,生、死、嫁、娶不增不减",这就排除了变更合同的主要因素。至于生产指标和交售任务等有些增减,农民并不在乎。有的"下放户"和"平反户"落实政策全家回城,大包干合同也就自然解除。除此之外,还没有发现解除合同的情况。转包土地的情况已偶有出现。一般是承转包户履行原合同义务,并供给转包户平价口粮,不另给其他报酬。现在农民的口粮主要靠承包的口粮地自给,看来这个要求是合理的。转包户从平价口粮中得到一定优惠,这可以看作对他在土地上施肥等投入的物化劳动的必要补偿。现在凤阳县规定不准买卖、出租土地和乱占土地盖房等,没有说"不准转包"。从长远来看,目前农村"小而全"经济必然会向"小而专",再向"小而联"经济发展,有些户将会脱离土地经营而转向其他专业经营,这又会促进农业专业户的发展。

四 合同的管理和公证

凤阳县大包干合同书上规定乡政府为鉴证单位,并规定:"本合同经鉴证单位签章后生效。"本来,鉴证只是合同管理机关对一部分标的价值额大的或者重要的经济合同加强管理的一种方法,不是合同生效的必要条件。但是大包干合同涉及国家指令性农业生产计划和交售任务等的落实和完成,为防止生产队一方因工作粗糙而发生差错,避免承包户不放心,规定鉴证签章作为合同生效的条件,也是未尝不可的。乡政府既是鉴证单位,自然也是合同管理单位。

对合同鉴证，就是对合同进行审查、鉴定和证明。发现不符合法律规定的，加以纠正或者取消；条款不完备、内容不具体、文字不准确的，要帮助和辅导签订单位，使合同趋于完善。从调查情况看，乡政府对大包干合同的鉴证，还只是名义上存在。乡政府目前所做的工作还只是督促行政村帮助生产队填写合同各项指标数字，必要时出面督促承包户履行合同义务；对于生产队一方是否履行合同义务，是过问不多的。

凤阳县公证处对大包干合同进行了公证的试点。1981年先在城西乡的县城、西门、前进3个村的21个生产队试点，1982年又扩大到其余的蔡庄、中楼、金董3个村的16个生产队，这样，全乡37个生产队的合同都经过了公证。公证处计划在1983年，在全县7个区各选一个乡，开展公证工作。公证的内容目前限于粮、油、棉等主要农副产品的生产计划和交售任务以及集体提留等条款，猪、禽、蛋派购任务没有作为公证内容。

城西乡共有承包户1558户，全部与生产队签订了大包干合同。公证处认为要对这么多合同进行公证是有困难的，于是就由行政村和生产队订立合同，对这份合同进行公证。这样，一个生产队只有一份合同，全乡只有37份合同。一个生产队与行政村之间的合同经过了公证，就算这个生产队里所有承包户的大包干合同都经过了公证。

事实上，生产队与行政村之间并没有订立什么合同，而只是由生产队把全队各承包户的生产与各项任务填写在生产与各项任务分户清册上，这份清册就算合同。经过申请、审查、登记等手续，然后签字送达回证。

据公证处同志介绍，合同经过公证，增强了干部、群众的法制观念和合同的法律严肃性，国家、集体、农户三方面利益都能得到有效的保护。承包户承担的合同义务不能任意加码，农户也不能无故拒不履行合同义务，因此，群众"放心了"，干部"省心了"。

凤阳县对大包干合同的鉴证和公证，目前还处在实践的试验阶段，没有成熟经验。有些问题是值得探讨的。例如公证，生产队与行政村之间能不能算作订立了合同呢？双方的权利义务是什么呢？它们之间的所谓合同经过了公证，其效力怎能扩及各承包户的大包干合同呢？可以不可以看作生产队代表各承包户与行政村订立了合同呢？对这些问题的回答是很值得思索的。我们相信通过更多的实践，我们将能获得更多的素材来进行更为深入的研究。

五　对几个问题的探讨

凤阳县的大包干合同出现以来还只有4年多的历史，目前还不够完善，还存在一些缺点，这是不足为奇的。我们不能低估大包干合同的作用，同时要不断总结经验，使大包干合同制不断完善、巩固和发展。我们同凤阳县的同志就下述几个问题进行了探讨。

（一）对大包干合同作用的估价

对大包干合同的历史作用必须充分认识，不可低估。一份份大包干合同书，把党中央推行农业生产责任制的方针政策具体而明确地传达到千千万万个农民家里，起到了宣传政策、兑现政策和稳定人心的很好的作用。广大干部和农民群众通过合同的订立和履行，进一步懂得了正确处理国家、集体、个人三者利益关系的道理。大包干合同制为大包干责任制服务，在组织和发展农业生产中作出了贡献，凤阳县大包干以来农业生产大踏步前进的事实就是证明。在农业大包干合同的影响下，林、牧、渔业和副业生产以及社队企业，甚至城镇集体企业和在农村的国营企业，都群起仿效推行承包合同制（当然，并不是所有企业都适合采用承包的办法）。农业大包干合同制对于某些企业的改革和整顿，是起了相当大的推动作用的。

（二）大包干合同的性质

凤阳县各级干部和群众都称大包干合同是经济合同，统一发的本子就叫作"农业大包干经济合同书"。法学界有人说它是经济合同，有人说它是劳动合同，有人说它是兼有二者性质的混合合同。近来有人主张大包干是租赁制形式，据此，大包干合同就是租赁合同。大包干合同到底是什么性质的合同呢？对这个问题的探讨，在实践上和理论上都有一定意义。

据我们从凤阳县调查情况观察，大包干合同具有三个鲜明的特征。

（1）贯彻按劳分配原则的法律保证。大包干合同和一般经济合同不一样，它不是商品交换的法律形式。但是，它涉及分配问题。如前文所述，按照合同规定，承包户经营土地所得在作了交纳、交售等必要的扣除之后，剩余的都是自己的劳动收入。按照产品数量即按照劳动的凝固形态来计算报酬,这是一种新的按劳分配形式。实践证明,这种形式十分适合我国当前的农业生产力水平和农业生产特点。大包干合同就是实现这种分配形式的法律保证。

(2)经济组织内部经营管理的合同形式。一般的经济合同是直接或间接依据国家计划制定的,都要贯彻计划原则。但是它们并没有直接落实国家计划任务,它们只是执行国家计划的手段,反映了企业与企业之间横向的经济关系。凤阳县的大包干合同则与此不同。它是生产队内部为了经营管理农业而签订的合同。生产队通过平等协商签订大包干合同的办法,把国家关于农业生产的计划落实到各个承包户。大包干合同里的这部分条款也可以说就是计划任务书。这是大包干合同不同于经济合同的重要特点之一。

(3)承认承包户独立自主经营的平等原则。一般合同都应该体现平等原则。但是大包干合同由于它直接落实了指令性计划任务,由于它的一方当事人承包户是另一方当事人生产队的一个组成成员,人们很容易忽视它的平等原则。从凤阳县的情况看,合同规定承包户享有自主经营承包地的权利,生产队不得加以侵犯,承包户也确实获得了这项权利。合同里各项权利义务规定,都应经过双方协商。即使是指令性计划任务的落实,也应该采用协商的办法,这样才能收因地制宜、因时制宜之效。满足当年"大呼隆"生产需要的听广播、听吹哨上工下工这类劳动纪律已经完全没有存在价值。独立经营,各户为战,是大包干责任制的优点和特点。大包干合同则充分反映和维护了这个优点和特点,这是它与劳动合同的主要区别。

如果说,大包干责任制是我国当前农业经济"分"和"统"的结合体,那么可以说,大包干合同落实国家农业生产计划体现了"统"的要求,承包户独立自主经营的平等原则则反映了"分"的特点。大包干合同在全国有上亿份之多,我们有理由把它列为合同的一个新的属类,它的名字就叫农业大包干合同。

(三) 大包干合同与农商合同的关系

凤阳县大包干合同的条款内容,既包括了承包土地产生的权利义务关系,也包括了购销农副产品产生的权利义务关系。从实践情况看,生产队一方很难履行应该由商业、供销部门承担的义务条款。看来,后一种权利义务关系还是应该由农商合同来加以规定。这样,生产队将不用勉为其难，商业、供销部门不再袖手旁观，承包户应享受的权利也能得到可靠保证。国家通过大包干合同和农商合同，把农副产品的生产和流通以及生产物资的供应，直接或间接地纳入计划的轨道。农商合同直接反映了农民生产和生活的需求，提供了最新的农村市场信息，十分有利于促进农村经济的活跃和繁荣。此外，农贸合同和农贷合同也有单独订立的必要。凤阳县把许多种合同的内容融合于一册，原是从便民出发。既要便民，又要实用，是要做一些细致工作的。从其他地方推行农商合同制的成功经验来看，同时抓好大包干合同和农商合同，也是可以办到的。

除以上问题外，订立大包干合同要走群众路线，要经过双方当事人的充分协商；不能把大包干合同看作是万能的，在建立健全合同制的同时，还要做好其他多方面的工作；商定合同条款要充分考虑客观经济规律包括价值规律的作用；等等，都是有待深入探讨和解决的问题。凤阳县的同志决心改进和完善大包干合同制，使它在稳定和发展大包干责任制中发挥更大作用。我们相信，凤阳县的农业经济必将在社会主义现代化大道上迈出更加坚实的步伐。

《秋菊打官司》案、邱氏鼠药案和言论自由[*]

苏 力[**]

摘 要：中国当代社会权利配置的制度化问题具有重要的社会价值。文中对《秋菊打官司》案、邱氏鼠药案的关注点并非其中一般的侵权法问题，而是其中隐含的宪法的、政制的问题，具体强调了言论自由的重要性、权利通约的可行性。即当言论自由与人身权在同一层面进行配置产生权利的冲突时，两个权利之间无法找到一个互不侵犯的界限，而它们产生的冲突可采取权利通约的办法加以解决。同时，提出了文学艺术、新闻报导以及其他有权势的知识界和职业界人士（包括本文作者）在行使言论自由权时更应当注意职业的道德自律。最后，赞扬了受诉法院对这两个案件的处理，感到中国法院开始从先前对事实问题的关注转向对法律问题的关注，法院的职能从仅仅重视解决纠纷转向了兼顾权利的配置。

关键词：言论自由　宪法　权利配置　法治

1994年12月和1995年2月，北京市海淀区人民法院和北京市中级人民法院分别对贾桂花诉青年电影制片厂的侵犯肖像权案（以下称"贾案"）、邱满囤就邱氏鼠药提出的侵犯名誉权案（以下称"邱案"）作出了初审和二审判决。尽管这两个案件所涉及的人物和事件并不十分重大，且都是下

---

[*] 本文原载于《法学研究》1996年第3期。
[**] 苏力，北京大学法学院教授。

层法院作出的判决,然而,在笔者看来,这两个判决可能是近年来我国司法活动和法治建设中具有普遍和深远意义的判决。其意义之重要不仅在于近年来不断发生新闻舆论、文学艺术和科学技术领域的某单位或个人"侵犯"公民、法人的名誉权、肖像权的案件纠纷,①因此这两个案件具有指导意义;还因为它们涉及中国当代社会的权利的总体配置和其他一些理论和实践的问题。法学界有义务将中国司法实践及其理论内蕴加以提炼、升华,使之成为法律活动的自觉。这不仅是对我国法学研究的理论挑战,而且这一努力还有可能对中国的法律实践产生深远的影响。

在近年的众多此类案件中,之所以选择这两个案件,是因为笔者有特殊的考虑。选择贾案是因为这是一个"难办的案件",而西谚有所谓"难办的案件容易引出坏法律"(hard cases make bad law)之说。在这个案件中,原告贾桂花是一个事实上受到伤害的"弱者";而被告是社会和经济地位都比较显赫的电影界人士。因此,就社会情绪来说,容易倾向于贾氏;然而一审判决却对贾不利。因此,这一案件可能比其他案件更能提出一些不易为我们的直觉觉察并不易为我们接受的问题。选择邱案,则因为这一案件所涉及的是科学技术界,而不是一般的新闻、文艺、出版界,这使本文所讨论的问题得以延伸,具有更为普遍的意义。此外,这一案件的二审判决体现了一种笔者认为对今后审理这类案件具有指导意义的原则,这一原则值得在理论上加以分析阐述并推广。最后,围绕邱案所引出的最后结果(邱氏鼠药被禁)比任何其他案件都更现实、更直接,也更充分地证明了保护言论自由不只是抽象的公民权利保护,还可以对社会的经济文化建设产生直接的积极后果。

一 案件与问题

有必要将这两个案件情况及背景作一简单介绍。

《秋菊打官司》(以下简称《秋菊》)摄制组在陕西宝鸡进行纪实性

---

① 据报道,仅 1993 年全国就受理名誉权案件 4760 件,比 1992 年增长了 29%,参见方流芳《名誉权与表达自由》,《东方》1995 年第 4 期。关于这类案件的介绍,可参见王旭《1992:中国名人诉讼年》,《法律与生活》1993 年第 9 期。近来有影响的还有国贸中心诉吴祖光侵犯名誉权案、江珊诉中央实验话剧院院长赵有亮侵犯名誉权案等。

摄影时，摄下了一位在场卖棉花糖的公民贾桂花的形象。贾氏自称因"生理缺陷"（贾氏患过天花，脸上有麻子）从来"连照相都不愿"。影片公映后，贾氏形象公之于众大约四秒钟（但并不能明显看出患过天花的痕迹）。有熟人嘲弄贾氏"成了明星"、"长得那样还上电影"，其子在校也遭人戏谑，这使贾氏极为痛苦。为此，贾氏经律师代理在北京市海淀区人民法院向《秋菊》剧组所属的北京电影学院青年电影制片厂提出诉讼，认为《秋菊》剧组以营利为目的（因电影是商业发行的）侵犯了她的肖像权，要求影片摄制者向其公开赔礼道歉，剪除影片拷贝上贾氏的镜头，同时赔偿贾氏精神损失费人民币 8000 元。此案经过审理，海淀区法院于 1994 年 12 月 8 日作出了一审判决，认为《秋菊》剧组的行为不构成侵权，驳回贾氏的诉讼请求。目前此案已上诉至北京市中级人民法院。①

此案判决似乎获得了文学艺术界和新闻报道界的好评，他们认为这一判决是公正的、实事求是的。在此案初审判决的同一天，中央电视台《焦点访谈》采访报道了这一事件。报道中，赞同此案判决的人指出，如果这种摄影行为构成侵权的话，那么"以后电影（电视剧、纪录片、新闻报道）没法拍了"。尽管该采访报道是相当公允的，但主持人在结语中评论说，此案的决定表明"个人利益应当服从社会利益"。②

然而，此案的判决，特别是电视主持人的评论，引起了一些人的不满。③在私下论及此案时，许多人，包括一些法学界的同人，倾向于认为《秋菊》剧组事实上给贾氏造成了伤害，因此，应当给予贾氏赔偿；尽管这种赔偿也许会给以后的文学艺术创作、新闻报道带来一些不便，但在市场经济发展、人民的权利意识增长的今天，同时考虑到中国社会长期以来过分强调个人利益服从社会利益，国家应当侧重于保护公民，特别是普通公民的权利。

与此案相联系，近年还发生了多起有轰动效应的侵犯名誉权案，其中

---

① 中央电视台《焦点访谈》，1994 年 12 月 8 日；《〈秋菊打官司〉肖像权纠纷有"说法"》，《法制日报》1994 年 12 月 10 日，第 2 版；《〈秋菊打官司〉肖像权案庭审纪实》，《法制日报》1994 年 12 月 12 日，第 7 版。
② 以上引语都是出于记忆。尽管个别语词可能有差别，但大意如此。
③ 《北京青年报》1994 年 12 月 10 日，第 4 版。

之一是 1995 年 2 月北京市中级人民法院二审终结的邱氏鼠药案。邱满囤是河北省的一位公民,声称发明了一种诱杀老鼠的特效药,在这一技术的基础上,邱氏创建了一个颇有名气的老鼠药工厂。五位科学家根据他们的经验和一般的科学原理,在未对邱氏鼠药进行实证研究的情况下,在科技报纸上对邱氏鼠药及其宣传提出了批评。他们认为邱氏鼠药中含有某种或某些对生态有害而为国家法令所严格禁止使用的有毒化学物质,认为科技界和新闻界应当严肃认真地对待这种科学的或涉及科学的问题,防止伪科学的泛滥。邱氏因此对这五位科学家提起诉讼,认为科学家的批评违背了真实情况,侵犯了邱满囤本人和邱氏鼠药工厂的名誉权。①

此案一审的中心问题是邱氏鼠药中究竟有没有被国家严格禁止使用的有毒物质。据称经 6 次检验,结论是一半对一半;在没有结论性实验报告的情况下,一审法院判决邱氏胜诉。科学家们不服,上诉。二审判定科学家们的批评没有侵犯邱氏的名誉权,但对邱氏鼠药中究竟是否含有违禁物质未作出判决。②

这一案同样引起了一定的争论。科学界人士一般认为,这五位科学家的言论没有侵犯邱氏的名誉权。但此案之所以能够立案审理,并有一审判决,显然是法院认为在此案中科学家们有侵犯邱氏名誉权之可能;而且二审的判决似乎也留下了一个尾巴,没有对邱氏鼠药中是否含有违禁物品作出决定。③在习惯于强调"以事实为根据"的我国法学界,一些学者和律师在私下曾认为,此案的关键问题是邱氏鼠药究竟有没有违禁物质,因此重要的是查清这一事实;无论什么人,包括科学家,都必须对他的言论的真实可靠负责。

二 权利的冲突

表面看来,这两个案件所涉及的问题是比较简单的,贾案涉及的是肖

---

① 《邱满囤坦言不再上诉》,《北京青年报》1995 年 3 月 8 日,第 4 版。
② 这一问题在本文完成初稿之际已有"终结",据《人民日报》1995 年 4 月 12 日第 5 版报道,国家有关机关已经对这一问题作出决定,认定邱氏鼠药中含有违禁的剧毒物质,严令禁止使用。这一案件似乎已最后终结,但这里所涉及的法律问题并没有终结,因此本文所讨论的问题并不过时。
③ 据报道,邱满囤自己在二审后就论及这一点;具体参见《邱满囤坦言不再上诉》,《北京青年报》1995 年 3 月 8 日,第 4 版。

像权问题，邱案涉及的是名誉权问题。但如果仅仅按照原告律师的请求来界定案件的核心法律问题并进行审理，笔者认为，无论最后的判决结果如何，它都将失去重要性，并且都将不利于被告一方。① 换言之，即使在作为个案的这两个案件中被告一方赢了，在此后的同类案件中，处于与被告类似境遇的其他一些人仍然会受到这种诉讼的威胁。这是因为，案件界定审理的问题未能有效地回答正在发生的或即将发生的诸如此类的案件体现的当代中国社会中的权利配置问题。而事实上，我们看到，在围绕这两案的社会轰动效应中，人们所关心的绝不仅仅是贾氏是否受到了伤害（这个问题不同于《秋菊》剧组是否侵犯了贾氏的肖像权），或者科学家们的批评是否完全准确。这些问题只是对当事人本人是重要的。人们所关心的实际上是这些案件判决所体现的社会中一些权利的总体配置，如上面提到的电影界说如果贾氏胜诉"以后无法拍电影了"，以及在邱案发生之后许多著名科学家纷纷出面为五位科学家呼吁。② 尽管由于种种原因，他们未能或无法明确地将他们的关切以一种更为普遍的法律语言表述出来，但至少表明人们所关心的并不仅仅是案件本身的结果。③ 那么他们关心的是

---

① 一案件中进行审理的核心问题是什么，对案件的结果有很大影响，参见 Pat Lauderdale, ed. *A Political Analysis of Deviance*（University of Minnesota Press, 1980）；特别是在该书第2章中，作者生动地描述了法庭内诉讼双方争夺定义权的行动。并且，即使在非普通法国家，这两个案件的定性对今后此类案件的界定也具有一定的定式示范作用，但就本文讨论的两案，特别是贾案来说，界定法律问题的主要责任不在法院，而在于诉讼双方和他们各自的律师。因为，从法理上看，法院应当就诉讼双方提出的法律问题（而不是事实问题）进行审理，法院一般不应主动提出诉讼双方未提出的，但案件中隐含的法律问题并加以审理，即所谓不告不理。这只是就法理上说，而从总体上看，中国司法传统缺乏这种倾向。有关论述，参见苏力《法律活动专门化的法律社会学思考》，《中国社会科学》1994年第6期。

② 例如卢嘉锡等14位中国科学院院士建议"涉及科技的诉讼，司法部门应深入科学技术研究单位，听取科技专家的意见；在审理过程中，建议请有关学会指定有关科技专家担任陪审员，或组成陪审团；重大案件应请中国科学院院士、中国工程院院士提供咨询，在科学技术事实上为法官提供判决的依据，以确保科技方面诉讼审判的公正"，参见《中国科学报》1994年5月20日，第11版。

③ 这本来应当是法学界的学术职责，是律师界，特别是两案被告律师的职责，但我国法学界和律师界未能及时有效地从理论上提出和分析这一问题，这不能不说反映了中国法学界和律师界在一定程度上既缺乏理论的高度敏感又缺乏对现实的深刻关心。在本文定稿之际，笔者读到方流芳教授的这篇文章（方流芳：《名誉权与表达自由》，《东方》1995年第4期），方文实际上已敏感地触及了两种权利的平衡的问题，实际上触及了宪法问题，但他仍然没有从宪法或法治的角度展开讨论，而基本上仍然是将其处理为一个民法问题，并借用了美国侵权法的一些构架和观点。

什么呢？

笔者认为他们所关心的实际上是一种广义上的言论自由权或表现自由权的问题。具体到贾案中就是，当文艺家行使宪法赋予的文艺创作的自由权时，尽管他无意伤害他人，却有或者没有过错地（这句和下面讲的过错都不是法律意义上的，而是常识意义上的）伤害了他人，文艺家是否应当承担侵权的法律责任？应承担多少？什么是恰当的限制？而在邱案中问题是，当科学家行使宪法赋予的科学讨论自由权和公民的言论自由权时，尽管他无恶意伤害他人名誉权以及相伴的财产权，但有或者没有过错地造成了事实上的伤害，科学家是否应当对这种伤害承担责任？应承担多少？什么是恰当的和必要的限制？① 因此就此案本身来看，其所涉及的并不是"个人利益服从社会利益"的问题，而是两个个体所主张的两种权利之间的冲突。笔者个人认为，这才是这两个案件中提出的更为根本性的宪法性问题。也许在首先解决这些问题之后，才能对这两案的具体诉讼请求进行审理；并且也只有在这一构架下，才能作出更具普遍意义和更为深刻的分析。

当笔者提出这样一个宪法性的法律问题时，人们也许很快就会意识到问题的重要性，并根据各自的偏好而得出一些判断。支持文艺家和科学家的人们（包括他们自己）很快会提出言论自由是宪法赋予的根本性权利，而相对说来，肖像权和名誉权可能相对次要一些。② 而支持贾氏或邱氏的人们完全可以很快提出宪法赋予的"言论自由"从来不是，在任何国家也不是绝对的，并且宪法第 38 条也有规定：公民的人格尊严不受侵犯。③ 的确，"言论自由"从来不是绝对的，然而，肖像权和名誉权也从来不是绝对的（笔者将在后面论述这一点）。因此法学家也许无法仅仅以法律效

---

① 笔者在此分别以"无意"和"无恶意"来分别限定文艺家和科学家，隐含意是并不是所有的言论都应享有同样程度的自由权。这种隐含意与笔者的前见——笔者认为科学的言论自由比文艺的言论自由对这个社会更为重要有关。但这并不是结论，而需要进一步的研究和另文讨论；因此，笔者并不坚持这种观点必定正确，而希冀引起人们理论上的争论。但即使笔者退后一步，也不影响本文的核心论点。
② 《中华人民共和国宪法》（1982），第 35 条。
③ "公民的人格尊严不受侵犯。禁止用任何方法对公民进行侮辱、诽谤和诬告陷害。"这似乎是包括了对公民的肖像权和名誉权的保护。但即使作这样的解释，肖像权和名誉权之保护也是为《中华人民共和国民法通则》第 100 条、第 101 条和 121 条规定的，我们也只能认为其法律渊源是《中华人民共和国宪法》（1982）第 38 条。

力的等级性等法理原则来支持这种或那种观点；他们必须深入分析这种权利的冲突。

权利冲突，笔者更愿意称之为权利的相互性——美国法律经济学家、诺贝尔经济学奖获得者科斯的一个重要发现。科斯在分析"公害"（nuisance）及诸如此类的侵权案件时指出，传统的做法是要求公害施放者对由其引起的公害给予损害赔偿；这种似乎是毫无疑问的做法实际上"掩盖了不得不作出的选择的实质。人们一般将该问题视为甲给乙造成损害，因而所要决定的是：如何制止甲？但这是错误的。我们正在分析的问题具有相互性，即避免对乙的损害将会使甲遭受损害。必须决定的真正问题是：是允许甲损害乙，还是允许乙损害甲？"① 在贾案和邱案中出现的正是这样一种情况：表面看来，是被告的行为侵犯了原告的权利；但如果换一个角度，并且不预先假定哪一方的权利更为重要，我们就会发现如果我们满足原告的请求，就会侵犯或要求限制被告的权利。因此，无论法院的最终决定如何，它保护一种权利的时候，实际上必然侵犯另一种权利。这就是权利的相互性。

科斯的分析对传统法学理论提出了重大挑战。② 传统的法学理论一般认为，权利与权利之间是可以划清界限的；严格依法界定并保护一个人的合法权利，实际上也就是界定了和保护了他人的权利。然而，从这两个案件中，我们发现情况不是如此，我们发现权利是交叉重叠的，在两个权利之间无法找到一个互不侵犯的界限，除非我们专断地认定一个界限并声称这就是互不侵犯的界限。即使作了这样的界定，也只能在字面上保持权利的互不侵犯，它没有而且不可能改变权利的相互性。

在现代社会，权利相互性是一种极其普遍的法律现象。科斯所说的公害和污染的现象是这样的，而我们在日常生活中也经常遇到这种情况。例如，深夜仍在营业的舞厅的音乐影响了我的休息，从理论上看，我有不受打扰的权利，而舞厅老板有利用其财产营业收益的权利。又如，从理论上看，任何人都有不受因他人的行为而受严重感情伤害的权利，但有多少子

---

① 〔美〕罗纳德·哈里·科斯：《社会成本问题》，载《论生产的制度结构》，盛洪、陈郁译校，上海三联书店，1994，第142页。
② 这也许是科斯对法学的最大贡献之一，但法哲学家一直未在学理上给予充分重视和阐述；他的权利相互性发现使法学必须重新构建权利义务概念和界定权利义务关系。

女在行使其婚姻自主权时使其父母痛心疾首、要死要活？随着社会生活的发展，人们的交往日益频繁，这种权利的碰撞的可能性日益增加，我们事实上总是处在一种权利相互性的境地。由此，我们可以看出，仅仅一般地在法律文本上承认公民或法人有权利远远不够，因为所有这些被承认的权利在某种程度上或某些时刻均可能发生冲突。对法律活动来说，也许重要的不是承认权利，而是如何恰当地配置权利，并因此给予恰当的救济。也正是由于这个原因，普通法上的权利一直同司法救济相联系，有"无救济就无权利"之说法。

三 权利的通约和权利的配置

如果承认权利的相互性，我们应当如何判断保护何种权利、保护谁的权利呢？传统的法学理论对此没有给予充分的回答，甚至没有给予提示。似乎除了作出某种关于权利的价值判断之外，谁也不能合乎情理地并令人信服地声称自己的权利是优先的，并因此要求他人的权利必须为自己的权利让步；而除了对诸多权利分享类似的价值判断之外，谁也无法心悦诚服地接受他人的价值判断。① 科斯认为，在出现权利相互性的时候，如果交易成本为零，那么无论初始权利配置给谁，最终的结果都将是一样的：产值最大化，或避免最大的伤害。但现实生活中，不可能有交易成本为零的理想状态，交易成本总是为正。在这种情况下，科斯的研究发现，不同的初始权利配置，将产生不同的社会总产值。② 因此科斯主张，在权利冲突时，法律应当按照一种能避免较为严重的损害的方式来配置权利，或者反过来说，这种权利配置能使产出最大化。③ 笔者认为，这一原则也适用于

---

① 这并不等于说传统法理学著作中关于权利的价值判断及其总体态势（pattern）都是无理的。相反，在笔者看来，由于在总体上社会制度对学术的决定性作用以及经济效绩对制度的制约作用，法理或法律中体现的价值判断和态势具有存在的合理性。

② 这被分别称为科斯第一定理和第二定理，其论证以及交易成本的概念，具体参见〔美〕罗纳德·哈里·科斯《社会成本问题》，载《论生产的制度结构》，盛洪、陈郁译校，上海三联书店，1994，第142页。

③ 这两种表述在科斯的分析中实际上是完全一致的，但对许多关注"价值"而反对"功利"的人们来说，后一种表述是难以接受的，而前一种表述则是可以接受的。这是否反映了我们思维方式有一些问题？

邱案和贾案中的言论自由权和肖像权或名誉权的配置。

有人会指出，科斯讲的是产权的配置，而我们在此讨论的是人身权和自由权。这两种权利是不可通约、不可比较的，因此，这两种权利是无法在同一层面上配置的。

笔者承认，在一般的传统的法学理论中，这两种权利也许是不可通约的，因此无法谈配置和选择。但在更抽象的层次上，这两种权利也许是可以按照科斯定理的原则加以配置的。不仅科斯本人曾在一篇文章中谈到他不相信商品市场与思想市场的区分是有根据的，不认为这两个市场有根本的差异；① 而且事实上，只要我们稍稍从法学家的规范性（ought to be）立场偏离，就会发现，在日常生活中，人们经常将一种权利转化为另一种权利，并加以比较和交换。例如，作为人身权之一的肖像权原则上是个人性的，但肖像权事实上是可以通过契约转化为财产权的。日前发生的几起肖像权诉讼中，造成争议的常常是侵权人未给予经济补偿就使用了他人肖像，而一旦给予经济补偿，这一争议就消失了。如果肖像权真的是一种不可转让的绝对的人身权，那么在给予了经济赔偿之后，为什么就可以继续使用某人的肖像来做广告？事实上，在许多国家的法律实践中，包括我国的许多民法理论著作中也有侵权行为（包括侵犯肖像权）引起的"侵权之债"。也正是在这个意义上，自古以来就有学者认为侵权损害赔偿实际上可以说是一种事后的、"非自愿进行的"交易或权利转让。② 这说明那些表面看起来是不同种类的权利是可以或可能通约的（同时也说明了肖像权或名誉权不是绝对的）。如果认可这一点，那么权利配置不仅是可能的，而且是必要的；而且，这也必然得出言论自由也不总是绝对的的结论，在一定条件下，言论者必须对自己的言论所造成的后果负责。

那么在贾案和邱案中，应当如何配置权利呢？哪一种配置能避免更大的

---

① 〔美〕罗纳德·哈里·科斯：《商品市场与思想市场》，载《论生产的制度结构》，盛洪、陈郁译校，上海三联书店，1994，第341页。

② 关于侵权之债，参见查士丁尼《法学总论》，张企泰译，商务印书馆，1993；关于损害赔偿是一种事后的合同的观点，最早可见于亚里士多德的《尼格马科伦理学》；参见苗力田主编《亚里士多德全集》卷8，苗力田译，中国人民大学出版社，1992，第101、103页；参见 Richard A. Posner, *Economic Analysis of Law*, 4th ed. (Little Brown and Company, 1992), pp. 168–169；参见〔美〕波斯纳《法理学问题》，苏力译，中国政法大学出版社，1994，第454页。这里的"非自愿进行的"仅指由法院强制执行，但在另一种意义上，仍然可能是自愿的交易。

伤害，或产生更大的总体社会效益呢？这就必然涉及权利配置的方式问题。

四 制度和权利配置方式

社会权利的配置有两种基本的方式，一种是制度化的方式或规则的方式。① 这种方法既存在于普通法系国家，也存在于并且更多存在于大陆法系国家。这种权利配置以宪法或其他成文法的规则形式将权利规定下来，或通过司法而被确立为原则，并通过法学家的理论阐述来限定和解释。例如，言论自由在许多国家，无论是普通法系国家还是大陆法系国家，都被规定为公民的基本权利，优先于其他权利。②

另一种权利配置方式则是衡平的方式，或个案的方式；③ 法官针对每个案件的具体情况作出合乎情理的处理，可能有或没有一般的规则。在这种配置方式中，"权利"是该案中的具体的权利，"义务"是该案中的具体的义务（也许根本不使用权利义务的概念）。由于这种权利配置方式不重视规则的一般性，过多受具体案件中具体事实的左右，因此不容易产生一般的、确定的法律上的权利概念和权利预期。④ 因此在一定意义上甚至可

---

① 严格说来，在制度层面上，这种方式和下面谈到的衡平方式都是"制度的"，但我们习惯于将那种随机应变的方式称为"非制度化的"方式，因此，为适合我们的习惯用法，笔者仅称这种方式为制度化的方式。
② 例如，在美国言论自由（广义的，包括艺术表现、新闻出版、游行集会等）自20世纪40年代以后被视为"优先的自由"（preferred freedom）。
③ 这种规则的或衡平的权利配置方式概念的提出，受到波斯纳的启发，但并不完全相同，参见〔美〕波斯纳《法理学问题》，苏力译，中国政法大学出版社，1994，第54页以下。
④ 许多法学家认为这是法律规制社会的最重要的作用，例如，卡多佐认为法律是确立的行为原则或规则，其以合乎情理的确定性证实一种预见 [Benjamin Nathan Cardozo, *Selected Writings of Benjamin Nathan Cardozo* (Fallon Publication, 1947), p. 52]；韦伯认为，资本主义要求法律可以理性地算计 [Max Weber, *On Law in Economy and Society*, trans. by Edward Shils and Max Rheinstein (Harvard University Press, 1954)]；卢曼认为，法律的功用就是协调人们的预期，以排除偶然性 [Niklsa Luhmann, *A Theory of Sociology of Law* (Routledge & Kegan Paul, 1985)]；波斯纳的法律经济学分析的基础就是人的理性预期 [Richard A. Posner, *Economic Analysis of Law*, 4th ed. (Little Brown and Company, 1992), pp. 168–169]，规则的作用就在于减少信息费用，减少不确定性（〔美〕波斯纳：《法理学问题》，苏力译，中国政法大学出版社，1994，第58页）；霍贝尔认为法律的首要功能就是确定社会成员中的关系，以表明社会允许什么行为、禁止什么行为（〔美〕霍贝尔：《初民的法律》，周勇译，中国社会科学出版社，1993，第309页）；此外，这也是制度经济学家对规则的看法。

以说,这里没有权利的制度化配置,而只有个案中的"利益"配置。① 这种"权利"配置方式在中国传统司法中比较突出。② 近代以来,尽管中国实际上采取一些制度化的权利配置,③ 而当代中国又在理论上提出了法律制度化的重要性,④ 但由于传统的影响,由于"制度"在中国往往被理解为组织机构,而较少被理解为规则化的运作或游戏的规则,⑤ 因此中国当代司法和执法实践和人们解决纠纷的思想仍然受传统很大影响。⑥ 因此,所谓的权利配置是指这种制度化的权利配置。所谓最大效益的权利配置,并不是指,至少主要不是指个别案件中的最大效益的权利配置,而是指社会的

---

① 所谓权利,在一定意义上就是说,如果他这样的行为,即使会引起某人或某些人的不快、反感、损害甚至人们的普遍不赞成,他仍然得到法律上的许可,言论自由作为一种权利并不要求人们发表的一定是正确的意见和观点,而是保证人们可以发表一些不一定正确,甚至是错误的意见和观点,只要这种错误不是严重地损害他人的(实际就是社会的)利益。因此谈权利可以说就是制度化的权利。

② 韦伯曾指出东方国家的司法普遍具有这一特点。参见 Max Weber, *On Law in Economy and Society*, trans. by Edward Shils and Max Rheinstein (Harvard University Press, 1954)。梁治平对中国的法律文化传统作了精到的分析,他认为中国的"礼法文化"中尽管似乎有权利义务之表象,但根本没有权利义务的内容,滥用"权利"、"义务"概念套用中国法律文化是误人子弟的(参见梁治平《礼法文化》,载《法律的文化解释》,三联书店,1994)。这种"权利"配置方式,与前一种权利配置方式一样,都有其长处,但也有其短处,因此,我并不笼统地认为这种权利配置方式不如前一种方式。

③ 例如,在婚姻问题上,我国的法律将权利配置给了婚姻当事人,而不是其父母或其他人。因此,即使某个婚事"伤透了爹妈的心"甚至引出严重的事故,婚姻当事人也不构成对他人权利的侵犯。

④ 参见季卫东《司法程序论》,《比较法研究》1993年第1期;又如近年中国一些中青年制度经济学家的许多工作,参见陈昕主编《社会主义经济的制度结构》,上海三联书店,1993。

⑤ 关于制度和组织机构的区别,参见〔美〕道格拉斯·诺斯《制度、制度变迁与经济绩效》,刘守英译,上海三联书店,1994,第3页。

⑥ 例如,在邱案等其他有关科技的名誉侵权案件发生之后,科技界的许多著名科学家提出应建立科技陪审团制度,以确保科技方面诉讼审判的公正。理由是"科学研究必须实事求是,司法工作的原则是以事实为根据,以法律为准绳。科学法理在客观事实面前是相通的,需要互相依靠,互相尊重"(周庭芳:《科技界与法律界需要沟通》,《中国科学报》1994年12月12日)。这种建议实际上就是主张一种非制度化的权利配置方式。这种建议有其合理之处,但问题也很大:这种科学陪审团制一方面将大大增加科学技术界的非专业负担,另一方面将使法院在这类案件中几乎形同虚设,成为陪审团的傀儡;而更重要的是使进行严厉的学术批评的科技工作者处于一种极为不利的境地,科学家可能在理论上有科学批评的自由,但实际上他的权利完全基于他完全地了解他所批评的那种现象、技术、成果的一切细节;如果略有失实或有重大失实,他就失去了"权利"。

制度化权利配置。① 因此，贾案和邱案必须在这种配置的背景下加以考虑。

五 言论自由的重要性

尽管言论自由的重要性众所周知。然而，如果要对初始权利进行配置，我们无法先验地确定一种权利的相对重要性。因此，就论证各种权利的相对重要性而言，我们首先必须有这样一种制度或这样一个"市场"，使得当事人（不仅是诉讼的当事人，而且包括所有关心案件结果和判决意义的人——科学家、文艺家、法律家以及大众）都能够表示（signal）他们对权利的偏好或他们对这些权利的相对重要性的判断。在这一方面，尽管言论自由不是唯一的表达途径（人们的社会生活的行为本身往往就在表达、认定和确立这种权利的相互性），但言论自由往往是表达的一种最重要、最便利的方式。因此，在这个意义上，言论自由可以说本身就是这样一种公共选择或社会选择得以进行的先决条件和前提条件，因此具有一种逻辑上的先在。

当然，法律不是或不仅仅是逻辑，因此这种逻辑的论证是不够的，更重要的是现实。对此，我无须重复各国学者的很多论述；我想在此添加的是针对我国国情和这两案案情的一些新论述。

首先，言论自由的重要性不在于言论自由被规定为公民的基本权利，从根本上看，在于这种规定的制度效益。近代以来世界各国一直将言论自

---

① 熟悉科斯著作并细心的读者会发现，科斯在讨论社会成本问题时，对权利的配置也是从个案角度讨论的，而没有讨论一般性的制度性的权利配置。例如，他认为，在有污染的工厂和当地居民发生权利相互性时，法院应当以效益最大化的原则进行权利配置。科斯说的这种配置方法似乎表面如同我国司法实践历来所侧重的那样，即一旦发生纠纷，针对每个案件的具体情况是非曲直来解决纠纷；但如果作这种理解就将是对科斯的误解。科斯之所以这样做，并不是主张，要在每个案件中作比较效益的分析，而是试图通过一些具体的个案分析得出他的定理。首先，这是他的反"黑板经济学"、注重实际问题分析的研究方法所要求的。其次，是由于科斯讨论这些问题时的制度背景在普通法中，一旦一个案件确定之后，其后的案件除非在适用法律的事实上有重大差别，否则前例中所体现的原则和司法决定将对后案有法律的约束性作用。久而久之，这就实际上形成并存在一种制度化的权利配置，尽管其初始的权利配置是在个案中决定，并通过一系列个案实现的。正因为此，科斯多次强调他的贡献在于强调了制度的重要性，并将他的中文论文集定名为《论生产的制度结构》（盛洪、陈郁：《再版前言》，载罗纳德·哈里·科斯《论生产的制度结构》，盛洪、陈郁译校，上海三联书店，1994，第1页以下）。

由（在此具体体现为文学创作的自由和科学讨论的自由）规定为公民的基本权利，并写进宪法；而对肖像权和名誉权的保护一般都由民法来进行。之所以这样规定，固然有一些意识形态的原因，但并不完全是或仅仅是意识形态的原因；也绝不仅仅是一种"统治阶级的意志"的结果。一种权利之所以能够长期坚持下来，被接受为社会中公民的基本权利，必定有一定的超越了表面的意识形态之论证的合理性。这种合理性和正当性，尽管有人基于概念化的普适人权，但在我看来，更主要的可能在于它给现代社会带来了巨大的实际效益。文学艺术自由带来了大量的精神产品（不否认也有伪劣产品），其受益者不仅是作者，从根本上看受益的是广大的社会公众（否则他们不会自愿花钱去消费）。而科学批评的自由更大大促进了科学的进步。可以说，近代社会的社会、经济、文化发展在很大程度上得益于"言论自由"。因此，在似乎专断的意志和纯粹的价值判断的背后，似乎有一种权利配置的绩效原则在起作用。

其次，尽管言论自由不是绝对的，而且从来也不是绝对的，① 但是对于我们这个民族的社会、科学、文化、经济、政治的发展来说，对于我们这个正在改革、追求更为开放的社会来说，我们必须选择一个基本的方向。我们是否应当更多地优先保护这种文化艺术和科学讨论的自由，将之规定为一种通例，一种规则？这种制度化配置的言论自由权利将对我国的改革开放更为有利。而且为了保证社会主义的民主法制的发展，特别是为保证公民的政治言论的自由，也必须有一个更为宽泛的、包括了一般的非政治性言论的自由。我们不可能设想，在一个国度里，对文学艺术的创作自由和科学批评的自由有相当严格的限制，而能有政治上的高度言论自由和民主。

不可否认，言论自由在能够给每个人和社会带来收益时，个人和社会必定会为此支付一定的成本。会有一些人因这种自由而受到有意和无意的损害。例如，在文艺表现自由的旗号下肯定会有一些淫秽荒诞的出版物；即使是认真严肃的科学讨论有时也可能压制了一些新发现，更会有人打着科学的旗号搞迷信（近年来有一些所谓的气功大师其实就是搞巫术）。但

---

① 美国这个自称言论最自由的国家，也只是到 1919 年的 *Schenck v. United States* 案时才第一次提出保护宪法第一修正案的言论自由问题，并判定言论自由不是绝对的。

问题是，又要马儿跑，又要马儿不吃草作为理想是好的，但现实中是不可能的。我当然希望每个人的一言一行都尽可能严格谨慎，对他人和社会负责。但问题是这种理想的状态无法实际操作。只要我们想一想，我们当中有谁一生中没有有意无意地说过几句言过其实的、可能对他人有所伤害的话呢？而且，即使是严肃认真的言论或表现，其是否构成伤害也并不完全是由言论本身造成的，而是与环境和接受者本人的情况相联系的（例如贾氏就可能比有与她相似的"生理缺陷"的其他人对上镜头更为敏感）。因此，对这个人可能不构成伤害的言论会使另一人感到受了伤害，对一般人不构成伤害的会使某个特定的人感到受了伤害。如果我们的法律要求人们在说话或作出某种行为时考虑到这一切情况，这种法律难道不是过于苛刻以致无法运作了吗（因此，法律总是强调对象的一般性，而拒绝过分的"因人而异"）？因此，为了避免更大的伤害，根据我国的国情和未来的发展趋势，我们必须作出制度性的权利配置选择。

最后，更大程度的言论自由可能是从根本上改变贾氏以及与她相似的其他人的境遇的最深刻和最有力的途径。我们只要想一想，就会发现真正伤害贾氏精神的只是由肖像引发的，造成这一伤害的最主要和最直接的原因是她周围那些不尊重他人而当面或背后嘲弄贾氏的人，① 这是我们社会中的某种封闭性造成或促成的。如果贾氏一直生活在一个更为开放的社会，她周围的熟人思想更为开放和尊重他人，也许就不会对贾氏作那种伤害性的评论；而即使有人这么做，贾氏也不可能感受到那么强烈的痛苦以致提出诉讼。我这里的境况虚拟并不是要否认贾氏受到了伤害，而仅仅想指出，给予文学艺术创作自由以更大的保护，也许是改变贾氏以及类似者的境况的一个重要甚至更为有效的途径。

在法律上将这种初始权利配置给言论者，并不是说在贾案和邱案中《秋菊》剧组和科学家们就一定总是正确无误，更不是说他们可以利用这种权力肆无忌惮地损害他人。而只是说，在一般情况下，至少当他们不是有意或恶意利用这种言论自由伤害他人或有重大过失并从中获利时，即使

---

① 由此可见，贾氏的律师之所以选择诉《秋菊》剧组而不是这些人，是有多种考虑的。但在法律上这并不能成为《秋菊》剧组的辩解，因为如果没有《秋菊》剧组的出现，贾氏就不会有她所经历的痛苦。在这个意义上，法院仍然可以将《秋菊》剧组定为贾氏伤害的原因，尽管不必须如此。

他们的权利行使损害了他人的某些利益，也应当受宪法的保护。如果要对他人的言论自由加以法律上的限制，权利主张者必须能够提出足够的证据证明言论者有法律上认可的过错并造成了或可能造成更大伤害，且这一限制不过多影响他人行使言论自由。换言之，要在涉及限制言论自由问题的侵犯名誉权或肖像权的诉讼中获胜，依据"谁主张，谁举证"的原则，权利主张者不仅要提出受到或可能受到伤害的证据，而且要证明言论者主观上有法律认可的过错（过失、故意或恶意伤害）；这种过错的行为造成了或可能造成伤害，且这种伤害比限制言论自由所带来的伤害要大；请求的限制不会具有太多的"外溢效应"（完全没有几乎是不可能的）而造成该言论者和其他言论者未来的言论自由权受到重大或实质性的限制。①

只要满足这些条件，具体个案中的权利是可以变更的；但这种变更必须仅限于该案或限于同类案件中具体的当事人的权利义务，而不改变或危及改变这种总体的制度化的权利配置。例如，一个人在影剧院放映电影时大声说话，即使他讨论的是非常重要的科学、社会或政治问题，影剧院的工作人员仍然可以请他离开，甚至请警察强迫他离开。他不得以自己的言论自由权为由而侵犯他人的权利。但是在这种例子中，对言论自由权的限制并不改变社会的总体的、制度化的权利配置。这位自由受限制的人仍然可以在自己家中，或适当的场合讨论他所要讨论的问题；他没有失去言论自由权，失去的只是在特定时间和场合行使言论自由的权利。这种限制没有对他的总体的或未来的言论自由构成实质性的或根本性的限制。

根据这一原则，我们可以说，目前许多已为法院接受、准备审理的相当数量的侵犯名誉权案是无法满足这些条件的，因此许多已经审理、正在审理或准备审理的此类案件②实际上难以构成应进入实质性司法审理的"案件"；在这样的原则面前，律师必然会趋于慎重提起诉讼，即使提出了，法院也可以无须进行实质性审查，可以以未满足举证责任为由而将其驳回或判其败诉。这样，司法机关就可能集中人力、物力和财力解决一些具有普遍和指导意义的案件。这种做法，不仅将有利于规制我国目前有"滥诉"之倾向

---

① 美国关于言论自由的司法决定实际上已经演化出了这一原则，即所谓的"不过宽"（overbreadth）原则。参见 Melville B. Nimmer, *Nimmer on Freedom of Speech: A Treatise on the Theory of the First Amendment* (Matthew Bender, 1984), pp. 4 – 147ff.
② 例如国贸中心诉吴祖光的案件，江珊诉中央实验话剧院院长赵有亮的案件。

的名誉权诉讼,① 而且将大大便利人们对自己权利义务的预期和权利义务的活动,从而大大减少整个社会在这一方面无谓地耗费各种资源。

六 贾氏和邱氏的诉讼请求对言论自由的限制

根据上述标准,有必要对两案原告的诉讼请求进一步加以考察,看看是否可能对言论自由构成实质性的重大限制。

贾氏的诉讼请求有三项:赔礼道歉、剪去镜头和 8000 元精神赔偿。赔礼道歉是否应当,取决于《秋菊》剧组是否有法律上的过错,而不仅仅取决于贾氏是否受到了实质性的伤害;② 此外是否有法律过错也是其他两项诉讼请求的基础。因此,如果就案件本身而言,也许我在此只要分析《秋菊》剧组是否有过错就可以了。但由于本文关注的并不是贾案或邱案本身,而是更为一般的言论自由权和其他权利之间的冲突问题。为保持论题集中,掂酌之后,我决定在正文中不就过错问题对贾案进行分析,而仅考察贾氏的后两个诉讼请求是否对被告或对其他言论者未来的言论自由权行使构成了实质性的重大限制。如果这种限制很小,不会对权利配置产生什么制度性的普遍影响,那么,在有法律上的过错和因果关系的前提下,法院也许可以认可贾氏的诉讼请求。

我认为剪去镜头的请求是不恰当的。这个四秒钟的镜头尽管有人物形象,但其在影片中的实际作用相当于一个空镜头,目的是展现一种社会氛围和调整影片节奏,它与剧情故事的发展并没有直接的必不可少的联系。许多人认为剪去这个镜头对影片的完整性几乎毫无损害。因此,仅仅从解决纠纷来说,《秋菊》剧组完全可以在这一请求上妥协。但问题的关键不在于这一请求是否对影片的内容有损害,而在于如果同意了这一诉讼请求,实际上,就是要求作者按照原告的要求来进行创作,就是要将原告的

---

① 最为典型的也许是广西北流市副市长梁成斌等三人因嫖妓而被在报纸上公布后,竟会诉记者侵犯他的名誉权;参见陈朝华《市长是不是"嫖客"?》,《南方周末》1995 年 4 月 21 日。漫画家丁聪曾有一幅漫画:一位相貌很丑的妇女因被爱慕者恭维为很美而要诉这位爱慕者侵犯名誉权;实际有感于滥诉现象而发。

② 这是民事侵权的构成要素之一。参见魏振瀛《分割名誉权的认定》,《中外法学》1990 年第 1 期;鲍金桥《论民事侵权责任原则》,《比较法研究》1990 年第 4 期。

意愿强加在被告作者身上;而被告是有权利按照自己意愿进行艺术创作和表现的,尽管被告的权利行使给原告带来了某种实际的,但未必是法律认可的损害。尽管存在事实上的伤害,但被告的行为并非法律禁止的,甚至未必违反了一般的社会公德。如果在这种合法并可能合乎一般道德的范围内,仍然要求被告服从原告的意旨,这显然是对被告权利在法律上无法认可地过分限制。8000元的损害赔偿也有同样的问题。问题不在于钱多少或谁有无支付能力,而在于有没有道理。如果法院判决被告必须支付贾氏8000元,那么这实际上意味着被告只有在支付8000元后才能行使他本来就拥有的言论自由权。

如果仅仅限于此案,那么这些请求也许都不那么严重;然而,问题在于这个案件在很大程度上具有一种示范作用。如果贾氏的请求得以成立,有人说《秋菊》中所有因被纪实性拍摄而进入影片的大约300人就都可以以同样的理由起诉,"这样一来,根据小说《万家诉讼》改编的《秋菊打官司》,就真的陷入了'万家诉讼'的尴尬境地"。① 这些语言显然是夸张的,肯定不会有那么多人提出诉讼,即使提出诉讼,其中绝大多数人也肯定会输。但有一点是肯定的,即许多人可以以此为范例而拥有诉因(cause of action)和诉权,这不仅会使文艺家以及许多人处于对自己的行为的法律后果难以预期的境地,而且文艺家可能会迫不得已卷入大量诉讼之中。即使是善意的、非批评暴露性的电视剧、新闻报道、绘画、摄影,甚至小说创作和文学评论(诸如"未经我的许可,对我作品进行批评,使我身心受到创伤"之类的诉讼就可能出现)也将受到重大威胁。任何涉猎于这一领域的人都不可能有一个大致确定的预期,他将无法确定自己能够做什么,不能做什么,这将对言论自由构成实质性的限制。②

同样的道理,在邱案中,就算科学家们的批评与事实不完全相符,并

---

① 陈维光:《肖像权——是否被侵犯?》,《北京日报》1995年1月27日,第6版。
② 有人可能会指出,《秋菊》摄制组本来可以事先征求贾氏或他人同意,并通过支付手段达成某种交易。这种提议仍然是无法操作并有重大制约性的。由于纪实性摄影最后编辑组合现于银幕的场景和人物并不是事先预定的,而是事后从大量素材中的挑选组合,因此以事先征求同意为前提,不仅会完全丧失这类电影所追求的生活流效果,而且由于没有确定的交涉对象,或者说有太多潜在的交涉对象,因此交易成本(所要花费的时间和财力)极高,以致交易失败——电影无法拍摄。这仍将对电影文艺创作自由构成巨大的实质性限制,甚至这类电影完全无法进行。

因此使邱氏鼠药工厂的经济收益受到了损害，那么又怎么样？如果每个科学家都必须对自己讨论的每个问题以至每个细节有了完全了解才能发言，那么还有哪一位科学家敢批评其他人呢？谁敢保证——尽管是出于职业道德和好意——自己的理解没有一丝错误、尽善尽美了呢？还有谁敢一般性地就科学技术问题发表任何批评或表扬意见吗（由于要抽象，对任何一般现象发表看法必然会省略许多细节；而任何批评在一定意义上都是有意要使被批评者受到某种事实上的"伤害"）？这样的"严格要求"只能窒息科学研究、讨论和批评，只能阻碍科学技术的发展。

从事后看来，邱氏鼠药之所以最终被查禁，不就是因为有一些敢于进行批评、坚持自己的科学责任感和行使自己的科学批评的自由的科技工作者吗？如果没有他们的引起了诉讼的批评，也许今天邱氏鼠药还在继续污染着我们的生存环境。没有一大批这样的有责任感但也许有偏颇、固执甚至有偏见的科技工作者，我们的科学技术是不可能真正健康地发展起来的。

更展开一点，社会科学家呢？如果法院接受邱氏的诉讼请求，并作为一般原则加以坚持，我们的社会科学家还敢对国家各级政府的计划决策或社会中的其他现象提出任何批评吗？我们其他个人（包括贾氏和邱氏本人）还可能对任何现象发表言论吗？我们对任何个人、单位或法人的有社会影响的批评都可能因不实之处而被指控为侵犯名誉权，那样一个社会是不可想象的，也是我们每个人包括邱满囤本人都无法忍受的。

在此，我还要提出两点以支持我的观点。第一，真正的自然科学技术（在其他问题上可能有例外）是不怕批评的，因为自然科学特别是技术和技术产品的效力和效果一般是可以重复测定的，其标准相对说来比较确定。因此，在自然科学技术问题上必须格外注意保护批评的自由。第二，在许多情况下，批评事实上也并没有损害产品或工厂或个人的名誉权。相反，这种批评甚至可能提高了其名誉，增加了其销售。① 近年来，之所以有许多人或法人打这种名誉权、肖像权的官司，是因为这在事实上增加了其名望，有人有意借此来增加名望，扩大或保持影响。② 这种现象虽然不

---

① 对小说《废都》的批评何曾减少了其销售？这种批评甚至增加了其销路。
② 多年前，曾见过华君武先生的一幅漫画，画的是一个人趴在凳子上，亮出屁股，对旁边的一个手拿鸡毛掸子的人说，"你快来打我，一打我就出名了"。

普遍，但其中的人情世故也许值得我们法律界和法学界深思。

无疑，我们的社会要保护公民的名誉权或肖像权，但问题是以什么为代价，以多大的代价！

七　结语

至此，也许有些读者发现作者似乎没有回答贾案和邱案提出的许多具体问题，相反提出了许多问题，文章却已进入了结语。这是因为本文虽然围绕着两个民事侵权案件，但其所关注的并不是其中一般的侵权法问题，而是其中隐含的宪法的、政制的（constitutional）问题。① 本文的要义不在于提出一个具体的解决办法，而在于提出一些关于中国法治发展的重要问题，希望引起法学界和法律界的思考。

本文的核心是提出一个思路，提出这些案件中被许多人所忽视的重要的社会价值，提出权利配置的制度化的问题。因此我们在处理一般的所谓民事的、刑事的、经济的或行政案件时，我们的律师和法学家们不能仅仅着重于"官司的了结"，而忽视一个社会中的纠纷所具有的多重法律问题和普遍的意义。我们需要专门家，但我们应当从大处着眼，小处着手。只有这样，才能对我国的社会主义法治建设作出更大的贡献，才能使法学的研究成为法学，而不仅仅是"律学"。

---

① 因此，笔者并不认为笔者对这两个具体案件的分析必定是正确的。笔者希望法学界的同人提出更重要、更周全、更有分量的分析。他们也许会指出将权利配置给贾氏或邱氏这样的人更为重要、更为合理，因为这些平常人更值得保护；而文学艺术界和科学界由于在社会中有相对显赫的社会地位、有更多接近权力和传媒界的途径，因此宪法应将权利赋予那些普通的小人物，笔者准备接受这样的有道理的、有说服力的分析和批评（而不仅仅是道义上的主张）。笔者也准备接受这样的分析：即使《秋菊》剧组有艺术表现自由的优先权，但这种自由权利也不能等同于科学批评和研究的自由，因此不具有那么优先的地位（笔者在前面的脚注"笔者在此分别以'无意'和'无恶意'来分别限定文艺家和科学家，隐含意是并不是所有的言论都应享有同样程度的自由权。这种隐含意与笔者的前见——笔者认为科学的言论自由比文艺的言论自由对这个社会更为重要有关。但这并不是结论，而需要进一步的研究和另文讨论；因此，笔者并不坚持这种观点必定正确，而希冀引起人们的理论上的争论。但即使笔者退后一步，也不影响本文的核心论点"及相关的正文中已隐含了这一点）；即使优先，但根据贾案的具体情况，《秋菊》剧组仍然应当给予贾氏某些赔偿，等等。但这些论点都不能改变本文的核心问题。

应当指出，法学和法律界有不少人是出于保护公民权利（肖像权、名誉权以及与此相伴的经济权利），特别是保护"弱者"来为贾桂花案件"讨个说法"的。这种为在中国当代社会中公民权利的保障和发展努力的劲头和热情无疑是应当被肯定和褒奖的，这种努力保护"弱者"的道义感是可贵的。但我看到的问题更可能出在这里，我们在热诚或极力推进和保护一种权利，并认为是正义在手而大义凛然之际，也必须看到是否会不留心地削弱了另一种同样应当得到重视和保护的权利，特别是那种不具有显著和直接物质收益的公民权利，那些并非某个人所独占的公民权利，例如言论自由权。我们必须平衡这类案件所涉及的各种利益。确实，我们生活在一个对公民的权利保护日益增强，而且也必须日益增强的时代。但我们从来没有，也永远不可能生活在一个没有风险、没有错误的时代。既然有风险，有代价，那么总是必须有人（而不论他是谁）来支付这些风险带来的代价。将这种代价通过法律转移由他人或社会来支付（例如通过保险制度），也许是可以的，有时甚至是必要的，但如果考虑到不同个人之间的不同权利的冲突，也许我们应当对在同情心或直觉刺激下作出的决断略加迟疑。我们不能因保护了一种权利而伤害甚或否定了其他的权利。这里的问题不是或不只是谁支付得起这个代价，而是由谁支付了这种代价之后会对这个社会产生什么样的后果。作为制度的法律就应起到这样的作用，防止我们由于一时冲动而干一些貌似公正而其实未必恰当的傻事。

同时，这也就表明道义上无可非议的命题——保护"弱者"在法律制度上的局限性，因此必须有所制约。即使是保护弱者也不应超越法律。因为当我们强调弱者而不是强调案件本身的是非时，我们实际上是主张调整法律的规则来迁就某个与案件当事人有关的具体因素。其结果必然是对"强者"和"弱者"适用不同的法律，这实际上为法律面前人人不平等开了道。试想，如果在《秋菊》案件中，提出诉讼的不是贾氏，而是一位政府高级官员或一位社会名流，我们会对这一案件的审理有一个什么样的期望呢？目前的一审法院判决会引起我们的什么样的感觉呢？而且"弱者"、"强者"之分别并不总是确定的，在社会普遍有保护"弱者"的心态下，弱者未必就弱，强者也未必就强。而法律所要保护的不仅是"弱者"的权利，还是一切公民的合法权利。由此我们也许应当重新反思我们对"法治"和"法律面前人人平等"的习惯理解。① 我们不仅要强调政府官员、社会名流犯了罪要受同样的惩罚,而且要注意不能因为某个人是"弱者"就在个案中改变法律(我并不反对在某个范畴内对"弱者们"提供特殊的保护,但这种法律保护的范畴仍然具有一般性)。因为真正作为制度性的"法律",而不是作为一种纠纷解决办法的"法律",从来都是强调一般性,而较少考虑特殊性。这就是法律面前人人平等的精髓,这就是同等法律保护的精髓。② 如果不注意在法律限度之内保护弱者,而片面地强调法律应当保护弱者,其结果必然是把法律仅仅作为一种可以在个案中随意更改以满足情感直觉的工具,不仅作为制度的法治不可能建立,而且正在形成的法治也会因此被破坏。

因此,正是在这个意义上,我们必须认识到法律和我们所追求之理想的法治(rule of law)或制度化的法律不是,也不可能是完美无缺的,它不能完全跟踪或满足我们的道德直觉。但也许正因为它的无情,它才成为一种制度;它的有用之处也许正是它的短处,它的优点也许就是它的弱点。现代的、制度化的法律或法治,只是也只能对社会的权利作一种大致的配置,它不可能保证一切损害都得到绝对公正的赔偿,它所能实现的只是制度的公正,③ 而不是,也从来不可能是"无讼"或绝对地在每个案件中令各方都满意的那种公正。作为权利的"right"并不等同于作为正确的"right"。因此,在努力加强社会主义法制或法治的同时,我们还必须重视以其他社会机制或因素来协调社会,排解和解决冲突。例如,在贾案中,也许《秋菊》剧组在认定贾氏确实受到伤害的情况下可以通过协商而自愿给予贾氏某些补偿,或自愿从影片中将贾氏的镜头剪去。但在我看来任何人都不能通过法律或其他手段来强迫《秋菊》剧组做那种道义上似

---

① 当代中国人的理解显然带有强烈的传统色彩,即所谓"王子与庶民同罪"、"不论其地位多高,权力有多大,都要一律绳之以法",等等。这些表述强调的都是大人物犯了罪也要受到同样的处罚;而法律面前人人平等并不仅仅指此,它至少还指法律对各种权利的同等保护,而不是指在个案中给弱者以特别的保护。

② 参见〔美〕波斯纳《法理学问题》,苏力译,中国政法大学出版社,1994,特别是第11章"校正正义"那一节。

③ 这一点是西方学者一直强调的,构成了中西方对法律的功能和目的一种根本性差别。关于法律作为制度的正义之重要性,参见〔美〕约翰·罗尔斯《正义论》,谢延光译,上海译文出版社,1991。此外,参见柏拉图在《理想国》中对正义的定义和亚里士多德在《政治学》中对法治的论述。

乎是正确的事。否则，不仅违背了宪法的原则，而且对这个社会是极其不利的。

还必须再谈言论自由的问题。我国宪法规定了言论自由的权利，而且随着我国的改革开放，这种权利正在不断发展。然而，从这两个案件中我们可以看到，无论是法学界还是法律界都没有人从这个角度提出这个问题，这本身就是一个值得深思的问题。在这些以及类似的案件中，各种直接冲突的当事人的权利都有人在主张和维护，而唯独没有人为言论自由这种与每个人都有关却又不直接有关的权利辩护。在此，我只能简单地指出，这反映我们的法律界和法学界尽管在理论上重视言论自由，但在实际上，还非常欠缺这种意识，也许是因为我们的宪法条文难以进入操作层面？也许，我们的言论自由概念过于政治化了，仅仅指直接的政治言论？这也许反映了"公共物品"无人爱护，或经济学家称之为"搭便车"的现象？无疑，政治上言论自由是重要的，但对于绝大多数公民来说，最常见的言论也许不是那么政治化的；特别是随着我国改革开放，社会热点的转移，我们必须转变或扩大我们对言论自由的理解。言论自由是一种传统，需要我们在日常的不经意处精心维护和培养。特别是考虑在我国没有宪法法院或司法审查的制度设置，但有一定程度的法学传承的条件下，也许法学工作者应当承担起关注和保护这种"公共物品"不受各种无心或有意伤害的重任！

我以这样的角度讨论和主张言论自由，并非完全免除了言论者的责任；相反，这种分析恰恰提出了文学艺术、新闻报道以及其他有权势的知识界和职业界人士（包括本文作者）在行使言论自由权时更应当注意职业的道德自律。正如上面对这两个案件的分析所显示的，当他们行使言论自由权时，有时即使是好意或无意，他们的言行也可能损害其他人的某些利益。他们必须理解到，社会之所以将初始权利配置给了他们，并不是由于他们个人有什么天然的优越，而是社会为了避免一种更大的伤害；他们应珍惜这种自由和理解自身的责任，应当格外注重职业道德和道德自律，这并不是要限制他们的权利，而恰恰是为了更好地行使这种自由权。

最后，还应当指出这两案件的判决体现了我国法律实践开始走向成熟。因此，我想对审理这两个案件的法官表示一位法学工作者的敬意。也许他们心中也并没有一种非常清晰地展开的逻辑分析，但是他们的判决结果体现了一种实践的智慧。

在贾案中，尽管一审法官由于答辩律师的问题而没有讨论言论自由的问题，①但他们实际上考虑到了如果准予贾氏的诉讼请求，那么今后电影和新闻界就难以进行工作这样一个现实的然而又不是目光短浅的问题。这种思考实际上具有法律经济学分析的意味，尽管很粗糙。他们也没有按照一般的中国传统的那种就事论事的个案"公平"来思考决断这个案件（那样，贾氏就应当胜诉），而是在实践上将这个案件同中国社会的法律制度化联系起来了，因此他们的审理结果体现了法律是普遍的原则和制度的思想。这不仅需要见识和眼光，更重要的是需要一种勇气——针对中国社会传统的思维方式和"保护弱者"的社会思潮。这并不是说他们的判决就一定要得到二审法官的认可，二审法官完全可以也完全可能基于其他事实和法律问题以及其他思考而推翻一审判决。但即使如此，这也并不意味着一审法官们的思考和处理就完全错了；他们的思考和处理已经超越了一般意义上的对错，获得了一种更为深刻的社会的意义。

在邱案的二审中，法官们没有考察一般中国人通常最容易关注的事实问题，即邱氏鼠药中究竟有没有违禁物质，而是针对了一个更为关键、更为基本的法律问题，一个二审法官有能力而且有权力解决的问题，即五位科学家是否有权进行批评，这种批评是否构成了对公民的名誉权的侵犯。他们机智、简单明了又直截了当地维护了科学家们作为公民的宪法基本权利。他们没有把自己混同于科学家，没有试图解决他们实际上无法完全理解和解决的有关科学事实的问题；因此他们是在双重意义上坚守了他们的职责，即"有所为"同时又"有所不为"。②

由于这两个判决中法官的努力，尽管中国实行的不是普通法的前例制度，但这两个案件所体现的原则（而不是其结果）实际上对此后中国这类案件的处理必定具有，也应当具有某种意义上的参照和指导作用，因而将产生超越这两个案件自身的社会影响。这是中国司法在成长的标志，是值

---

① 提出这个问题并在法庭上加以论证是律师的职业责任。因为出于制度的考虑，各国一般都规定法院只能就原告和被告提出的法律问题和事实问题进行审理，而不能也不应自作主张。这即"不告不理"的制度原则。

② 苏力：《关于对抗制的几点法理学和法律社会学思考》，《法学研究》1995 年第 4 期，第 83—84 页；苏力：《关于法律活动专门化的法律社会学思考》，《中国社会科学》1994 年第 6 期，第 130—131 页。

得中国法学界和法律界庆幸的事；它反映出中国的法治建设尽管有许多问题，有些甚至是严重的问题，但毕竟开始有一种新的气象。正因此，我才在本文的开头大胆地说，这两个案件也许是中国近年来最重要的案件。其重要性不在于其所涉及的人和事，也不在于这些案件所涉及的问题，而在于从这两个案件的处理中我感到中国法院开始从先前对事实问题的关注转向对法律问题的关注，法院的职能从仅仅重视解决纠纷转向了兼顾权利的配置，这意味着法院在中国当代社会生活中所扮演的角色正在获得一种先前不具有的重要性。我相信，人们如果理解到这一点，就不会以这仅仅是两个下级法院的决定而轻视其中所隐含的，或许是深远的意义。

中国媒体与司法关系现状评析[*]

徐 迅[**]

摘 要：中国受众对法庭新闻十分关注，媒体在满足公众知情需要的同时亦反映公众对司法的批评。由于缺少共识、缺少规则，媒体与司法的关系正处于较不稳定的时期。新闻自由与司法公正、新闻批评与司法尊严、新闻采访与法庭秩序的冲突时有出现。冲突中，媒体总体处于强势，承载着较多的社会期待；而一旦发生诉讼或面对司法权力，媒体又处于绝对的弱势。实现平衡的制度框架有待建立。

关键词：媒体 司法 知情权

我国的媒体与司法[①]同由一个执政党领导。江泽民总书记在十五大上提出："推进司法体制改革，从制度上保证人民法院和人民检察院依法独立公正地行使审判权和检察权"，"发挥舆论监督的作用"，这是认识当今我国媒体与司法关系现状的基础。但是在市场经济体制下，媒体与司法又是社会结构中的两大基本组成部分，其冲突在所难免，实现两界关系的和谐与平衡一直是制度建设追求的目标。

---

[*] 本文原载于《法学研究》2001年第6期。
[**] 徐迅，中国政法大学传播法研究中心执行主任、新闻传播学院兼职教授。
[①] 本文所指的"媒体"仅指传统的报纸、杂志、广播、电视媒体，不包括电影、互联网等。另外，按照《中华人民共和国宪法》的规定，我国的司法权包括由检察院行使的检察权和由法院行使的审判权。但笔者的观察发现，媒体与审判权及与之相关的权力之间的冲突与平衡是研究我国媒体与司法关系的真正内核，故本文所指的"司法"仅指法院。

笔者在长期从事司法报道的同时，亦观察媒体与司法两界相互关系的发展历史及现状。本文即是这种观察与思考的结果。

一 新闻自由与司法公正

司法过程所蕴含的丰富内容以及司法过程所显示的刺激性，对于各国传媒都具有永恒的魅力。在确立"依法治国"这一治国方略的中国，这种魅力的吸引更是与社会进步的巨大需要结合在一起。因此，在我国媒体的报道中，案件题材或法庭新闻一直是热点。

在笔者进行的调查①中，认为受众对法庭新闻"很关注"或"一般性关注"的占答问总人数的92.4%（见表1）。

表1 中国公众对法庭新闻的关注度如何？（选一项）

单位：人，%

答案	法官	比例	律师	比例	记者	比例	合计	比例
很关注	49	52.7	31	35.6	44	45.4	124	44.7
一般关注	42	45.2	43	49.4	47	48.4	132	47.7
不太关注	2	2.1	11	12.6	6	6.2	19	6.9
不关注	0	0	2	2.3	0	0	2	0.7
答问人数	93	100.0	87	100.0	97	100.0	277	100.0

在表1中，法官这一被调查群体对法庭新闻的社会影响最为敏感，认为公众对法庭新闻"很关注"的比例最高，达到52.7%，加上认为"一般关注"的，总数可达97.9%，比平均值高出5.5%。另外，在法官和记者这两个被调查群体中，没有人认为公众对法庭新闻"不关注"。

值得注意的是，当问及受众"关注法庭新闻最重要的原因是什么"时，277名答问者选择比例最高的并非"了解新闻信息"，亦非"了解法律知识"，而是"对有冲突、有悬念的故事感兴趣"（占答问者总数的52.7%），这种认识在记者这一群体中的比例最高（见表2）。

---

① 为完成本文，笔者于2000年11—12月在北京以"中国新闻与司法关系现状"为题进行了一项问卷调查，分别向100名记者、100名法官和100名律师发放了问卷，问卷回收率达93%。

表 2　我国受众关注法庭新闻最重要的原因是什么？（选一项）

单位：人，%

答案	法官	比例	律师	比例	记者	比例	合计	比例
了解新闻信息	14	15.1	14	16.1	9	9.3	37	13.4
了解法律知识	45	48.4	20	23.0	22	22.7	87	31.4
对有冲突、有悬念的故事感兴趣	32	34.4	48	55.2	66	68.0	146	52.7
不知道	2	2.1	5	5.7	0	0	7	2.5
答问人数	93	100.0	87	100.0	97	100.0	277	100.0

这一调查结果说明，媒体与司法两界对法庭新闻社会功能的认知有很大的不同。法官群体认为，公众关注法庭新闻最重要的目的是"了解法律知识"，而记者们却认为公众主要是"对有冲突、有悬念的故事感兴趣"，这是导致新闻与司法两界冲突的认识基础之一。

与新闻报道的一般题材相比，司法题材极为特殊，具有独立性、专业性和程序性的特点，而某些新闻从业者确实存在"不懂法"、"偏听偏信"和"妄加评论"等（见表3）现象，再加上目前中国司法公正水平欠佳，新闻自由与司法公正的冲突，不论明里暗里，一直存在。这从北京法官和律师对媒体案件报道的评价中可见一斑。

表 3　您认为媒体不公正的案件报道主要表现是什么？（可选多项）

单位：人，%

答案	法官	比例	律师	比例	合计	比例
偏听偏信	48	51.6	49	56.3	97	53.9
不懂法	45	48.4	43	49.4	88	48.9
妄加评论	28	30.1	39	44.8	67	37.2
失实	28	30.1	27	31.0	55	30.6
夸大其词	26	28.0	18	20.7	44	24.4
不知道	10	10.8	2	2.3	12	6.7

我国的司法结构是在计划经济体制时期定型的，对于正在向市场经济转型的中国来说，现有的司法体制已很不适应，公众对此有较多的批评，最高人民法院和最高人民检察院的工作报告在全国人大通过的难度逐年增加，"裁判不公"、"司法腐败"等词语的见报率较高。这种大背景与法庭新闻对

受众的固有吸引力相加，更强化了媒体对司法题材的关注。曾有一度，中央电视台《焦点访谈》节目的编辑部门前，上访告状的老百姓排起了长队，社会上流传着"法院不如电视台管用"之说。有媒体公开发表文章称："今天中国最有权威的法庭不是在最高人民法院，而是在中央电视台，《焦点访谈》目前是中国最有权威的'审判庭'。"① 更有媒体发表文章分析"记者比法官管用"的现象。② 有时，迫于媒体的巨大压力，即使是最高司法当局也不得不作出一些姿态，以缓解舆论产生的冲击波。③ 据笔者观察，媒体大幅度地介入司法活动，使中国司法利弊兼得。所谓"利"，是使司法公正问题引起了社会的广泛关注，促使司法机构在现行法律的框架内实施了一些可能的改革。④ 所谓"弊"，是确实影响了一些依法进行的正常诉讼活动，出现了"传媒审判"的非法治倾向。1995年到1996年，有轰动一时的四川"夹江打假案"，一起正在依法进行的行政诉讼案因"制假者状告打假者（某政府机构）"而受到某些传媒错误的、强烈的抨击，最终造成"司法机关屈从压力不依法办案"的严重后果。⑤

目前，我国法律中没有任何规定可以调整传媒对司法公正的影响，这种调整基本是通过"宣传口径"和"宣传纪律"实现的，其强制力和操作性都比较差，而且不够稳定。因此，新闻舆论如果确实干预了司法公正，不会承担任何的法律责任，至多是承担行政或者道义的责任。而媒体与法律两界对上述问题更没有共同的认识基础。有媒介人认为：新闻机构对司法活动的报道"大致可归结为'正面报道'和'舆论监督'，各有讴歌真善美或针砭假恶丑的侧重"。⑥ 这种非此即彼的主张，将媒体与司法的关系

---

① 李金声：《曝光的权威》，《检察日报》1998年10月10日，第1版。
② 雪莲：《析"记者比法官管用"》，《光明日报》1998年9月16日，第8期。
③ 1999年8月，《工人日报》刊登自由撰稿人的来稿，报道山东省枣庄市山亭区法院一名法官醉酒后致一名小学生死亡的恶性事件，各报纷纷转载。最高人民法院院长肖扬立即作出批示："对这种人民法官中的败类一定要严惩不贷。"参见《人民法院报》1999年8月5日。
④ 仅以2000年为例，由最高人民法院推出的改革措施即包括：确立了与市场经济相适应、与国际接轨的以刑事、民事、行政三大审判为基础的新的审判体系；开始实施审判长选任制；建立和完善了司法救助制度；充实了法官回避制度；将法官培训制度从临时性学历教育转为系统性的专业在职培训等。参见《人民法院报》2000年。
⑤ 徐迅：《法庭新闻的价值取向》，《现代传播》1998年第1期。
⑥ 陆沪生：《给"暗箱操作"亮起红灯》，《上海法制报》1998年5月15日。

简单地置于监督与被监督的框架中，完全忽略了媒体的传播功能，也忽略了司法活动的独立性和程序性特点。但必须承认的是，这种观点在我国的媒介人中有相当高的认同感。而许多法律人则认为，当前媒体的政治色彩、部门色彩、地方色彩极浓，在利益冲突中，媒体往往制造有利于本部门、本地方利益的舆论，对司法机关施加压力，直接或间接地干预司法活动。一位大法官曾经撰文承认："我国司法独立机制尚不够完善，法官的独立精神尚待培育，在某种程度上，新闻舆论左右司法判决的力度很大。"他指出："一方面是法院大量生效判决得不到执行，另一方面是公民有了利益纠纷和冲突不去寻求司法救济。这实际上表明公民对法律没有信心，对司法机关没有信心。媒体对司法机关的过度贬损对当前在我国社会培育法治意识只会起到负作用。"①

笔者的调查证实，答问者对当前我国司法公正水平的评价不高或者较低（见表4）。

表4　当前司法公正的水平如何？（选一项）

单位：人，%

答案	法官	比例	律师	比例	记者	比例	合计	比例
90%	33	35.5	1	1.2	3	3.1	37	13.4
80%—60%	53	57.0	31	35.6	42	43.3	126	45.5
50%以下	4	4.3	48	55.2	42	43.3	94	33.9
不知道	3	3.2	7	8.0	10	10.3	20	7.2
答问人数	93	100	87	100	97	100	277	—

在对另一个问题的调查中，尽管有60%的答问者认为"新闻舆论在促进司法公正方面作用有限"，但是仍有高达71.4%的答问者认为"当前新闻对司法的监督不够"，这是本次问卷调查获得的一项最高指数。可以说，传媒与法律两界对此达到了较为难得的一致。真正的问题，或者说媒体与法律两界认识上的重大差别在于如何监督，分歧的焦点在对案件的评论的问题上（见表5）。

---

① 李修源：《关于舆论监督与司法独立的两个话题》，《人民司法》2000年第8期。

表5 您认为，应否允许大众传媒对案件发表评论？（选一项）

单位：人，%

答案	法官	比例	律师	比例	记者	比例	合计	比例
在任何诉讼阶段都应允许评论	11	11.8	35	40.2	57	58.8	103	37.2
传媒对案件只能报道不应允许评论	22	23.7	16	18.4	12	12.4	50	18.1
可以允许一审宣判后评论	20	21.5	8	9.2	17	17.5	45	16.2
应当允许终审宣判后评论	40	43.0	28	32.2	11	11.3	79	28.5
答问人数	93	100	87	100	97	100	277	100

表5中，记者们普遍认为"在任何诉讼阶段都应允许评论"，这个观点的认同指数高达58.8%，但法官们普遍就传媒发表对案件的评论持反对或保留的态度。有近1/4的法官（23.7%）持完全否定的态度（认为"传媒对案件只能报道而不应发表评论"），另有60%以上的法官认为可以允许在一审（21.5%）或终审（43.0%）宣判后发表评论。特别值得注意的是律师中也有相当数量的人士对评论案件持反对（18.4%）或保留（41.4%）态度，两项相加接近总数的60%。如果将法官与律师这两个群体在这一问题上的指数相加，则主张"只能报道不应评论"的占21.1%，主张"可以允许一审宣判后评论"的占15.6%，而主张"可以允许终审宣判后评论"的占37.8%，对评论案件持反对或保留态度的占答问者总数的74.5%。出现这种现象的原因可能很多，但笔者认为，法官和律师作为专业的法律工作者，这是他们共同的教育背景及职业信念使然。

当然，法律界的这种主流观点也受到某些法学家的质疑。有学者撰文指出："从原则上说，应该允许公民通过传媒工具对正在由法院审理的案件进行评判甚至批评，因为民众对司法的监督中包括了法学家的监督，他们的见解将为法官的公正裁判提供参考和选择。"[①]

对于我国媒体与司法的如此现状，有些法学家评价指出："事实上，新闻监督并不能从根本上解决司法公正问题。在司法公正受到普遍怀疑

---

① 王利明：《司法改革研究》，法律出版社，2000，第158页。

时，对监督的作用和价值可能会产生过高的期望。"①

二　新闻批评与司法尊严

据中国社会科学院"中国社会发展中长期预测"课题组1999年对全国63个城市的居民的问卷调查，在69种城市职业中，法官的职业声誉高居第五位。② 这是中国转向市场经济体制，司法功能日益强大的必然反映。但是，笔者2000年末在北京进行的问卷调查中，新闻记者和律师群体对法官形象的评价较差，有33.1%的答问者认为"近年来最知名的法官"是曾经在中央电视台《焦点访谈》节目中被曝光的一个反面法官形象，这个指数比法官群体对同一问题的回答高约14个百分点。总的调查结果是，法官的负面形象（30.0%）比正面形象（24.2%）给社会留下的印象更深（见表6）。

表6　您认为近年来社会上最知名的法官形象是哪一个？（选一项）

单位：人，%

答案	法官	比例	律师	比例	记者	比例	合计	比例
全国十大杰出青年，大连开发区法院法官谭彦	42	45.2	16	18.4	9	9.3	67	24.2
曾经在中央电视台曝光的"上管天、下管地"的山东某县法院院长	18	19.4	19	21.8	46	47.4	83	30.0
其他人（曾被提及的有尚秀云、罗东川、"三盲院长"姚晓虹等）	22	23.7	9	10.4	8	8.2	39	14.1
不知道	11	11.8	43	49.4	34	35.1	88	31.8
答问人数	93	100.0	87	100.0	97	100.0	277	100.0

上述反差是中国社会目前对法官形象总体评价的客观反映。在这种评价的基础上，媒体对法官的批评肯定是十分尖锐的，这产生了中国新闻侵权诉讼中一种极为特殊的类型——以法官或者法院为原告，状告新闻媒体

---

① 昝爱宗等：《第四种权力——从舆论监督到新闻法治》，民族出版社，1999，第27页。
② 《北京青年报》2000年12月25日。

侵害法官或法院的名誉权。笔者收集了从 1994 年至 2000 年发生的 14 起此类诉讼，它们全部以新闻媒体的败诉（包括判决媒体赔偿或媒体道歉达成和解）结案。① 另据本人私下了解的情况，不少此类纠纷的当事人被法院领导通过"思想工作"成功劝阻而未能起诉，而另一些已经起诉的亦被受诉法院裁定予以驳回。

笔者相信，起诉或意欲起诉的法院或法官中，大部分受到了真实的、较为严重的损害，他们不可能不知道，处于居中裁判地位的司法机构和法官，与新闻机构打名誉权官司可能带来许多负面后果。在大多数情况下，只有媒体的报道确实令其身心俱损、忍无可忍时才会出现这样的诉讼。

此类诉讼呈现纷繁复杂的特点：有的是因为媒体发表的文章内容严重失实；有的因报道指责法院对案件的判决不公正；有的是因报道中有指责法官是"贪赃枉法的人们"、法官"助长杀人者的威风"、法官帮他人"喋国企之血"等侮辱性字眼；还有的因"荒唐判决"、"枉法裁定"等结论性语言。其中比较典型的是深圳市福田区人民法院起诉《民主与法制》杂志社侵害名誉权案。此案是一桩连环官司中的一部分，《民主与法制》杂志社因报道了一起诉讼案，② 并对判决提出质疑，被作出该判决的福田区法院诉至上一级法院，经两审后败诉。③ 此类诉讼招致媒体的大量怨言自不待言，同时也受到了法律界和学术界的一致反对。有法官撰文指出："法院起诉新闻机关侵害名誉权，等于把自己已经审结的案件是否正确和合法交由另一法院重新审查，这就从根本上否定了法院生效判决的确定力。"④ 又有法学界人士撰文指出："法院受理以另一法院为原告、以后者的审判活动为审查对象之一的民事纠纷，势必导致审判活动中关系模式发

---

① 《人民法院报》1994 年 4 月 4 日；《人民法院报》1994 年 5 月 23 日；《人民法院报》1995 年 2 月 14 日；《人民法院报》1995 年 3 月 16 日；《法制日报》1995 年 4 月 4 日；《人民法院报》1995 年 4 月 21 日；北京市第一中级人民法院（1996）一中民终字第 493 号民事判决书；《检察日报》2000 年 7 月 10 日；《检察日报》2000 年 8 月 2 日；《民主法制画报》2000 年 10 月 31 日；等等。

② 此案系刘××、深圳市汽车贸易总公司于 1994 年诉《工人日报》侵害名誉权案，原审一审、二审被告均败诉。1998 年经检察机关提出抗诉，再审一审中被告再次败诉。目前还没有进一步的消息。

③ 《人民法院报》1997 年 8 月 26 日。

④ 李琦、胡志超：《广东新闻侵权诉讼研究》，《新闻与传播研究》1996 年第 4 期。

生实质性转变……审理者与被审理者变成了诉讼中直接对峙的双方，裁判者和当事人身份同一，出现自我裁判的情形"，这就"使司法原初意义上的功能发生畸变，公众认为其作为正义之象征的普遍心理认同也将产生动摇"。作者据此认为，此举有悖司法公正。① 有新闻法学专家指出："无论从哪个方面说（舆论监督司法或司法维护尊严），都不是民事关系，民事法庭硬要审理只能徒具形式……这些都不属于私法，而是公法。"作者指出：出现这种现象是因为"在维护法院和法官独立审判的正当权力方面还没有系统有力的措施"。② 这类诉讼虽然不合理，却一直存在并有增加的趋势。③ 笔者的调查证实，法官群体对司法公正水平的评价高于公众，④ 他们认为媒体对司法形象有"过度贬损"的趋向。在本不适应的司法体制下，我国的法官们通过艰苦的付出使司法机器得以运转，一旦遭受媒体的不公正指责，没有正常的救济渠道，甚至不如普通公民，这确是不合理的。近年来，法官群体中呼唤以专门法维护司法尊严的文章开始出现，⑤ 但是公众对当前司法公正水平的评价较低，司法队伍的整体形象欠佳，使得这种源于司法内部的呼声显得软弱无力，缺少社会共识的支持。因此，这种诉讼在短期内还不会消失。

三　新闻采访与法庭秩序

考察我国媒体与司法的关系，记者对法庭的采访权如何行使是一个重要的窗口。

（一）关于庭审规则

毫无疑问，开庭时法庭秩序是第一位的，新闻记者的采访行为必须服从庭审活动的需要。根据《中华人民共和国民事诉讼法》的规定，最高人

---

① 冷静：《从法院状告新闻媒体谈起——一起名誉权官司引发的思考》，传媒与司法研讨会，北京，1999 年 4 月 10 日。
② 魏永征：《法官告媒介侵害名誉权：这场官司打了白打》，《检察日报》2000 年 8 月 2 日。
③ 笔者收集的 14 起法官或法院告媒体侵害名誉权的案例中，1994 年 2 件，1995 年 2 件，1996 年 2 件，1999 年 3 件，2000 年 5 件。
④ 笔者的问卷调查证明了这一点，见本文表 4。
⑤ 《人民法院报》1997 年 7 月 20 日，第 3 版。

民法院可以制定庭审所必需的相关规则，这一规则涉及新闻记者对庭审活动的采访。自改革开放以来，最高人民法院先后颁布了三个有关庭审活动的司法解释，[①] 在对新闻记者的管理方面，有"规则越来越严，弹性越来越大"的趋势。

所谓"规则越来越严"，是将三个司法解释中有关记者采访的规定加以比较后得出的结论。1979 年颁布的《法庭试行规则》规定：记者凭法院发出的采访证进入法庭，"可以记录、录音、录相、摄影和转播"，表明只要记者获得了采访证，便当然享有了上述采访权利，而旁听公民则不能享有。因此，有新闻界人士将这一规定称为"记者条款"，[②] 实为记者特权。1995 年发布的《法庭规则》规定，未经法官许可，"不得在庭审中录音、录相和摄影"，这一规定不仅适用于新闻记者，同样也适用于旁听公民，实际上取消了"记者条款"。而 1999 颁布的《关于严格执行公开审判制度的若干规定》则实际将新闻记者在庭审过程中的"记录"也规定为必须经过法院"许可"的行为。由于该规定并未明确旁听公民在法庭上记录需要经过"许可"，因此该条规定实际是为记者设定的特别限制。享有特权－取消特权－特别限制，这一过程可以证明司法机构对新闻记者采访庭审活动的"规则越来越严"。所谓"弹性越来越大"，是指按照现行规定，法院对新闻机构及记者对庭审活动的采访，既可给予最充分的支持，提供一切方便条件，诸如允许电视台对庭审活动直播，一个法庭内允许五六部摄像机同时工作；[③] 亦可对记者给予相当严格的限制，宣布新闻记者不准在法庭上记录。宽严度的把握完全在于法院对现实情况的判断。一般来说，如果法院认为新闻机构和记者与法庭比较合作，其报道对审判不会产生负面效果时，法庭的管理尺度会"宽"；反之则"严"。[④] 笔者对北京记者的问卷调查结果，证实了司法机关对记者采访管理"弹性越来越大"

[①] 即 1979 年 12 月 11 日通过、1980 年 1 月 1 日起施行的《中华人民共和国人民法院法庭试行规则》，1993 年通过、1994 年 1 月 1 日起施行的《中华人民共和国人民法院法庭规则》，1999 年 3 月 8 日公布并于即日起施行的《关于严格公开审判制度的若干规定》。

[②] 陆沪生：《给"暗箱操作"亮起红灯》，《上海法制报》1998 年 5 月 15 日。

[③] 徐迅：《98 盛夏：北京与论关注法庭》，《中国法律》1998 年第 4 期。

[④] 1999 年 11 月 1 日武汉市中级人民法院开庭审理南德集团及牟其中等 4 人信用证诈骗案，300 多名记者到庭采访。据报道，"法庭纪律甚严"，"十多名法警在法庭内交替巡视，收缴的记录本、胶卷多达几十本（卷）"。参见《中国律师报》1999 年 11 月 3 日，《上海法制报》1999 年 11 月 8 日。

的判断（见表 7）。

表 7　您认为当前司法机关与新闻媒体关系如何？（选一项）

单位：人，%

答案	记者	比例
越来越公开和透明	11	11.3
对媒体的要求时宽时严难以把握	62	63.9
关系比法律更重要	21	21.7
不知道	3	3.1
答问人数	97	100.0

出现这种现象，与新闻机构和记者对庭审活动的报道缺少规范有很大的关系。如上所述，我国的媒体与司法两界对新闻机构应当如何报道和评论庭审活动没有一致的认识，就整体而言，观点相左，差距巨大，媒体报道除了揭露一些执法违法现象外，影响公正司法的报道也时有出现。2000年 1 月 27 日，最高人民法院首席大法官肖扬在与首都新闻机构负责人座谈时，就司法报道提出了六点希望，即"报道法院工作要有利于促进审判工作的开展；宣传先进人物、先进事迹要有利于弘扬时代精神；揭露腐败现象要有利于维护社会稳定；鞭挞丑恶现象要有利于维护司法机关形象；报道案件要有利于维护司法公正；舆论监督要有利于社会进步"。[①] 这一系列"希望"表明：最高司法当局一方面期待公开审判能够推动司法公正，[②] 另一方面又力图将媒体对司法活动的干预降到最低。于是运用法律赋予的司法解释权对媒体的司法报道加以调控，"规则越来越严，弹性越来越大"便成了当然的后果。

依笔者之见，限制媒体对审判活动的干预是必要的。但这一目标应当通过确立报道及评论的规范来实现，而不是限制记者在法庭上记录。显然，制定法庭规则的目的是保证法庭秩序，然而为采访法庭审判活动的记

[①] 新华社北京 2000 年 1 月 7 日电。
[②] 《人民日报》1998 年 4 月 16 日报道：最高人民法院院长肖扬于 4 月 15 日在全国法院教育整顿工作座谈会上发表谈话，强调法院要自觉接受舆论监督。他说：“要将宪法和法律规定的公开审判制度落到实处。各类案件除涉及国家机密、个人隐私、未成年人犯罪以及法律另有规定的不予公开审理外，一律实行公开审理制度，不允许'暗箱操作'。”

者设立特别限制——"不准记录",则超出了保证法庭秩序的必要限度。此外,为新闻记者设立的这项特别规定,也难免受到"妨碍新闻自由"、"限制公众对庭审活动知情权"的质疑,矫枉已经过正。可见这种选择实为"下策",也可能是最高司法当局不得已而为之。

(二) 关于庭审直播

1998年4月15日,上任不久的最高人民法院院长肖扬提出:"逐步实行广播电视对审判活动的直播。"当年7月10日,经最高人民法院的安排,中央电视台在覆盖最好的第一套节目中现场直播了一次开庭审判,一起著作权纠纷的开庭情况被搬上电视屏幕。据央视调查中心提供的数据,这次直播的收视率达4.5%,高于中央电视台的午间新闻节目。①

尽管对庭审活动进行直播在中国并非首次,② 但这次直播由于层次极高,含义重大,仍被国内外媒体称为"历史性的直播",被给予了积极评价。公众的反应集中在这种直播对我国民主法制建设的意义上,他们认为没有公开就难保公正,法律在某些人手中"伸缩"自如的现象就很难避免。公开审判保证了公众的知情权,直播有利于消除普通人对法庭审判活动的神秘感。③

但是法学与新闻传播学的专家学者的反应却颇为冷静和有保留。有的表示谨慎欢迎,指出"摄像机所能反映的只是表象,难以挖掘影响司法决策的各种背后因素"。④ 有的则表示亦喜亦忧,"喜的是新闻机构对司法活动的舆论监督有望大大加强,忧的是改革步幅似乎过大,审判对媒介公开,使之经常化、制度化的条件还不具备"。⑤ 也有的表示完全反对:"不要认为只要公开就好,这很容易把复杂的法律问题简单化。直播的现场气氛可能给法官带来压力,万众瞩目也可能产生情绪化,影响司法公正。"⑥

---

① 徐迅:《司法公开:以"自我开刀"追求公正》,载《1999年中国发展状况与趋势》,经济日报出版社,1999,第45页以下。
② 此前南京电视台已于1994年与当地法院合作开播了《法庭传真》节目,到1998年9月已播出231期。在1998年,这样的地方电视台在全国已有几十家。《中华新闻报》1998年7月23日。
③ 《法制日报》1998年7月22日。
④ 《南方周末》1998年7月17日。
⑤ 《中华新闻报》1998年7月23日。
⑥ 《科技日报》1998年7月17日。

有学者还专门撰文，论证反对庭审直播的观点。① 最高人民法院院长肖扬表示："庭审直播很好，今后应不断总结经验，坚持搞下去。"② 目前，庭审直播节目在地方电视台已经比较普遍。据最高人民法院 1998 年 8 月的统计，当时全国共有 50 家地方电视台开办了庭审直播节目，其中有近一半是定期播出。接受笔者问卷调查的人士普遍认为，"知情、普法和监督"是庭审直播节目的三大基本功能（见表 8）。

表 8　您认为广播电视直播庭审活动最重要的作用是什么？（选一项）

单位：人，%

答案	法官	比例	律师	比例	记者	比例	合计	比例
监督司法公正	18	19.3	39	44.8	36	37.1	93	33.6
普及法律常识	42	45.2	18	20.7	19	19.5	79	28.5
满足公众知情权	25	26.9	28	32.2	34	35.1	87	31.4
正确的舆论导向	8	8.6	2	2.3	3	3.1	13	4.7
不知道	0	0	0	0	5	5.2	5	1.8
答问人数	93	100.0	87	100.0	97	100.0	277	100.0

可以说，在庭审直播问题上，媒体与法律两界的实务部门实现了难得的一致，但是这个问题在法学界受到批评。山东大学两位青年法学家徐显明、齐延平在 1999 年 4 月 10 日在北京大学法学院召开的"传媒与司法研讨会"上发表长篇论文，系统阐述反对庭审直播的观点。该文指出："保障新闻自由不能以牺牲当事人的权利为代价是一般原则，而'公共利益'的适用则是特别原则。对司法腐败的防治要通过制度设计，通过以权利制约权力，以权力制约权力，以责任制约权力来完成，不能以牺牲法官的独立权力和当事人的基本权利为代价。没有新闻自由的社会是一个专制的社会，而有新闻自由却无当事人权利的社会同样是一个专制的社会，是一个媒体专制的社会。"③ 到目前为止，由最高人民法院办公厅和中央电视台联

---

① 贺卫方：《对电视直播庭审过程的异议》，《中国律师》1998 年第 9 期。
② 《人民日报》1998 年 7 月 15 日。
③ 徐显明、齐延平：《"权利"进入，抑或"权力"进入？——对"现场直播"进法庭的学理评析》，传媒与司法研讨会，北京，1999 年 4 月 10 日。

合制作的庭审直播共进行了三次,① 较地方电视台庭审直播节目的发展速度显得较慢,这反映出最高司法当局的谨慎态度。

四 结论

我国媒体与司法的关系,目前正呈现错综复杂的状态。媒体与司法由于对多数基本问题缺少共识,尚无规则,因此现状多样化,冲突普遍化,这是司法体制改革与新闻体制改革均相对滞后的客观反映,是中国社会转型期的特有现象。未来的发展,有赖于深化改革,明确媒体与司法各自的定位,实现调整,以建立符合市场经济需要的相关秩序。而当前最重要的,是通过研究与对话达成更多的共识,进而以自律或他律的形式建立规则。

---

① 除本文提到的1998年7月10日直播的侵犯著作权案外还有另外两次庭审直播。一次为1999年3—4月,中央电视台与最高人民法院办公厅联合直播两起有关联的刑事犯罪案件,审理共跨越5天,直播了16个小时的节目。此案系与重庆市綦江一座桥梁垮塌、造成几十人伤亡有关的受贿案和特大责任事故案。参见中央电视台庭审直播摄制组编《綦江虹桥垮塌案审判实录》,法律出版社,1999。一次为2001年6月,中央电视台和中央人民广播电台分别与最高人民法院办公厅合作,直播了张君、李泽军特大系列持枪抢劫杀人案的宣判情况,其间以录播的形式介绍了开庭审理的情况,直播与录播比例大约为2:3。参见禾点点《我看张君案庭审直播——广播电视媒体特点比较》,《中国广播电视学刊》2001年第7期。

行政处罚听证制度的功能[*]

——以上海听证制度的实施现状为例

朱 芒[**]

摘 要：本文在分类整理上海市截至 2000 年 6 月所发生的听证案件的基础上，通过"要件—效果"的关联框架，分析了听证过程中各方参与人的主张及其被接受的制度空间和机制，指出该制度除了具有被期待的合法性证明和权益维护等法定功能外，至少在事实上还存在纠纷解决的功能。文章最后就听证制度所具有的功能的发生空间作了归纳。

关键词：行政处罚　行政程序　听证

与发达国家相比，我国行政听证制度的历史尚十分短暂，从建立至今也只有 6 年左右的时间。1996 年 3 月全国人大通过《中华人民共和国行政处罚法》（以下简称《行政处罚法》），我国划时代地建立了听证制度。该法律规定，在作出责令停产停业、吊销许可证或执照或较大数额罚款的行政处罚决定之前，必须告知当事人有权申请听证。该制度自 1996 年 10 月 1 日开始实施。就我国而言，行政处罚听证制度是一项外来的、全新的法律制度，因此，在《行政处罚法》实施以后，在建设社会主义法治国家的背景中，该项制度究竟应该具有什么样的规范性内容、在行政处罚实务中究竟如何发挥作用以及具有怎样的功能等问题则必然引起人们的关注。概

---

[*] 本文原载于《法学研究》2003 年第 5 期。
[**] 朱芒，上海交通大学法学院教授。

观至今为止的研究，其中更多的成果集中于前一方面，① 而后一方面的研究则有待加强。有鉴于此，本文将从《行政处罚法》实施起始日（1996年10月1日）至2000年6月底在上海市实际发生的行政处罚听证案件作为分析研究的对象，按照一定的方式②将有关案件资料进行分类整理，并对其法定功能和实际功能进行分析。

一　听证制度实施的基本情况

如上所述，本文的分析对象是1996年10月1日至2000年6月30日上海市实际发生的行政处罚听证案件。通过收集整理这个时间段的有关资料，归纳出了下列基本情况。

（一）基础资料的概况

1. 发展趋势

自行政听证制度实施以来，上海市历年实际发生的行政听证案件数如下。

1996年10月1日《行政处罚法》实施之后，当年仅发生了一件听证案件。此后，1997年全年为46件，1998年全年为85件。1999年全年统计到的听证告知案件数为12912件，其中进入听证程序的为170件。2000年上半年中（6月30日止），在不包含公安机关资料的前提下，共有听证告知案件数5948件，其中57件进入了听证程序。总之，在不包含2000年上半年公安机关资料的前提下，自行政处罚听证制度实施以来，上海市共实施了359件案件的听证。具体情况如表1。

---

① 杨海坤主编《跨入21世纪的中国行政法学》，中国人事出版社，2000，第446页。
② 在调查阶段分别针对性质不同的行政处罚当事人，设计了分别针对自然人和法人（含非法人的组织）的调查表，就行政处罚当事人自身情况、拟定的处罚决定与正式的处罚决定的内容和彼此的异同点、听证过程中的各种因素以及当事人对处罚决定提起事后救济措施的情况等作了分类整理。由于篇幅的限制，本文省略这些表格，但在正式发表的《中国听证制度研究课题Ⅱ》的报告中，会附有这些资料。

表 1　上海 1996—2000 年听证案件数统计

单位：件

年度	听证告知案件数	听证实施案件数
1996	—	1
1997	—	46
1998	—	85
1999	12912	170
2000（6 月 30 日为止）	5948（不含公安）	57（不含公安）
合计	—	359（不含 2000 年公安）

上述这些数据为研究行政处罚听证制度实施以来的发展变化趋势提供了基础数据。但是由于统计方面的原因，未能获得 1996 年至 1998 年的听证告知案件数以及 2000 年公安机关的各项数据。

2. 部门个别状况

上述听证是分别由上海市的各个行政部门实施的。各个行政部门具体的分担情况如下。

（1）听证实施案件数（件）：

环保 29，司法 5，规划 1，民政 7，公用事业 37，财税 10，房地 20，技监 2，卫生 23，出入境 2，公安 86，工商 132，物价 2，社保 3；合计 359。

（2）调查中收集到资料的案件数①（件）：

环保 14，司法 5，规划 1，民政 7，公用事业 37，财税 10，房地 20，技监 2，卫生 8，出入境 2，公安 4，工商 18，物价 1，社保 2；合计 131。

上述数据为研究行政处罚听证案件在各个行政部门所管辖的领域中的分布状况以及发展趋势等提供了基础资料。同时也反映了这些数据与本文所依据的数据资料之间的对应关系。

3. 调查事项的个别状况

本项研究中的一个重要方面是对行政处罚听证个案进行分析比较。具体方法为在本文第一页注释②提到的调查表中对上述"调查中收集到资料的案件数"中的具体案件所涉及的各项要素（调查事项）进行分类整理，

---

① 这里所谓收集到资料的案件是指行政处罚听证程序自行政机关发出行政处罚听证告知书到作出行政处罚决定的全部资料，其中包括反映听证程序进展状况的笔录。

在此基础上分析行政听证制度具体的功能。

本项研究调查的事项所涉繁多，以下是本文研究所需的部分事项。

（1）听证所涉及的处罚种类基本情况（件）：

吊销执照 74；责令停产停业 12；较大数额罚款（含部分并处前两项的）70；没收违法所得 1。

（2）听证过程中当事人和行政调查人员之间争议焦点（案件之间有重叠）的基本分布情况（件）：

认定事实 80；适用依据 13；程序 3；职权 1（越权 1）；显失公正 2；明显不当 5；其他 39；未填写 4。

（3）处罚建议中拟定的行政处罚决定与最终发生法律效力的行政处罚决定之间的差异的基本情况（件）：

内容一致 60；内容不一致 52；未作处罚决定 4；未填写 15。

（4）听证程序之后当事人是否不服行政处罚决定而进一步付诸事后救济程序（行政复议程序和行政诉讼程序）的基本情况（件）：

被起诉 7（其中起诉后又撤诉 1）。

（二）基础资料的分析

从上述上海市历年实际发生的行政听证案件数的统计内容可以看出，行政处罚听证自实施以来，听证案件发生数呈逐年上升趋势，其中 1998 年较 1997 年增长了 84.8%。同时也可以看出，在实施了告知听证等权利后，当事人申请听证的案件在数量上并不多，如在 1999 年 12912 件已经告知听证的案件中，只有 170 件实施了听证，仅占告知听证案件总数的 1.3%，在 2000 年上半年不含公安案件数的已经告知听证的案件 5948 件中，57 件实际实施了听证，仅占 1.0%。

上述部门个别状况的数据反映了行政处罚听证案件在各个行政领域中的分布情况，以及本文中研究案件的使用率。在总数 359 件行政处罚听证案件中，本项研究取得了其中的 131 件的资料，占总数的 36.5%。从案件在各个行政领域的分布情况看，未收集到的主要在公安和工商行政管理这两个部门，其所缺案件占案件总数的 54.6%（其中公安占 22.8%、工商行政管理占 31.8%）。因此，除这两个行政领域之外，获得的案件基本可以反映上海市行政处罚听证制度的情况。

从部门个别状况的数据所记载的内容也可以初步看出行政处罚听证制度的实际实施状况在各个行政领域分布不均匀。当然，这与相应行政机关的行政权限以及管辖范围、管辖量有关。管理越是具有日常性，处罚权行使越是需要面大的，听证发生的可能性就越大。这里，由于统计方面的原因，表1中两组数字尚难看出相关性，因此，分析将首先从已经获得的资料出发，进行个别行政领域的中观归纳，并在此基础上得出总体结论。

二 听证制度的法定功能和实现效果

（一）法定功能

在我国法律体系中，行政处罚是实现国家对社会管理的功能的一种制裁性行政活动。《行政处罚法》第1条规定了该法的目的是"为了规范行政处罚的设定和实施，保障和监督行政机关有效实施行政管理，维护公共利益和社会秩序，保护公民、法人或者其他组织的合法权益"。从中可以看出，依据《行政处罚法》所进行的行政活动，其要达到的法定目的被限定在以下几个方面。而且，这些目的也正是《行政处罚法》的立法者期待该法所具有的功能。具体有：①

（1）规范行政处罚的设定和实施；
（2）保障和监督行政机关有效地实施行政管理；
（3）维护公共利益和社会秩序；
（4）保护公民、法人或者其他组织的合法权益。

如果着眼于具体处罚案件，着眼于由作出处罚决定的行政机关和与之相对的当事人之间具体的法律关系，那么，上述《行政处罚法》的法定功能中，第1、2、3项侧重在行政秩序和行政活动与法的关系方面，而第4项则关注行政活动的相对人一方，因此，可以进一步将上述内容归纳成以下两个方面。

---

① 胡建淼：《行政法学》，法律出版社，1998，第381页。

(1) 行政处罚行为的正当性（合法性）① 证明，即合法性证明功能。从价值取向上看，这是以实施行政处罚行为的行政机关为对象设立的，从上述第1、2、3项法定的功能中可以归纳出本项功能。

(2) 维护当事人权益，即权益维护功能。这项功能是以行政处罚的当事人为对象设立的。上述第4项法定的功能就反映了本项功能。

尽管在行政处罚决定的形成过程中，上述两个功能是融合为一体发挥作用的，但是从理论和价值的角度看，这两项法定功能是可以彼此独立发挥作用的。行政听证制度是行政处罚决定形成过程的一个环节，因此，行政听证制度自然应承担这两项法定的功能。

（二）实现效果

从上述资料所反映的情况看，已经实施了的行政处罚听证制度在实现上述两项法定功能方面取得了相当不错的成绩。行政处罚听证制度在维护当事人的权益、纠正违法或不当行政处罚行为方面成绩斐然。以下的分析可以在一定程度上反映这些情况。

(1) 变更率。经过听证程序之后，最终相当数量的处罚决定与最初的处罚建议中拟定的处罚内容不一致，即处罚建议未被采纳或未被完全采纳。其中存在两类情况，一类是处罚决定中的处罚在量上较之最初的处罚建议中拟定的处罚内容要轻。在上述结果中这类案件为52件（占收集到案件的39.7%，至少占实际实施听证案件的14.5%）。另一类是最终行政处罚建议未被接受，即经过听证程序之后未作出处罚决定。在上述结果中这类案件为4件（占收集到案件的3.1%，至少占实际实施听证案件的1.1%）。两类案件合计共56件，占收集到案件的42.8%，至少占实际实施听证案件的15.6%。

(2) 进入诉讼等事后救济程序的比率。如果听证之后当事人对最终的处罚决定依然不服，可以进入行政复议、行政诉讼等事后救济程序。反之，如果在听证程序之后，当事人没有进入事后救济程序，那么可以认为

---

① 由于司法程序对整个行政活动的合法性要件起着最终的决定作用，因此，行政程序最基本的关注点应该是司法程序对合法性的要求。此外，从更为宽泛的方面而言，本文的研究着重点在于行政活动中至行政处罚决定作出为止的事前程序，而行政复议程序和行政程序被视为一个外在于事前行政程序的程序，同时又被视为一个整体性的事后救济程序对事前行政程序产生作用的制度，因此，就整体性的事后救济程序而言，本文中所说的合法性的外延较之实定法上的合法性概念要宽泛，即包括实定法上的，主要是行政复议法所要求的合理性。

当事人接受、承认了经过听证程序的处罚决定。尽管当事人没有进入事后救济程序可能是基于各种复杂的原因,这些原因值得深入分析,但这些案件作为本文分析对象的事实是客观存在的。在上述的结果中,经过听证程序,行政处罚决定被提起行政复议或行政诉讼的,只有7件(占收集到案件的5.3%,至少占实际实施听证案件的1.9%)。可见,当事人经过听证程序,除个别情况外,基本上接受处罚决定。

(三) 初步结论

从以上的资料可以看出,在听证程序之后,处罚决定明显地体现了以下两项结果,由此可以从行政处罚听证制度实施的客观结果的角度说明《行政处罚法》对该制度所期待的两项功能得到了实现。

一是行政处罚听证程序中的权益维护功能得以实现。上述的数据表明,在接近一半(42.8%)的案件中,行政处罚决定未采纳行政处罚建议,这说明听证主持人,以及作为处罚决定者的行政机关负责人没有或者没有完全采纳本部门调查人员的处罚建议。行政听证程序实施前后行政机关内部人员间存在的这种差异也同时表明听证程序中听证主持人的地位及其所表达的意见在一定程度上具有独立性。作为行政处罚决定者的行政机关负责人也重视听证主持人提出的意见。

二是大多数案件在听证程序中相应的行政处罚行为的合法性得到了论证,即合法性证明功能同时得到了实现。当事人在经过听证程序之后,基本没有进入事后救济程序(行政复议或行政诉讼程序)便是一个证明。

三 功能的实现过程

(一) 分析框架

从《行政处罚法》的规定看,行政机关要在听证程序中证明自身行为具有合法性,就必须论证该行政处罚行为具备了相应法律规范所规定的行为构成要件(合法性要件)。

就我国法律对行政处罚行为的合法性要件的规定而言,由于在法律制度上司法审查对行政处罚行为是否合法起着最终的监督作用,即行政处罚行为的合法性判断的最终程序是行政诉讼程序，因此，对行政行为合法性进行司法审查的根据《中华人民共和国行政诉讼法》（以下简称《行政诉讼法》）第 54 条的各项内容也同时构成了行政处罚行为的合法性要件。概括《行政诉讼法》第 54 条第 2 款的规定，一项具体行政行为的合法性是由下列要件构成的。

（1）主要证据充足；
（2）适用法律、法规正确；
（3）遵守法定程序；
（4）未超越职权；
（5）未滥用职权；
（6）在法定期限之内履行职责；
（7）（行政处罚）未显失公正。

从上述各款项的规定中可以看出，作为具体行政行为的一项行政处罚决定要具有合法性，首先必须具备主要证据，即具备事实要件。《行政处罚法》第 42 条第 1 款第 6 项要求行政机关的调查人员在听证程序中"提出当事人违法的事实、证据和行政处罚建议；当事人进行申辩和质证"的内容，也明确了这一要件在听证程序中处于不可或缺的位置。但是，除了应具备相应的事实要件之外，根据《行政诉讼法》第 54 条的规定，一项合法成立的行政处罚行为还必须具备依据、程序、职权范围和职权形式目的等方面相应的法定要件。尽管《行政处罚法》中关于听证制度的内容除事实以外对其他各项要件规定得并不十分明确，但通过听证程序，行政机关至少应该就事实方面的合法构成要件作出证明则是理所当然的。①

---

① 《行政处罚法》第 42 条第 1 款第 6 项规定"举行听证时，调查人员提出当事人违法的事实、证据和行政处罚建议；当事人进行申辩和质证"；同时《上海市行政处罚听证程序试行规定》第 22 条规定"举行听证时，由案件调查人员提出当事人违法的事实、证据和适用听证程序的行政处罚建议；当事人进行陈述、申辩和质证"；第 23 条第 1 款规定"听证的证据包括书证、物证、证人证言、鉴定结论、勘验笔录、现场笔录、视听资料、当事人的陈述等"；第 24 条第 5 项规定"听证应当制作笔录。听证笔录应当载明下列事项：……（五）案件调查人员提出的事实、证据和适用听证程序的行政处罚建议"。从这些规定可以看到如果严格依照文字解释的角度理解，必须通过听证程序确认的仅是事实要件。当然，从上述法律规定中并不能推论出排斥其他法定要件的确认也进入听证程序的结论。而事实上，正如本文所述，行政处罚听证程序在实施时全面地包含了对行政处罚决定这种具体行政行为各项合法性要件的确认。

行政听证制度的合法性证明功能和权益维护功能是通过论证相应处罚行为内在的行为构成要件，从而决定该处罚行为对外部能否产生效果或者产生何种效果而实现的。从《行政处罚法》第42条第1款第6项的规定内容可见，听证程序为行政机关和当事人之间就将要作出的相应行政处罚行为是否具备合法性要件，以对抗方式展开论证确定了可交涉的范围并提供了交涉的法定方式，即该条为论证行为合法性交涉设定了一个法定"平台"。法定应该通过听证程序的行政处罚行为只有在该程序对法定构成要件进行确认之后，才能够最终被决定是否该行为产生法律效力以及产生怎样的效力。因此，从《行政处罚法》的上述规定中可以看出，听证程序的合法性证明功能和权益维护功能通过论证行为要件是否存在来决定该行为的效果，可以说，这种论证是在"要件－效果"的关联框架中展开的。

（二）分析对象

如上所述，一项具体的行政处罚行为是否合法应该看其是否具备了相应的法定要件，因此，无论行政机关证明行政处罚行为合法还是当事人作出相反的证明以此维护自身利益，其都是通过证明相应行政处罚行为法定要件是否成立实现的。具体而言，通过听证程序证明事实、适用依据、程序、权限、公正程度等方面的要件是否成立。

因此，关注听证程序中各方参与者（调查人员与当事人）的主张、理由以及听证组织的意见（尤其是在作出行政处罚决定时采纳了的意见）与上述"要件－效果"关联之间的关系便显得尤为重要。下面以此作为分析的对象具体进行分析。

1. 调查人员提出什么理由

（1）基本情况

依据《行政处罚法》第42条第1款和《上海市行政处罚听证程序试行规定》第17条的规定，行政机关首先应该向当事人发出行政处罚听证告知书。在收集到的案件资料中，该告知书向当事人告知的事项除了当事人拥有申请听证的权利等听证程序本身的事项之外，涉及具体处罚决定内容的有下列三项。

第一，当事人违反的法律法规等规范的具体条款；

第二，行政机关作出行政处罚的依据条款；

第三，拟作出的具体的行政处罚决定。

由于调查人员需要通过听证程序证明自身提出的拟定处罚决定具有合法性，因此，该告知书所列的上述三项内容也是调查人员在听证程序中对拟作出的行政处罚行为进行合法性证明的基础。①

从收集到的案件资料的内容来看，除了以下所列的特例（6 件），绝大多数（125 件）的告知书是如上述方式进行告知和说明相应理由的。因此可以说被调查的绝大多数行政处罚行为在听证程序开始时就在法定的框架中对相应的法定要件进行论证。同时，这种方式也为具体的听证程序设定了具体的需要进行交涉的问题焦点。

（2） 特例

上述三项法定告知事项中，最后一项告知内容尤其涉及"要件 – 效果"关联中的具体效果，即这项拟定的处罚决定一旦成立即对当事人产生具体的权利义务方面的影响。因此该项告知内容应该是具体且明确的。但是，在被调查案件的案卷中也存在另一类的告知方式。例如在被调查的 8 件食品卫生行政处罚的案件中，有 6 件（案件【W – 1】、②【W – 2】、【W – 3】、【W – 4】、【W – 5】和【W – 6】）案由相同，其行政处罚听证告知书上所记载的事项也相同。具体内容如下：

> 你（单位）于××××年××月××日从事生产含有婴粟成分食品的行为，违反了《中华人民共和国食品卫生法》（以下简称《食品卫生法》）第 9 条第 2 项的规定，情节严重。依据《食品卫生法》第 42 条，《食品卫生行政处罚办法》第 7 条第 3 款、第 14 条第 1 款第 2 项的规定，本局拟对你（单位）作出责令停止生产经营并销毁含有婴粟成分食品、罚款五万元以下的行政处罚。

---

① 法定的行政处罚听证告知书中所列的事项仅仅限定在适用的法律法规等条款和拟定的法律效果方面，即在"要件 – 效果"关联框架中的"要件"方面，只告知了适用依据这项要件成立。但是，如本文所指出的那样，严格而言《行政处罚法》和《上海市行政听证程序试行规定》中明文所要求的是在听证程序中进行"质证"，即对事实方面的要件是否成立进行论证。因此，当事人在接受行政处罚听证告知书之后，在并不预知调查人员所掌握证据的实际情况下，无法为了能够在听证程序中完成"质证"而在事前进行充分的准备。就此而言，《行政处罚法》在制度设计上不能不说存在瑕疵。

② 本文中所举案件的标号（如此处的【W – 1】）均属笔者为归类整理方便所用，不具有其他特殊意义。

可以看出，在第三项告知内容中，调查人员所填写的内容为"作出责令停止生产经营并销毁含有罂粟成分食品、罚款五万元以下的行政处罚"。同时，从行政处罚听证告知书中第二项内容看，这6件案件所适用的法定依据也是相同的，即《食品卫生法》第42条[①]，《食品卫生行政处罚办法》第7条第3款、第14条第1款第2项。[②] 这里可以看出，在告知当事人的事项中，第三项告知内容所告知当事人的不是拟作出的具体的处罚决定，因为作为具体行政行为的行政处罚决定应该是在成为现实决定后将对特定的当事人产生特定的法律效果，承担具体特定的义务或权利具体特定地受到限制或者剥夺，而不是处于一种对效果的选择状态（裁量）。但是，上述第三项告知内容与第二项告知内容联系起来分析即可以看出，这里的第三项告知内容实际上是第二项规范中的法定内容，即行政机关作出行政处罚所依据条款的内容。告知书事实上并没有向当事人告知拟作出具体行政处罚行为。

问题在于，行政机关一方为什么会采用这种告知方式？在调查中阅读到这类案卷时，笔者最初认为可能是具体实施听证的人员的知识、业务水平较低造成的。但是，在随后的一些交流研讨场合，来自其他省市的政府法制部门的与会人员也指出在其辖区内也有类似的案件。[③] 同时，在理论界中也有与此持同样观点的学者。[④] 由此可见这类告知方式具有一定的普遍性。那么，需要探究的是，在听证阶段的调查人员究竟基于何种原因才采用上述的告知方式？

从告知事项和听证内容的相关性来看，告知的事项也就是在此后的听

---

① 《食品卫生法》第42条规定："食品、食品添加剂和专用于食品的容器、包装材料及其他用具，其生产者必须按照卫生标准和卫生管理办法实施检验合格后，方可出厂或者销售。"
② 《食品卫生行政处罚办法》第7条第3款规定，"不提供或者不如实提供证明材料证明其违法所得的，按照没有违法所得查处"；第14条第1款第2项规定，"没有违法所得的，处以一千元至五万元的罚款"。
③ "中国听证制度研究课题Ⅱ"课题组于2001年7月6日邀请了部分城市（北京、重庆、杭州、济南、苏州和厦门等）政府法制部门的具体负责或从事听证工作的人员在上海共同举行了一次中国听证制度经验交流会，会上，有些与会人员提出在其所在的地区也同样有文中所述的告知方式。
④ 例如2002年12月19日在上海市举行的"行政处罚听证主持人培训班"上，浙江大学法学院章剑生教授也介绍了这样的观点。支持这类观点的主要理由是即使在我国的刑事诉讼程序中，《刑事诉讼法》也没有规定公诉方的主张中应提出具体的量刑请求。

证程序中将要争议的事项,告知的事项为听证程序提供了具体的争议目标。因此,无论是否意识到,调查人员一方的告知行为本身就意味着调查人员在相当程度上可以事先主动左右听证程序中的争议范围。比较在第三项告知中告知拟作出的具体的行政处罚决定和告知对行为效果的选择状态这两种情况,显然,前者是拟定的行为效果,在听证程序中无论对相应的拟定行政处罚决定如何进行争议,在"要件-效果"的关联框架范围中,争议集中在行为是否合法成立方面,当要件确立之后,效果自然发生。而后者,在听证程序中,不仅要件是否合法成立会成为争议的焦点,而且第三项告知内容本身也会成为争议的焦点,因为后者不存在事前拟定的行政处罚行为"效果",有的只是第二项告知的法定处罚依据中允许的裁量范围,即这项内容事实上是属于行政机关在该案件中可以行使的法定权限的事项,而不是拟作出的具体行政处罚行为。换言之,在这个裁量范围中最终行政机关选择什么样的行为效果,即具体的行政处罚决定,本身也可成为听证程序中争议的焦点。

因此,如果承认调查人员一方必然会尽可能地利用可以利用的制度空间以实现其期待目标的话,那么可以看出,这种告知方式对调查人员一方而言,至少在听政程序中存在以下两个有益之处。

其一,增加了可争议的内容空间。行政处罚听证程序中原本应进行的争议是有关"要件-效果"关联框架中的要件是否合法成立,但如上所述,这类争议本身可以将争议的焦点在"要件-效果"关联框架中扩展,甚至从中脱离出来,开拓一个除"要件"之外的针对具体"效果"的可争议的听证实施空间。因为即使对"要件"本身的合法性不存在争议,对裁量是否妥当也可以进行争议。由此将原本确认是否存在法定"要件"从而实现"效果"转变为关于裁量和实现裁量合理性的讨论。调查人员可以此引导参与听证的当事人乃至听证主持人将听证程序中的关注点从"要件"转变为"效果"领域,甚至更加关注后者。由于一般而言,当事人从自身的权益实际损益出发,会更注重行政处罚行为的具体效果,因此在下一部分可以知道,调查人员的这种告知方式取得了一定的成果。

其二,容易使当事人接受经过听证程序的处罚决定。与上述部分有关的是,尽管在法定的范围之内作出何种效果的行政处罚决定是由行政机关单方面进行的,但当争议的焦点也针对裁量是否适当而展开时,如果经过听证程序，对裁量的适当程度进行了争议，且最终的裁量结果即行政处罚决定符合当事人的期待时，这种争议过程本身所产生的说服力使该处罚决定容易为当事人所接受，从而减少甚至消除当事人提起事后的行政复议或行政诉讼程序的可能性。而行政机关本身理所当然不希望在作出行政处罚决定之后该决定被申请复议或提起行政诉讼。在这样的基础上形成了一个通过讨论"效果"问题解决现实纠纷、避免事后争议风险、达到（潜在的）"合意"的过程。事实上，上述的 6 个案件在听证实施阶段之后，都没有对行政处罚决定申请复议和提起行政诉讼。① 简而言之，这种告知方式在事实上起到了消除纠纷的作用。

2. 当事人提出什么理由

当事人在听证程序中提出什么理由，是建立在当事人对行政处罚听证制度的认识以及由此产生的对该制度的期待之上的。因此，只要不招致对自身的不利后果，当事人会提出一切可能提出的理由去否定调查人员的主张或使包括听证主持人在内的听证组织采纳。

从制度的明文规定内容来看，依据《行政处罚法》第 42 条第 1 款第 6 项的规定以及《上海市行政处罚听证程序试行规定》第 22 条，第 24 条第 5 项、第 6 项的规定，当事人在听证程序的实施过程之中，针对调查人员提出的"违法的事实、证据和行政处罚建议"进行申辩和质证。因此，就制度的要求而言，当事人在听证程序中可以提出的理由，理应首先围绕拟定的行政处罚决定的"事实认定"，即事实要件是否存在展开。

但是，尽管上述的条文规定需要当事人在听证程序中提出理由的主要事实要件部分，但是在现实中只要该听证制度在实施过程中没有明文排除有关其他要件理由的提出，② 在此前提下具体实施该程序的行政机关也不排斥其他理由，那么该制度就存在容纳除此之外其他理由的空间。调查的

---

① 这 6 个案件在听证程序之后，最终的处罚决定都是"责令停止生产经营销毁含有罂粟成分食品，罚款一万元"，较之原拟定的处罚决定普遍减轻。

② 如有学者指出行政处罚中的听证"则是指在行政机关作出行政处罚决定之前，由行政机关指派专人主持听取调查人员和当事人就案件事实、处罚理由及适用依据进行陈述、质证和辩论的法定程序"。参见应松年主编《行政法学新论》，中国方正出版社，1998，第 398 页。这与《行政处罚法》第 42 条规定中的文字内容的表述有一定的不同，因此，这里引出了一个法律解释方面的问题：《行政处罚法》规定的听证范围究竟有多大？

结果也证明了这一点。当事人理所当然地提出了事实要件方面的理由，除此之外，在其主张中也涉及其他方面的相关理由。

（1）有关合法性要件是否存在理由的分布情况

从调查所得的资料看，听证过程中争议的焦点主要集中在"事实认定"方面。因此，当事人所提出的理由也主要在事实要件是否存在方面。在收集到的案件之中，有 80 件属于这一类型，占收集到案件的 61.1%。而涉及判断其他法定要件的则不多，在调查资料中仅有 24 件［前述部分已经列出：适用依据 13 件、程序 3 件、职权 1 件（越权 1 件）、显失公正 2 件、明显不当 5 件。共计 24 件］，占收集到案件的 18.3%。从这个比例看，尽管在行政听证实务工作中听证程序中的争议事项也涉及其他要件方面，但这部分数量并不很多。

上述当事人围绕事实要件以及其他合法性要件所提出的理由的案件，基本有以下两种类型。

一是主要事实证据以及其他合法性要件是否存在。在这类案件中，当事人主要以调查人员所认定的事实有误（事实要件不成立）为理由，主张法定的行政处罚事实要件不成立。例如案件【G-7】和案件【GC-36】。

案件【G-7】某区工商行政管理局 X 认为某建筑公司 Y（当事人）为无照经营者 Z 提供营业执照、建筑业资质证书、发票、银行账户等条件，依据《上海市取缔无照经营和非法交易市场暂行规定》，建议对 Y 罚款 3 万元。Y 提出 Z 为其公司职工，其行为不构成"为无照经营者提供发票、银行账户等方便条件"。①

案件【GC-36】出租车管理处 X 接举报后认为某出租车司机 Y（当事人）未按合理路线行驶和多收车费，依据《上海市出租汽车管理条例》建议对 Y 吊销准营证。Y 提出调查人员根据举报认定的顾客上车地点有错，因此不存在未按合理路线行驶和多收取车费的事实。

涉及其他法定合法性要件是否缺乏的案件典型的有以下一例。

---

① 该案的听证组织在听证结果报告书中仅建议对 Z 的户籍和就业情况进行核实而没有对处罚建议提出意见。该行政机关负责人也签署同意意见。从至本课题收集资料终结时收集到的该案案卷资料看，其中没有处罚决定书，即至少到此时，行政机关尚没有认可调查人员提出的该事实要件已经成立。

案件【G-1】某区工商行政管理局 X 认为某医药商店 Y1（第三人）的分店 Y2（当事人）在销售药品时以账外暗中给付药品回扣的方式从事不正当竞争经营活动，建议对 Y2 作出罚款人民币 1 万元整、没收违法所得 1989.10 元的行政处罚。在听证过程中，Y2 提出作为处罚行为根据之一的《国务院办公厅关于继续整顿和规范药品生产经营秩序加强药品管理工作的通知》不应作为处罚的依据。

二是存在的事实是否已经达到严重的程度。这一类型中当事人对基本的事实要件构成本身不存在或基本不存在争议，但是，依照相关规定实施的行政处罚不仅需要该事实的存在，该事实还必须具备另外一项诸如"情节严重"等程度性要件。如果"情节严重"等不确定法律概念也属于行政裁量中的要件裁量，① 那么当事人的主张中除了包含要求确认法定的事实要件外，还包含着对行政裁量本身提出争议。而且，从调查资料来看，这类案件也有一定的数量。较为典型的例子是：在上述部分提到的案件【G-1】中，当事人 Y1 提出作为处罚行为根据之一的《国务院办公厅关于继续整顿和规范药品生产经营秩序加强药品管理工作的通知》不应作为处罚的依据，同时提出依据《上海市反不正当竞争条例》第 28 条的规定，其行为不构成情节严重。

（2）"其他"理由

尽管听证过程中争议的焦点主要集中在"事实认定"方面，但是，除此之外，从前面的数据可以看到，争议焦点可归入"其他"类的也占据很大的比例。在所调查案件中有 39 件可归入"其他"类，占收集到的案件的 29.8%（至少占实施收集到案件数的 10.9%），居于第二位，超出诸如"依据"等《行政诉讼法》第 54 条规定的具体行政行为的其他构成合法要件的证明。因此，分析当事人提出的这些属于"要件－效果"关联框架之外的理由十分重要。

上文已经提到，《行政处罚法》和《上海市行政处罚听证程序试行规定》规定的听证程序中，在听证事项方面，明文表述的部分只涉及事

---

① 关于行政裁量中的不确定法律概念和要件裁量，其定义可参见〔日〕盐野宏《行政法》，杨建顺译，法律出版社，1999 年，第 91 页；俞子清主编《行政法与行政诉讼法学》，法律出版社，2001 年，第 40 页。有关的学说史资料可参见翁岳生《论"不确定法律概念"与行政裁量之关系》，载《行政法与现代法治国家》，台北祥新印刷公司，1976 年，第 58 页。

实认定，即法定的事实要件是否存在。即使将对"依据"等事项的争议也纳入允许争议的范围，该争议范围也依然限于在"要件-效果"的关联框架之中的"要件"方面，即依然在讨论相应拟定的行政处罚决定是否符合行政诉讼法第54条所规定的具体行政行为的合法性要件。在此基础上，如果不仅仅考虑合法性要件是否存在，同时也考虑《中华人民共和国行政复议法》对具体行政行为的合理性要求，将拟定的行政处罚决定中裁量是否合理，即"明显不当"等因素也考虑进去，那也只是将"要件-效果"关联框架中的"效果"问题也部分地纳入了听证程序的争议范围，而没有在听证程序中，在判断和解决争议时引入其他的衡量或评价规范。但是从下面所涉及的事例可以看到，从调查资料中反映出来的下述属于选项"其他"的理由显然不能归属于"要件-效果"关联框架之内。

从调查所得的资料看，当事人提出的属于"其他"的理由主要在与行为成立要件无关的经济方面。例如，家庭经济困难，无法承担将要被给予的吊销许可证或者执照、罚款等行政处罚。再如家庭成员中有人下岗，自己的收入成为唯一的生活来源等。总之，当事人从家庭经济状况的角度指出将要被科处的行政处罚与自身生存状况之间的必然联系，以此要求行政机关从轻或者免予处罚。

在这里可以看出，当事人是期待通过行政听证程序使行政机关能够采纳对自身有利的全部事项，只要法定的行政听证制度不明文禁止，那么无论该事项是否属于"要件-效果"关联框架，都将在该程序中提出，以此影响行政处罚决定的最终效果。因此，当事人不仅将行政听证程序作为（从证明或确认合法性要件是否存在的角度）依法维护自身的权益的途径，还常常将此作为一种可以向相应行政机关呈请或表达意愿的机会。当事人援引上述行政听证程序中应遵循的规范之外的其他社会规范，要求行政机关在作出具体的行政处罚决定时也考虑、导入并且依据这些规范。从后面的事例中可以看到，在听证之后，许多这方面的理由会被行政机关在作出行政处罚决定时认真考虑甚至接受。

3. 听证组织、行政机关负责人接受什么理由

（1）听证组织的作用

听证组织在行政处罚听证程序中主持该程序的进行，其人员由有权作

出相应行政处罚的行政机关指定的组织组成。① 其可以是一人组织,② 也可以由多人组成。③ 从《行政处罚法》以及《上海市行政处罚听证程序试行规定》中对听证组织的定位看,无论听证组织由几人构成,在整个行政处罚程序中,由于依据《行政处罚法》或《上海市行政处罚听证程序试行规定》所成立的听证组织其内部构成人员必须是非本案调查人员,因此由听证主持人等构成的该组织在与调查人员和当事人的关系中是与调查人员相对分离的具有一定独立性、④ 起着主导程序作用的组织;在整个行政处罚程序中,听证组织通过实施和主持听证程序,整理相关信息并由此向所属行政机关提出处罚意见供该行政机关决定参考,因此,听证组织的听证活动在整个行政处罚程序中居于审查前提的位置,为行政机关最终作出行政处罚决定提供基础性意见。

听证组织的上述性质是由《行政处罚法》第 43 条所决定的。该条规定"听证结束后,行政机关依照本法第 38 条的规定,作出决定"。而第 38 条第 1 款则规定"调查终结,行政机关负责人应当对调查结果进行审查,根据不同情况分别作出决定"。从法解释的角度看,这两条规定所设定的程序内容是将"听证结束"置于"调查终结"之前或者与"调查终结"同时,因此,听证程序是属于调查程序的一个环节。但是,听证程序又是与调查人

---

① 在法律中对该组织的称呼以及内部结构并没有具体的规定。如在内部结构方面,《行政处罚法》中只提到"听证由行政机关指定的非本案调查人员主持"(第 42 条第 1 款第 4 项),同样《上海市行政听证程序试行规定》中也只规定了该组织的构成人员。在调查资料中,各个具体的行政机关在实施行政听证程序时,有的听证组织由首席听证主持人、听证主持人和书记员组成,有的由听证主持人、听证员和书记员组成,但是对于由这些内部人员构成的组织的具体名称,则法律中均无规定。
② 从《行政处罚法》第 42 条第 1 款第 4 项"听证由行政机关指定的非本案调查人员主持"的规定看,具体实施听证程序的组织的功能在于主持听证程序,因此可以理解为只要该功能能够实现,该组织究竟由一人还是多人组成,属于该行政机关的裁量。
③ 例如,《上海市行政处罚听证程序试行规定》第 5 条规定,"行政机关的听证人员包括听证主持人、听证员和书记员";第 6 条规定,"听证主持人由行政机关负责人指定本机关内部的非本案调查人员担任";第 9 条第 1 款规定,"行政机关根据需要,可以指定 1 至 2 名本机关内部的非本案调查人员担任听证员,协助听证主持人组织听证"。从这些规定中可以看出听证组织必然是多人组织。
④ 有的学者从分权理论的角度说明这种结构的听证组织可以确保当事人的合法权益不受侵犯。参见姜明安主编《行政法与行政诉讼法》,北京大学出版社,1999,第 273 页。有的则从保障公正性的角度阐述其意义。参见杨惠基《听证程序概论》,上海大学出版社,1998,第 90 页。

员的调查程序相分离的，同时，其又以调查人员的调查结论为讨论对象，因此，听证程序本身具有对其之前的调查程序实施的结果进行审核的作用。正是由于听证程序在整个行政处罚程序中具有这样复杂的性质，有学者将行政处罚程序中的听证程序定性为一种特别的调查程序。①

就整个行政处罚程序而言，《行政处罚法》第42条第1款第7项以及《上海市行政处罚听证程序试行规定》第25条中的"笔录"则相当于《行政处罚法》第38条第1款中的"调查结果"。正因为如此，听证组织通过听证程序对事实的确认以及由此形成的认识即向行政机关负责人提出的报告，都不是对最终形成的行政处罚决定具有拘束效力的意思表示，只是向行政机关负责人提出的一种基础性意见。

从调查的资料来看，听证结束之后，听证组织会根据听证的具体情况对相关的事实等事项作出归纳，在此基础上就是否作出行政处罚或者作出怎样的行政处罚决定等事项向行政机关负责人提出建议。如果把记载有这些归纳和建议内容的文件称为"听证结果报告书"，如上所述，该听证结果报告书并不对最终的处罚决定的形成具有拘束力。随后，行政机关负责人在该听证结果报告书的相应栏目中作出《行政处罚法》第38条第1款所规定的行政处罚决定。在本次调查所收集到的案件资料中，所有的案件资料均附有听证结果报告书。

但是，从调查的资料反映的情况看，行政机关负责人十分尊重听证组织提出的行政处罚建议，其作出的行政处罚决定没有变更听证组织的建议。②

可以说，事实上听证组织最终形成的认识或意见可以视为行政机关或者行政机关负责人的意见，通过分析听证结果报告书中听证组织所采纳的理由就可以了解行政处罚决定最终究竟采纳了哪些意见。

（2）被采纳意见的种类

围绕着调查人员与当事人之间的争议焦点，从听证结果报告书中听证组织采纳意见的情况看，以下几种意见被行政机关负责人在作出的处罚决定时采纳。

---

① 例如章剑生教授在2002年12月19日在上海市举行的"行政处罚听证主持人培训班"上就表达了这样的观点，笔者同意这一看法。

② 这种对听证组织意见的尊重是否可能在事实上形成行政处罚听证程序的案卷排他性效力，则尚需要谨慎分析。例外的案例将在本文涉及的相关部分说明。

一是在法定的"要件－效果"关联框架中被接受和采纳的理由。

听证组织必须从法定要求出发，围绕"要件－效果"关联框架，根据听证参与各方提出的证据或主张判断相关的法定要件是否成立。因此，围绕"事实认定"、"适用依据"、"法定程序"、"职权"、"公正"、"明显不当"等要件的理由，听证组织自然需要予以听取和考虑是否采纳。调查资料内容所反映的情况也与此相符合。在采纳了当事人意见的案件中较为典型的有以下几例。

案件【GC－40】中，交通行政管理机关 X 认为 Y 在驾驶出租车载客过程中存在绕道和多收费的行为，因此根据《上海市出租车管理条例》第45条第2款的规定拟对 Y 作出吊销准营证的行政处罚。在听证之后，听证组织认为对该案作出行政处罚决定时应该考虑的几个方面的因素中有一项就是事实要件能否成立，"对核定的'合理路线'有异议：根据乘客在信中所说，从宛平路上高架到机场最近。是否应该按照乘客的意见按此线路核准行走路线及费用呢？另据驾驶员反映'路上很堵'。到底是否堵？堵了多少时间，费用是多少？（因为此费用关系到总的车费）乘客没有说明，调查人员也没有进一步了解，这是调查中的一个漏洞"。

在上述部分提到的案件【G－1】中，听证组织采纳了当事人在听证程序的实施过程中提出的事实和应适用依据这两方面的理由。

案件【G－1】中，针对当事人 Y2 提出处罚行为根据错误的理由，听证组织听证后认为对 Y2 的行为证据认定的金额仅为7200元，据此建议处罚应在1万元以上5万元以下酌情量罚。适用法律建议适用《上海市反不正当竞争条例》第13条第1款和第27条第1款第6项更为妥当。同时听证组织在事实认定方面也指出：本案当场查获的 Y2 尚未来得及付出的回扣现金，不能认定为当事人的违法所得，故建议违法所得1989.10元不予认定。

案件【G－2】中，听证程序之后当事人的违法事实已经确认，但相关物的数量无法确定，听证组织因此改变调查人员提出的拟定的行政处罚决定。

案件【G－2】某区工商行政管理分局 X 认为某公司 Y 参加展览的医疗仪器法国产 MDS、FLAT 乳腺 X 光机无合法进口手续，建议根据《投机倒把行政处罚暂行条例》第3条第2款第11项的规定给予没收和罚款12万元的处罚。在听证程序的实施过程中 Y 仅对调查人员举出的事实问题提出了异议，提出该 X 光机是从案外人 A 处借得的（A 对此否认），但该主张未获得听证组织的认同，听证组织认为 Y 违法进口 X 光机的事实成立。至于应作出怎样的处罚决定，由于案件调查人员认为该 X 光机价值人民币 60 万元，Y 认为只有 8 万元，而国内无同类 X 光机进口，其价值双方均无充分证据证明，因此听证组织在听证结果报告书中建议：由于 X 和 A "均不承认是该法国产 FLAT 乳腺 X 光机的所有人，建议按照《工商行政管理机关行政处罚程序暂行规定》第 61 条之规定，经公告后三个月内仍无人主张对该进口乳腺 X 光机所有权的，作为无主财产，上缴财政"。此后，X 制作了行政处罚决定书，其内容为："没收物资（法国产 MDS、FLAT 乳腺 X 光机一台）。"

案件【G-2】中由于在告知的拟定行政处罚中有罚款项，因此，即使认定了违法事实成立也必须对相应数量作出认定，以此才能够确定相应的罚款数额，即在对"要件-效果"关联框架中的数量要件作出准确的认定之后才能就效果部分作出对当事人具有具体法律意义的决定。但是有关数量的要件无法确定，行政机关就此放弃了这一部分的行政处罚即罚款。①

二是在上述法定的"要件-效果"关联框架之外接受和采纳了的事项。

前述部分已经提到在听证程序中，当事人除了在"要件-效果"的关联框架中提出理由之外还提出了许多该框架之外的、在本次调查中归类为"其他"的理由。并且，持这类理由的案件占收集到案件的 29.8%，居于

---

① 该案中另有两点是值得进一步讨论的。一是事实的确认中听取意见程序的问题。从听证过程的全部笔录来看，听证程序中被质证的只是违法进口事实是否成立这一点，其他如机器价值等 Y 均未在听证过程中提出。但是在听证组织向行政机关负责人提交的听证结果报告书中，正如文中所举，听证组织指出：案件调查人员认为该 X 光机价值人民币 60 万元，Y 认为只有 8 万元，而国内无同类该 X 光机进口，其价值双方均无充分证据证明。因此可以看到，我国目前，就认定事实而听取各方相关者的意见实际上不仅仅限于听证程序。二是依据问题。在听证结果报告书中，听证组织指出："案件调查人员提出当事人的行为构成《投机倒把行政处罚暂行条例》第 3 条第 1 款第 11 项规定所指行为，而按照《投机倒把行政处罚暂行条例》第 3 条第 2 款的规定，第 11 项行为应有省级以上工商行政管理机关根据国家法规和政策认定，请案件调查人员在今后办案过程中，注意法律的有关规定，严格按法定程序办案。"在从听证笔录中记载的内容来看，参加听证程序的各方均未涉及此点，但听证组织以及行政机关的负责人显然已经认识到了这一依据方面的要件瑕疵。但是，在行政处罚决定书中所引用的法定依据依然是《投机倒把行政处罚暂行条例》第 3 条第 1 款第 11 项。这其中自然可以看出行政自身的运作规则并不理所当然地承认法定的具体行政行为合法"要件"的要求，当然，仅此尚难以对于合法依据方面的要件瑕疵与听证程序之间的关系得出规律性的认识。

"事实认定"之后的第二位，高于"要件－效果"关联框架中除"事实认定"之外诸如"依据"是否合法等理由。由于在各个听证案件中当事人提出了这些理由，因此听证组织要面临如何对待这些理由的问题。

从调查资料看，由当事人提出，而且被听证组织考虑的事项基本上集中于对处罚效果的承受能力方面，其中，如当事人为自然人时，其主要为当事人本人或家庭经济困难等方面的理由。以案件【W－3】为例。

案件【W－3】中，市卫生管理机关 X 的检查人员在 Y 的经营场所中抽取客人食用的火锅汤料，从中检测出含有罂粟成分，同时当事人无法提供违法所得证明，因此拟处罚 5 万元以下的罚款、责令停止经营并销毁含有罂粟成分的食品和吊销卫生许可证。听证过程中 Y 除了对相关事实证据进行质证之外，还提出生活方面的具体困难。对此 X 在确认事实清楚的同时考虑到了 Y 的具体困难，仅作出责令停止经营并销毁含有罂粟成分食品和罚款 1 万元的处罚。

在调查的卫生行政处罚案件资料中，反映听证组织考虑同样因素的还有案件【W－4】、【W－5】、【W－6】和【W－7】等。

同时，在其他类别的行政处罚案件中，也存在这类听证组织考虑当事人对处罚结果承受能力等因素的案例。以案件【GC－40】为例。

在上述部分已经提到的案件【GC－40】中，在听证过程实施之后，听证组织认为交通行政管理机关 X 对该案作出行政处罚决定时应该考虑的几个方面的因素除了违法事实是否成立之外，还有一项就是"家中困难"。

如果当事人是企业等非自然人，则考虑的理由有企业亏损、企业对拟定处罚决定在量方面的承受能力等。以案件【S－9】为例。

在案件【S－9】中，某区税务分局 X 认为某合资公司 Y 存在虚开增值税发票（未用）等违法行为，因此拟定的处罚是给予已抵扣进项税额的 2 倍罚款 29533 元。听证后，考虑到 Y 的承受能力，最终作出予以 1 倍罚款，即 14766.5 元的处罚。

此外，考虑企业的承受能力，听证组织有时对罚款处罚的执行问题也会作出相应的安排。以案件【S－5】为例。

案件【S－5】中，某区税务分局 X 认为某贸易公司 Y 开具自制发票，因此拟定罚款处罚。听证后，X 考虑 Y 的经营亏损情况，决定对亏损部分的罚款暂不执行。

总之，从上述所列案例的内容中可以看出，这类理由是当事人在承认调查人员对事实的认定的基础上，对可以承受处罚结果的能力所作的表述。换言之，当事人的这类理由已经承认了"要件－效果"关联框架中"要件"的客观存在以及在此基础之上行政机关在作出处罚决定方面所作出裁量的合理性，即这些理由已经不属于"要件－效果"关联框架范围，充其量只是表述了对"效果"即裁量的承受能力，而不是讨论对应该关联框架中的"要件"，应该选择何种"效果"的问题。

听证组织除了处理"要件－效果"关联框架之外的"其他"理由外，是否还考虑在听证程序中当事人没有提出的其他意见？

这里有别于第一部分称其为"意见"而不是"理由"，很明显是因为这部分被行政机关负责人所考虑的内容并不是由行政机关的调查人员或者当事人在听证程序的质证过程中提出的，而是在该过程结束之后由听证组织在听证结果报告书中提出的。

从理论上说，在听证程序之后最终作出行政处罚决定时考虑了听证程序过程中各方未提出的证据或理由，则可以说该决定并没有受到案卷排他主义的限制。在不以案件排他主义为前提的行政听证程序中，听证程序所涉及的证据和理由都只是参考性的，由此也意味着听证程序只是整个行政处罚决定形成程序中调查程序的一个环节。其中，听证组织只是在行政程序中参与调查程序的一个中间性组织。当然，这个结论并不违背人们对《行政处罚法》中听证程序与案卷排他主义之间的关系的一般认识，① 但问题在于听证组织考虑了听证程序之外的证据、理由等事项后，这些事项究竟对最终的行政处罚决定起了什么样的作用？

归纳调查资料，听证组织或行政机关负责人采纳的这类意见有以下几种类型。

①主要问题涉及政策以及制度本身的。通过听证程序，行政机关发现

---

① 《行政处罚法》未就听证笔录与行政机关负责人最终作出的行政处罚决定之间的关系作出明文的规定，因此可以说该法并未在制度层面上确立案卷排他主义的法律原则。在理论层面上，尽管从解释论的角度对听证笔录与行政处罚决定的关系可以得出"唯一论"、"之一论"、"重点论"和"模糊论"等观点（参见杨惠基《听证程序概论》，上海大学出版社，1998，第240—241页），但"唯一论"并未在行政实务中得到支持，或者可以说，行政机关尤其是具体实施行政处罚的行政机关，其本身不会自觉地选择"唯一论"来进行自我约束。

主要的问题不在于拟定作出的行政决定行为本身，而是相关制度存在一定的缺陷，或者说这种缺陷本身在一定程度上成为当事人作出相应的违法行为的制度方面的原因。以案件【W-1】、【GC-29】为例。

案件【W-1】中，某区卫生行政管理机关 X 抽查某饮食总店 Y 的某店 A 的火锅汤料调料时检验出其中有罂粟成分，因此拟对 Y 给予责令停止经营并销毁含有罂粟的食品、罚款 5 万元以下的处罚。在听证程序中，Y 对事实未提出异议，仅对其法律地位提出不同认识，即其与 A 签订有房屋租赁合同，因此处罚对象应该为 A 而非 Y。并且，与 A 具有同样地位的 B 店等已经独立地获得了食品卫生许可证。在听证程序之后制作的听证结果报告书中，听证组织写道：尽管"认定事实清楚，程序合法，适用法律正确，认定的处罚主体正确，处罚适当"，但"通过此案听证，发现"某区卫生局"在许可证发放管理中存在一些问题，对同一经营场所发放不止一张卫生许可证"。就此，负责人签署意见："鉴于此案中区卫生执法机构也有责任，建议从轻处罚。"最终，行政机关作出的处罚决定为："责令停止生产经营并销毁含有罂粟成分的食品；罚款壹万元整。"

在案件【GC-29】中也涉及类似的制度方面的因素，听证组织和行政机关负责人在作具体的行政处罚决定时也充分考虑了这种制度上的困难。

其实，在行政处罚听证程序建设的实践中也可见到采用案卷排他主义的立法。例如，劳动部发布的自 1996 年 10 月 1 日起施行的《劳动行政处罚听证程序规定》第 16 条规定："所有与认定案件主要事实有关的证据都必须在听证中出示，并通过质证和辩论进行认定。劳动部门不得以未经听证认定的证据作为行政处罚的依据。"这个条款显然采纳了案卷排他主义。但由于无法对该规定的实施情况进行研究，因此无法判断该规定在实际运作中是否真正实施了案卷排他主义。另一例是与本研究课题有关的《上海市行政处罚听证程序试行规定》。该规定第 23 条第 2 款规定："所有与认定案件的事实相关的证据都应当在听证中出示，并经质证后确认。"其从文字表述看，显然也采纳了案卷排他主义的法律原则，但是，正如本文中所反映的那样，案卷排他主义并未在该规定的实施中得以贯彻。

在案件【GC-29】中，某交通行政管理机关 X 认为出租车驾驶员 Y 一年之内两次将客运服务车辆交予他人驾驶，违反《上海市出租车管理条例》的有关规定，因此拟定对 Y 作出吊销准营证的处罚决定。听证结果报告书在肯定 Y 存在违法行为和拟定的处罚决定正确之后指出：如果吊销 Y 的准营证，按上述条例的有关规定，"该车的业主也应承担相应的法律责任（也应吊销其准营证）。但这一做法至今尚未操作过，主要是因为吊销准营证的处罚是出租车管理条例规定的处罚中最严厉的一种，又涉及多人，一旦操作可能会诱发不稳定因素。再说业主近年来一直在从事其他工作，由聘工长期一人营运，从客观上来说，长期单班营运也确实较疲劳，且这二次违反条例的行为都是发生在当事人身体欠佳的情况下。这也对我们的管理提出了要求，在业主本人不能参加营运的情况下车辆是否能过户或增加聘工，有待我们进一步探讨、研究"。综上所述，不对 Y "作吊销准营证处罚，拟作暂停营业、罚款处罚"。

②当事人有纠正情节。尽管应受处罚的违法行为成立，但是当事人有主动纠正违法行为的情节。以案件【W-7】为例。

在案件【W-7】中，某卫生行政管理机关 X 对造成食物中毒的某饭店 Y 拟作出罚款 3 万元和吊销食品卫生许可证的处罚决定。在实施听证过程中，Y 对事实和证据无异议，但认为吊销食品卫生许可证的处罚太重，因为事故发生之后，一是 Y 积极进行了整改，饭店在卫生上有了明显改进，二是 Y 的法人代表自发地到医院探望病人，负担全部医药费、误工费等，并能主动配合卫生监督员做好事故的调查处理，三是 Y 最近新装修，投入资金较多，如果吊销卫生许可证，在经济上损失很大，难以承受。听证组织在听证之后认为该案"事实、理由充分，处罚适用条款正确"，但考虑到 Y "在事故发生后能主动配合卫生监督员做好事故的调查处理，减轻违法后果，在卫生上积极整改"，因此最终提出的处罚建议为："一、责令停业整顿，二、处罚款叁万元整。"

③事后的行政复议或行政诉讼等争议风险。为了回避调查阶段存在的要件瑕疵会造成事后程序方面的行政复议或行政诉讼等争议风险，在当事人接受的前提下，变更拟定的处罚决定。以案件【GC-34】为例。

在案件【GC-34】中，某交通管理机关 X 认为出租车驾驶员 Y 绕道行驶多收费而拟定对其作出吊销运营证的处罚。在听证之后听证组织发觉在事实方面存在调查人员未及时核实的部分，如坚持作出吊销运营证的处罚，则当事人很有可能在事后对 X 提出行政复议申请或提起行政诉讼。为了避免这种法律上的风险，X 于听证之后将处罚内容变更为罚款。对此，

Y 也表示可以接受。

④当事人曾有过先进事迹的。尽管当事人的个人履历只是其个人在过去发生的事情，无论这些履历在其他方面的意义如何，其与行政处罚听证程序所涉及的处罚决定的"要件－效果"关联框架则并无相关关系。但是，从调查资料中可以看到，一旦当事人曾经获得过某种先进称号等材料通过当事人所在的单位提出，则会得到相应行政机关及其负责人的认真对待。以案件【GC－21】为例。

在案件【GC－21】中，某交通管理行政机关 X 拟定对 Y 作出罚款 200 元和暂停营业的处罚。在听证程序中 Y 提出了行为情节较轻、无主观动机等事由，Y 所在公司的代表也出席了听证会，指出当事人一贯表现较好，曾被评为公司"97 年度精神文明'十佳'事迹荣誉称号"。听证组织也考虑了这一因素。最后，X 作出了罚款 200 元的处罚决定。

这种考虑当事人在工作中的表现的案件不仅是这一例，在其他的案件中也可以看到同样的情况。例如，在前述案件【GC－24】中行政机关负责人采纳了听证主持人的类似意见，听证主持人在听证结果报告书中也提道："单位称当事人表现尚可。"在前述案件【GC－1】中也有同样的情况。该案件听证主持人在听证结果报告书中指出：当事人"一贯表现较好"，"曾多次被单位、乘客表扬"。最终的处罚由原来拟定的吊销准营证变更为罚款 590 元，可以说差别巨大。

值得注意的是，上述案件【GC－21】中的当事人在听证程序的进行过程中对调查人员和听证组织抱有相当大的不信任感，态度也相当对立，但这些情况并没有对听证结果报告书的内容以及行政机关负责人作出行政处罚决定造成任何影响。这里也可以看出当单位参与听证或听证之后的处罚决定形成过程时，真正能够影响听证组织乃至行政机关负责人的，是当事人所在的单位，即听证组织考虑了当事人所在单位的影响力。因此，当事人所在的单位（尤其是该单位属于具有社会影响力的企业时）是否愿意参与到上述行政程序中去，在相当大程度上决定着"要件－效果"关联框架之外的其他事项能否真正被行政机关所采纳。

⑤当事人所属单位提出的建议或保证。在行政处罚的听证程序中，除听证主持人之外，只有当事人和行政机关的调查人员才是该程序的法定参与人。如果将对听证程序结果的处理，即行政机关负责人作出决定这一环

节也考虑在内，那么听证程序始终是在三方，即当事人、作出拟定处罚意见的行政机关（由调查人员代行）和主持程序、作出决定的行政机关（听证主持人和行政机关负责人）之间展开的。① 当事人所属单位如参与该程序，则只有在质证时由当事人或调查人员提出，经主持人同意后作为证人进入该程序，其作用只是提出相应证据，以此证明在"要件－效果"关联框架中要件事实是否存在。因此，从《行政处罚法》和《上海市行政处罚听证程序试行规定》的规定看，听证主持人或行政机关负责人并无听取当事人所属单位提出的在"要件－效果"之外的意见的义务。但事实上，调查资料显示，如果当事人所在单位向行政机关提出证据之外的处理意见，听证主持人或行政机关负责人会对此相当重视并可能采纳。上述【GC－1】、【GC－21】、【GC－24】、【GC－40】中已经涉及了由当事人所在单位提出的这类意见。在下面的案例中，这类意见的作用尤为显著。

在案件【GC－2】中，当事人单位向举行听证的行政机关出具单位函，为该当事人作出保证。尽管在听证程序的进行过程中当事人态度对立，但因为有单位的保证函件，加上其行为所造成的结果不严重，最终行政机关作出的决定是将原拟定的吊销准营证变更为"不处罚"。

但必须注意的是，从调查资料看，这类案件主要集中在特定的行政领域（公共交通行政管理领域），且数量上并不很多。因此，行政听证中的这类情况是否具有普遍性尚难下结论。另外，上述案件中，当事人所属单位都是大型企业，具有相当大的社会影响力。

四　法定功能和事实上的功能

（一）法定功能及其涵盖范围

上面已经提到，调查资料反映出行政机关负责人十分尊重听证组织提出的行政处罚建议，其作出的行政处罚决定没有变更听证组织的建议。而且，在42.8%的案件中，行政机关负责人审查了听证结果报告书后采纳了

---

① 如果考虑目前行政处罚听证程序中的主持人的地位仅仅是在个案中相对中立，而整个程序的运行过程都是在同一个行政机关内部进行的，那么，将行政处罚听证程序理解为是在当事人和行政机关之间展开的一种程序也未尝不可。

听证结果报告书上的理由或意见,对拟定的处罚意见作出了变更。同时,上面也指出,听证组织提交的听证结果报告书的内容中包含了在听证程序所涉及的调查人员、当事人所提出的全部理由和意见以及其他人(如当事人的单位等)在这一程序中提出的意见。因此可以说这些最终被行政机关负责人采纳的理由或意见中不仅有对有关事实证据能否成立主张的考虑,还有从法定的"要件-效果"关联框架的全部内容出发全面论证拟定的行政处罚决定是否存在瑕疵的观点。不仅如此,其中还包括了在该程序过程中被提出的或被考虑到的一切可能影响行政处罚决定的各种因素。

可以看出,在法定的"要件-效果"关联框架之内,无论是行政机关一方的调查人员还是当事人,提出理由的目的都在于通过听证程序证明应被处罚行为的要件是否成立以及拟定的行政处罚决定是否合法。通过听证程序的论证,其结论无论是什么,基础都是建立在"要件-效果"关联框架之上的,也就是说,无论是拟定行政处罚行为的合法性证明还是当事人权益的维护,都是在该关联框架之中进行和完成的。

但是,一旦被听证组织或行政机关负责人采纳的理由或意见并不属于"要件-效果"关联框架之中,那么,无论调查人员或当事人对行政听证程序寄予怎样的期待,听证程序怎样审查和采纳他们的意见或理由,这时的听证程序所具有的功能自然不属于法定的"要件-效果"关联框架所赋予听证程序的功能。换言之,通过上述调查资料可以观察到,在行政处罚听证程序的实施中,该程序除了发挥法定的功能之外,还具有事实上的功能。

(二) 事实上存在的功能——纠纷解决功能

从上述部分所列的案例以及归类中可以看到,在"要件-效果"关联框架之外,调查人员告知裁量权的方式,当事人就经济承受能力等进行陈情的方式,以及诸如当事人所在单位提交单位函等方式,都对该程序寄予种种期待。其中,尤其是当事人,即使对自身被调查的行为以及对拟定的行政处罚决定已无法律上的疑义时,依然对行政程序寄予期待,提出种种属于"其他"类别的理由或意见,希望行政机关予以考虑。由于在这项前提之下的理由或意见已不属于前述框架中的以权益维护为目的的了,当事人的目的显然已经转移为最终不被处罚或者被处以较轻的处罚。

同时，行政机关的听证组织或者负责人也在事实上通过听证程序采纳了这些理由或意见。而当这些理由或意见被采纳时，当事人自然对听证制度愈加认同，对听证程序的满意度愈加提高，由此导致使用事后救济程序的可能性降低。因此，在法定的合法性证明功能和权益维护功能之外，行政处罚听证制度在事实上还具有一项纠纷解决的功能，且该项功能在实际的听证活动中起着十分重要的作用。在调查资料中，所有这些理由或意见被采纳的案件，当事人在行政处罚决定（包括不处罚的决定）作出之后都没有提出行政复议或行政诉讼。

　　在这一事实中需要注意的是，当行政处罚听证程序事实上具有了纠纷解决功能时，其适用的规范也已脱离了"要件－效果"关联框架中的具体法规所要求的合法性判断规范。例如，对当事人提出的家庭经济困难等理由，听证组织或行政机关负责人在采纳这些理由或意见时自觉不自觉地会考虑社会稳定、生存等方面的因素；[①] 当事人或其所属单位提出其一直是优秀工作人员，听证组织或行政机关负责人在采纳这些理由或意见时自觉不自觉地会考虑该当事人行为的偶发性或与相关单位的关系等因素。[②] 同时，当听证程序在发挥纠纷解决功能时，该制度也引入了《行政处罚法》中规定的适用规范之外的社会规范。

五　功能发生的制度空间

（一）行政活动的两个方面的趋向

　　一方面，行政处罚是行政权对社会的一种管理手段。针对这种管理手段，《行政处罚法》建立了一个包括程序和实体在内的规范制度体系。其中，行政处罚听证制度由于立法者设定的目的不同而体现不同的性质。如前所述，在整个行政处罚决定形成的过程中，听证程序被赋予了处罚决定的合法

---

① 在有些案件中，当事人在听证程序中提出的请求理由其实根本与拟定的处罚决定是否合法无关。例如在案件【GC－33】中，当事人对被调查事实和拟定的处罚决定没有提出任何异议，而仅仅是提出希望听证组织考虑其"老婆下岗"这个因素。这类请求显然属于当事人的陈情，而行政机关需要对此关注的正是这类陈情内容与社会稳定之间的关系。

② 在听证笔录、听证结果报告书以及行政机关负责人最终的批示中有关的内容并非有如此明文的记录，但是，从当前我国的行政机关所承担的责任来看，可以说这未必仅是推理。

性证明功能和当事人权利保护功能，体现为听证程序是一个制度性装置。① 通过这个制度性装置的运作，在个案中具体化的整个行政处罚决定过程更加趋于合理化。

作为一种法律的制度性装置，听证程序为各种案件的处理方式和处理结果提供了基准，要求听证组织在听证过程中将现实的案件中的各种内容按照制度的期待目的加以处理，从而使这些事项成为听证制度能够处理的法律性事项。本文上述部分之所以将"要件－效果"关联框架作为分析框架，正是因为该框架本身就是听证程序中处理案件的制度性工具，即通过这个框架将客观发生的行政处罚案件中的各项内容依照制度对行政处罚行为合法性的要求分别处理为事实要件等合法性要件事项，② 由此评价该拟定的行政处罚行为是否合法。《行政处罚法》通过这个制度性装置，使原本纯然属于行政机关职权内部运行的调查程序显示于外部，使行政处罚程序中的听证程序成为一个相对独立的法律制度，并且在行政诉讼程序中进而成为判断相应行政处罚决定是否合法的一项合法性要件。③ 这是行政处

---

① 日本行政法学家芝池义一教授（京都大学）提出了作为装置的行政程序和作为过程的行政程序的分类法。前者是指某个具体的制度构造，如听证、理由说明等，后者则并不顾及这些具体的制度构造而是关注行为活动的整体流程。如当谈及"行政程序正当化"或"实体法与程序法"时，其所涉及的是作为过程的程序，而"行政程序正当化"则是通过听证、意见书提出、理由说明等作为装置的行政程序实现的。参见〔日〕芝池义一《行政法总论讲义》（第4版），有斐阁出版社，2001，第277页。

② 尽管我国法学界没有直接针对行政程序或行政过程中的这种"处理"的研究文献，但是，就法律制度的整体而言，强世功博士提出的司法过程中的"案件制作术"的分析框架同样可以用来分析行政听政程序的过程。其中，"要件－效果"关联框架正是该程序中具体的"案件制作术"。参见强世功《乡村社会的司法实践：知识、技术与权力》，载应星主编《中国社会学》第1卷，上海人民出版社，2002，第173页、第182页以下。其实，法律规范对社会的作用区别于其他规范的一个重要之处在于将社会性案件通过法律的作用简化为法律案件。图依布纳（Gunther Teubner）所整理的各种"法化"（verechtlichung）概念中的"冲突的法律性解决"（konfliktenteignung）法化学说同样说明了法律程序的这个性质。参见〔德〕图依布纳《法化——概念，特征，界限，回避策略》（Verechtlichung——Begriffe, Merkmale, Grenzen, Auswege），木坚泽秀木译，《九大法学》59号，第235页以下、第240—241页。

③ 《行政处罚法》第5章将"听证程序"设置为单独一节，建构为针对特定行政处罚决定的专用程序制度。同时，《行政诉讼法》第54条规定的法院判断具体行政行为是否合法的标准（要件）之一是其是否"违反法定程序"，《行政处罚法》第3条第2款规定："不遵守法定程序的，行政处罚无效。"因此，在行政诉讼阶段，被诉的行政处罚决定是否遵守了应该适用的听证程序制度，理所当然地成为法院判断该决定在合法性要件方面是否存在瑕疵的理由。

罚听证制度在运行过程中追求法律制度化，从而使之具有合法性证明功能和权益维护功能的一个方面。

另一方面，行政处罚作为一种社会管理手段，同时受到效率要求的制约。① 行政主体在作出和实施具体的行政处罚决定时会在制度允许的空间中寻求风险最小化和目标实现最大化的路径。这里所谓的制度允许的空间并不是当然地从法律制度明文授权给予法律根据的规范范围中寻找，而是只要没有或者不可能有被制度禁止或者经诉讼等制度程序否定的风险，行政主体在事实上实现目标时就有客观存在的可能性。听证制度是整个行政处罚制度的一个环节，其实施过程也会受制于形成行政处罚决定这个行政活动与相应制度之间的关系。与实施其他行政活动同样，包括听证在内的形成行政处罚决定的行政活动在适用于相应的听证规范时，也会在与各种制度因素的协调中寻找实现效率最大化的可能性。② 因此，其中的行政听证制度在运行时不会仅仅拘泥于法律规定的成文制度而不寻找其他可以在实现行政目的和回避风险方面更为有效的规范作为行为指针。这是该制度在运行过程中表现的非法律制度化的一个方面。

因此，行政处罚听证制度在上述法律制度化和非法律制度化这两个趋向的共同作用之下，在具有法定的合法性证明功能和权益维护功能的同时产生了事实上的纠纷解决功能便成为理所当然的结果。

（二）功能的意义和尚待进一步探讨的课题

通过上述部分的归纳可以看到，在行政处罚方面，我国行政处罚听证制度在立法时被预期的法定功能——权益维护和处罚行为的合法性证明得到了实现，不仅如此，行政处罚听证制度在实际的运行中，在法定功能之外出现了其他的功能，即事实上客观存在的纠纷解决功能。

在这些功能中，由于权益维护功能和处罚行为的合法性证明功能是在立法时即被期待的，因此，依照莫顿（Robert K. Merton）的功能理论，这

---

① 效率是行政活动的基本制度要求之一，其已经成为评价政策、行政活动是否优良的常用概念。现代各类行政学教科书都会指出这一点。参见〔日〕西尾胜《行政学》，有斐阁出版社，1993，第303页。
② 在制约法律使用的各项因素中，作为制度因素的成本、时间、程序的繁杂度，对利用程序可得成果的预见，促进使用法律的制度结构等因素是不可忽视的。参见〔日〕六本佳平《法社会学》，有斐阁出版社，1986，第281—284页。

种功能属于显性功能,① 而纠纷解决功能的发生过程并不显现于外（从上述部分的分析可以看到，只有通过分析属于内部文书的听证结果报告书以及行政机关的负责人对听证组织意见的批示才能够关注到行政机关在听证过程中考虑的各种实际的因素），因此其属于隐性功能。本文中所列的数据已经表明这种隐性的功能在实际的行政活动中起着相当大的作用。

但是，从法治国家要求的角度观察行政处罚听证制度的这项隐性功能，则可以看到行政机关在形成行政处罚决定的过程中考虑了"要件-效果"关联框架之外的其他因素，引入了法定规范之外的其他社会规范并在此基础之上作出行政处罚决定。这一事实本身提出了这样一个问题，即该功能是否会与法治国家原则相抵触而使得行政处罚决定因存在滥用职权的瑕疵而构成违法,② 成为一种反功能。这值得作为一项重大的课题而加以深入探讨。③ 与此相反，如行政处罚听证制度引入纠纷解决、社会稳定等目的规范，从公共政策的角度而言则这种功能未必属于反功能。而以此为基点的制度建设是否可能成为构筑起中国式"正当程序"的契机，则同样是一个值得深入研究的课题。

---

① 显性功能与下面的隐性功能和反功能均引自〔美〕莫顿《社会理论与社会结构》，森东吾等日译版，米斯兹书房，1961，第46、57页。

② 《行政处罚法》第54条规定"滥用职权"是构成违法，因而可成为撤销具体行政行为的前提。如果"滥用职权"可以解释为该概念中包含具体行政行为的主体在作出该行为是考虑了客观法定目的之外的事项，即考虑了不该考虑的事项时，那么，"要件-效果"关联框架之外的事项是否属于不该考虑的事项则十分值得研究。

③ 由于在收集到的研究资料中，行政机关在考虑了"其他"意见之后作出的行政处罚决定或不作出行政处罚决定毕竟对当事人而言是有利的，消除了事后不服进入救济程序的可能（这本身就是纠纷解决功能的体现），因此依靠本课题的资料尚难以从司法审查的角度分析该问题，但是，如果其他利害关系人成为原告的诉讼制度发展成熟起来，导致司法审查时法院必须对此予以判断时，行政机关才可能考虑"其他"意见行为的合法性问题。

中国民间组织的合法性困境[*]

谢海定[**]

摘　要：中国民间组织存在严重的合法性问题，一方面，占总数80%以上的民间组织属于"非法存在"，另一方面，经过合法登记的民间组织也存在内部管理不善、财务混乱甚至违法犯罪等问题。从法律角度考察，民间组织的合法性困境，直接由执法部门的执法不能所导致，归根结底，是由于立法不当。现行的民间组织法规体系严重缺乏实效，处于正当性与合法性均不足的困境中。解决民间组织的现实问题，需要尽快制定"民间组织法"，推进管理制度变革，从控制型管理转向培育型管理。

关键词：民间组织　非营利组织　社会团体　"民间组织法"

一　民间组织及合法性的概念

（一）民间组织

本文研究的对象，在我国当前被人们以"社会团体"、"民办非企业单位"、"民间组织"、"非营利组织"、"非政府组织"、"第三部门"等语词

---

[*] 本文原载于《法学研究》2004年第2期。
[**] 谢海定，发文时为中国社会科学院法学研究所助理研究员，现为中国社会科学院法学研究所编审。

所表述。这些语词的含义或侧重点，因表述的主体、背景、场合的差异，有时相同，有时相近，而有时则相去甚远。

就我国法规的用语而言，自 1950 年 9 月政务院发布《社会团体登记暂行办法》起，① "社会团体"就一直是我国此方面法规、规章、行政命令、决定的最主要用语。1989 年 10 月国务院发布的《社会团体登记管理条例》以列举的方式对法规的规范对象作了规定："在中华人民共和国境内组织的协会、学会、联合会、研究会、基金会、联谊会、促进会、商会等社会团体"（第 2 条）。20 世纪 90 年代初，随着体制改革，尤其是单位制度改革的深入，② 过去完全由国家兴办的事业单位开始部分地转向由私人或社会资金兴办，在政府与市场组织之外开始出现一种有别于"社会团体"的"民办事业单位"。1996 年中共中央办公厅、国务院办公厅发出《关于加强社会团体和民办非企业单位管理工作的通知》，开始正式将这一组织类型称为"民办非企业单位"，与"社会团体"相并列。1998 年国务院颁布《民办非企业单位登记管理暂行条例》，并修订《社会团体登记管理条例》，明确界定民办非企业单位指"企业事业单位、社会团体和其他社会力量以及公民个人利用非国有资产举办的，从事非营利性社会服务活动的社会组织"（第 2 条），社会团体指"中国公民自愿组成，为实现会员共同意愿，按照其章程开展活动的非营利性社会组织"（第 2 条）；民政部原社会团体管理司改为"民间组织管理局"，③ 地方民政部门也新设管理民间组织的相关部门或者将社会团体管理部门改为"民间组织管理局"、"民间组织管理办"、"民间组织管理股"。民间组织成为"社会团体"和"民办非企业单位"的共同上位概念。2000 年 4 月民政部发布《取缔非法民间组织暂行办法》，"民间组织"概念正式用于规章的表述。

在学术界，由于上述词语是法规的正式用语，它们至今仍经常出现在

---

① 此前，《陕甘宁边区民众团体登记办法》（1942）、《陕甘宁边区人民团体登记办法》（1942）等法规文献中曾用"民众团体"、"人民团体"等词语。
② 杨晓民、周翼虎：《中国单位制度》，中国经济出版社，2000，第 4—6 章。
③ 俞可平：《中国市民社会的兴起及其对治理的意义》，载俞可平主编《中国市民社会的兴起和治理的变迁》，社会科学文献出版社，2002，第 204 页。

学术著作中。然而，随着国际学术交流的加深，尤其是20世纪90年代初对西方"市民社会"理论的纵深引进与热烈探讨，"非营利组织"、"非政府组织"、"第三部门"等概念也纷纷出现在学术研讨的正式与非正式场合。从整体情况看，讨论者对具体词的选择和偏好，常常取决于其对某个西方概念的理解、对本国社会组织发展状况的判断和发展取向的期盼，以及其所讨论的对象是西方的还是本国的。例如，有学者认为，约翰·霍普金斯大学非营利组织研究中心的定义——"凡符合组织性、民间性、非营利性、自治性和志愿性等五个特性的组织都可被视为非营利组织""最受认同"，由此出发，学者在讨论中国的历史和现状时，坚持用"社团"，但当论及中国社团改革的未来时，则改用"非营利部门"；① 有学者认为，"'非政府组织'最早是指得到联合国承认的国际性非政府组织，后来发达国家中以促进第三世界发展为目的的组织也被包括进来，现在主要指发展中国家里以促进国家经济和社会发展为己任的组织，尤其是那些草根层次的组织"，② 因而，在论及中国情况尤其是未来发展时，比较注意避免用"非政府组织"一词，另有学者认为，虽然同时满足非政府组织所有特征的组织在中国微乎其微，但用"政府体系和市场经济组织之外"的标准来衡量，可以看到中国蓬勃发展的各式各样的社会组织形态；③ 有学者认为，非营利组织的集合可称为"第三部门"，而"社会领域的状态主要取决于第三部门的状态，具体地说就是非营利部门的状态"，"第三部门的健康发展是中国的市场化改革和社会主义民主建设得以进一步发展的前提和基

---

① 王名等：《中国社团改革——从政府选择到社会选择》，社会科学文献出版社，2001，第2、20章。
② 王名等：《中国社团改革——从政府选择到社会选择》，社会科学文献出版社，2001，第12—18页；王绍光：《实践与理论：各国第三部门概观》，载中国青少年发展基金会、基金会发展研究委员会编《处于十字路口的中国社团》，天津人民出版社，2001，第383页。有西方学者指出："从更本质的意义上讲，非政府组织通常被认为是与国家和营利性组织活动相对立的。非政府组织主张的合法性来源于对国家部门和私有部门进行的批评。非政府组织的任务和实践活动非常激进，与国家和私有部门极为不同。然而非政府组织的活动范围却是由国家确定的，并受到各种法律和规章的制约。"参见〔美〕J. L. 费尔南多、A. W. 赫斯顿《国家、市场和市民社会之间的非政府组织》，载何增科主编《市民社会与第三部门》，社会科学文献出版社，2000，第274页。
③ 贾西津：《中国非政府组织的视野及其与政府关系》，"社团管理与法律环境"研讨会会议材料，2003。

础",由此将非营利组织研究叫作"第三部门研究"。[①] 当然,"西方"并不是一个同质的整体,这些概念即使在西方也不是只有一种理解,由于作为参照的西方概念的背景不同,再加上传译中的再理解过程可能导致一定程度的差异,我国学者在核心概念的选择上仍然存在相当混乱的情况,甚至同一个论者在同一个作品中,也常常交互使用这些不同的概念。

本文仍沿用我国法规中的术语,即"民间组织"。理由有三:首先,本文主要立足于我国的实际情况,属于对我国民间组织与法律的关系的探讨,较少涉及西方背景,沿用我国法规中逐步形成的概念,更有助于探讨问题;其次,即使需要以某种标准或取向来引导中国民间组织的未来发展,这种标准也已经基本蕴含于现行法规对"社会团体"和"民办非企业单位"的界定之中,如"组织性"、"非营利性"、"民间性"、"自愿性";[②] 最后,"非营利组织"、"非政府组织"即使在西方已约定俗成,但作为直译过来的概念,在汉语字面上很难理解不以营利为目的的事业单位为什么要被排除在非营利组织之外,企业等市场组织又为什么不属于非政府组织,而"第三"这一序数词以及"部门"的表述,容易误导人们的思维,更何况社会组织在何种意义上被划分为政府组织、市场组织和被称为"第三部门"的组织是还需要进一步探讨的问题。

不过,"民间组织"并不必然仅仅包括"社会团体"和"民办非企业单位"两种类型,现行法规体系也只是将其作为这两类组织的共同上位概念。无论作为一个法律概念还是作为一个学术概念,"民间组织"都需要

---

① 徐永光:《〈中国第三部门研究年鉴〉序言》,载中国青少年发展基金会、基金会发展研究委员会编《处于十字路口的中国社团》,天津人民出版社,2001,第2页。秦晖教授以西方在现代化基础上成长起来的"第三部门"为参照,提出以"有公民意识的组织"和"非政府组织"为"中国第三部门与市民社会的走向":"如果说西方第三部门的意义不限于一般的慈善与公益,它还意味着对公民权利与公民义务的新的理解,那么中国第三部门发展的意义就更是如此,因为它实际上要从争取最起码的公民参与空间做起。"参见秦晖《从传统民间公益组织到现代"第三部门"——中西公益事业史比较的若干问题》,载中国青少年发展基金会、基金会发展研究委员会编《处于十字路口的中国社团》,天津人民出版社,2001。

② 参见《社会团体登记管理条例》第2条和《民办非企业单位登记管理暂行条例》第2条。另外,中国官方将"民间组织"译为 non-governmental organization(王名:《中国社团改革——从政府选择到社会选择》,社会科学文献出版社,2001,第13页),在一定程度上,这也说明"民间组织"概念并不影响学者的国际学术交流,甚至也不影响中国与西方国家在市民社会领域的官方对话。

保持一种开放性,以利于随着社会发展和民间组织自身发展,丰富其内涵或扩展其外延。基于此种考虑,本文从现有关于"社会团体"和"民办非企业单位"的法规界定中抽取其"同位素",将民间组织理解为:中国公民自愿组成,从事非营利活动的社会组织。其中,"自愿"意为"不被强迫地参加或不参加某一组织","非营利"指该组织不以营利为目的,组织的成员不直接分享组织可能获取的市场利润;"公民自愿组成"表明该组织是非官方的,即具有民间性。

(二)合法性

中文"合法性"一词集结了两种主要含义:第一种是"合法律性",意为一个行为或者一个事物的存在符合法律的规定,接近英文词 legality;第二种是"正当性"、"合理性",表征为一个行为或者一个事物的存在符合某种实体或程序的价值准则,以及其他非强制性的原因,而为人们所认可或赞同,进而自愿接受或服从,接近英文词 legitimacy。① 以"法律的合法性"为例,在第一种意义上,它主要表明一个(组、类)实在法规范符合其上位法或宪法的规定;在第二种意义上,它则表明该法律规范,符合人们的某种价值准则(如正义、公平、理性、自由)或者人们的理想、期待,从而被认为是正当、合理的并且人们自愿地服从。

衡量一个行为或事物是否具有"合法律性"的标准,是实在法为该类行为或事物设定的规则,因此,只要能够明确实在法规则的具体内容,作出是否具有"合法律性"的判断就相当容易。而评价一个行为或事物是否具有"正当性"的标准,主要是依据人们心中的某种价值准则。由于价值准则具有多元性、主观性、高度抽象性,对"正当性"的评估就相对复杂。因此,在"合法性(正当性)"概念的政治哲学传统中,衡量正当性

---

① 由于"法"字在古汉语中没有超越实在法的特质,"合法(性)"一词的两种主要含义是中西学术、思想交流的结果。林毓生教授曾提议把英文 legality 译为"合法性"(即本文所说的"合法律性"),而把 legitimacy 译为"正当性"(1999 年 5 月 6 日在北京大学社会学人类学研究所的演讲,参见高丙中《社会团体的兴起及其合法性的问题》,载中国青少年发展基金会、基金会发展研究委员会编《处于十字路口的中国社团》,天津人民出版社,2001,第 77 页)显然是考虑到中文"合法(性)"一词在过去的使用习惯。但其他许多学者把 legitimacy 也译为"合法性",这样就使得中文原有的"合法(性)"语词兼具司法实证主义的"合法律性"和政治哲学的"正当性"两种含义。

的基础包括"自然法"、"公共意志"、"代议制民主程序",以及功能主义的"有效的服从"等。①

由于判断和衡量"合法律性"与"正当性"的标准不同,对一个行为或事物的"合法性"评估在逻辑上可能出现四种情况:既具有合法律性又具有正当性;有合法律性但缺乏正当性;有正当性但不具有合法律性;既没有合法律性也缺乏正当性。第一种情况属于合法性圆满状态,第二、第三种情况表现为合法性不足,最后一种情况则反映严重缺乏合法性,除第一种情况外,后三种都面临着合法性的困境。进一步说,如果法律法规所规范的对象整体上处于第二种情况,则表明该法律法规虽然有实效,② 但是正当性不足,例如:法律的鼓励导致普遍的偷盗行为,偷盗行为的普遍化表明该法律规范有实效,但显然缺乏正当性。如果整体上处于第四种情况,则表明该法律法规既缺乏正当性也没有实效,已经陷入严重的合法性危机,例如:如果法律禁止见义勇为,社会上见义勇为现象却普遍存在,就表明了该法律既缺乏正当性也没有实效,严重缺乏合法性。

本文无意涉及中国民间组织发展过程中合法性问题的方方面面,仅仅试图从已经出现的民间组织合法律性困境入手,联系《社会团体登记管理条例》和《民办非企业单位登记管理暂行条例》,揭示导致这种合法律性困境的主要原因,从民间组织的合法性困境角度看现行民间组织法规体系的合法性困境,并在此基础上进一步探讨如何通过新的立法来解决民间组织合法律性的现实问题。

---

① 可以认为,"合法性"概念的两种主要含义,分属两个不同的学术传统:法律实证主义和政治哲学。在后一种传统中,尽管明确的"合法性(正当性)"概念始自卢梭,并且被与"公共意志"联系在一起,但此前的自然法传统实际上已对"合法性(正当性)"的精神内核作了清晰的阐释,卢梭之后,熊彼特曾倡导一种可称为"代议制民主程序"的"合法性(正当性)"概念,韦伯则以"有效的服从"为"合法性(正当性)"的衡量标准。现代政治哲学中的"合法性(正当性)"问题讨论,大多涉及"合法性(正当性)"和"有效性"的关系。"合法性"问题的讨论,可参见 David Beetham, *The Legitimation of Power* (London: MacMillan Education Ltd., 1991); W. E. Connolly, *Legitimacy and State* (Oxford: Blackwell Ltd., 1984); J. Harbermas, *Legitimation Crisis* (London: Heinemann Educational Books, 1976)。
② 法律的"实效"和"效力"是不同的概念,后者主要指法律所具有的约束力,说"一个法律规范有效力"意味着法律主体应该服从该规范;前者主要指法律的约束力得以实现,说"一个法律规范有实效"意味着法律主体实际遵从该规范,规范的约束力得以实现。

二 民间组织合法律性困境

我国民间组织在改革开放后经历了爆发式的增长。"到 1989 年初，全国性社会团体由'文化大革命'前的近百个发展到 1600 多个，增长 16 倍；地方性社会团体由 6000 多个，发展到 20 多万个，增长 33 倍。"① 根据民政部网站上的统计公报，1991 年我国全国性社团有 836 个，地方性社团数为 11.6 万个；到 1996 年，全国性及跨省、自治区、直辖市的社团为 1845 个，县级以上社团总数达到 18.7 万个；截至 2002 年底，全国性及跨省、自治区、直辖市的社团为 1712 个，全国社团总数为 13.3 万个，另有民办非企业单位 11.1 万个。②

然而，上述数据仅仅反映我国民间组织数量增长的一个方面。在正式登记在册的组织之外，还存在大量未经登记的民间组织。笔者 2002—2003 年上半年在深圳、安徽部分地区进行调查时发现，经过正式登记的民间组织数量只占民间组织实际数量的 8%—13%。③ 如果把为解决特定问题结成的临时性组织和为娱乐庆祝而结成的短期组织包括在内，如为解决旱涝灾害村民自发结成的临时性互助组织、打工人员为索要被克扣的工资结成的短期组织，这个比例还会更低。这一调查结果与研究民间组织问题的社会学家的估计大体一致：我国县级以下各类民间组织至今没有正式的统计数字，但保守估计在 300 万个以上。④ 另外，据民政部官员于 1998 年 11 月公

---

① 民政部副部长范宝俊：《认清形势 解放思想 开拓我国社团管理工作新局面——在全国社团管理工作会议上的讲话》，1992 年 9 月 16 日，载民政部社团管理司管理处编《社会团体管理工作手册》，1996，第 104 页。
② 中华人民共和国民政部网站 "民政统计"，http://www.mca.gov.cn/statistics/index.html。
③ 部分地方民政部门在 2002—2003 年进行过摸底统计，感谢有关同志提供了统计资料。笔者也曾以乡镇为单位作过小型的调查统计。笔者的调查统计结果为，经过登记的社团组织数占社团组织实际数量的 1/20—1/12，经过登记的民办非企业单位占实际数量的 1/12—1/10，这个比例比地方民政部门的摸底结果更低。
④ "保守地估计，全国已经登记和未经登记的乡村两级的民间组织至少有 300 余万个，占全国民间组织总数的 2/3 以上。"参见俞可平《中国市民社会的兴起及其对治理的意义》、《中国农村民间组织与治理的变迁》，载俞可平主编《中国市民社会的兴起和治理的变迁》，社会科学文献出版社，2002，第 30、200 页。

布的初步摸底统计,当时我国民办非企业单位就已有约 70 万个,① 而截至 2002 年底,在民政部门登记的民办非企业单位只有 11.1 万个。因而,总体上估计,未登记的民间组织的数量约 10 倍于登记在册的民间组织的数量的情况,应该与事实出入不太大。

现行《社会团体登记管理条例》第 3 条规定,"成立社会团体,应当经其业务主管单位审查同意,并依照本条例的规定进行登记。社会团体应当具备法人条件",但"下列团体不属于本条例规定登记的范围:(一) 参加中国人民政治协商会议的人民团体;(二) 由国务院机构编制管理机关核定,并经国务院批准免于登记的团体;(三) 机关、团体、企业事业单位内部经本单位批准成立、在本单位内部活动的团体"。② 第 35 条规定,"未经批准,擅自开展社会团体筹备活动,或者未经登记,擅自以社会团体名义进行活动,以及被撤销登记的社会团体继续以社会团体名义进行活动的,由登记管理机关予以取缔,没收非法财产;构成犯罪的,依法追究刑事责任;尚不构成犯罪的,依法给予治安管理处罚"。第 39 条规定,在条例施行之日起 1 年以内,即 1999 年 10 月 25 日以前,社会团体必须重新登记,未办理重新登记的不得再以社会团体名义活动。

《民办非企业单位登记管理暂行条例》第 3 条规定:"成立民办非企业单位,应当经其业务主管单位审查同意,并依照本条例的规定进行登记。"第 27 条规定,"未经登记,擅自以民办非企业单位名义进行活动的,或者被撤销登记的民办非企业单位继续以民办非企业单位名义进行活动的,由登记管理机关予以取缔,没收非法财产;构成犯罪的,依法追究刑事责任;尚不构成犯罪的,依法给予治安管理处罚"。

2000 年 4 月民政部发布《取缔非法民间组织暂行办法》,第 2 条规定:"具有下列情形之一的属于非法民间组织:(一) 未经批准,擅自开展社会团体筹备活动的;(二) 未经登记,擅自以社会团体或者民办非企业单位

---

① 多吉才让:《积极培育强化管理促进民间组织健康发展》,载民政部民间组织管理局编《有关民间组织管理最新法规政策摘编》,1998,第 71 页。
② 1989 年《社会团体登记管理条例》没有明确哪些社会团体可以免于登记,只原则性规定"法律、法规另有规定的除外"。根据 1989 年 12 月《民政部关于〈社会团体登记管理条例〉有关问题的通知》第 4 条的解释,"工会可以按工会法办理,其他所有社会团体都应进行登记。但共青团、妇联、科协、文联、侨联、作协等社会团体可简化登记手续,即不必提交业务主管部门的审查意见,直接向社团登记管理机关申请登记"。

名义进行活动的；（三）被撤销登记后继续以社会团体或者民办非企业单位名义进行活动的。"

上述法规、行政命令中所说的"登记"，是指按照《社会团体登记管理条例》和《民办非企业单位登记管理暂行条例》规定的申请成立程序，在各级民政部门登记注册。因此，在民政部门之外的其他政府部门、国家机关进行的登记，将不视为有效的民间组织登记。

参照以上规定，前文所说的未经民政部门登记的民间组织，除《社会团体登记管理条例》第 3 条第 2 款规定的可以免于登记的部分社会团体（即参加中国人民政治协商会议的人民团体；由国务院机构编制管理机关核定，并经国务院批准免于登记的团体；机关、团体、企业事业单位内部经本单位批准成立、在本单位内部活动的团体）外，将属于"非法民间组织"。[1] 由于缺乏免予登记的社会团体及全国现有民间组织数量的统计数据，我们不敢断言"非法社会团体"占社会团体实际总数的比例。但是，民办非企业单位可以提供一个参照的比例：按照前文所引资料，1998 年的民办非企业单位约有 70 万个，而截至 2002 年底，实际登记的数字为 11.1 万个；这就是说，即使近几年内民办非企业单位的实际总数没有增多，按照《民办非企业单位登记管理暂行条例》和《取缔非法民间组织暂行办法》规定的"非法民办非企业单位"也占到民办非企业单位总数的 84%。[2]

如果说，占总数 80% 以上的民间组织是因为没有进行登记而不具有

---

[1] 不过，由于是否以"社会团体"或"民办非企业单位"的名义，存在解释上的不确定性，实践中许多民间组织并没有被民政部门一律当作"非法组织"，而是处于"合法民间组织"与"非法民间组织"之间，可以称之为"法外民间组织"。如数量巨大的农村专业技术协会，它们大多没有经过民政部门的登记，不需遵循民间组织登记管理的两个重要法规，它们的法律性质不明确，没有法律上的地位。但是，"法外"与"非法"之间并没有清晰可辨的界限或距离，尤其当国家执法部门针对民间组织进行清理整顿时，"法外"随时可能被当作"非法"的。因此，本文将这些组织一并纳入"非法民间组织"概念中加以讨论。

[2] 由于 1998 年我国刚颁布《民办非企业单位登记管理暂行条例》，所以无法按照当时的登记数字进行计算。按照《民办非企业单位登记管理暂行条例》第 31 条的规定，在条例施行前已经成立的民办非企业单位，必须在条例实行之日起 1 年内，即 1999 年 10 月 25 日以前申请登记。另外，民政部 1999 年 12 月 30 日发出《关于开展民办非企业单位复查登记工作意见》的通知，要求从 2000 年 1 月起，对在此之前成立的民办非企业单位进行复查登记，复查登记完成的时间"最迟不得超过 2000 年 12 月底"。即使考虑到复查登记工作的复杂性和需要更长时间的可能，2002 年底的登记数字，也应该是已经非常确定的了。

合法律性，从而成为"非法民间组织"，那么，经过登记的民间组织也可能因为其行为违反法律、法规的规定而丧失其合法律性，或者合法律性不足。《社会团体登记管理条例》第32、33、34条，《民办非企业单位登记管理暂行条例》第24、25、26条，列举了已经登记的民间组织的十种违法情况：(1) 在申请登记时弄虚作假、骗取登记的，或者自取得"社会团体法人登记证书"之日起1年内未开展活动的；(2) 涂改、出租、出借登记证书或印章的；(3) 超出章程规定的宗旨和业务范围进行活动的；(4) 拒不接受或者不按照规定接受监督检查的；(5) 不按照规定办理变更登记的；(6) 社会团体擅自设立分支机构、代表机构或者对分支机构、代表机构疏于管理、造成严重后果，民办非企业单位设立分支机构的；(7) 从事营利性经营活动的；(8) 侵占、私分、挪用民间组织资产或所接受的捐赠、资助的；(9) 违反国家有关规定收取费用、筹集资金或者接受、使用捐赠、资助的；(10) 违反其他法律、法规的。然而，经登记的民间组织的实际情况是，"绝大多数社团的组织结构、管理体制、决策程序、财务制度、激励机制、监督机制都不健全，而且人员老化、经费短缺、财务混乱几乎是普遍现象……几乎所有的社团都在从事营利性活动。有些社团还与业务主管单位勾结起来，利用行政权力谋取非法利益"。① "到1995年底，全国性社团共有1810个……据我们初步统计，在1810个全国性社团中，真正能够很好地按宗旨开展活动的只占20%，也就是说，只有400个左右；而基本上没有活动或内部矛盾重重，闹不团结的也在20%左右……"② 江苏省在1996年全省社团清理整顿中，合并、注销各级、各类社会团体3000多个，比原来精简20%左右。③ 广东省1996年对全省317个基金会及部分联谊会的"乱拉赞助问题"进行了清理整顿，结果清理出不规范的基金会70个、非法基金会71个。④

---

① 康晓光：《转型时期的中国社团》，载《处于十字路口的中国社团》，天津人民出版社，2001，第5页。
② 《徐瑞新副部长在部分社团负责同志座谈会上的讲话》，1996年5月21日，载民政部社团管理司管理处编《社会团体管理工作手册》（内部资料），1996，第132页。
③ 张连珍：《积极探索社会团体改革 努力为全省经济和社会发展服务》，载民政部民间组织管理局编《有关民间组织管理最新法规政策摘编》，1998，第130页。
④ 欧广源：《探索新时期社团管理新路子 为社会稳定和两个文明建设服务》，载民政部民间组织管理局编《有关民间组织管理最新法规政策摘编》，1998，第126页。

考虑到现有执法力量的限度，这些资料揭示的必定仅仅是一部分情况，现实中民间组织的合法律性困境应该比这还要严重得多。那么，是哪些原因导致了这种合法律性困境呢？改革开放过程中利益的多元化促成的结社需求迅速增长，趋向"小政府、大社会"的政府职能改革把部分政府职能分化到社会中，市场经济建设带来人民生活水平的提高为结社活动提供了经济条件，人们追逐私利，公民法律意识淡薄，等等，都可以部分解释这种现象。不过，这些阐述有的只是在解释民间组织总量增长的现象，有的属于一般性推断而无法证实，不能根本说明导致这些组织的合法律性困境的原因，从而也无法为解决这一现实问题提供政策和法律方案。本文试从法律角度对此予以考察，主要在执法和立法两个层面上展开。

三　民间组织合法律性困境的原因：执法层面

按照现行法规，我国民间组织管理制度可以概括为"归口登记、双重负责、分级管理"。"归口登记"是指，除法律、法规明确规定免予登记的外，所有民间组织都由民政部门统一登记，在其他国家机关、政府部门进行登记的，不被视为有效的民间组织登记；"双重负责"是指，民间组织管理由登记管理机关和业务主管单位分工合作，共同实施对民间组织的管理监督；"分级管理"是指，依民间组织的规模，全国性民间组织由国务院的登记管理机关及相应的业务主管单位负责管理监督，地方性民间组织由地方各级登记管理机关及相应的业务主管单位负责管理监督。

根据《社会团体登记管理条例》第6条、《民办非企业单位登记管理暂行条例》第5条，民间组织管理的执法部门主要是各级民政部门中的民间组织管理机构和民间组织的业务主管单位。具体地说，国务院民政部门和县级以上地方各级人民政府民政部门是本级人民政府的社会团体和民办非企业单位登记管理机关，国务院有关部门和县级以上地方各级人民政府有关部门、国务院或者县级以上地方各级人民政府授权的组织，是有关行业、学科或者业务范围内社会团体和民办非企业单位的业务主管单位。

《社会团体登记管理条例》第27条、《民办非企业单位登记管理暂行条例》第19条，规定了登记管理机关的监督管理职责：（1）负责社会团体和民办非企业单位的成立、变更、注销的登记或者备案；（2）对社会团体和民办非企业单位实施年度检查；（3）对社会团体和民办非企业单位违反条例的问题进行监督检查，对其违反条例的行为给予行政处罚。《社会团体登记管理条例》第28条、《民办非企业单位登记管理暂行条例》第20条，规定了业务主管单位的监督管理职责：（1）负责社会团体和民办非企业单位筹备申请、成立登记、变更登记、注销登记前的审查；（2）监督、指导社会团体和民办非企业单位遵守宪法、法律、法规和国家政策，依据其章程开展活动；（3）负责社会团体和民办非企业单位年度检查的初审；（4）协助登记管理机关和其他有关部门查处社会团体和民办非企业单位的违法行为；（5）会同有关机关指导社会团体和民办非企业单位的清算事宜。

这只是两个主要法规对执法部门职责的一般性规定，执法部门的实际职责还远不止这些。《取缔非法民间组织暂行办法》第3条规定，"社会团体和民办非企业单位登记管理机关负责对非法民间组织调查，收集有关证据，依法作出取缔决定，没收其非法财产"。民政部主管官员主编的《社团管理工作》一书指出，除上述职责外，业务主管单位还要"对已经登记的社团负责日常管理"，主要包括："负责对社团负责人和社团专职工作人员进行经常性的形势、任务和思想政治教育，使其熟悉并遵守国家的法律、政策；负责对社团负责人的选举和换届任免的审核、社团专职工作人员的党组织建设、工作调动、工资调整、职称评定等方面的管理；负责对社团的重大业务活动（包括召开研讨会）、财务活动、接受资助和外事活动进行审查及管理；负责对社团内部组织机构的调整、增减等进行审查并提出意见，并督促社团到原登记管理机关办理变更、注销登记手续。同时，协助社团清理债权债务并出具债务完结证明等善后工作。"①

由此来看，执法部门的管理监督涉及民间组织从筹备成立、日常活动开展直至注销，以及打击和取缔非法民间组织，几乎所有方面，从理论上来说，"归口登记、双重负责、分级管理"的监督管理制度应该可以阻止或者有效解决民间组织的合法律性问题。那么，又是什么导致了民间组织的合法律性困境呢？我们以依法成立和运作一个社会团体为例，看看其在

---

① 吴忠泽、陈金罗主编《社团管理工作》，中国社会出版社，1996，第31页；康晓光：《转型时期的中国社团》，载中国青少年发展基金会、基金会发展研究委员会编《处于十字路口的中国社团》，天津人民出版社，2001，第11页。

正常情况下需要执法部门提供哪些监督管理服务。①

（1）接受业务主管单位的审查批准（第 9 条）。社会团体的业务主管单位的审查内容一般包括：成立该社会团体的必要性和可行性；审查筹备的社会团体拟定的会长、副会长、秘书长等负责人的政治情况及在本行业、学科、专业的权威性和代表性；审查申请筹备的社会团体的业务范围、活动地域及活动方式；审查申请筹备的社会团体的经费来源渠道是否合法、稳定；审查申请筹备的社会团体是否具备规定的社团法人的几项条件。

（2）由发起人向登记管理机关申请筹备。发起人持筹备申请书（内容包括：成立该社会团体的必要性及可行性；社会团体的宗旨和业务范围；社会团体的活动地域及活动方式；活动资金和经费来源渠道；社会团体拟发展的会员及分布情况）、业务主管单位的批准文件、验资报告、场所使用权证明、发起人和拟任负责人的基本情况和身份证明、章程草案等，向登记管理机关申请筹备（第 11 条）。登记管理机关收到全部文件之日起 60 日内，对这些文件进行审查，作出批准或者不批准筹备的决定（第 12 条）。获得批准筹备的，在召开第一次会员大会或会员代表大会后，向登记管理机关申请成立登记（第 14 条）。登记管理机关在收到登记申请书及相关文件之日起 30 日内，对其再次审查，符合条件的，准予登记。登记事项包括：名称，住所，宗旨、业务范围和活动地域，法定代表人，活动资金，业务主管单位（第 16 条）。获得批准成立的，自批准成立之日起 60 日内向登记管理机关备案。登记管理机关自收到备案文件之日起 30 日内发给"社会团体法人登记证书"。备案事项包括所有登记事项、业务主管单位批准文件以及印章式样和银行账号等（第 17、18 条）。

（3）每年 3 月 31 日前向业务主管单位报送上一年度的工作报告，经业务主管单位初审同意后，于 5 月 31 日前报送登记管理机关，接受年度检查。工作报告的内容包括：本社会团体遵守法律法规和国家政策的情况、依照条例履行登记手续的情况、按照章程开展活动的情况、人员和机构变

---

① 相关法律规定见《社会团体登记管理条例》（1998）第三章"成立登记"、第四章"变更登记、注销登记"、第五章"监督管理"关于业务主管单位的审查事项及年检中的部分事项，《社会团体登记管理条例》并未作统一规定，但实践中各地的做法大同小异，本文参照了广东省的规定，参见广东民间组织信息网，http://www.gdmjzz.gov.cn/ArticleShow.jsp? m = 1&articleTypeId = 37。

动的情况以及财务管理的情况（第 31 条）。年度检查需要提交的材料一般包括：《社会团体年检报告书》、上一年度财务决算报告、上一年度工作总结和本年度工作计划、"社会团体法人登记证"副本以及其他需报送的有关材料。登记管理机关根据提交材料并通过其他措施进行审查，确认该社会团体遵守法律、法规和有关政策规定，依照章程规定的宗旨和业务范围开展活动，无违法违纪行为，财务制度健全，收入和支出符合国家的有关规定，及时办理有关变更登记及机构设置备案手续，在规定时限内接受年检，所有各项条件均符合的，确定为年检合格；发现其存在①一年中未开展任何业务活动的，②经费不足以维持正常业务活动的，③违反章程规定开展活动的，④违反财务规定的，⑤内部矛盾严重，重大决策缺乏民主程序的，⑥违反有关规定乱收会费的，⑦无固定办公地点一年以上的，⑧未办理有关变更登记或机构备案手续的，⑨无特殊情况，未在规定的时限内接受年检的，⑩年检中弄虚作假的，或⑪违反其他有关规定的等情形之一的，确定为年检不合格。

（4）登记事项、备案事项需要变更的，需要报请业务主管单位审查同意，自业务主管单位审查同意之日起 30 日内，向登记管理机关申请变更登记、变更备案。社会团体修改章程，应当自业务主管单位审查同意之日起 30 日内，报登记管理机关核准（第 20 条）。

（5）当由于完成章程规定的宗旨、自行解散、分立或合并，或者由于其他原因终止时，需要业务主管部门审查同意，并由业务主管单位会同其他有关机关，指导其清算工作，然后由登记管理机关予以注销登记和注销备案（第 21、22、23、24 条）。

上述前四项服务是对几乎任何一个经过合法登记的社会团体都必须提供的。如果再考虑上文所述的执法部门的其他职责，如民间组织平常开展的活动，对其违法行为给予行政处罚，对未经登记而以社会团体或民办非企业单位的名义开展活动的组织予以取缔和没收财产，以及根据上级指示和通知，不定期在其所管辖的行政区域内对民间组织予以摸底调查，甚至对已经合法登记的民间组织予以复查登记，以此推算，如果中国现有 300 万个民间组织均履行依法登记、年检、重大活动报批等程序，执法人员均给予有效的监督管理，在监督管理的技术手段尚没有实现现代化的中国，应该有一个无比庞大的民间组织管理系统，并且在财政支出方面，也必定需要庞大的预算。

1992年9月,一位民政部主管官员公布了当时民政部门民间组织管理的机构设置和人员编制情况,"到目前,全国30个省、自治区、直辖市均已设置了社团管理处(室),配备社团管理干部217人;270个地市、直辖市辖区和700个县市也建立了社团管理机构,分别调配专职或兼职社团管理干部605人和726人"。① 此后,随着国家对民间组织监督管理工作重要性的认识加强和强调,这种情况发生了一些变化。1999年,"北京、上海都设立了副厅级的民间组织管理机构。北京编制140人,设立9个处,其中包括50人的监察大队。上海行政编制50人,设5个处。青海、湖北等省今年也都设立了民间组织管理局"。② 执法部门人员编制和财政经费的增加,应该对解决民间组织的合法律性问题有一定作用,直接的表现就是全国各地对非法民间组织的打击和取缔取得了成绩,如北京市"先后查处了400余个非法结社的社团组织",天津市在1994年5月27日和1995年5月27日两个"社团管理行政执法日","共清理擅自成立的非法组织51个",广东1994—1998年"劝其自动解散223个,撤销登记150个,依法取缔14个,命令解散非法社团22个"。③ 然而,这些"成就"对于解决我国民间组织合法律性问题的现实困境,最多也只是杯水车薪。由于人员编

---

① 民政部副部长范宝俊:《认清形势 解放思想 开拓我国社团管理工作新局面——在全国社团管理工作会议上的讲话》,载民政部社团管理司管理处编《社会团体管理工作手册》,1996,第107页。

② 《民政部部长多吉才让在加强民间组织管理工作会议上的讲话》,载民政部民间组织管理局编《民间组织管理最新法规政策汇编》,2000,第137页。上海原市区(县)共有管理干部60人,此50名编制是1999年市委、市政府批准成立副局级的社会团体管理局时增批的。参见徐瑞新《民政部副部长徐瑞新在加强民间组织管理工作会议上的总结讲话》,载民政部民间组织管理局编《民间组织管理最新法规政策汇编》,2000,第141页。此外,天津市市级社团管理机关从建立初期的7人增加到17人,各区县也设立了专门机构并配备专职管理干部5人,1998年建立了由27个党政部门组成的社团管理工作网络。参见天津市副市长夏宝龙《服务大局 支持改革 努力探索社团工作新路子》,载民政部民间组织管理局编《民间组织管理最新法规政策汇编》,2000,第163页。山东省"1996年在省机构改革刚刚结束、机构编制冻结的情况下,经省政府特批成立了山东省社会团体和民办非企业单位管理办公室,在原10个行政编制的基础上,又核增了5个行政编制,同时,相应地增加了办公经费"。参见山东省副省长林廷生《着眼稳定大局 加强管理引导 促进民间组织健康有序发展》,载民政部民间组织管理局编《民间组织管理最新法规政策汇编》,2000,第200页。

③ 民政部民间组织管理局编《民间组织管理最新法规政策汇编》,2000,第156、165、179页。

制和财政经费得到增加,已登记的民间组织大批被撤销、注销、合并,以社会团体为例,从1996年至2001年,经合法登记的社团数量分别为18.5万个、18.1万个、16.6万个、13.7万个、13.1万个、12.9万个,[①] 逐年大幅下降。

笔者2002—2003年上半年在局部地区作了一些调查。虽然由于调查范围和对象都非常有限,而且调查方法也并不令人满意(即受条件限制,只能采取"逮着谁问谁"的办法),从而调查结果必然不具有普遍性,但它起码也反映了部分经验。笔者的调查对象分三种:民政部门、业务主管单位以及部分民间组织。调查中,负责民间组织管理问题的同志均反映人员配置不足的问题。在未进行机构调整之前,部分地方县级民政部门甚至没有负责民间组织登记管理的专职人员。2001年前后,随着国家对民间组织问题重视程度的提高,各级政府部门在政府机构调整时相应增强对民间组织的管理力量,县级民政部门中设民间组织管理股或管理办,一般配备1—2名专职人员负责具体管理工作。部分负责民间组织登记的民政人员指出,人力不足并不是民间组织管理中的唯一难题,困难的问题还有:大量的财政支出,公民法律意识淡薄,法规本身含糊不清、难以把握,法规与政策导向不一致,等等。对业务主管单位的调查发现,在所调查的二十几个业务主管单位中,没有一个存在对其所属民间组织进行监督管理的专门人员或机构。对部分民间组织的调查的印象是,民间组织普遍抱怨登记管理机关办事效率低、要求过分严格、业务主管单位难找、索要的回报或报酬过高等。

就各级民政执法部门而言,鉴于人事编制和财政预算有限,在迅速增长的公民结社需求面前,全面履行上述法定职责本来就是不可能的,更何况还要经常按照上级指示,"抽兵借马"来应付"清理整顿"。同时,由于法规尽管规定了业务主管单位的广泛职责,但并未就谁必须担任业务主管单位作硬性规定,也未对业务主管单位疏于履行职责规定具体法律责任,在实践中,一方面,大多数具备法定资格的机关、单位或组织不愿成为民间组织的业务主管单位,另一方面,即使担任了某些民间组织的业务主管

[①] 中华人民共和国民政部网站"民政统计",http://www.mca.gov.cn/news/news2002032501.html。

单位，也很难履行实际职责，① 这就使得登记管理机关的工作量加大。如此一来，出于人力、物力、财力的限制，登记管理机关不仅不得不放任大量未经合法登记的民间组织实际存在，而且对那些经过正式登记的民间组织，也无法按照法规的要求进行实际管理。由此，非法民间组织越多，越需要"清理整顿"，而由于"清理整顿"增加了执法的正常成本，执法部门便越是应接不暇。

以"精兵简政"、"小政府、大社会"为取向的政府体制改革，首先在人事编制方面减小了进一步扩大管理部门规模的可能性；中央政府及地方政府的财政预算赤字，也不允许在民间组织管理方面投入过多的资源。如果进一步考虑我国政府职能的范围，以及在社会主义初级阶段国家面临的更多需要解决的社会问题，民间组织管理不可能也不应该获得人事与财政方面的特殊优待。以此观之，相对于法定职责的执法力量不足导致的执法不能，应该是民间组织合法律性困境的重要原因之一。

四 民间组织合法律性困境的原因：立法层面

上述对执法层面的分析已经表明，现行法规为民间组织管理设置过高的执法成本，导致实践中的执法不能，这就是说，执法不能是表面问题，更为深层的原因是立法不当。

（一）立法更迭与数量变化的巧合

民间组织的繁荣发展并不是改革开放以后才有的现象。早在20世纪之初，我国民间的各类政治组织、经济组织、社会组织就开始纷纷成立。到1911年，光政治激进派革命团体，如孙中山领导的"同盟会"，就有193个。截至1913年，全国的商会组织已经达到1076个。从1912年到1921年，仅

---

① 由于业务主管单位可以进行选择，按照经济学上"理性人"的假设，一个具备"业务主管单位"法定资格的单位或组织，在决定是否成为业务主管单位时，通常要进行利益衡量："业务主管单位"具有广泛的法定职责，除非有明显的好处，"理性人"是不会担任"业务主管单位"的；如果从所属民间组织所获得的好处大于自己需要履行的法定职责，那么对职责的任何一种逃避或减损，都是收益的增加，而且因为逃避自身职责而给所属民间组织带来好处的行为，还可作为进一步索求好处的资本；甚至，对所属民间组织的违法活动提供帮助和支持，也与自身的更大利益一致。

仅江苏一个省，社会团体的数目就达到了 1403 个。① 民间组织在中华人民共和国成立前曾经有过相当大的规模。中华人民共和国成立以后，政务院于 1950 年发布《社会团体登记管理暂行办法》，内务部于 1951 年发布《社会团体登记管理暂行办法实施细则》，随后开始对社会团体进行第一次整顿。1965 年，全国性社会团体将近 100 个，地方性社团 6000 个左右。

十年"文革"期间，全国各类社会团体陷入瘫痪状态。1976 年社团活动恢复，社会团体数量开始迅速增长，民间组织发展再现繁荣。到 1989 年，我国全国性的社会团体数量约 1800 个，地方社会团体数量近 20 万个。与此相对应的是，改革开放前至 1989 年《社会团体登记管理条例》发布前，原《社会团体登记管理暂行办法》已在"文革"中失效，除民政部等发布的一些"通知"、"决定"等内部文件外，我国民间组织实际上处于无法可依的状态。

1989 年，国务院发布《社会团体登记管理条例》，随之开始对民间组织实行清理整顿。按照民政部公布的登记统计数字，截至 1991 年底，全国性社团数为 836 个，地方性社团总数为 11.6 万个。

1996 年，我国社团总数达到迄今为止的历史最高峰，全国性及跨省活动的社团的数量达到 1845 个，县级以上社团有 18.7 万个。从 1996 年下半年开始，民政部受国务院委托，修订《社会团体登记管理条例》，该修订案于 1998 年 10 月 25 日通过实施，并随之再次进行社团登记确认，社团数量急遽下滑，2000 年全国性社团数为 1528 个，全国社团总数只有 130768 个。②

从这个简要的历史轮廓看，民间组织的立法更迭与民间组织数量的变化之间存在一定的巧合。几乎在每次新立法颁布后，经过合法登记的民间组织数量都会在短期迅速减少。

（二）现行立法的控制型管理取向

《社会团体登记管理条例》第 10 条规定，"成立社会团体，应当具备下列条件：（一）有 50 个以上的个人会员或者 30 个以上的单位会员；个人会员、单位会员混合组成的，会员总数不得少于 50 个；（二）有规范的

---

① 陶鹤山：《市民群体与制度创新——对中国现代化主体的研究》，南京大学出版社，2001，第 80、88、75 页。
② 中华人民共和国民政部网站"民政统计"，http://www.mca.gov.cn/statistics/index.html。

名称和相应的组织机构；（三）有固定的住所；（四）有与其业务活动相适应的专职工作人员；（五）有合法的资产和经费来源，全国性的社会团体有 10 万元以上活动资金，地方性的社会团体和跨行政区域的社会团体有 3 万元以上活动资金；（六）有独立承担民事责任的能力"。第 13 条规定，"有下列情形之一的，登记管理机关不予批准筹备：（一）有根据证明申请筹备的社会团体的宗旨、业务范围不符合本条例第四条的规定的；（二）在同一行政区域内已有业务范围相同或者相似的社会团体，没有必要成立的；（三）发起人、拟任负责人正在或者曾经受到剥夺政治权利的刑事处罚，或者不具有完全民事行为能力的；（四）在申请筹备时弄虚作假的；（五）有法律、行政法规禁止的其他情形的"。

《民办非企业单位登记管理暂行条例》第 11 条规定，"有下列情形之一的，登记管理机关不予登记，并向申请人说明理由：（一）有根据证明申请登记的民办非企业单位的宗旨、业务范围不符合本条例第四条规定的；（二）在申请成立时弄虚作假的；（三）在同一行政区域内已有业务范围相同或者相似的民办非企业单位，没有必要成立的；（四）拟任负责人正在或者曾经受到剥夺政治权利的刑事处罚，或者不具有完全民事行为能力的；（五）有法律、行政法规禁止的其他情形的"。

由于现行法规在其他条款中规定了"必须登记"的规则，不符合上述法定条件者，不仅没有登记资格，在法律上也没有存在资格。从现实国情看，不仅城乡之间、东西之间，而且在不同行业、不同阶层之间，在经济条件、文化程度等多方面都存在巨大的差别，不同的人所能支付得起的结社成本是不同的。对于社会底层、弱势群体、贫困山区的公民来说，关于会员数的规定、关于活动资金最低限额的规定，无疑为他们的自由结社划出了一道难以逾越的鸿沟，而就结社的意义和功能而言，恰恰他们才是对结社最有需要的。[①]

[①] 尤其是贫困地区的农民、城市打工人员、城市下岗工人等社会弱势群体中，法定最低限额的活动资金实际上就是剥夺了他们中大多数人合法成立民间组织的权利。在调查中我们得知，部分县市近期根据上级关于发展民间组织的指示，针对那些会员数和活动资金达不到法定标准的民间组织成立申请者，采取备案办法，即先予以备案，等其发展到一定规模符合法定条件时，通知其进行登记申请。但是，从立法取向上来说，这类规定的目的之一就是要限制基层结社，这在 1991 年 4 月《民政部关于社会团体复查登记有关问题的通知》中表现明显："街道、乡镇及其以下社会团体在申请登记时，应向社团登记管理机关提交市辖区、不设区的市和县人民政府有关职能工作部门或党的工作部门的资格审查意见。"显然，比起其他民间组织的成立来说，对这些社团的要求更为严格。

"有与其业务活动相适应的专职工作人员"的规定,应该只针对部分社会团体,现实中许多社团并不一定需要有专职工作人员。"有独立承担民事责任的能力",在具体规定了法定最低限额的活动资金后,也让人难以理解其含意,似乎是强调成立社会团体的条件之严格。"有证据证明……社会团体的宗旨、业务范围不符合本条例第四条的规定的",即不符合"社会团体必须遵守宪法、法律、法规和国家政策,不得反对宪法确定的基本原则,不得危害国家的统一、安全和民族的团结,不得损害国家利益、社会公共利益以及其他组织和公民的合法权益,不得违背社会道德风尚。社会团体不得从事营利性经营活动"之规定,表面看来似乎没错,但是何谓"有证据证明",谁举证、谁判定以及证据的标准是什么,均不得而知。"在同一行政区域内已有业务范围相同或者相似的社会团体,没有必要成立的",业务范围是否相同或相似,与成立社会团体的必要性之间的关联性,以及何谓"必要",在立法上均模糊不清。曾经受到过剥夺政治权利的刑事处罚的人,不能担任社会团体的发起人或拟任负责人的规定,则很难找到立法上的理由。[①] 上述规定与 1989 年发布的《社会团体登记管理条例》大同小异。然而,由于后者尚未明确规定"必须登记,否则非法"的准则,从逻辑上说,不符合法定条件的,仅仅是不具备登记资格,其存在资格起码悬而未决。

现行法规对民间组织管理确立的是"归口登记、双重负责、分级管理"制度。民政部官员在解释这一制度时指出,归口登记的意义主要有两个:一是要规范社会组织的管理格局;二是归口登记有利于加强管理。"过去一段时间,由于各部门都有权成立民间组织,曾一度出现发展过滥、总体失控的现象,民间组织的法人资格赋予工作十分混乱。为了避免这种现象发生,中央提出民间组织归口由民政部门登记。"[②] "双重负责管理体制"最早于 1989 年《社会团体登记管理条例》中确立,并在 1998 年《社会团体登记管理条例》和《民办非企业单位登记管理暂行条例》中得到强化。这一体制自 20 世纪 90 年代初起,就在民间组织、学术界甚至执法部

[①] 关于这些条款的适当性,参阅葛云松的评论,参见苏力等《规制与发展——第三部门的法律环境》,浙江人民出版社,1999,第 33 页。

[②] 徐瑞新:《关于民间组织管理工作几个主要问题的说明》,载民政部民间组织管理局编《有关民间组织管理最新法规政策摘编》,1998,第 88 页。

门中受到广泛非议。而其为社会广泛诟病的主要原因，概括起来主要在三个方面：在成立登记阶段表现为，它设立了两道"门槛"，社团即使具备法律规定的其他所有条件，只要找不到愿意担任业务主管单位的"婆婆"，依然至多只能成为"非法组织"之一；在开展活动阶段，表现为它设立了两种审查，两种审查相互之间既可能配合默契，也可能交叉重复，只有具备同时满足两种"口味"之能力的民间组织，才能"逍遥自在"；在具体实施中表现为，业务主管单位和登记机关可能相互推诿，彼此埋怨，互说对方不履行职责。那么，如此为社会所诟病的管理体制，为什么不是在新的立法中被取消或者削弱，而是得到强化呢？立法部门看重业务主管单位的审查申请登记和人事管理两项职责，"所谓审查申请登记，包括对成立申请登记和变更、注销申请登记的审查。也就是说，你可以同意成立这个社团或民办非企业单位，同意社团或民办非企业单位的变更申请或注销申请，也可以审查后不同意他们的申请。对已成立的社团或民办非企业单位，在经过一段时间后，业务主管单位管理该社团或民办非企业单位的活动超越本部门的职能范围，或者因机构改革，业务主管单位已经不再具备原来的管理职能，或者该社团或民办非企业单位不接受业务主管单位的指导、监督和管理等，业务主管单位可以向登记管理机关提出不再作为该社团或民办非企业单位的业务主管单位。在规定的期间内，该社团或民办非企业单位如找不到业务主管单位，登记管理机关将按照条例的规定，以该社团或民办非企业单位不再具备成立条件予以注销。人事管理很重要一点是对社团领导人选的甄选。社团秘书长以上领导人选要经过业务主管单位考核推荐，然后由会员大会或理事会民主选举。社团领导人的调整、撤换，业务主管单位有权提出意见，最后由社团民主程序决定。"①

我们把上述现象理解为现行立法对民间组织的"控制型管理"取向。控制型管理类似于家长对未成年孩子的管教，是基于管理者相对于管理对象的权威，为防患于未然，通过严密监督、控制等手段，避免管理对象作出对国家、社会、他人和自身有害的行为。正是基于此一取向，现行立法才设置了较高的法定登记条件、严格但也容易流于空洞的"双重负责管理

---

① 民政部民间组织管理局编《有关民间组织管理最新法规政策摘编》，1998，第90页。

体制"、合法与非法之间"非此即彼"的清晰界限。此一立法取向，可以比较合理地解释现行立法发布前后民间组织登记数量的变化，并且更容易理解，为什么立法为执法设置了广泛无边的权力和高不可及的制度实施成本。

控制型管理建立在对管理对象的不信任的基础上，因而其合理性也在于管理对象的"幼稚无知"。同时，这种管理实施的可能性也以管理对象的实际幼稚为前提，随着管理对象的成长壮大，管理成本会越来越高，直至超出支付的可能限度，从而导致管理者无力应对，管理滑向实际放任的局面。现行民间组织立法曾试图控制民间组织数量规模的增长，在实践中却导致了始料不及的后果。一方面，尽管合法登记的民间组织的数量的确得到控制，但执法成本过高，导致了执法的实际放任；那些依法不能进行成立登记的组织便转为进行"地下活动"的非法组织；而那些经过登记的民间组织，则利用管理者执法能力不足，谋取私利，甚至从事违法犯罪行为。另一方面，非法民间组织增多，也强化了公民不进行合法登记的侥幸心理，进一步导致非法民间组织的恶性膨胀。

五 现行民间组织法规的合法性问题

上文的讨论表明，民间组织严重的合法律性困境不仅从直观上反映了现行民间组织法规体系实效的缺失，而且，在两者之间存在一定的因果关联，即民间组织的合法律性问题在很大程度上正是由民间组织管理法规的立法不当引起的。我们知道，一项法律要能够被称为法律，一个最基本的前提是它至少能得到大多数社会成员的遵守。就此而言，现行民间组织法规体系已经出现严重的合法性问题。

（一）民间组织合法律性与正当性的悖谬

现行民间组织法规以是否登记为主要标准来划分民间组织的"合法"与"非法"，实际上剥夺了大多数未经登记的民间组织生存的法律资格。但这只能说明这些民间组织的存在不具有合法律性，却不能表明它们一定不具有正当性。

自20世纪90年代以来，学者们对中国民间组织的研究的成果都充分肯定了民间组织在我国政治、经济和文化生活各个领域的重要意义,① 而这些研究很少仅仅以经过登记的民间组织为对象。农村基层民间组织进行登记的比例相对较低,② 但一项针对农村基层民间组织的研究表明,这些组织在整体上发挥着村民自我管理、解决老弱病残等社会问题、为村民提供经济服务等重要功能,"从根本上改变着中国农村的治理结构和治理状况,从总体上推进了农村的民主和善治"。③

以农民自助组织为例。④ 农民自助组织是随农村经济体制改革和市场经济建设发展起来的主要以农民自我服务为目的的社会组织。出于对农民自助组织实际发挥的作用以及其对我国农村长远发展的潜在意义的考虑,自20世纪80年代初至今,国家有关部门在正式文件中一直对农民自助组织予以肯定和扶持。如1983年中共中央1号文件《当前农村经济政策的若干问题》指出:"农村中有着大量的能工巧匠、生产能手、知识青年和复原退伍军人,要发挥他们的特长,支持他们建立技术服务组织。"1987年1月国务院办公厅关于专业农协的"参阅文件"指出,"专业农协是一种新型的、具有我国特色的、专业化的技术服务组织"。1989年《国务院关于依靠科技进步振兴农业加强农业科技成果推广工作的决定》指出:"积

---

① 参见康晓光《转型时期的中国社团》,《全国工商联汽车摩托车配件用品业商会专题资料汇编》;秦晖《从传统民间公益组织到现代"第三部门"——中西公益事业史比较的若干问题》,《中国社会科学季刊》(香港) 1999年冬季号;高丙中《社会团体的兴起及其合法性的问题》,载中国青少年发展基金会、基金会发展研究委员会编《处于十字路口的中国社团》,天津人民出版社,2001,第3—60、75—91页;俞可平《中国市民社会的兴起及其对治理的意义》、《中国农村民间组织与治理的变迁》,载俞可平主编《中国市民社会的兴起和治理的变迁》,社会科学文献出版社,2002,第30、200页;陈金罗《社团立法与社团管理》,法律出版社,1997,第一部分;齐炳文主编《民间组织:管理、建设、发展》,山东大学出版社,2001,第一章;王名等《中国社团改革——从政府选择到社会选择》,社会科学文献出版社,2001,第89—91页;马长山《略论我国社会团体的法律地位及淡化其行政化倾向》,《政治与法律》1992年第3期;马长山、刘文义《论我国的结社权利》,《政治与法律》1993年第5期;孙炳耀《乡镇社团与中国基层社会》,《中国社会科学辑刊》1994年总第9期;等等。
② 俞可平:《中国市民社会的兴起及其对治理的意义》、《中国农村民间组织与治理的变迁》,载俞可平主编《中国市民社会的兴起和治理的变迁》,社会科学文献出版社,2002,第30、200页。
③ 俞可平:《中国农村民间组织与治理的变迁》,载俞可平主编《中国市民社会的兴起和治理的变迁》,社会科学文献出版社,2002,第57页。
④ 张晓山等:《联结农户与市场:中国农民中介组织探究》,中国社会科学出版社,2002,第240—419页。

极支持以农民为主体,农民技术员、科技人员为骨干的各种专业技术协会和技术研究会,逐步形成国家农业技术推广机构与群众性的农村科普组织及农民专业技术服务组织相结合的农业技术推广网络。"1991年《中共中央关于进一步加强农业和农村工作的决定》指出:"要重视推动民间各种专业技术协会、研究会和科技服务机构的发展,充分发挥其在推广适用技术和开辟新产业中的作用。"1993年中共中央、国务院《关于当前农业和农村经济发展的若干措施》指出:"农村各类民办的专业技术协会(研究会),是农业社会化服务体系的一支新生力量。各级政府要加强指导和扶持,使其在服务过程中,逐步形成技术经济实体,走自我发展、自我服务的道路。"1998年中共中央2号文件指出,"农民自主建立的各种专业社、专业协会及其他形式的合作与联合组织,多数是以农民的劳动联合和资本联合为主的集体经济,有利于引导农民进入市场,完善农业社会化服务体系,要积极鼓励和大力支持",等等。但是,针对这些农民自助组织的社会调查表明,它们极少有在民政部门进行民间组织登记的,因而大多数并不具有合法律性。[①]

另外,经过登记的"合法民间组织"虽然具有存在的法律资格,却并不因此就具有了正当性。那些很少开展活动的,利用成立组织,甚至利用行政权力谋取非法利益的民间组织,就是很好的例子。民间组织合法律性的标准由法律规范设定,但其正当性要其自身通过行为、通过实际发挥的社会功能才能获得。以是否登记为"合法"与"非法"的界限,导致了民间组织合法律性和正当性的悖谬。

(二) 现行民间组织法规的潜能

尽管目前民间组织法规因缺乏实效并且导致了民间组织合法律性和正当性的悖谬而面临合法性问题,但如果它仍然具有改变现状、应对未来的潜能,那么,其合法性问题终究可以在现有框架内得到解决。

所谓改变现状,主要是获得法律应有效果的问题,而其中最主要的,

[①] 在农民自助组织中,有些并不具有"非营利"特征,而是类似于市场组织,但它们发挥的社会功能与具有非营利特征的农民自助组织又都基本相同。如果以此来评判,营利性组织可以很容易登记(如进行工商登记)从而具有"合法律性",发挥同样功能的"非营利组织"却因为其"非营利"而很难经过登记获得合法身份,同样表现"合法性的悖谬"。

就是如何解决数量近十倍于已登记的民间组织的非法民间组织问题。从现行立法来看，改变这一状况有一种逻辑上的可能性：由于立法将广泛的权力赋予了执法部门，同时严格规定了对非法民间组织的惩罚措施，这样，通过运动式的执法活动，或许可以将这些非法组织一举清除。实际上，这种逻辑上的可能性在实践中已经得到充分重视和运用。自 1989 年《社会团体登记管理条例》出台后，针对民间组织的大规模运动式的执法活动至少有三次。但是，逻辑只是逻辑。1998 年两个条例出台后对民间组织的"清理整顿"，应该是规模最大、持续时间最久的，可是从迄今为止的效果看，并不理想。首先，虽然经过登记的合法民间组织通过清理整顿可能大幅减少，但从长期来看，不经登记的非法民间组织却可能会增多，因为假定人们结社需求不变，登记越困难，合法化的越少，则不登记的越多，非法的越多。其次，"清理整顿"实际上是一种高成本的执法方式。由于这些组织未经登记，执法人员在执法前需要做大量的调查工作，需要掌握其方方面面的确切证据，而同时，"清理整顿"总是具有阶段性，如果这些非法民间组织也是"理性人"，那么它就必然避开这一阶段，对执法人员来说，这无疑将大大增加执法成本。最后，由于国家行政上物力、财力、人力的资源限制，这种高成本的执法方式在客观上也不可能经常运用；而且，非法民间组织在与执法人员的长期博弈中，自然会越来越富于应对执法的技巧，加上民间组织数量会随着社会发展越来越多，执法成本也会越来越大，运用这种方式也就越来越不具有可能性。

所谓应对未来，主要是满足人们的结社需求问题。公民的结社需求具有人性的基础。[①] 有学者用"水瓢原理"来形容人性层次的结社需求——它就像水瓢一样，你用力往下按时会暂时隐没水中，但稍一松手它就又浮起来。[②] 结社需求还受社会经济政治环境的影响。改革开放后，我国实行政企分开、政社分开的大规模改革，政府包揽一切的社会生活方式逐步被放弃，许多过去由政府负责的社会功能需要新的社会部门去承担；而随着现代化的发展，很多新的社会问题也不断出现，政府和企业都难以承担或者缺乏激励去解决这些问题，民间组织因此有着广泛的社会需求。同时，

---

① 刘作翔：《结社自由的人性根据》，中国社会组织的法律问题学术研讨会，香山，2002。
② 王名等：《中国社团改革——从政府选择到社会选择》，社会科学文献出版社，2001，第 89—91 页。

社会生产力的发展不仅带来公民生活方式、心理信念的变化，也为公民结社提供了经济基础。这些社会经济政治环境的改变，注定结社需求不仅不会削弱，反而会继续高涨。有学者比较了法国、日本、比利时、匈牙利、美国、新加坡、印度等 15 个国家和地区每万人拥有的非营利组织数，结果中国大陆只有 1.45 个，只是法国的 1.3%，日本的 1.5%，新加坡的 10%，即使与我国台湾地区相比，也只是其 15.5%，① 由此可见，我国公民的结社需求必定会有持续不断的增长。

在立法和民间组织管理实践中，应对日益增长的结社需求还有另一种方式，即 "规划" 人们的结社需求。立法上，《社会团体登记管理条例》和《民办非企业单位登记管理暂行条例》都规定，在同一行政区域内已有业务范围相同或者相似的社会团体或民办非企业单位，没有必要成立的，登记管理机关不予登记；实践中，少数民间组织具有垄断地位，即国家只允许公民参加某一组织，而不允许建立新的同类组织，甚至要求公民必须参加某一组织。"规划" 作为应对结社需求的一种方式，试图通过规划人们实际参加或促使参加某些已经构建好的组织，来达到满足人们结社需求的效果。但是，且不说结社需求是否可以规划，从这些可供人们选择的组织看，其在一定程度上的垄断性是建立在对政府的依赖的基础上的，多数情况下，其本身就是由政府直接或间接设立的。政府之所以愿意人们参与该组织，是因为政府对其有绝对控制的权力。实践中，这些组织往往起着社会学家所说的 "第二纵向沟通渠道" 的作用，② 或者干脆就是政府管理社会的一个工具。参加这样的组织是否能被称为 "结社"，在理论和实践上都存在疑问。重要的是，这种疑问不仅是笔者存有的，在笔者的调查过程中，几乎所有被调查者都对此表示困惑，甚至执法人员也坦然承认这与严格的 "结社" 概念有着区别。结社需求无法通过规划来满足，是基于结社本身的性质。结社就意味着自愿、独立选择，没有选择的自由，结社概念就是空洞的。

（三）现行民间组织法规的合法律性问题

以上讨论一直假设现行民间组织法规具有合法性。但是，如果这样的

---

① 王名等：《中国社团改革——从政府选择到社会选择》，社会科学文献出版社，2001，第 105 页。
② 王颖等：《社会中间层——改革与中国的社团组织》，中国发展出版社，1993。

法规真完全具有合法性，岂不说明我国的法律体系，而不仅仅是其中的民间组织法规存在正当性问题？

根据我国宪法第 89 条和立法法第 56 条的规定，国务院有权就民间组织管理问题制定行政法规。① 仅仅从这点出发，现行民间组织管理法规似乎不仅符合其上位法律的规定，也是合宪的。然而，宪法和立法法赋予的仅仅是"行政管理职权"，现行法规有没有超出"管理权限"的范围呢？具体地说，现行法规是否有权确立未经登记的民间组织的非法性？是否有权从实体方面限制宪法上的公民结社权？

行政管理的范围，很难有一个明确清晰的界定。我们以同样属于民政工作的婚姻登记管理为例进行一个简单比较：婚姻登记管理法规当然可以规定婚姻登记的条件、程序等，但未经登记的事实婚姻是否非法的问题，就要由婚姻法而不是婚姻登记条例予以规定；民间组织登记管理法规可以规定登记的条件、程序以及运作中必须接受的监督事项，但它能否以登记与否为标准来界定"合法"与"非法"呢？公民的结社自由权是我国宪法明文规定的基本权利，这一基本权利当然要通过法律、法规的具体规定来落实，在此过程中，它不可避免地要受到法律、法规设定的程序性限制。现行法规一方面规定了申请登记的严格条件，另一方面规定未经登记"即为非法"，这就不仅是从程序上对宪法的公民结社权的限制，而且涉及实体上的限制，这就将宪法上的一般权利变成了一种特许权利，从而超越了行政管理的职权范围。因此，即使现行法规并不完全缺乏合法律性，但其合法律性起码不圆满。

六 民间组织发展的立法建议

（一）制定"民间组织法"，逐步建立完善民间组织法律体系

从国家民政工作的实际需要来说，民间组织登记管理的法规体系当然必要。不过从上述简要的初步分析来看，行政法规与宪法之间缺乏一个位

---

① 《宪法》第 89 条第 8 项规定，国务院行使"领导和管理民政、公安、司法行政和监察等工作"的职权；根据《立法法》第 56 条第 2 款第 2 项，行政法规可以就"宪法第 89 条规定的国务院行政管理职权的事项"作出规定。

居"法律"层次的立法也很明显。公民结社权是一项基本权利,其所牵涉的主要不是对民间组织的管理问题,它关系到每位公民,可能牵涉到政治、经济、文化、教育、环境等几乎所有社会生活领域,也与宪法确认的其他的公民权利和自由紧密联系。目前,法律层次的立法缺位,已经导致居于行政法规层次的立法不堪重负,既有超越立法权限的嫌疑,也无能为力于改革开放后迅速变化的社会现实。制定"民间组织法",重新制定或修改民间组织法规,逐步建立完善民间组织法律体系,是时势之必然,法治所必需。

实际上,1987年中共十三大曾明确提出制定"结社法"的立法任务,并委托民政部起草"结社法"草案。从1987年开始,"民政部按照国务院指示,开始了结社立法的工作,经过五年多的努力,十易其稿",于1993年报送国务院。① 尽管这部作为民间组织实体法的"结社法"没能按时出台,但这充分说明国家对民间组织统一立法的必要性已早有认识。与1987年相比,现在的民间组织发展情况显然更迫切地需要这样一部法律尽快出台。

该法名称采"民间组织法"的理由,已于本文开篇简述。这里仅就立法中的几个重要原则性问题予以扼要阐明,细节问题当另文论述。

第一,新法必须充分考虑其可实施性。这主要表现为,必须充分考虑现行国家政治体制框架下可能配置的执法力量,执法部门所能够承担的执法成本,法律规范在公民中能够得到认可的大致程度,以及现有民间组织的主要问题所在。其中,执法成本问题是需要考虑的最重要、最关键的因素。

第二,新法必须明确设定执法权限,尤其是其中的执法性立法的权限。现行法规为执法设置过于广泛以至于根本无法实施的执法权力,一个重要原因在于立法者与执法者"二位一体",而且由于并不存在解决法规实施中行政纠纷的司法程序,规则的制定者同时也是执行者和裁决者。这种立法者、执法者、裁决者"二位一体"甚至"三位一体"的做法所带来的现实弊端已经非常明显。就此而言,"民间组织法"的制定工作,应该

---

① 杨衍银:《民政部杨衍银副部长在北京市第三次社会团体管理工作会议上的讲话》,载民政部社团管理司管理处编《社会团体管理工作手册》,1996,第122页。

由全国人大常委会主持，组织专家学者、执法部门进行广泛的社会调查，起草草案，按照立法法的规定，广泛征求社会各界尤其是现有民间组织的意见。

第三，新法的重心应该是对民间组织行为的规范和指引。由法律、行政法规及地方法规构成的民间组织法律体系，必须提供哪些行为是被禁止的，哪些行为需要接受何种法律限制，哪些行为是法律所倡导的，以及不同违法行为所承受的不同惩罚等明确清晰的信息。民间组织能否按其章程确立的宗旨服务于社会，主要是通过其行为表现的，行为（而不是身份）才是法律真正需要予以规范的对象，才是判定民间组织"合法"与"非法"的标准。

第四，新法必须平衡"管理"与"维权"两种立法取向。结社自由是公民的宪法权利，也是国际上认可的一项基本人权。对民间组织的管理和维护公民的结社自由，两者并不必然是非此即彼的关系，"结社自由"概念针对的是侵犯结社权的现象，管理针对的是滥用结社权的现象，追求两者的和谐应该是新的立法的价值取向。

（二）推进管理制度变革，从控制型管理转向培育服务型管理

以制定"民间组织法"为契机，推进民间组织管理制度变革，从控制型管理转向培育服务型管理，是真正贯彻落实"小政府、大社会"的政治体制改革，促进并巩固民主法治建设的成果，实践"善治"[①]的政治理想的必要之举。

现行民间组织登记管理制度表现为严格的控制型管理。这种管理制度取向的合理性在于管理对象的"不成熟"，可能性也以管理对象的实际"幼稚"为前提，随着管理对象的成长壮大，这种管理的成本会越来越高，逐渐超出管理部门支付的可能限度，导致管理者无力应对，管理滑向实际放任的局面。与控制型管理相对的是培育服务型管理。所谓"培育"，是指这种管理模式虽然同样考虑管理对象的成熟程度，同样考虑管理对象的

---

① 关于民间组织发展与"善治"政治理想的关系，参见俞可平《中国市民社会的兴起及其对治理的意义》、《中国农村民间组织与治理的变迁》，载俞可平主编《中国市民社会的兴起和治理的变迁》，社会科学文献出版社，2002；另参见俞可平主编《治理与善治》，社会科学文献出版社，2000。

不当行为对国家、社会、他人及自身可能带来的危害,但它并非一般化地对管理对象采取不信任态度,而是以管理对象的成长发育需要为出发点,按其实际发育程度承认并保障其自治权利,尽量尊重并培养管理对象的主体意识;同时,对那些社会迫切需要,在政治、经济、文化领域发挥重要作用的民间组织(如环境保护组织)提供积极的政府支持,扶植、促进公益民间组织的发展。所谓"服务",是指这种管理模式的目的主要在于提供政府服务,促进民间组织的责任意识,提高民间组织的社会公信度。例如,通过民间组织的公共信息发布,让普通公民随时可以方便地了解民间组织的实际状况。随着管理对象的成长壮大,培育服务型管理的成本会越来越低,避免控制性管理在管理对象与控制性执法之间的恶性循环。

从控制型管理转向培育服务型管理,首先需要废除"双重负责管理体制"。"双重负责管理体制"不仅不能实现当初的立法目的——配合民政部门实现对民间组织的有效监督管理,而且在实践中产生诸多始料不及的弊端,如阻碍公民结社权的实现,业务主管单位和其所属民间组织相互利用、谋取非法利益,业务主管部门帮助和保护所属民间组织从事非法活动,等等。

从控制型管理转型培育服务型管理,必须改革现行登记制度。从世界范围来看,民间组织的登记制度主要以下几种类型:一是要求所有民间组织都必须登记,同时规定了申请登记的严格条件(属于控制型管理),如新加坡、泰国;二是要求所有民间组织都必须登记,但是对登记条件没有任何实体限制,如印度尼西亚;三是只要求某些特定类型的组织必须登记,如英国只要求慈善组织必须登记;四是基本采取自愿登记原则,同时规定经过登记的组织得享税收及其他方面的优惠政策,如美国、加拿大、南非;五是所有民间组织均无须登记,如意大利。① 第一、第二种登记制度便于管理或控制,但是成本很高,适合人口基数小或者民间组织不发达的国家。第三种登记制度适当降低了制度成本,但是在确定何种组织应该登记的问题上,需要结合社会发展的实际情况。第四种通过法律规定因势利导,属于培育型管理的典型。第五种不要求登记,完全采用追惩制方式进行管理,适用于民间组织发展相对成熟、能够很好自律的国家,这种类

---

① 陈金罗:《社团立法和社团管理》,法律出版社,1997,第127—144页。

型应该是所有国家民间组织管理制度最终的归宿。考虑我国政府职能改革对行政部门执法力量配置的要求，及我国人口基数大、民间组织数量多的实际情况，也考虑我国改革开放对稳定的政治环境的需求，本文建议综合上述第三、第四种登记制度，规定特定类型和达到特定规模的组织必须进行登记，同时对其他民间组织规定自愿登记、税收优惠原则。这样，那些虽不属于法定必须登记的组织，可以自愿登记成法人，从而在与其他社会主体发生民事、刑事、行政纠纷时，可以按照法人的相关制度承担责任、享受权利。而未经登记的组织，只能以公民身份享受权利，当涉及责任承担时，可以规定连带责任或其他责任承担形式。①

从控制型管理转向培育服务型管理，还应该建立并完善民间组织的社会监督和自律机制，从政府监控的一元化监督管理转向政府管理、社会监督和民间组织自律相结合的多元社会调控格局。目前很多民间组织内部组织结构、管理体制、决策程序、财务制度都不健全，财务混乱、经费短缺现象严重，很少开展服务于社会的活动，甚至利用民间组织身份谋取非法利益，这些现象都不可能完全靠政府监控来扭转。其根本出路在于用法律规范的形式确立民间组织的运作机制，强制性要求民间组织运作的透明化、公开化，以此为基础建立民间组织与社会公众之间的信任关系，吸收社会资金解决民间组织的经费问题。实际上，西方很多国家之所以一方面民间组织发达，另一方面又较少发生民间组织的违法犯罪现象，其根本原因正在于民间组织与社会之间的良性互动关系。例如，在澳大利亚，任何一个社会成员都可以到社团注册机关查阅他想了解的社团档案资料。② 如果民间组织的活动开展、财务收支、人员使用情况都高度透明，社会成员随时都能够查阅每一笔捐赠，公众自然就能够建立对它们的信任，其经费来源当然也就不再成为不可解决的难题；而运作情况果真能如此透明，它们又如何能够轻易违法犯罪或者谋取私利呢？

---

① 对民事责任的承担，以"连带责任"为宜；对行政、刑事责任的承担，则可以按每个人的具体行为追究责任，例如现行刑法对共同犯罪及犯罪集团的责任追究。
② 陈金罗：《社团立法和社团管理》，法律出版社，1997，第127页。

量刑基准实证研究*

白建军**

摘 要:作为法治实践离散程度的客观反映,量刑基准是某种犯罪各组权威示范性案例样本之间相互独立的平均刑量。尽管600多个示范性案例的实证研究未能成功找到符合这一概念的量刑基准,但发现宣告刑平均刑量与法定刑中线之间的关系耐人寻味:不论样本的分组较粗还是较细,各组刑量均值之间的轻重顺序基本符合法定刑的轻重顺序。因此,以示范性案例的平均刑量为量刑基准,与以法定刑各种程度等分线或中线为量刑基准两者之间互不排斥而应相互参照。

关键词:量刑基准 平均刑量 示范性案例

据权威司法统计,刑事案件的无罪率一般不超过1%,且呈逐年下降趋势。[①] 因此,绝大多数案件的当事人以及刑事法官更关心的是,到底根据什么判处多重的刑罚。这就是研究量刑基准的意义所在。

---

* 本文原载于《法学研究》2008年第1期。
** 白建军,北京大学法学院教授。
① 全国法院审理刑事案件的无罪率分别为:1997年0.66%,1998年1.03%,1999年0.97%,2000年1.02%,2001年0.88%,2002年0.7%,2003年0.65%,2004年0.44%,2005年0.26%。该数据根据《中国法律年鉴》(1998,第129页;1999,第113页;2000,第121—122页;2001,第155页;2002,第144页;2003,第141页;2004,第118—119页;2005,第147—148页;2006,第110—111页)公布的数字推算而来。

一 量刑基准的概念

考察量刑基准的概念有三个角度。第一,规范的、社会的和方法学的。在刑法学上,量刑基准可以被理解为从重或从轻的相对物,或者说,没有任何从重从轻情节的犯罪构成所对应的刑罚量就是引入从重从轻情节时的量刑基准。[①] 问题是,既然从规范学角度观察,我们便有理由追问,量刑基准到底是不是法?如果是法,其法律规定何在?如果不是法,我们为什么要遵循它?而且,量刑基准到底是个点估计还是个区间估计并无定论,又使其规范学意义变得更加复杂。如果量刑基准是个点,显然没有法律根据。如果量刑基准是个区间值,是否可以将某个罪的法定基本刑度视为该罪的量刑基准?如果这样,量刑基准倒是获得了规范的形式,但这个意义上的量刑基准其实就是从重从轻的活动范围,而从重从轻到底是在基准之内还是之外又变得含糊不清。其实,量刑基准问题上的这种纷繁多义恰好可以回溯到法律解释学的两大传统。一方面,按照规则怀疑主义或法官决断论,法律规范的适用过程不可能只导出某种唯一正确的结果,法官必然受多种因素的影响,案件的审理和判决实际上具有极大的自由度。[②]

[①] 有学者将量刑基准界定为,对已确定适用一定幅度法定刑的抽象个罪,在不考虑任何量刑情节的情况下仅依其构成事实所应当判处的刑罚量(周光权:《量刑基准研究》,《中国法学》1999年第5期)。另一种观点认为,量刑基准是指排除各种法定和酌定情节,对某种仅抽象为一般既遂状态的犯罪构成的基本事实所判处的刑罚。(〔日〕西原春夫主编《日本刑事法的形成与特色》,李海东等译,中国法律出版社与日本成文堂联合出版,1997,第150页)。还有学者认为,所谓从重(从轻),是指对具有从重(从轻)情节的犯罪人所判处的刑罚比对不具有该从重(从轻)情节时所应判处的刑罚要相对重(轻)些,而不是一律判处法定最高(低)刑或者一律使用较重(轻)刑种、较长(短)的刑期或者一律在法定刑的平均刑期以上(下)考虑判处刑罚(杨春洗、杨敦先、郭自力主编《中国刑法论》,北京大学出版社,2005,第159页)。这种说法其实是通过对从重从轻相对物的阐释,表达了对何谓量刑基准的理解。

[②] 规则怀疑主义认为,法院在作出司法裁决的过程中,其实并不真正受到所谓法律规则的制约。法官有高度的自由裁量权,随心所欲地进行判决。法律规则只是达到法官所喜欢的判决的借口、可供其利用和摆布的手段,并不对法官达到判决结果的思考过程发挥规范作用,因为法律规则具有高度的不确定性,法官可以随意解释有关规则、制造例外情况或在适用规则时作出变通,从而得到他希望作出的结论。参见陈弘毅《当代西方法律解释学初探》,载梁治平主编《法律解释问题》,法律出版社,1998,第11~29页。与规则怀疑主义类似,法律现实主义也认为,法官的法律解释是一项完全自由的社(转下页注)

从这个意义上说，法官最多只能被要求在合法的形式范围内量刑，而不能要求量刑结果都紧紧地靠近某个法律并未明文规定的点或"紧缩"的区间，甚至与其相重合。①因此，人们在质疑有些法官匪夷所思的判决的同时，也显出几分无奈。②这暗示着，在规范学意义上是否获得了正当性，是量刑基准研究的前提。另一方面，按照形式主义或法律决定论，法律意味着某种真理性的完美逻辑体系，按照这个逻辑体系，任何案件中提出的法律问题都必将得到一个唯一正确的答案，因此，对任何行为法律后果的预见都必将是唯一的、确定的，法律必须立足于限制案件审理过程和结果的自由度。③如此说来，人们对法官量刑统一、精准的渴望，还是有规范学根据的。那么，量刑基准到底是否具有规范的属性呢？笔者认为，量刑基准是一种"法中之法"，是法律的形式理性中隐含着的某种实质理性。尽管没有法律条文明确规定量刑基准，但是，我们还是能够从刑法中关于从轻从重的相关规定中感知它的存在，它是罪刑法定原则的定量展开。退一步

（接上页注②）会行动。他们不受法律规范的约束，因为法律是不确定的，作为方法论的法律解释理论所确信的那种确定的、稳定的、通过正确的方法可以发现其正确意义的法律，在法律现实主义看来是"基本的法律神话"。参见强世功、赵晓力《双重结构化下的法律解释——对8名中国法官的调查》，载梁治平主编《法律解释问题》，法律出版社，1998，第222—246页。

① 有学者认为，量刑基准由于受事实和法律的不确定性影响，不可能是一个精确的数值或"点"，在很多情况下，它仍然可能是一个幅度（法定刑为绝对确定刑的除外），量刑基准的这种幅度与法定刑幅度颇为相似，只是量刑基准幅度的"域"的范围较为紧缩而已。参见周光权《量刑基准研究》，《中国法学》1999年第5期。

② 王恩海：《论量刑基准的确定》，《法学》2006年第11期；朱建华：《量刑的理论与实践研究——量刑基准的确立》，《河北法学》2006年第12期。

③ 法律决定论认为法律给予法官的正确的决定是独一无二的。按照决定论的思维模式，法是全知全能的；法官不能以无法可依为由来拒绝作出判决，而必须通过解释发现包含在法律体系之中的具体的规范。法被理解为一个自我封闭、自我准据、等级森严的体系，一切事实关系都必须而且能够被包摄其中。法律决定论的核心在于通过"概念计算"来预测审判结果的理论前提以及相应的制度性设计。这种"可预测性"概念正是 M. 韦伯关于经济、法律以及社会的宏观理论的基石，并成为描述现代法特征的最基本的指标。参见季卫东《法律解释的真谛——探索实用法学的第三道路》，载季卫东主编《法治秩序的建构》，中国政法大学出版社，1999，第90—144页。法律是一个全涉的（gapless）规则体系，它覆盖了社会生活的各个方面，即使在法律条款没有规定的地方，只要运用正确的法律解释方法，就可以发现法律在这方面的态度。参见强世功、赵晓力《双重结构化下的法律解释——对8名中国法官的调查》，载梁治平主编《法律解释问题》，法律出版社，1998，第222—246页。

说，犯罪构成理论也没有法条的明文规定，但没有哪个法官不去遵循。而理论研究的任务，恰恰是找到规范体系中量刑基准的真正所在。从这个意义上说，所谓量刑基准应当是指量刑情节的规则体系所环绕的轴心，相对这个轴心才有所谓依法从重或依法从轻。

第二，社会标准，从为什么要设定量刑基准来论证什么是量刑基准。普遍认同的一种观念是，量刑基准是防止法官腐败、恣意量刑的一种限制。其假定是，只要各种案件事实与一定刑罚量之间的对应是确定的，法官就失去了权力寻租的空间，而这种确定性的参照点就是量刑基准。不过仔细想来，这个假定的成立其实还有赖于另一个更加前提性的假定。在一案件审理中，量刑情节本身是否成立不仅不受任何非法律因素的干扰，而且没有任何争议。因为只有认定或不认定某个案件事实，才谈得上应该或可以在此基础上从轻还是从重决定刑罚。不论法官是否腐败，都不会在判决书中使案件事实的认定与刑罚结果之间形成法律上的明显矛盾。换句话说，即使被认定的案件事实与刑罚量之间的对应十分确定，还是不能排除法官为了得出某个结论而能动地认定或不认定某个案件事实的可能性。而且，这种能动性并不全部来自司法腐败，法官的经验、知识背景、案件本身的非典型程度等多种因素都可能影响这个过程。遗憾的是，有些量刑基准的讨论并未注意到这个前提的前提。实际上，某个证据确凿的案件事实是否成立自首、未遂、从犯等量刑情节，才是法庭真正面对的难题，这当中其实存在影响最终刑罚量大小的巨大空间。从理论上看，一个案件事实是否存在，不仅在自然意义上与其客观性有关，而且在法律和认识论意义上与该事实的认定者自身的主体性有关。案件事实不仅意味着它客观上是否存在，还可能意味着它的定义者是否需要它存在。由此可见，如果将司法公正、防止腐败的功能赋予量刑基准的话，那么，量刑基准就不应只是个量的概念，而应该是定性与定量相结合的概念。具体到法律世界中，可能有纯粹的定性分析，但从来都不会有纯粹的定量分析，定量从来都离不开准确的定性。从这个意义上说，所谓量刑基准首先应该是指量刑情节（包括法定情节和酌定情节）本身是否成立的事实标准，在其范围以内才谈得上依法从重从轻。

第三，更多的量刑基准概念是从怎样确定量刑基准角度来说明何谓量刑基准。在这方面，我们面临两个二元对立。一是演绎与归纳。演绎法试图自上而下地从立法中寻找量刑基准，归纳法试图采用实证方法自下而上从实际判决中寻找量刑基准。前者凸显量刑基准的规范意义，而后者更看重与实际问题联系在一起的规则以及尊重法官群体的法律实践，包括笔者在内的越来越多的研究者倾向后者。二是中值与均值。中值是一组事件中处于 50% 位置上的值，不少研究实际上是将法定刑或宣告刑的中值设定为量刑基准。笔者认为，至少从法律适用的结果来看，量刑基准应该是个均值而非中值。理由是，中值只是一组数据的中心点，有一半的数据大于它，一半的数据小于它，而均值是一组数据的平衡点，所有数据到均值的距离的总和为零。所以，均值对数据的变化尤其是奇异值的大小更为敏感，中值则没有这个特性。比如，9 个罪犯分别被判有期徒刑 6、12、24、36、48、60、72、84、240 个月。这组数据的中值为 48 个月，而因为有一个 20 年有期徒刑（即 240 个月）其均值则为 64.7 个月。可见，均值能够灵敏地反映出数据距离平衡点的远近，而个别极端数值的有无不会改变中值的大小。那么，量刑基准应该更关心它两边的数据个数是否相等呢，还是应该更看重个案尤其是极端个案的值距离平衡点的远近大小呢？很显然，量刑基准两边的个案数是否相等只说明较多的个案低于或高于量刑基准。而量刑基准两边个案的刑罚量轻重大小，才说明法官在自由裁量权的行使中到底走了多远。如果量刑基准设置的意义在于限制自由裁量权滥用的话，那么，真正应该关注和调控的，正是能够灵敏反映极端个案刑量值的集中量数，或者说是与离散趋势同在的集中趋势，而这个量数就是均值而非中值。同时从这两个角度观察，我们便有 4 种可能的量刑基准类型。（1）演绎型中值，如将法定刑中线确定为量刑基准的中线说。[①]（2）演绎型均值，如"法定刑的平均刑期"说。[②] 此外，在各种量刑基准的确定方法中，危害行为论也强调从抽象个罪中演绎出量刑基准，其基本上属于演绎型均值说。它在综合了主要因素说[③]和重心说[④]的基础上认为，实践中存

[①] 赵廷光：《量刑公正实证研究》，武汉大学出版社，2005，第 27—34 页；苏惠渔、张国全、史建三：《量刑与电脑——量刑公正合理应用论》，百家出版社，1989，第 102—108 页。

[②] 杨春洗、杨敦先、郭自力主编《中国刑法论》（第 3 版），北京大学出版社，2005，第 159 页。

[③] 认为法定刑的运用基准点的确定应当以对社会危害性大小起主要作用的因素为依据。参见苏惠渔、张国全、史建三《量刑与电脑——量刑公正合理应用论》，百家出版社，1989，第 102—108 页。

[④] 认为在一个以法定刑为纵轴、以发案率为横轴的坐标系中，由随机获取的案例样本组成的散点构成的曲线顶端，即最高发案率，就是该罪的重心，也即该罪的量刑基准。参见郑伟《重罪轻罪研究》，中国政法大学出版社，1998，第 52 页。

在大致的、可推演的将危害行为换算成一定刑罚量的方式，所以对抽象个罪中的危害行为在不考虑任何情节时的危害性的考量，以及对抽象个罪在"真空"状态下所对应的刑罚量进行观察与分析，就是确定自然刑罚量即量刑基准的过程。①（3）归纳型中值。（4）归纳型均值。对这两种归纳型量刑基准的研究及实践已经越来越令人瞩目，如美国量刑委员会的《量刑指南》②、日本学者热衷的量刑计量化实证研究③、以北京市朝阳区1999年度的刑事案件为样本的实证分析④、我国某些地方法院所作的积极尝试⑤等。但是，这些研究基本上没有专门讨论中值与均值的差异。其实，如果归纳重于演绎且均值优于中值的话，作为确定量刑基准的最佳方式，归纳型均值应该是指以权威案例为样本计算出来的平均刑罚量，它可能高于也可能低于法定刑中线，也可能不等于宣告刑中线。最终，归纳型均值力图反映的是犯罪本身的多样性和复杂性。

至此，笔者对量刑基准的理解可以归纳为：第一，量刑基准也是法，是应该得到遵守和适用的"法中之法"；第二，量刑基准也是定性基准，是量刑情节能否成立的事实标准；第三，量刑基准是法制实践离散程度的反映，是权威案例样本的平均刑罚量。为了满足前两个规定，量刑基准的经验来源应该是某类犯罪的全部权威判决。换句话说，量刑基准不仅仅是个点、圈⑥、线、格、域⑦、度⑧，更是个库，即一组具有指导作用的司法先例。这样，不仅常见案件而且非典型的疑难案件也有了参照依据。为了

---

① 周光权：《量刑基准研究》，《中国法学》1999年第5期。
② 郑伟：《法定刑的基准点与量刑的精雕细琢——〈美国量刑指南给我们的启示〉》，《人民司法》2003年第7期。
③ 从已经确定的判例中选出作为调查对象的适当标本，再根据达到一定数量的这种事例列出与量刑有密切相关关系的因素并给予评分，从而求解量刑基准。参见周光权《量刑基准研究》，《中国法学》1999年第5期。
④ 结果表明，该区法院量刑的平均值一般低于法定刑幅度的中线，而且，将其与1991年以前的上海市及周边地区的调查结果相比，统计结果相当接近。参见阮齐林《中国刑法上的量刑制度与实务》，法律出版社，2003，第27页。
⑤ 如江苏省高级人民法院于2004年5月通过的《量刑指导规则（试行）》，江苏省姜堰市人民法院于2003年3月通过、2004年9月修正的《规范量刑指导意见》，山东省淄川区法院研发的量刑软件。
⑥ 郑伟：《法定刑的基准点与量刑的精雕细琢——〈美国量刑指南给我们的启示〉》，《人民司法》2003年第7期。
⑦ 周光权：《量刑基准研究》，《中国法学》1999年第5期。
⑧ 王恩海：《论量刑基准的确定》，《法学》2006年第11期。

满足第三个规定，至少要考虑到以下几种复杂性。首先，基本犯罪构成的从重从轻，与派生构成（加重、减轻）中的从重从轻应该参照不同的量刑基准。比如，入户抢劫未遂在从轻时所参照的基准显然与普通抢劫未遂的从轻不是同一个基准水平。而且，尽管既无法定情节又无酌定情节的"真空"状态的确存在，将这种案件的某个均值确定为量刑基准也不是不可能，但问题是，即使抽空所有量刑情节，一个案件也还是有各种主客观方面的不同组合。因此，寄希望于案件中的某一个所谓主要事实（如犯罪数额）所对应的刑量作为量刑基准，也是不科学的。进一步说，基本、派生犯罪构成内部还可能有数个相同或不同方向的量刑情节，此即情节冲突与竞合问题。基于这些考虑，一个能够同时满足各种理论假定又能消化这三类具有复杂性的量刑基准的操作定义应该具体为多个均值，即某种犯罪各组权威案例样本之间相互独立的平均刑量，样本的分组首先区分基本犯罪构成与派生犯罪构成（加重、减轻），然后再进一步区分各基本、派生犯罪构成组内的从重、从宽（从轻、减轻、免除）、竞合、基本四类情节。按此界定，一种犯罪理论上最多可能有三组12个量刑基准：加重犯罪构成组中从重情节组的平均刑量、从宽情节组的平均刑量、情节竞合组的平均刑量、无任何情节的基本情节组的平均刑量；基本犯罪构成组中从重情节组的平均刑量、从宽情节组的平均刑量、情节竞合组的平均刑量、无任何情节的基本情节组的平均刑量；减轻犯罪构成组中从重情节组的平均刑量、从宽情节组的平均刑量、情节竞合组的平均刑量、无任何情节的基本情节组的平均刑量。这样，需要对照的案例只要确定了自己的组别，如是否构成入户抢劫罪未遂，即是否归入抢劫罪加重构成组中的从宽情节组，就可以迅速根据案情及该组的平均刑量决定本案的刑罚量。

二 几组示范性案例的平均刑量

完成了量刑基准概念的理论建构之后，便应该回答，某某犯罪的量刑基准到底是多少。为此，必须依次满足以下几个条件。

第一，需要测量量刑基准的那个罪的法定罪刑关系必须在整部刑法罪刑关系体系中符合均衡性要求，不存在系统上偏轻或偏重问题。比如，我国刑法第195条和第199条规定，信用证诈骗罪的法定刑上限为死刑，这显然偏重而不符合罪刑均衡的要求。① 如果权威案例中的法官都照此量刑，其平均刑量很可能超出惩戒预防信用证诈骗犯罪的必要限度。这时，如果将死刑认定为信用证诈骗罪的量刑基准，实际上是在强化立法缺陷。正是由于存在这种可能性，所以我国现阶段不宜全面照搬美国《量刑指南》的方式，② 或者逐一采用法定刑中线为量刑基准，而应在现有罪名体系中有选择地设立量刑基准，或者根据罪刑均衡的要求在法定刑幅度内适当调低或调高某罪的量刑基准，实现"依法微调"。

第二，确定了可以设立量刑基准的罪名以后，就需要按照归纳逻辑的要求，建立该罪具有足够数量的权威案例的样本库，用来计算各组样本的平均刑量。所以，因其样本的局限性，某个地方法院根据本单位案例所总结归纳出的量刑基准，就无法直接应用到全国各地各级法院。而示范性案例，恰好符合样本的权威性要求。所谓示范性案例，就是指最高人民法院各业务厅、研究机构、出版单位、网站等权威机构公开发布、发表的全部真实审判案例。③ 这个样本库与我国 1997 年以来全部刑事案件总体之间的相似性，就在于其中案件审理结果的示范性。这种示范性体现在：其一，由于这几千个案件来自全国各地，时间跨度涵盖了 1997 年至今各个时段的案件，由各地各级法院选送，在全国总体时间和空间内具有代表性；其二，这些案件由于是最高人民法院各权威机构认可并公开的案件，因而具有对司法实践的指导性和模范性；其三，由于其中绝大部分案件属于生效判决，因而具有一定的有效性；其四，由于各地选送案件以及最高人民法院各单位选取案件时充分考虑案件类型和性质的多样化，因而对学术研究而言具有一定的标志性；其五，由于是公开发布的案件，因而对公民行为而言具有相当的规范性、模范性和可预测性。示范性案例库不仅满足权威

---

① 白建军：《罪刑均衡实证研究》，法律出版社，2004，第 284 页。
② 白建军：《罪刑均衡实证研究》，法律出版社，2004，第 135—226 页。
③ 这些示范性案例来自：最高人民法院、最高人民检察院：《中国案例指导》，法律出版社，2005；最高人民法院办公厅：《中华人民共和国最高人民法院公报》，人民法院出版社；最高人民法院中国应用法学研究所：《人民法院案例选》，人民法院出版社；国家法官学院、中国人民大学法学院：《中国审判案例要览》，中国人民大学出版社、人民法院出版社；《人民法院裁判文书选》，法律出版社；最高人民法院网站，www.court.gov.cn；最高人民法院刑事审判第一庭、第二庭：《刑事审判参考》，法律出版社；最高人民法院刑事审判第二庭：《经济犯罪审判指导》，人民法院出版社；最高人民法院审判监督庭：《审判监督指导——审判监督指导与研究》，人民法院出版社。

性要求，而且应该具有足够的数量，否则，平均值的计算就难以稳定在某个水平上。

第三，某个罪的案例样本库，也要实现具体个罪量刑结果的罪刑均衡。否则，组内相对偏轻或相对偏重的案例过多，都可能拉低或抬高刑罚量的平均值，误导量刑基准的适用过程。①

第四，准备计算平均刑量的犯罪，不仅作为抽象个罪和具体个罪都要符合均衡性要求，还应该能够明确区分加重构成、基本构成、减轻构成。这是因为某个罪的示范性案例首先要划分为加重、基本、减轻三大组，然后才能在各组内进一步分为从重、从宽、基本、竞合各组，最后才能分别计算各小组的平均刑量。其中第二次划分的根据比较明确，即法定情节的各种明文规定，而第一次划分并非易事。例如，抢劫罪、伤害罪的加重、减轻，可以根据是否重伤、死亡、入户等法定情节进行判断。而在纯正情节犯的情况下，刑法的盖然性规定使三组犯罪构成之间的区分变得比较模糊。例如，"情节较轻的"故意杀人行为是该罪的减轻构成条件，而何谓情节较轻，没有明确的指标或者关键词。这样，判断一个案件属于故意杀人罪的基本构成组还是减轻构成组，就只能根据其宣告刑在十年以上还是十年以下了。而这实际上是由果索因，逻辑上不够严格。

第五，选定可以计算量刑基准的个罪以后，还要使该罪的宣告刑可以被计算平均值。这对有期徒刑而言并不难，但对法定刑中包括死刑、无期徒刑的犯罪而言，就不那么简单。为了使宣告刑实现无量纲化，已有学者作了积极尝试。② 本研究将死刑、死缓、无期徒刑、有期徒刑、有期徒刑缓刑、拘役、拘役缓刑、管制、没收财产、剥夺政治权利、罚金共11个变量选定为刑量指标，根据相关法律规定、实践经验和反复测试，以SPSS软件的程序格式建立了反映指标间权重关系的宣告刑刑量模型供读者参考。

COMPUTE 刑量 = 死刑 × 600 + 死缓 × 400 + 无期徒刑 × 300 + [1 − ANY（有期缓月，0）] ×（有期月数 × 0.1 + 有期缓月 × 0.09）+ ANY（有期缓月，0）× 有期月数 + [1 − ANY（拘役缓月，0）] ×（拘役月数 × 0.04 + 拘役缓

---

① 具体个罪的均衡性计算方法，参见白建军《罪刑均衡实证研究》，法律出版社，2004，第370—382页。
② 赵廷光：《量刑公正实证研究》，武汉大学出版社，2005，第15—22页。

月×0.08)+ ANY(拘役缓月,0)×拘役月数×0.9+管制月数×0.07× 0.9+(全部没收×12+部分没收×6+剥权终身×10+剥权月数×0.1+罚金组×2)×0.1. EXECUTE.①

运行这个模型后,不论一个案件的宣告刑中含有何种性质的刑罚,都可以被换算为一个连续变量,以便平均值的计算。

第六,满足以上条件以后,同一犯罪的不同量刑基准之间还应当相互独立,满足统计学上差异显著性要求。如果某罪的示范性案例库中各组样本的12个平均刑量之间未形成显著差异,意味着某组的量刑基准和另一组的量刑基准之间没有显著差别,这等于说有没有从重或从轻甚至是否加重减轻都一样,显然不符合法律本意。

从现有的几千个示范性案例来看,满足或基本满足第一、第二个条件的犯罪至少有故意杀人罪、故意伤害罪、抢劫罪、盗窃罪、贪污贿赂罪、走私贩卖运输制造毒品罪等。至于第三个条件,由于涉及犯罪严重性的无量纲化处理,已经超出了本文容量的要求,因此我们假定上述罪名的示范性案例中罪量与宣告刑的刑量都满足均衡性要求。这样,我们可以利用上述刑量模型尝试着计算几种犯罪的量刑基准了。

(1)抢劫罪的量刑基准。按照刑法第263条的规定,抢劫罪只有基本构成和加重构成而不存在减轻构成。我们只需计算该罪基本构成中的基本、从重、从宽、竞合,以及加重构成中的基本、从重、从宽、竞合这8组样本的平均刑量,并对它们之间的差异显著性进行统计检验。过程是,

---

① 其中,有期徒刑的月数是整个模型的基数,因此,模型中的一个死刑立即执行相当于600个月的有期徒刑,一个死缓相当于400个月的有期徒刑,一个无期徒刑相当于300个月的有期徒刑。另外,主刑与附加刑的数量关系被确定为9:1的关系,即主刑的权重系数为0.9,而附加刑的权重系数为0.1。还有,宣告刑量化处理的难点在于缓刑的存在。按照刑法第72条、第73条的规定,同等有期徒刑或拘役刑期情况下,有缓刑的判决应该轻于没有缓刑的情况。但是,如果我们用有期徒刑或拘役的月数减去缓刑月数,势必形成有缓刑的判决之间,缓刑越长刑量越小的结果,显然与实际不符。因此,我们只能分别对有期徒刑(拘役)和缓刑进行加权后再相加,以其和反映刑量大小。这样,即使在判处有期徒刑6个月缓刑5年这种最极端的情况下,其刑量值也仅等于单处有期徒刑6个月的情况。而只要缓刑小于5年,其刑量值都将小于单处有期徒刑6个月的情况。结果,将有期徒刑和其他刑种进行同量纲化处理中,利用该模型就能在犯罪人被判处有期徒刑时有缓刑和无缓刑两种情况下都能够实现具体的一个结果值。同理,拘役和拘役缓刑的权重也是根据极端值获得的。

在抢劫罪示范性案例库中运行刑量模型,① SPSS 便立即给出该案例库中 222 个样本的刑量值,然后便可计算各组刑量的均值。第一个结果是,基本构成组的平均刑量为 57.19,大约相当于 60 到 66 个月的有期徒刑,而加重构成组的平均刑量为 223.72,大约相当于 20 年有期徒刑与无期徒刑之间的刑罚。而且,两者都略低于该罪法定刑中线。独立样本 T 检验的结果表明,两者差异显著,说明加重构成组刑量的集中趋势的确明显重于基本构成组,符合理论预期。② 但是,如果以这两个均值为抢劫罪的量刑基准,显然过粗。第二个结果是,对 8 个组别的平均刑量进行方差分析的结果表明,除了未出现足够数量的基本构成中的从重案例以外,其余 7 组均值由轻到重依次为:①基本构成从宽组的刑量均值为 38.44,大约相当于 42 个月有期徒刑,与加重构成各组的刑量均值之间均差异显著,但与基本构成其余各组都无显著差异;②基本构成基本组的刑量均值为 75.19,大约相当于 84 个月有期徒刑,与加重组中基本、从重、竞合各组的刑量均值均差异显著,但与基本构成其余各组及加重从宽组无显著差异;③基本构成竞合组的刑量均值为 85.16,大约相当于 96 个月有期徒刑,只与加重基本、加重从重组的刑量均值差异显著,但与其余各组均无显著差异;④加重构成从宽组的刑量均值为 124.18,大约相当于 138 个月有期徒刑,与基本构成从宽组及加重各组的刑量均值差异显著,但与其余各组均无显著差异;⑤加重构成竞合组的刑量均值为 271.30,大约相当于无期徒刑剥夺政治权利终身,与基本构成组中基本、从宽,加重构成从宽等组的刑量均值差异显著,但与其余各组均无显著差异;⑥加重构成基本组的刑量均值为 299.93,大约相当于无期徒刑剥夺政治权利终身,并没收全部个人财产,与基本构成各组及加重构成从宽组差异显著,但与加重组中其余各组无显著差异;⑦加重构成从重组的刑量均值为 377.23,大约相当于死缓,剥夺政治权利终身,没收全部个人财产,与基本构成各组及加重构成从宽组差异显著,但与加重组中其余各组无显著差异。可见,尽管 7 个组的均值看

---

① 为了便于分析,此样本库不包括数罪的情况,如遇数罪情形,只需将抢劫罪的量刑基准应用于分别量刑过程即可。
② 差异显著与否的标志是 p 值的大小,当 p 值≤0.05 时,才认为均值间差异显著,如果 p 值 > 0.05,则认为均值间差异不符合统计学要求。

上去大小不等，且顺序上符合理论预期，但由于基础数据不够丰富，有的组别仅有三四个案例，所以，7个均值之间的方差分析结果除加重构成组中竞合与从宽两组以外，没有一对相邻均值差异显著。因此，这7个均值因不符合独立性要求而无法成为抢劫罪的量刑基准。

（2）盗窃罪的量刑基准。按照刑法第264条的规定，盗窃罪有基本构成、加重构成、特别加重构成和最加重构成，而不存在减轻构成。考虑到数据有限，将三个层次的加重构成合并处理，认为是一个加重构成。因此，我们只需计算盗窃罪基本构成中的基本、从重、从宽、竞合，以及加重构成中的基本、从重、从宽、竞合这8组样本的平均刑量，并对它们之间的差异显著性进行统计检验。然而，盗窃罪示范性案例库中只有148个案例，而且，按照有关司法解释，该库中没有从重的情形。于是，我们只能得到盗窃罪基本构成基本组、从宽组，加重构成基本组、从宽组共4组样本的刑量均值。在该罪示范性案例库中运行刑量模型得到每个样本的刑量值后，均值分析的第一个结果是，盗窃罪基本构成组的平均刑量为36.66，大约相当于42个月的有期徒刑，高于该罪基本构成法定刑上限；而加重构成组的平均刑量为101.14，大约相当于114个月有期徒刑，明显低于该罪加重构成法定刑中线。独立样本T检验的结果表明，两者差异显著，说明加重构成组刑量的集中趋势的确明显重于基本构成组，符合理论预期。当然，如果以这两个均值为盗窃罪的量刑基准也不够精准。第二个结果是，对4个组别的平均刑量进行方差分析的结果表明，各组均值由轻到重依次为：①基本构成从宽组的刑量均值为14.31，大约相当于16个月有期徒刑，与加重构成各组的刑量均值差异显著，但与基本构成基本组之间无显著差异；②基本构成基本组的刑量均值为49.53，大约相当于54个月有期徒刑，仅与加重构成基本组的刑量均值差异显著，但与其余各组无显著差异；③加重构成从宽组的刑量均值为71.37，大约相当于80个月有期徒刑，与基本构成从宽组及加重构成基本组的刑量均值差异显著，但与基本构成基本组无显著差异；④加重构成基本组的刑量均值为126.33，大约相当于140个月有期徒刑，与其余各组之间均差异显著。可见，尽管4个组的均值看上去大小不等，且顺序上符合理论预期，但4个均值之间的方差分析结果仅有加重构成基本组与从宽两组间差异显著，其余相邻均值间差异均不显著。再加上从重及竞合的情形未出现，因此，这4个均值无法成为盗窃罪的量刑基准。

（3）故意伤害罪的量刑基准。根据刑法第 234 条的规定，故意伤害罪有基本构成也有加重构成。由于在故意伤害罪示范性案例库 138 个样本中没有出现逆向竞合的情形，所以，除了基本构成与加重构成两大组之外，我们只需计算该罪基本构成中的基本、从重、从宽，以及加重构成中的基本、从重、从宽这 6 小组样本的平均刑量，并对它们之间的差异显著性进行统计检验。这个过程的第一个结果是，故意伤害罪基本构成组的平均刑量为 21.98，大约相当于 24 个月有期徒刑，而加重构成组的平均刑量为 112.03，大约相当于 126 个月有期徒刑。前者略高于该罪基本构成法定刑中线，后者明显低于该罪加重构成法定刑中线。独立样本 T 检验的结果表明，两者差异显著，说明加重构成组刑量的集中趋势的确明显重于基本构成组，符合理论预期。但是，如果以这两个均值为抢劫罪的量刑基准，同样过粗。第二个结果是，对 6 个组别的平均刑量进行方差分析的结果表明，各组均值由轻到重依次为：①基本构成从宽组的刑量均值为 18.31，大约相当于 20 个月有期徒刑，与加重构成中基本组和从重组的刑量均值均差异显著，但与其余各组之间无显著差异；②基本构成基本组的刑量均值为 23.12，大约相当于 24 个月有期徒刑，与加重构成各组的刑量均值均差异显著，但与基本构成其余各组无显著差异；③基本构成从重组的刑量均值为 27.00，大约相当于 30 个月有期徒刑，只与加重构成从重组的刑量均值差异显著，而与其余各组均无显著差异；④加重构成从宽组的刑量均值为 88.81，大约相当于 96 个月有期徒刑，与基本构成基本组及加重构成从重组的刑量均值差异显著，但与其余各组均无显著差异；⑤加重构成基本组的刑量均值为 123.27，大约相当于 136 个月有期徒刑，与基本构成组中基本、从宽，加重构成从重等组的刑量均值差异显著，但与其余各组均无显著差异；⑥加重构成从重组的刑量均值为 259.65，大约接近于无期徒刑剥夺政治权利终身，与其他所有各组均差异显著。可见，尽管 6 个组的均值看上去大小不等，且顺序上符合理论预期，但相邻数据间只有加重构成基本组与加重构成从重组之间差异显著，其余各对相邻均值间差异都不显著。因此，这 6 个均值因不符合独立性要求而无法成为故意伤害罪的量刑基准。

（4）贪污受贿罪的量刑基准。根据刑法第 383 条、第 386 条的规定，贪污罪和受贿罪既无减轻构成又无加重构成，但按其刑度及数额可将 133 个贪污受贿示范性案例分为 3 大组。① 由于 3 组中都没发现从重的情形，因此，我们可以按从宽情节的有无，将其分为 6 小组。在得到每个样本的刑量值以后，3 大组均值分析的结果是：①最重组（犯罪数额在 10 万元以上）的刑量均值为 182.62，大约相当于 18 年有期徒刑，明显低于 10 年到死刑的法定刑中线，与其余各组的刑量均值均差异显著；②特重组（数额在 5 万元以上不满 10 万元）的刑量均值 51.38，大约相当于 60 个月有期徒刑，恰好位于 5 年到无期徒刑的法定刑底线，与最重组的刑量均值之间差异显著，但与较重组无显著差异；③较重组（数额在 5000 元以上不满 5 万元）的刑量均值为 22.10，大约相当于 24 个月有期徒刑，大大低于 1 年到 10 年有期徒刑的法定刑中线，与最重组的刑量均值差异显著，但与特重组无显著差异。6 个小组均值由重到轻依次为：①最重基本组的刑量均值为 224.22，大约相当于 20 年有期徒刑与无期徒刑之间的刑罚，与其余各组的刑量均值均差异显著；②最重从宽组的刑量均值为 136.18，大约相当于 154 个月有期徒刑，除特重从宽组以外，与其余各组的刑量均值均差异显著；③特重基本组的刑量均值为 53.44，大约相当于 60 个月有期徒刑，只与最重组的刑量均值差异显著，但与其余各组均无显著差异；④特重从宽组的刑量均值为 47.56，大约相当于 54 个月有期徒刑，仅与最重基本组的刑量均值差异显著，但与其余各组均无显著差异；⑤较重基本组的刑量均值为 16.44，大约相当于 20 个月有期徒刑，仅与最重组的刑量均值差异显著，但与其余各组均无显著差异；⑥较重从宽组的刑量均值为 30.60，大约相当于 34 个月有期徒刑，反而高于较重基本组，仅与最重组的刑量均值差异显著，但与其余各组均无显著差异。可见，尽管 6 个组的均值看上去大小不等，且顺序上基本（较重组中两组除外）符合理论预期，但 6 个均值之间的方差分析结果仅有前三组之间相邻的均值差异显著，其余相邻均值间差异均不显著。因此，这 6 个均值也无法成为贪污受贿罪的量刑基准。

---

① 由于数额不满 5000 元的案例只有两个，因而不进入分析。

三　平均刑量的双重性

　　几种案件的实证分析并未找到符合上述概念和条件的量刑基准。然而，从失败中我们却看到了新的意义。首先，从以上分析可见，样本分组越细，越难以满足不同刑量均值之间的独立性要求。这说明研究失败的原因之一很可能与样本规模数量偏小、在内容上不典型案例的比重较大有关。其结果，很可能样本离散性较大造成刑量均值间方差检验不合格。因此，作为提取量刑基准的事实基础，某罪案例库的一个基本分组单位，如基本构成中的从重情节组，至少应有30个样本。这样，对既无减轻构成又无加重构成的罪名而言，至少要有由从重、从宽、竞合、基本4个单位共120个案例构成的示范案例库。对既有基本构成又有加重构成的罪名而言，就要有由8个单位共240个案例构成的示范案例库。对贪污罪这种有4个刑度的罪名而言，原则上就要有由16个单位共480个案例构成的示范案例库。而且，在内容构成上只要疑难、非典型案件的比例适当大于实际分布即可。建立这样一个大型案例库并从中提取量刑基准，不仅抽样过程要符合随机性要求以保证案例的代表性，而且需要最高司法机关科学导向、依法遴选并定期维护以体现宽严相济的刑事政策。这无疑是一种立足成文法体制吸收判例法合理性的积极尝试。

　　其次，更重要的是，从上述几组实证分析中发现，宣告刑的平均值与法定刑之间的关系耐人寻味。不论样本的分组较粗还是较细，各组刑量均值之间的轻重顺序基本符合法定刑的轻重顺序。这说明法官们的操作与立法预期两者之间存在高度的等级相关，不存在系统性紊乱或失衡，这显然与法官群体不约而同依法量刑的努力有关。因此，以示范性案例的平均刑量为量刑基准，与以法定刑各种程度等分线或中线为量刑基准两者之间互不排斥而应相互参照。进一步说，上述几组观察证明，法定刑的刑度越重，宣告刑平均刑量低于法定刑中线的趋势就越明显。这个现象的意义是：一方面，作为量刑基准，平均刑量可以是一种应然的裁判准则——只要当下的案情与相应示范性案例之间没有显著差异，就应参照该组案例的平均刑量决定刑罚；另一方面，作为司法实践的观察结果，平均刑量又是刑罚资源实际投入的一种实然的客观反映——宣告刑与法定刑的上述分离也许说明法官群体在自觉体现刑法的谦抑性,也许说明立法上刑度的分割点需要调整,① 还可能是犯罪现象本身以及犯罪与犯罪控制之间多种可能关联性的反映。集应然与实然于一身的这种双重性,使平均刑量既是本研究的一个认识结果,又是进一步探索的新起点。

---

① 例如刑法第 383 条的数额分组显然已经不太适应贪污受贿犯罪的现实。

中国法律工作者的职业化分析[*]

朱景文[**]

摘　要：随着法律工作者职业化进程的推进，特别是随着职业准入考试制度的推行，我国西部地区出现了明显的法律职业短缺现象。中国法律工作者包括正规化、半正规化和非正规化三部分，他们职业化程度不同，服务于不同人口的法律需要。正规化的法律工作者的发展决定着法治建设所达到的水平，但是它不应该以弱化、边缘化半正规化、非正规化的法律工作者的发展为前提，不应该把满足城市和发达地区人口法律需求建立在牺牲农村和不发达地区人口的法律需求的基础上。应该从我国纠纷解决的整体布局出发，全面考虑法律职业和法学教育的建设。

关键词：法律职业　法律工作者　法学教育

引　言

改革开放以来，法律工作者的数量明显增加，文化素质获得了很大提高。我国法官的数量已经从1981年的6万人发展到2004年的19万人，具有大学本科学历的法官达到51.4%。检察官的数量从1986年的9.7万人

---

[*] 本文原载于《法学研究》2008年第5期。
[**] 朱景文，中国人民大学法学院教授。

发展到 2004 年的 12.6 万人，具有大学本科学历的检察官达到 44%。律师数量从 1981 年的 8571 人发展到 2006 年的 13 万人，具有大学本科学历的律师达到 70%。作为培养法律职业后备军的主要力量，高等法学教育机构已经从 1976 年的 8 所上升到 2006 年的 603 所，每年大专以上法律专业毕业生的数量已经从改革开放前不足 1000 人发展到 2005 年超过 10 万人，大大改变了缺乏足够的法律执业人员、已有法律执业者文化素质低的状况，为推进我国法制化进程起到了重要的作用。

但是，一个不容忽视的现象是，随着法律工作者职业化进程的推进，特别是随着职业准入考试制度的推行，我国西部地区由于没有足够数量的人员通过司法考试，出现了明显的"法官荒"、"检察官荒"、"律师荒"，有些地区的法院甚至组成一个合议庭都有困难，新增加的法官数量甚至不足以弥补法官的自然减员。据司法部的统计，2004 年我国还有 206 个县没有一名律师。在我国法制化、法律工作者职业化发展进程中，无论法官、检察官、律师还是法学专业毕业生的数量，改革开放后与改革开放前相比都有了成倍、成十倍，甚至成百倍的增长，在法律职业培养方面的投入更是不可同日而语。为什么在这种情况下还会出现法律工作者的短缺，以致不能满足人民群众对法律服务的需要？

关于职业化对社会发展的作用，最典型的是德国社会学家马克斯·韦伯的科层制理论。他曾经高度评价科层制对西方资本主义产生和发展的重要意义。他认为，作为理想类型的科层制具有专门化、等级制、规则化、非人格化、职业化、技术化六个特点，在协调其成员的活动和达到其特殊目的方面具有高效率。① 他把包含职业化在内的科层制看作资本主义产生在西方而在其他文明内部没有产生的主要原因之一。② 西方资本主义的发

---

① Max Weber, *Economy and Society* (New York: Bedminster Press, 1968), p. 2.
② 一般而言，职业化与科层制存在密切的联系，几乎包括科层制的所有特征：从事某一职业所需要的特殊技能，受过专门的训练，即技术化；规则化，即在科层制组织中，组织运行以及成员间的活动与关系都受规则限制，每位成员都了解自己所必须履行的岗位职责及组织运作的规范；专门化、专业化，即在科层制组织中，作业是根据工作类型和目的进行划分的，具有很清楚的职责范围，它科学地划分每一工作单元，各个成员将接受组织分配的活动任务，并按分工原则专精于自己岗位职责的工作；非人格化，即在科层制组织中，官员不得滥用其职权，个人的情绪不得影响组织的理性决策，公事与私事之间具有明确的界限，组织成员都按严格的法令和规章对待工作和业务交往，确保组织目标的实施。本文所使用的职业化，主要指专业化以及与之有密切关系的技术化。

展充分说明了职业化对社会发展的作用。美国1890—1920年的进步运动（Progressive Movement）和20世纪30年代的新政，法国和普鲁士的文官制度，当代欧盟的庞大的官僚体系，都是科层制的代表。虽然这些国家和国际组织最终的决策权操纵在某些统治集团手中，但是大多数日常的政府活动基本上成为各个科学技术领域包括社会科学和公共管理科学的专家从事的技术事务。韦伯的理论也受到许多学者的批判。科层制带来的不仅仅是效率，同时还带来职业垄断，排斥公众参与。职业团体内不是没有为了自身利益的技术官僚、不食人间烟火的社会精英，为了赢得自身利益的最大化，他们往往背离良知，依托于社会的强势集团。① 就法律职业而言，同样存在两种不同的评价：一方面，法律职业是社会管理分工的产物，高度的职业化反映了社会需要，代表了法制的发达程度；另一方面，法律职业的发展伴随着职业垄断，不但把大量的没有取得法律执业资格的人员排斥在外，而且在法律职业内部也形成了一个金字塔式的等级体系，处在顶端的法律职业精英成为职业规则的制定者和执行者，而处在下层的一般法律工作者不但受到职业精英的监督，而且每时每刻为生计而奔波。②

上述这些理论既表明了法律职业化给社会所带来的好处，也反映了所带来的弊端。

中国法律职业化的进程浓缩到改革开放以来的30年，我们既是法律职业化的好处的汲取者，也是其弊端的亲历者。本文试图从改革开放以来我国法律工作者职业化的数据分析入手，对这一问题进行剖析，并提出解决的思路，求教于学界同人。

---

① Martine Shapiro, "The Globalization of Law," *Indiana Journal of Global Studies* 27 (1993): 37-64；朱景文：《关于公法的全球化》，载夏勇主编《公法》（第2卷），法律出版社，2000，第189页。
② R. Abel & P. Lewis, *Lawyers in Society*, Vol. 3, *Comparative Theories* (Berkley: University of California Press, 1989); J. Carlin, *Lawyers' Ethics: A Survey of the New York City Bar* (New York: Russell Sage Foundation, 1966)；朱景文：《关于律师职业发展的几个问题》，载张文显等主编《司法改革报告：法律职业共同体研究》，法律出版社，2003，第343—359页。

中国法律工作者①不仅包括法官、检察官、律师和公证员，还包括基层法律服务工作者、企业法律顾问、仲裁员、人民调解员、治安保卫人员等，他们在不同领域承担着大量的法律工作。就专业化要求而言可以把我国的法律工作者分为三类：正规化的法律工作者，包括法官、检察官、律师和公证员，国家对他们有统一的执业要求、统一的职业准入考试，他们在所有法律工作者中专业要求是最高的；半正规化的法律工作者，包括基层法律服务工作者、企业法律顾问、仲裁员，各个行业有各自的职业准入条件，就法律专业素质而言，这一类一般要比第一类低，但是又具有本行业的一些特殊要求；非正规化的法律工作者，包括人民调解员、基层治安保卫人员，一般不需要专门的法律知识，虽然近年来国家也对他们进行过长短不同的法律培训。这三类法律工作者都是我国法律工作者的组成部分，但是他们职业化的程度不同，分别满足人们不同层次的法律需求。

一 正规化的法律工作者

改革开放前，中国法律工作者远非职业化的，法院在解决纠纷中的作用很有限。由于商品经济不发达，个人财产关系简单，当时的民事案件主要是婚姻家庭纠纷。国民经济计划调整着国有企业之间的关系。而刑事案件与历次政治运动有着密切关系。行政案件，所谓民告官的案件，几乎不存在。由于案件的性质简单，几乎不需要什么专门的法律知识，受过大学法律教育的审判人员只占很小比例。相反，社会纠纷主要通过人们所工作的单位或者所居住区域的居民委员会或村民委员会解决，如果不同单位的

---

① 对法律工作者并没有一个严格的界定，在不同国家、不同法系，法律工作者或法律职业的范围也不同。立法者一般不包括在法律工作者或法律职业之内，而属于政治家的范畴。警察、工商行政管理人员、安全监察人员、质量监督员等属于行政管理人员，也不属于法律工作者的范围，尽管在解决纠纷的过程中，行政管理人员起着十分重要的作用。参见 R. Abel & P. Lewis, *Lawyers in Society*, Vol. 1, *Civil Law World*（Berkley, University of California Press, 1988), pp. 4-7；朱景文《比较法社会学的框架和方法》，中国人民大学出版社，2001，第280—310页。

人员之间发生纠纷，则通过双方共同的主管部门解决。①

改革开放给中国社会带来的重要变化是社会关系的复杂化和利益的多元化。在社会关系相对简单的时期依靠没有受过专门训练的法官、检察官和律师，审判工作、检察工作和法律服务还能够维系，大量的纠纷集中在单位或依靠人民调解，通过法院之外的途径解决，是一件很自然的事。在社会关系复杂化、利益多元化的条件下，人们活动的领域远远超出单位或所居住的地区，从争端的复杂程度来讲，无论刑事、民事、行政纠纷，都需要专门的法律知识，受过专门法律训练的人才能成为纠纷的仲裁者。这就是我国改革开放初期法律工作者队伍所面临的基本情况。早在1980年邓小平同志就指出，我国目前干部队伍既缺乏数量，更缺乏专业知识和专业能力。"现在我们能担任司法工作的干部，包括法官、律师、审判官、检察官、专业警察，起码缺一百万。可以当律师的，当法官的，学过法律、懂得法律，而且执法公正、品德合格的专业干部很少。"② 他说："一般资本主义国家考法官，考警察，条件很严格，我们更应该严格。除了必须通晓各项法律、政策、条例、程序、案例和有关的社会知识以外，特别要求大公无私、作风正派。"③ 邓小平特别强调发展法学教育，1985年他在同彭真的谈话中提出："法律院校要扩大，要发展，我们从建国以来就对法

---

① 美国华裔学者李浩曾经把改革开放前的中国法律模式分为两类，一类是内部模式，另一类是外部模式。所谓内部模式是我国在城市、农村的工厂、机关、学校、人民公社中广泛存在的人民调解委员会，它们实际执行着西方国家法律的大部分社会控制的职能，这些调解人员是在没有受到正规的法律教育又缺乏正式的法律情况下，使用非正式的程序自愿从事着这方面的工作的，他们处理包括离婚、小偷小摸、伤害、家庭纠纷、未成年人犯罪等各种案件。调解制度几乎不需要时间去搜集证据，因为人们在日常的生活中相互了解。调解决定能够十分迅速而又不需要花费金钱的情况下作出，不需要律师和其他专家参加。因此，它们与西方社会耗费时间、金钱、精力的形式化的法律制度形成了鲜明的对照，形成了一种"没有律师的法"。所谓外部模式则是指国家颁布的正式法律规则，他们由专门从事法律职业的国家干部执行。20世纪50年代内部模式曾经占统治地位，在司法改革的运动中中国从事法律职业的人员几乎全部被清除或被迫改行。这一运动使中国法的外部模式处于几乎没有法律书籍、没有人能从事专门的法律工作的境地。而随着"文化大革命"的结束，法的外部模式逐渐地超过了内部模式，占据主导地位。参见 Victor H. Li, *Law without Lawyers: A Comparative View of Law in China and the United States* (Boulder, Colorado: Westview Press, 1978)。
② 邓小平：《目前的形势和任务》，载《邓小平文选》第2卷，人民出版社，1994，第263页。
③ 邓小平：《精简军队，提高战斗力》，载《邓小平文选》第2卷，人民出版社，1994，第286页。

律学校注意不够。在一些国家,大学毕业以后还要学习法律专科。经济发达的国家领导人当中,许多是学过法律的。建设一个社会主义法治国家,没有大批法律院校怎么行呢?所以要大力扩大、发展法律院校。"① 这些讲话为此后开展的推进法律职业建设、实行职业准入制度——司法考试和大力发展法学教育奠定了基础。改革开放以来中国法律工作者职业化的进程,正是按照邓小平同志当年所提出的这些要求推进的。

我国法官(包括院长、副院长、庭长、副庭长、审判员、助理审判员)数量1981年为60439人,2002年增加到21万人。后来随着法官制度改革,法官精简,但2004年法官仍然有190961人,比1981年增长了2.16倍。我国每10万人口拥有的法官数量1981年为6.08人,2004年为14.69人。② 在我国法官数量迅速增加的同时,法官的文化素质、专业素质也获得了很大提高。由于历史的原因,我国法官的文化和专业素质一直不高,受过高等教育的只占很小的比例,许多审判人员来自其他行业,复转军人占相当大的比例,他们在担任审判工作以前并未受过法律教育。20世纪80年代中期以来,最高人民法院注重法官的专业教育,我国大专以上学历的法官比例已经从1987年的17.1%发展到1992年的66.6%,1995年达到84.1%,2000年法官基本达到大专以上的学历水平。1995年法官法规定成为法官的学历要求是大专以上,2001年修改后的法官法将学历要求改为大学以上。我国大学以上学历的法官1995年占6.9%,2004年占51.6%。③

中国检察官数量1986年为97730人,2000年为171189人。此后在检察制度改革中检察官被精简,2004年我国检察官数量为126246人,比1986年增长了29.2%。每10万人口检察官数量1986年为9.12人,2004年为9.71

---

① 彭真:《论新时期的社会主义民主与法制建设》,中央文献出版社,1989,第288页。
② 朱景文主编《中国法律发展报告——数据库和指标体系》,中国人民大学出版社,2007,第34页。
③ 吴兢:《我国法官整体素质不断提高,出现三大转变》,《人民日报》2005年7月17日。此报道称:"法官法、检察官法实施10年来,全国法官中具有大学本科以上学历的,从1万余人增至9万余人,占法官总数的比例从6.9%提高到51.6%。"陈冰:《历史和战略性的转变——全国法院教育培训工作综述》,《人民法院报》2006年2月26日。此报道称:"2001年,全国各级法院法官中具有本科学历的693万人,具有博士、硕士学位的2579人;截至2005年年底,全国法官中具有本科学历的人数已经达到11.5万人,具有博士、硕士学位的6216人,占法官总数的比例分别比'十五'前上升了37.6%和2.5%。"按此计算,2005年我国法官大学本科以上学历的百分比应为66.5%。

人。我国检察官大专以上学历的 1985 年为 10.1%，2000 年上升到 76%。2001 年修改检察官法，检察官的职业准入要求从拥有大专学历变为拥有大学本科学历。大学本科以上学历的检察官 1998 年为 15.14%，2006 年为 67%。

改革开放前我国律师最多的时期是 1957 年，全国共有 3000 名律师。后来在"左"的思想影响下取消律师职业，直到 1981 年才恢复，当年我国共有律师 8571 人。后来律师数量逐年增长，2006 年我国律师数量已经超过 13 万人，比 1981 年增长了 14.2 倍。我国每 10 万人口律师数量 1981 年为 0.86 人，2006 年为 9.86 人。我国律师的学历水平在各法律职业中一直是最好的，律师准入的条件为拥有大学本科学历，2000 年达到这一要求的占 49.1%，2005 年为 70%。

我国公证员的数量 1986 年为 7594 人，2005 年为 15876 人，增长了 1.1 倍。每 10 万人口公证员的数量 1986 年为 0.71 人，2005 年为 1.21 人。我国 2005 年通过公证法，公证员的职业准入条件与法官、检察官、律师相同。2005 年我国公证员大学本科以上学历的占 51.1%。

职业化的发展还体现在作为为法律职业培养后备力量的法学教育的发展上。没有充足的法学教育资源，就不可能提供足够的适应立法、司法、行政执法需要的法律人才。我国法学教育的发展，像法律职业的发展一样，在改革开放初期基础极其薄弱，数量极其有限。经过二十几年的时间法学教育获得了迅速发展，无论是法律院校的数量，还是招生、在校生和毕业生的数量，都增加了几十倍，甚至上百倍。与此同时，由人民法院和人民检察院主办的职业法学教育也获得了迅速发展，大大缩小了我国现有法官和检察官专业素质与法官法和检察官法要求的差距。我国高等学校法律院系在从 1949 年到 1976 年的大部分时间里只有 8 所，所谓"四院四系"，即北京政法学院、华东政法学院、西南政法学院和西北政法学院 4 所政法学院，北京大学法律系、中国人民大学法律系、吉林大学法律系和武汉大学法律系 4 所大学的法律系。从 1977 年恢复高校招生制度到 1989 年我国新建高等学校法律院系 54 所，1990 年到 1999 年新建 121 所，2000 年到 2003 年新建 206 所。截至 2003 年底我国共有高等院校法律院系 389 所。尽管这些年来毕业生的分配已经成问题，人们都在担心法学院的办学质量，法学院越来越多的趋势却没有丝毫降低的迹象，到 2006 年底我国高等院校法律院系的数量已经达到 603 所。我国法律专业毕业生的数量 1991

年为 7484 人（其中大专毕业生 1399 人，本科毕业生 6085 人），2005 年达到 103242 人（大专毕业生 52773 人，本科毕业生 50469 人），比 1991 年增长了 12.8 倍。如果和改革开放前的数字对比，这种差别就更为明显，1949 年到 1978 年我国共有法律专业毕业生 27900 人，平均每年毕业 930 人，① 而 2005 年我国法律专业毕业生人数超过 10 万人，是改革开放前的 100 多倍。②

我国正规化的法律工作者专业素质的提高和近年来在各行业中推行的职业准入制度有着密切的关系。在法律职业中，我国最早实行职业准入考试的是律师。1986 年司法部开始实行律师资格考试制度，考试每两年举行一次；1993 年，改为考试每年举行一次。参加律师资格考试的学历要求是大专以上。2001 年九届全国人大常委会第二十二、二十五次会议修改、通过的法官法、检察官法、律师法规定："国家对初任法官、检察官和取得律师资格实行统一的司法考试制度。国务院司法行政部门会同最高人民法院、最高人民检察院共同制定司法考试实施办法，由国务院司法行政部门负责实施。"参加司法考试的学历要求也相应改为大学本科。2005 年通过的公证法对公证员的准入条件也作出了规定。到目前为止，要求通过国家司法考试的职业包括律师、法官、检察官和公证员（见表 1）。与此同时，《基层法律服务条例》和《企业法律服务条例》也分别对基层法律工作者和企业法律顾问的准入条件作出规定，他们都必须通过相应行业的执业资格考试，参加基层法律服务人员执业资格考试的学历要求是高中或中专，而企业法律顾问执业资格考试的学历要求是大学本科。③

表 1 　中国法官、检察官、律师和公证员职业准入条件（2004）

单位：人，%

职业	准入条件	学历要求	数量	达标人数	达标百分比
法官	国家统一司法考试	大学本科	190691	98397	51.60
检察官	国家统一司法考试	大学本科	126246	58704	46.50

---

① 郑杭生主编《中国人民大学社会发展报告（1994—1995）》，中国人民大学出版社，1996，第 55 页。
② 朱景文主编《中国法律发展报告——数据库和指标体系》，中国人民大学出版社，2007，第 40 页。
③ 朱景文主编《中国法律发展报告——数据库和指标体系》，中国人民大学出版社，2007，第 37 页。

续表

职业	准入条件	学历要求	数量	达标人数	达标百分比
律师	国家统一司法考试	大学本科	107841	72038	66.80
公证员	国家统一司法考试	大学本科	15358	7848	51.10
总数			440136	236987	53.84

二 半正规化的法律工作者
——基层法律服务工作者

基层法律服务工作者是在基层法律服务所工作的人员，他们为当地的政府机关、群众自治组织、企事业单位、社会团体、承包经营户、个体工商户、合伙组织以及公民提供法律服务。1987年我国共有乡镇法律服务人员6万多人，其中参加法律服务培训的有3.9万人，拥有大专以上学历的仅占5.6%。2000年司法部规定只有通过一定的法律专业考试才可以担任基层法律服务工作者，并于当年举行了首次考试。这一制度严格了基层法律服务工作的进入制度，提高了选拔的标准，自然也减少了进入的人数。2000年我国共有基层法律服务人员12万多人，随着准入限制，2003年有9.3万人，比1987年增长了52.0%。其中参加基层法律服务培训的有6.8万人，拥有大专以上学历的占66.6%。

从功能上看，基层法律服务工作者承担着大量的诉讼代理、非诉讼代理、法律咨询、担任法律顾问、代书法律文书和协办公证等由我国正规化的法律职业律师和公证员所执行的职能。1987—2003年，基层法律服务工作者所承担的诉讼代理总量为666万件，而律师诉讼代理为760万件；在非诉讼代理方面，基层法律服务工作者为1257万件，律师为8300万件；在法律咨询方面，基层法律服务工作者为10522万件，律师为5900万件；在担任法律顾问方面，基层法律服务工作者为522万件，律师为352万件；在代书法律文书方面，基层法律服务工作者为1518万件，律师为1430万件；在协办公证方面，基层法律服务工作者为3427万件，公证员为16000万件。无论哪一项业务，基层法律服务工作者都占有相当大的比重，起着十分重要的作用。

基层法律服务工作者发展过程中的最大问题是与律师、公证员等正规化的法律工作者职能重叠。2000 年以前基层法律服务工作者数量的迅速增长是由于律师、公证员数量的不足。1987 年我国拥有律师 27280 人，拥有基层法律服务工作者 61823 人，律师所占的比重为 30.6%。2000 年拥有律师 84756 人，拥有基层法律服务工作者 121904 人，律师所占比重为 41.0%。2002 年我国律师数量上升到 102198 人，第一次超过基层法律服务工作者的数量，律师比重也超过 50%。从 1987 年到 2003 年，基层法律服务工作者增长了 52.0%，而律师增长了 291.0%，远远超过基层法律服务工作者的增长率（见表 2）。在这种情况下，二者之间的互补关系逐渐转变为律师与基层法律服务工作者之间争案源的紧张关系。基层法律服务工作者由于所要求的学历低，没有通过全国统一的司法考试，承担着与律师同样的职能，又被一些人称为"二律师"。2000 年 3 月，司法部颁布了《基层法律服务所管理办法》，对基层法律服务所的任务和性质、设置原则、条件和程序、内部管理制度，司法行政机关对基层法律服务机构的管理作了全面规定。2002 年司法部在上海召开了"全国大中城市社区法律服务工作座谈会"，提出大中城市街道法律服务所要从诉讼领域逐步调整出来。从 2002 年开始，国家停止了对基层法律服务工作者的资格考试[①]以及对基层法律服务所的审批。[②] 2003 年进一步确立了对基层法律服务工作实行分类指导的思想；东部经济较为发达、律师力量较为充足的地区，基层法律服务工作要逐步从诉讼服务领域中退出；中西部经济发展较为滞后、法律人才不足的地区，要加快发展基层法律服务工作，最大限度地解决基层群众"打官司难"的问题。大中城市基层法律服务工作职能被定位为"以街道社区为依托，面向基层、面向社区、面向群众，提供公益性、非营利性法律服务"，即大中城市的基层法律服务所应该是公益性、非营利性法律服务实体。[③] 2004 年 5 月，国务院发布《关于第三批取消和调整行政审批项目的决定》，取消了基层法律服务工作者执业资格认可和基层法律服务所设立核准这两项行政

---

① 《关于基层法律服务所改革与发展的思考》，上海行政司法网，http://www.justice.gov.cn/sfxzw/ztbd/node190/node191/userobjectlai2255.html，最后访问日期：2008 年 9 月 18 日。
② 《红头文件引发行业震荡 "二律师" 要退场？》，搜狐网，http://news.sohu.com/2004/06/14/59/news220515992.shtml，最后访问日期：2008 年 9 月 19 日。
③ 关于基层法律服务的发展的概述，材料主要来源于《中国法律年鉴》，法律出版社，1988—2004。

审批项目，基层法律服务以后的发展，将主要由各地方根据本地情况决定相应的制度和政策。从2004年开始，《中国法律年鉴》不再收录有关基层法律服务的统计资料。2008年6月开始施行的律师法第13条规定："没有取得律师执业证书的人员，不得以律师名义从事法律服务业务；除法律另有规定外，不得从事诉讼代理或者辩护业务。"这为基层法律服务工作者退出诉讼领域奠定了法律基础，基层法律服务工作者承担诉讼业务成为不合法的了。

值得注意的是，上述种种转变对于规范法律服务市场、改变基层法律服务的混乱状态虽然具有积极意义，但是它是以保证律师对法律服务的垄断地位为中心和以城市为中心展开的，在这一过程中构成对律师法律服务挑战的基层法律服务工作者被边缘化甚至不合法化，保证了律师的案源，支付得起律师费用的发达地区和大城市人口的法律服务得到保证，但广大贫困地区和农村人口的法律服务则逐渐沦为"被人遗忘的角落"。① 正像某些基层法律服务工作者所说的："我们面对的大多是贫困群体，如果说这块真的要退出法律服务市场的话，真正受到伤害的是那些群众。我跟他们打了10多年的交道，太了解他们了，他们需要法律援助，却请不起律师，律师要高价。如果

---

① 关于为什么我国律师在农村和不发达地区数量很少，冉井富认为，主要由于两个原因，一是这些地区的法律需求少，二是法律服务的购买力弱。就法律需求而言，农村和不发达地区主要是传统的诉讼业务，而在城市和发达地区主要的需求正在转变为非讼业务，包括成立公司、办理财产转让、缔结契约、处理银行信贷、办理社会保险、雇佣工人、处理劳资纠纷、使用专利、纳税、订立遗嘱、外贸、对外投资、技术援助、参与仲裁和谈判等。就诉讼业务而言，由于农村和不发达地区人口流动少，诉讼费用昂贵，非诉讼纠纷解决机制，如基层法律服务、调解、私了等现象的存在，也使诉讼数量比城市和发达地区少。参见冉井富《律师地区分布的非均衡性》，载郑永流主编《法哲学与法社会学论丛》第1期，北京大学出版社，2007。这一分析是有道理的，但是不应该因此认为农村和不发达地区缺乏法律需求，他们所缺乏的是像城市和发达地区那样的法律需求。应该指出，发达地区与不发达地区、城市与农村有不同的法律需求，需要不同的法律服务方式。农村和不发达地区需要律师服务少，并不表明那里没有纠纷，只不过这种纠纷不需要职业化的律师，基层法律服务、人民调解就可以把这些纠纷解决。20世纪有人曾经在研究以色列的基布兹时指出，实行集体主义的基布兹没有发展内部的司法制度，而实行私有制的基布兹发展了内部的司法制度。但是，问题在于实行集体所有制的社会同样有社会纠纷，只不过他们不是用现代意义的司法制度解决，而是通过人们都尊重的集体权威和行政命令，通过社会共识解决。参见 R. Schwartz, "Social Factors in the Development of Legal Control: A Case Study of Two Israeli Settlements," *Yale Law Journal* 63（1964）：471；JA. E. Shapiro, "Law in the Kibbutz: A Reappraisal," *Law&Society Review* 10（1976）：415；M. Saltman, "Legality and Ideology in the Kibbutz Movement," *International Journal of the Sociology of Law* 9（1981）：279；朱景文主编《法社会学》，中国人民大学出版社，2005，第209页。

现在把基层法律服务所全部撤掉，农村的法律服务基本就一片空白了。"①

表 2 中国基层法律工作者和律师的数量与比重的变化（1987—2003）

单位：人，%

年份	律师数量	基层法律服务人员数量	律师比重
1987	27280	61823	30.6
1988	31410	81520	27.8
1989	43535	90333	32.5
1990	38769	98292	28.3
1991	29540	98905	23.0
1992	34515	103848	24.9
1993	47194	107398	30.5
1994	60901	110770	35.5
1995	63088	111295	36.2
1996	68122	113612	37.5
1997	66269	119155	35.7
1998	68966	118359	36.8
1999	78843	119000	40.0
2000	84756	121904	41.0
2001	90257	107985	45.5
2002	102198	98500	50.9
2003	106643	93970	53.2
增长率（1987—2003）	291.0	52.0	

注：律师比重 = 律师数量/（律师数量 + 基层法律服务工作者数量）；增长率指 2003 年比 1987 年数量增长的百分比。

资料来源：《中国法律年鉴》1987—2004 年各卷。

三　非正规化的法律工作者
——人民调解员

1981 年我国居民委员会和村民委员会共有人民调解员 476 万人，1991—

---

① 张鹏：《10 万基层法律服务工作者面临存废之争》，《记者观察》2008 年 6 月 4 日。搜狐网，http://news.sohu.com/20080604/n257277577.shtml，最后访问日期：2008 年 9 月 18 日。

1997年人民调解员的数量曾经达到1000万人,后来数量下降,2006年我国共有人民调解员498万人。担任人民调解员没有任何学历要求。如果对人民调解的决定不服,可以向人民法院起诉。

人民调解在我国解决民事纠纷中一直起着十分重要的作用。1981—2006年人民调解案件总数为16783万件,而同期人民法院一审民事案件的收案数量为8004万件,只相当于前者的一半。如果没有人民调解,把这些民事纠纷都集中在法院解决,无疑将极大地增加法院的诉累。

然而,改革开放以来一个引人瞩目的发展趋势是调解的弱化与审判的强化。[1] 人民调解案件的数量已经由20世纪80年代初期的800万件下降到2000年以来的400多万件,而法院一审民事案件的数量则从66万件上升到400多万件。人民调解的民事纠纷所占的比例从20世纪80年代初期的90%左右下降到2000年前后的50%左右。1981—2004年我国人民调解员的数量增长了4.5%,而1981—2004年法官的数量增长了216%。民间调解案件数量的下降与调解效率低有着密切关系。我国1981年有人民调解员476万人,调解民事纠纷780万件,每名调解员每年调解纠纷的数量为1.63件。2006年我国有人民调解员498万人,调解纠纷463万件,每名调解员每年调解纠纷0.93件(见表3)。这大大低于我国法官的年人均审判量——1981年为19.5件,2004年为29.5件。[2] 当然,这与调解员是业余的而法官是专业的有关,同时也与对于调解员的定位有关。我国调解员的数量大起大落,最多的年份超过1000万人,而最少的年份只有400多万人,我们估计,许多村干部或居民委员会干部,从来不实际调解民事纠纷,但也算在调解员的统计数字

---

[1] 关于改革开放后人民调解的弱化,参见陆思礼《邓小平之后的中国纠纷解决:再谈毛泽东和调解》,载强世功主编《调解、法制与现代性》,中国法制出版社,2001,第264—309页;付华伶《后毛泽东时代中国的人民调解制度》,载强世功主编《调解、法制与现代性》,中国法制出版社,2001,第310—346页;范愉《纠纷解决的理论与实践》,清华大学出版社,2007,第476—483页。

[2] 朱景文主编《中国法律发展报告——数据库和指标体系》,中国人民大学出版社,2007,第18页。考虑到我国相当一部分具有法官职称的人不承担审判职能,如院长、办公室、政工、人事、纪检、后勤以及执行等部门的负责人,大都有法官职务却不从事审判工作,执行案件不在审判案件统计之中。扣除上述人员,我国从事审判业务的法官数量要少得多,每名法官的年均审判量要比30件还多。而且我国法官年均审判数量分布很不平衡,比如北京、上海、深圳等大城市年均审判量超过100件,北京的朝阳、海淀、宣武等区甚至超过300件。

中。否则，每年调解不到 1 个案件，无论如何也说不过去。

人民调解作用的下降除了有诉讼作用的加强以及调解效率低的原因外，与人民调解的构成方式也有关系。人民调解主要建立在居民委员会和村民委员会的基础上，即以居住地为基础。这种解决纠纷的方式对于改革开放初期社会流动人口较少的"熟人社会"比较奏效，人民调解员往往是居住地有威望的人士，村干部或者长辈，在有着较大的社会流动，大部分人主要的生活和工作环境脱离居住地，具有快节奏、陌生人多的特点的改革开放的条件下，人民调解自然会失去过去的光彩。

表3 调解委员会调解的民事纠纷与法院一审的民事案件数量的比率（1981—2006）

年度	调解员（人）	民间调解的数量（件）	法官（人）	法院一审民事案件数量（件）	民间调解比重（%）	每名调解员每年调解量（件）
—	(A)	(B)	—	(C)	C/(B+C)	B/A
1981	4767700	7805400	60439	673926	0.921	1.64
1982	5339498	8165762	76906	778941	0.91	1.53
1983	5557721	6477494	83688	799989	0.89	1.17
1984	4576335	6748583	88135	923120	0.879	1.47
1985	4738738	6332912	95247	1072170	0.855	1.34
1986	6087349	7307049	99820	1310930	0.847	1.20
1987	6205813	6966053	117647	1579675	0.815	1.12
1988	6370396	7255199	119529	1968745	0.786	1.14
1989	5937110	7341030	—	2511017	0.745	1.24
1990	6256191	7409222	131460	2444112	0.752	1.18
1991	9914135	7125524	138459	2448178	0.744	0.72
1992	10179201	6173209	—	2601041	0.703	0.61
1993	9766519	6222958	—	2983667	0.676	0.64
1994	9997616	6123729	—	3437465	0.640	0.61
1995	10258684	6028481	—	3997339	0.601	0.59
1996	10354000	5802230	—	4613788	0.557	0.56
1997	10273940	5543166	—	4760928	0.538	0.54
1998	9175000	5267194	170000	4830284	0.522	0.57
1999	8803000	5188646	—	5054857	0.506	0.59
2000	8445000	5030619	—	4710102	0.516	0.60

续表

年度	调解员（人）(A)	民间调解的数量（件）(B)	法官（人）	法院一审民事案件数量（件）(C)	民间调解比重（%）C/(B+C)	每名调解员每年调解量（件）B/A
2001	7793000	4861695	240000	4615017	0.513	0.62
2002	7161600	4636139	210000	4420123	0.512	0.65
2003	6692000	4492157	194622	4410236	0.505	0.67
2005	5096500	4486800	—	4380095	0.506	0.88
2006	4981900	4628018	—	4385732	0.513	0.93
增长率	4.5%	—	222.0%	—	—	—

资料来源：1986—2007年各卷《中国法律年鉴》，朱景文主编《中国法律发展报告：数据库和指标体系》，第34页，并据此计算。

但是，居委会、村委会调解的削弱并不是调解本身的削弱。实际上，调解在单位、妇联、工商行政管理、消费者协会、房管、劳动、物业，甚至治安、司法、仲裁等机构解决纠纷的过程中都起着重要的作用。[①]以消费者权益保护为例，消费者投诉，无论通过法院、工商管理机构还是消费者协会，在近年来的民事纠纷中占有相当大的比例。据消费者协会的统计，1999—2005年共受理消费者投诉496万件，解决474万件，解决比率为96%，支持起诉73996件，支持起诉率为1.5%。无疑，在消费者权益保护方面，消协起到了极大的分流作用。否则，这些案件集中到法院，通过诉讼解决将是不堪设想的。我们手头缺乏法院近年来受理的消费者权益保护案件的资料，但是同一时期法院所受理的一审民事案件中属于权属、侵权纠纷案件的总数为312万件，其中包括相当大比例的不属于消费者权益保护的案件，可见消协在处理消费者权益保护纠纷方面所起到的重要作用。如何发挥群众性、行业性的非政府组织在解决纠纷中的作用是一个值得研究的课题。传统的调解是建立在居委会、村委会的基础上，而在城市化的过程中人们之间关系的性质发生了很大变化，许多纠纷并不是以居住地为基础产生的，居委会、村委会在处理这些纠纷时所发挥的作用极其有限。我们应注意新型关系所需要的解决纠纷机制的特点。

---

① 范愉：《纠纷解决的理论与实践》，清华大学出版社，2007，第476—483页。

四 法律职业人员的局部短缺现象

我国法律工作者职业化的进程具有双重作用：一方面它提高了执业者的专业素质，提高了司法的专业水平和效率；另一方面由于我国正处在变革的过程中，新旧交替，近年来推行的执业准入考试，已经使我国一些地区出现了"法官荒"、"检察官荒"和"律师荒"。尽管对于西部一些省份全国统一司法考试的分数线已经有相当大的照顾，但是在在职的法官、检察官队伍中仍然没有足够数量的人员通过司法考试，这使得他们不可能安心现职的工作。而那些通过司法考试的人员，马上又要求调到条件更好的地区或者转到其他法律职业。[1] 我国法官和检察官队伍实行像公务员一样的退休制度，更加重了法律执业人员的短缺。

律师执业前几年也有类似的现象，一味强调律师准入，反对"土律师"、"赤脚律师"染指任何律师业务。但是，大量的实践表明，律师和律师事务所主要集中在城市地区，在广大农村地区律师很少，农民得不到法律服务，而当地的各种"土律师"自然会填补这一空缺，满足法律服务市场的需求，尽管他们的服务质量可能不如正规化的律师。问题在于，正规化的律师不愿意到农村去，而当地从事法律服务的人员一旦通过司法考试，获得律师资格，又会离乡背井，远走高飞。中国的律师行业发展很不平衡。虽然中国的律师数量 2006 年已经达到了 13 万人，在北京、上海、广州等大城市甚至有人惊呼"律师爆炸"，但是全国还有大量的企业没有律师，还有相当多的农村地区没有或很少有律师，据 2004 年司法部披露的

---

[1] 关于西部地区法官荒参见《法制日报》2007 年 11 月 19 日—12 月 3 日。西部地区法官荒系列报道：《四大难题导致宁夏法官队伍短缺，在这里我是一名"光杆司令"》，《法制日报》2007 年 11 月 19 日，第 5 版；《"马背上的法庭"还有多少，云南边疆地区法院法官奇缺》，《法制日报》2007 年 11 月 20 日，第 5 版；《这里需要后备人才，贵州法官队伍人员缺失情况调查》，《法制日报》2007 年 11 月 21 日，第 5 版；《我们这里"有编制没人"，新疆基层法院少数民族法官不足尤为突出》，《法制日报》2007 年 11 月 22 日，第 5 版；《一个县级法院只有 4 名法官》，《法制日报》2007 年 11 月 24 日，第 5 版；《老法官提前离岗 新"法官"难以进来 陕西省西安市郊县法院"法官荒"堪忧》，《法制日报》2007 年 11 月 26 日，第 5 版；《我们这里法官确实缺得厉害，凉山、甘孜、阿坝三个少数民族地区法官断层及流失相当严重》，《法制日报》2007 年 11 月 30 日，第 5 版；《我们的尴尬：进人难留人难》，《法制日报》2007 年 12 月 3 日，第 5 版。

一个数字，我国仍然有 206 个县没有一名律师。① 即使是在有律师的农村，律师事务所也都是在县城。例如，2007 年在甘肃省的国家级贫困县中，从 10 年前的平均每县 3 名律师到现在的不足 2 名，其中有 6 个县竟无一名律师。②

如上所述，我国改革开放以来所培养的法律专业大学毕业生的数量已经是改革开放前的 100 倍，每年大学本科、专科毕业生的数量超过 10 万人，和改革开放初期没有足够的法律专业毕业生造成的"复转军人进法院"的状况相比已经不可同日而语。由于有越来越多的法律专业毕业生，就业已经成为摆在国家和毕业生个人面前的一个十分敏感的问题。根据教育部高校学生司 2002 年发布的数据，国务院部委院校法学专业学生的综合就业率为 77%，在全部 214 个专业中排在第 187 位，2002 年以后法学专业毕业生的就业形势更加严峻，2005 年法学专业成为就业率垫底的专业。③ 为什么一方面法律专业毕业生就业困难，而另一方面却出现了西部地区法律职业人员的严重短缺？这么多的法律专业毕业生到哪去了？

从就业的地区走向看，扣除待就业、出国留学和考研的比例，法律专业毕业生就业华北占 22%，华东占 25.8%，中南占 35.2%，东北占 6.5%，西北占 4.8%，西南占 4.9%。也就是说，我国法律专业毕业生大部分集中在华北、华东和中南地区，占 83%，三地区人口占全国总人口的 67.3%；而东北、西南和西北地区法律专业毕业生占 17%，该地区人口占全国总人口的 32.7%。无论从绝对比例还是从与人口比例的关系看，这都明显体现了法律专业毕业生就业走向的不平衡性。④ 2008 年由麦可思人力资源信息管理咨询有限公司披露的"中国高等教育追踪评估调查结果"显示，全国法学毕业生流向的地区呈现"一边倒"的趋势，东部和沿海发达地区占 55%，中西部中等发达地区占 37%，东部和沿海中等发达地区占 6%，中西部不发达地区占 2%。⑤ 由于历史的原因，我国法律职业的分布本来就不平衡，

---

① 王比学：《律师 11.4 万但分布不均衡 我国 206 个县无律师》，《人民日报》2005 年 6 月 8 日，第 4 版。
② 李开南：《西部律师在贫瘠的土地上守望公平》，《法制日报》2007 年 12 月 2 日，第 8 版。
③ 孙继斌等：《法学就业辉煌不再 中国法学教育走下神坛》，《法制日报》2008 年 4 月 13 日，第 1 版。
④ 朱景文主编《中国法律发展报告——数据库和指标体系》，中国人民大学出版社，2007，第 45 页。
⑤ 孙继斌等：《法学就业辉煌不再 中国法学教育走下神坛》，《法制日报》2008 年 4 月 13 日，第 1 版。

改革开放以后法律专业毕业生数量大大增加,但是它不但没有改变这种不平衡,而且使其更严重。

五 出路

中国法律工作者职业化经过 30 年的发展,无论在数量上还是质量上已经取得了相当大的成就,为我国社会主义法制建设奠定了重要基础,从根本上改变了小平同志在改革开放初期所说的缺乏法官、检察官、律师,从事法律工作的人员缺乏专业知识的状况。但是 30 年的发展又使我国法律工作者面临新的问题,在西部地区法律职业面临着新的短缺。出路何在?屈从现实压力,放宽司法考试要求,等于放弃职业化;严格司法考试统一标准,坚持职业化,如何应对现实压力?显然,否定法律工作者职业化,否定法学教育,否定司法考试,是没有出路的。因为职业化是经济和社会现代化的必然要求,非职业化只能适合社会关系简单、发展缓慢的状态,依靠普通人的正义观念、依靠多年来所形成的习惯、依靠领导的权威就可以把社会关系调整好。面对社会关系的复杂化、专门化,面对利益的多元化,面对社会经济的迅速发展,没有一个经过系统训练、具有专业知识和职业素质的法律工作者队伍是根本不可想象的。另外,无视我国法律职业建设中所出现的新问题,一味坚持以正规化的法律工作者队伍为中心的"大司法"路线,[1] 甚至

---

[1] 日本学者小岛武司指出,随着社会现代化的进程,面对日益增多的社会矛盾和冲突,解决冲突基本上有两条途径,一条是以司法为中心的制度设计,把冲突主要集中在法院解决,即扩大法院规模,增加法官的数量和加大法官的审判量,这样就出现了越来越多的诉讼、越来越多的法官、越来越多的律师、越来越多的法学院这样一系列相关联的现象。与此同时,带来国家和个人越来越多的法律投入,以满足人们日益增多的法律需求。美国是这种大司法设计的典型。另一条则是通过非诉讼的方式,通过小司法的制度设计,即面对日益增多的社会冲突和矛盾,不鼓励人们通过法院解决,而是通过调解、仲裁、双方的直接谈判等方式解决纠纷,即使涌入法院的纠纷也要求首先经过调解或仲裁的程序,把非诉讼纠纷解决机制作为法院审判的前置程序。日本往往被看作这种小司法设计的典型,日本成为发达国家中民事诉讼率最小、律师拥有率最小的国家。实际上,美国尽管诉讼量很大,但是大量的诉讼不是通过审判而是通过法院内部所设立的选择性纠纷解决机制处理,现在美国联邦法院只有 5% 的案件通过审判解决。参见〔日〕小岛武司《比较法在移植外国法律中的第二任务》,载沈宗灵、王晨光编《比较法学的新动向》,北京大学出版社,1993,第 49 页;Marc Galanter, "The Vanishing Trial: An Explanation of Trials and Related Matters in Federal and State Courts," *Journal of Empirical Legal Studies* 1 (2010): 459。

排斥其他解决纠纷的方式,排斥一切半正规化、非正规化的法律工作者,只能使越来越多的纠纷涌向法院,这不但会引起诉讼爆炸,使法官不堪重负,而且会加重当事人的负担,使法院的环境越来越恶化。因此,面对法律职业新的短缺,现在解决问题的办法既不是因噎废食,放任自流,中断职业化进程,也不能不顾具体条件,一味坚持教条,应该跳出只把问题解决方法局限在正规化的法律工作者,局限在法院、检察院、律师事务所的思路,应该从解决争端的总体布局的高度思考我国法律工作者的分布。

首先,正规化的要求主要在城市和发达地区实行,坚持全国统一司法考试的标准,保证法官、检察官、律师、公证员的质量。他们的公信力不仅在于他们是正规化的法律工作者,而且在于"名至实归",他们能明法辩理,提供比半正规化和非正规化的法律工作者更高质量的纠纷解决和法律服务。要建立正规化、半正规化和非正规化的法律工作者之间的梯层结构,保证司法的公正、高效、权威。为此,不应该使正规化的法律工作者的数量过多,不应该使正规化的法律工作者受理的案件过多,法律工作者的数量可以通过司法考试调剂,案件数量可以通过诉讼费用或律师费用调剂,正规化的法律工作者人数过多难以保证质量。降低诉讼费用的做法可以起到便民、利民的效果,但是会使案件数量增长,使一些地区特别是大城市本来就紧张的人民群众司法要求与司法机关解决纠纷的有限能力之间的矛盾更加突出。①

其次,农村和不发达地区案件少,与城市和发达地区法律需求不同,大可不必采取城市和发达地区的法律模式,但是农村和不发达地区有自己特殊的法律需求,应该把基层法律服务建设的重点放在农村。基层法律服务工作者在收费等措施上与律师要有明显差别,形成等级序列,而不是竞争关系。即使是农村的正规化法制建设,也应把重点放在便利百姓的人民法庭、司法所和派出所("一庭二所")的建设上。对这些机构的人员应该采取更为灵活的措施,通过一些措施,鼓励年轻的法官和检察官到边远地区去工作。实际上,许多发达国家的审判制度是在正规化的法院之前设立

---

① 朱景文:《中国诉讼量分流的数据分析》,《中国社会科学》2008 年第 3 期。

了"治安法院"、"平民法院"之类的制度,那里的法官和正规化的法官有很多不同,他们没有受过专门的法律训练,也没有参加过律师考试或法官考试,如英国的治安官、美国的陪审员、德国的混合法庭中的非职业法官。① 他们所审理的案件一般很简单,普通人的正义观念足以应付。如果是复杂的案件,他们会转到正规化的法院审理。回顾改革开放初期的情况,我国绝大部分法官没有受过大学法律教育,而是来自复转军人或其他职业,但是他们照样能承担审判的职能,其原因也和当时案件比较简单、普通人的正义观念足以满足审判的要求相关。随着职业化的进程,一部分已经担任审判员、没有受过专门法律训练的人员经过自己的努力通过司法考试,成为正式的法官;还有一部分通不过司法考试,凭借他们多年的审判经验,他们完全可以继续担任简单案件的审判工作,须知简单案件在广大农村和不发达地区是案件的主要构成部分。上述区分也可以作为律师和基层法律服务工作者职能分工的依据,前者主要在正规化的法院从事辩护或代理,而后者主要在审理简单案件的机构提供法律服务,这样就不会存在二者之间争案源的紧张状态。

再次,人民调解的萎缩是一个值得注意的问题,它表明,随着现代化进程,随着人口流动,以居住地为基础的纠纷解决方式的重要性正在降低。消协的兴起表明人民调解在现代社会仍然有极其广大的发挥作用的空间。长期以来,学术界一直存在这样一种理论,似乎随着社会发展和人口流动,人们之间的关系将变得疏远,建立在熟人关系基础上的非正规化解决纠纷方式特别是调解将衰退,正规化的解决纠纷方式特别是诉讼将逐渐占据主导地位。② 这种理论是站不住脚的。大量经验表明,即使在现代经济条件下,人们之间长期形成的商业信赖仍然是制约商人交易的主要原则。在有着长期交往的企业之间,当他们之间发生纠纷,保持他们之间的长期合作和信赖比一场官司的胜负重要得多,因此调解或妥协仍然是现代

---

① 王晨光:《法官的职业化及精英化》,《人民法院报》2002 年 6 月 10 日。
② 〔法〕埃米尔·涂尔干:《社会分工论》,渠敬东译,三联书店,2004;Max Gluckman, "Concept in the Comparative Study of Tribal Law," in Laura Nader, ed., *Law in Culture and Society* (Chicago: Aldine, 1969), p. 349; Donald Black, *Behavior of Law* (Salt Lake City: Academic Press, 1976), pp. 40 – 41;朱景文:《解决争端方式的选择一个比较法社会学的分析》,《吉林大学社会科学学报》2003 年第 5 期。

企业解决纠纷的首选方式。① 再加上正规化的解决纠纷方式成本高，非正规化的解决纠纷方式更具有明显的优势。这种情况不仅发生在像日本这样的有着儒家传统的东亚国家，即使是美国这样有着好诉传统的西方国家，20 世纪中期以来 ADR 的兴起也表明非正规化的解决纠纷方式在现代社会的生命力。要认真研究非正规化的法律工作者与正规化、半正规化的法律工作者之间的联系。我国大量的纠纷解决应该依赖于非正规化的法律工作者，依赖于纠纷当事人的自行解决和非正规化的纠纷解决方式，只有在这种解决方式不能奏效的情况下，才诉诸半正规化的法律工作者，通过基层法律服务工作者，通过基层的"一庭二所"，把少量的争端，即那些严重犯罪和争议标的大的争端，那些复杂的争端留给正规化的法律工作者——法官、检察官、律师解决。实际上，我国人民调解制度已经创造了正规化、半正规化与非正规化法律工作者连接的经验，一方面，我国基层人民调解委员会都设有司法助理员，他们指导和协助人民调解工作，另一方面，近几年我国正在创造"大调解"的经验，把人民调解、行政调解和司法调解有机地联系起来。

最后，不能把法律工作者建设只集中在正规化方面，与此相适应，法学教育也不能只集中在正规化的大学教育。我国法学教育必须以法律工作者为导向，但是法律工作者是多层次的，因此法学教育同样也应该是多层次的，大学法学教育的目标可以瞄准正规化的法律工作者，法官、检察官、律师，而大专、中专的法学教育则可以瞄准基层的"一庭二所"和基层法律服务工作者，基层的"一庭二所"和基层法律服务工作者的需求量应该远远超过大学本科教育所能提供的人才数量。还应该看到，现在大学法学教育已经从精英教育的模式转变为大众教育，即使是大学毕业生可能也会有相当多的人员到基层去从事法律工作，而不能立即成为法官、检察官或律师。因此必须鼓励大学毕业生到农村去，到不发达地区，并建立从半正规化向正规化的法律工作者过渡的机制。比如可以规定大学法律专业

---

① Stewart Macaulay, "Non—Contractual Relations in Business: A Preliminary Study," *American Sociological Review* 28（1963）: 55; Long-term Continuing Relations, "The American Experience Regulating Dealerships and Franchises," in C. Joerges, *Franchising and the Law: Theoretical and Comparative Approaches in Europe and the United States* (Baden-Baden: Nomos Verlagsgesellschaft, 1991), pp. 179 – 237.

毕业生必须在基层的"一庭二所"或基层法律服务所工作一定年限,然后才能到正规化的法院、检察院和律师事务所工作。

  在法律职业化的过程中,人们常常把法官和医生作对比,批评复转军人进法院,为什么长期以来总是理所当然地把每年从军队复员转业的许多人员安置到法院中,为什么不要求医院安置他们,以此来为法官的职业化辩护。① 这里我也想把他们作一个对比,不过是为法律工作者的非职业化辩护。20世纪60年代发展起来的"赤脚医生"的经验,很值得吸取,正规化的医学院培养的大学生基本是为城市服务的,卫生部(现为国家卫生健康委员会)被称为"城市老爷部",而广大农村地区很少见到他们的踪影。尽管1949年后国家对医疗卫生和医学教育的投入都很多,但是农村仍然处于缺医少药的状态,赤脚医生就是在这种情况下发展起来的。"文革"中把赤脚医生捧上了天,认为他们的医术甚至高过城里大医院的医生。这是吹牛,但是他们的存在又是不可替代的,确实解决了广大农村地区一般医疗卫生保健问题。正规化的法律工作者确实应该比非正规化、半正规化的法律工作者的办案质量和服务质量高,但他们在城里。如果我们只把法律职业的建设中心放在法官、检察官、律师,使"一庭二所"、基层法律服务工作者、人民调解员的建设放任自流,甚至边缘化,尽管我们可能培养出高水平的正规化的法官、检察官和律师队伍,建设成"世界一流"的法学院,但广大农村和不发达地区的基本法律需求无人问津,这绝不是依法治国、建设社会主义法治国家的目标。

---

 ① 贺卫方:《复转军人进法院》,《南方周末》1998年1月2日。

我国仲裁机构现状实证分析*

陈福勇**

摘　要：仲裁机构的性质定位是讨论仲裁法修改方案和仲裁机构改革方案时无法回避的问题，该问题的解决离不开对我国仲裁机构现状的准确认识。北京仲裁委员会组织实施的两次全国性问卷调查所获得的数据表明，我国有相当部分仲裁机构在性质定位、人员状况、财政状况以及业务状况四个方面都存在明显的行政化色彩。从"国家与社会"的分析视角来看，造成不同仲裁机构民间化程度存在差异的根本原因在于全国各地国家与社会关系的重构进程不同步。需要利用国家和社会力量促进国家与社会关系在仲裁领域的调整，消除仲裁机构之间的不合理差异，推动仲裁机构的转型。在转型过程中，必须坚持有利于仲裁使用者和增进公共利益的立场。

关键词：仲裁机构　行政化　民间化

引　言

自十届全国人大常委会将仲裁法的修改列入立法日程以来，有关仲裁

---

*　本文原载于《法学研究》2009年第2期。
**　陈福勇，发文时为清华大学法学院2005级博士研究生，现为北京仲裁委员会、北京国际仲裁中心副秘书长。

法修改的讨论日益升温。① 其中关于仲裁机构的规定因涉及仲裁机构的性质定位，进而关系到仲裁事业的发展方向和从业人员的切身利益而备受关注。② 在关于仲裁机构性质的讨论中，无论是主张民间化还是行政化，论者都面临着只从自己的机构利益出发而忽视其他仲裁机构的实际状况的指责。那么，我国仲裁机构的现状究竟如何？造成这一现状的原因何在？这些原因将会对仲裁机构的性质定位及未来走向产生什么样的影响？本文拟通过实证研究，对这些问题进行分析探讨，为各方在同一平台上进行理性对话构筑基本的共识，并为考虑和评判各种仲裁法修改方案和仲裁机构改革方案提供现实基础。

准确把握我国仲裁机构现状对进行理论研究也具有重要意义。据统计，截至2006年底，我国先后组建了185家仲裁机构。③ 笔者在以某仲裁委员会为个案对仲裁机构进行探索性研究后发现，用人制度、财政制度和领导人状况等组织因素关系到仲裁机构能否性、能力胜任和公正水平以及仲裁案源的获取，进而制约着仲裁制度功能的发挥。④ 无论是要准确理解探索性研究所涉及的个案的代表性，还是要进一步选择其他有代表性的仲裁机构作深入研究，都必须对我国仲裁机构的整体现状有一个比较准确、全面的认识。

从比较法的视角来看，尽管各国对商事仲裁的性质一直争论不休，出现了司法权论、契约论、混合论、自治论等不同学说，⑤ 但对仲裁机构的

---

① 宋连斌：《理念走向规则：仲裁法修订应注意的几个问题》，载魏超、姜秋菊主编《北京仲裁》第52辑，法律出版社，2004；王红松：《〈仲裁法〉存在的问题及修改建议》，载魏超、姜秋菊主编《北京仲裁》第52辑，法律出版社，2004；赵秀文：《论中国仲裁法的改革与完善》，载 ICC CHINA 仲裁委员会编《ICC CHINA 国际商事仲裁年刊》（2005年卷），中国民主法制出版社，2006；陈小君：《也谈仲裁法的修改》，载熊世忠主编《商事仲裁》（第一集），法律出版社，2004；余先予、叶明：《关于仲裁法修改的几个问题》，载熊世忠主编《商事仲裁》（第一集），法律出版社，2004。
② 相关讨论详见王红松《坚持仲裁民间性，深化仲裁体制改革——论仲裁法修改应重视的问题》及相关的回帖评论，http://www.china-arbitration.com/readArticle.do?id=ff8081811 07945f20110f8545dce011a，最后访问时间：2008年11月20日。
③ 国务院法制办秘书行政司编《政府法制工作简报》总第224期。
④ 相关研究成果将另行发表。
⑤ 韩健：《现代国际商事仲裁法的理论与实践》，法律出版社，2000，第34页以下；宋连斌：《国际商事仲裁管辖权研究》，法律出版社，2000，第11页以下。

性质却鲜有争议，大多认为仲裁机构是一种不以营利为目的法人组织。①从各国的实践来看，多数将仲裁机构设于商会之内，少数独立设置仲裁机构，也有两者兼有的，②但不论通过何种方式设置，仲裁机构都被定位于民间性质的机构。可以说，仲裁机构的性质在其他国家都不成问题，只有在中国成了问题并且引起广泛关注。这一具有中国特色的问题在某种意义上说明仲裁制度在引进过程中并没有避免"淮桔成枳"的命运，③并且成了制度与其所赖以生存的社会环境复杂关联的又一注脚。其实，当前仲裁机构在性质定位上面临的问题在某种程度上是中国社会公共问题在仲裁领域的体现。因此，探讨我国仲裁机构的现状及其成因不仅有利于具体而不是抽象地理解仲裁机构的性质问题，还可能具有超越仲裁领域的意义，成为观察转型时期复杂社会变革的一个独特视角。

要把握我国仲裁机构现状可以通过不同的实证方法来实现，其中之一是通过问卷调查对我国仲裁机构作一个横剖研究，即在某个特定时点上对仲裁机构进行类似"瞬间取景"的观察和描述。④当然，在描述现象的基础上，还可以对造成这种现象的原因进行解释性的研究。本文用以描述我国仲裁机构现状的数据来自北京仲裁委员会组织实施的两次全国性问卷调查。第一次是2006年3月至10月进行的"仲裁机构现状与仲裁法修改"的问卷调查（下称"第一次调查"），第二次是2007年5月下旬至6月上旬进行的"仲裁机构改革与仲裁协会筹建"的问卷调查（下称"第二次调查"）。两次问卷虽然都有其特定目的，但都包含大量关于仲裁机构现状的信息，这些信息可以用于本文的研究。⑤当然，两次调查之间有时间差，严格来说不是在同一时点上进行横剖，但毕竟相隔时间不到一年，大多数机构不可能在这么短的时间内发生根本变化，因此笔者把两次调查所获得

---

① 国务院法制局研究室编《重新组建仲裁机构手册》，中国法制出版社，1995，第62页。
② 国务院法制局研究室编《重新组建仲裁机构手册》，中国法制出版社，1995，第20页。
③ 有学者在对转型时期中国的经济改革历程进行总结时，提出通过"国外引入"路径方式将外国很成功的经济组织形式或制度方式"移植"到国内后，往往会出现偏差和"淮桔成枳"现象。参见周雪飞《转型时期我国经济改革中的"淮桔成枳"现象与"本土化"特征分析》，《财政研究》2002年第1期。
④〔美〕劳伦斯·纽曼：《社会研究方法：定性和定量的取向》，郝大海译，中国人民大学出版社，2007，第42页。
⑤ 感谢北京仲裁委员会为笔者提供参与调查设计、组织和实施的机会并允许笔者利用调查所获得的数据进行学术研究。

的信息结合起来使用，这在客观上也有利于将两次调查中都涉及的同类信息进行相互印证或比较，从而说明相关数据的可信度。

一　问卷回收情况与样本代表性分析

两次问卷调查的内容都既涉及仲裁委员会人员构成、经费来源、财务管理等客观变量，又涉及未来改革等意向性问题。问卷通过邮寄、传真或发送电子邮件的方式向全国185家仲裁机构发放。其中，第一次调查先后共收回有效问卷104份，回收率为56.2%，第二次调查共收回有效问卷80份，回收率为43.2%。

虽然两次调查都没能获得所有仲裁机构的回应，但从成立时间和地理位置两个直接影响仲裁机构发展状况的客观指标来看，所获得的样本与全国仲裁机构的实际状况比较接近。从成立时间长短看，第一次调查时反馈问卷的机构中有4家没有填写，其他100家机构中，成立时间在3年以内、3—6年、6—9年和9年以上的机构数所占比例与全国185家仲裁机构实际状况的相应比例相近（见表1）。第二次调查时反馈问卷的机构中有3家没有填写成立时间，其他77家机构中，在前述各时间段内成立的机构数所占的比例与全国185家仲裁机构实际状况的相应比例也相近（见表1）。从仲裁机构所在的地理位置看，第一次调查没有专门设问，但反馈问卷中无署名的有19家，有署名的有85家，其中所在地是省会城市的有16家，占15.4%，与全国仲裁机构中所在地是省会城市的比例（17.1%）也相近。第二次调查专门设有机构所在地一题，结果地处直辖市、省会城市或计划单列市、其他设区的市的仲裁机构所占比例，与全国仲裁机构的地区分布状况也相近（见表2）。因此，可以认为两次问卷调查所获得的样本均具有比较好的代表性。

表1　样本来源机构成立时间与全国实际状况对比

成立时间	第一次调查		第二次调查	
	样本来源机构	全国实际状况	样本来源机构	全国实际状况
3年以内	6家（5.8%）	17家（9.2%）	3家（3.8%）	13家（7.0%）
3—6年	8家（7.7%）	16家（8.6%）	11家（13.8%）	12家（6.5%）

续表

成立时间	第一次调查		第二次调查	
	样本来源机构	全国实际状况	样本来源机构	全国实际状况
6—9 年	35 家（33.7%）	68 家（36.8%）	13 家（16.3%）	38 家（20.5%）
9 年以上	51 家（49.0%）	84 家（45.4%）	50 家（62.5%）	122 家（65.9%）
未填（遗漏值）	4 家（3.8%）	—	3 家（3.8%）	—

注：第一次调查成立时间"3 年以内"是指 2003 年以后成立，第二次调查成立时间"3 年以内"是指 2004 年以后成立。其余时间段依此类推。

表 2　第二次调查样本来源机构所在地与全国实际状况对比

单位：%

所在地	样本来源机构所在地	全国实际分布状况
直辖市	6.3	3.2
省会城市或计划单列市	15.0	18.1
其他设区的市	78.7	78.7

需要特别说明的是，两次问卷的调查对象都是仲裁机构，使用的分析单位是组织，而非个人。对于涉及客观变量的问题，无论什么人来填写，结果都一样。但对于意向性的问题，回收的问卷只是反映了该机构的主导意见而无法反映每个人的意见，因为问卷是发给各仲裁机构负责人的，一般由负责人指定人填写后发回。笔者在到各地仲裁机构实地调研的过程中发现，同一个机构中处于不同层级的人员在一些问题上的观点可能会有很大差异。所以在解读问卷所反映的意向性声音时，应当留意无法通过问卷反映的声音。[①]

二　样本分析与仲裁机构现状

（一）性质定位

仲裁法第 14 条规定，"仲裁委员会独立于行政机关，与行政机关没有隶属关系"。尽管此规定的民间化价值取向甚为明显，但实践中有人认为

[①]　关于第二次问卷调查的一个比较详细的说明，参见陈福勇《直面仲裁机构现状的复杂性——关于问卷调查的几点补充说明与思考》，载《北京仲裁》第 63 辑，中国法制出版社，2007。

该法条在字面上并没有明确说明仲裁机构是什么性质的组织，因此根据自己的需要对仲裁机构随意定性。为了了解实践中各仲裁机构对自身的性质定位，第一次问卷专设一题，以调查各机构的实际定位是"行政机关"、"行政性事业单位"、"实行企业化管理的事业单位"、"免税的公益性组织"抑或"其他"。第二次问卷同样从管理体制的角度对仲裁机构的性质定位问题进行调查，不过这一次的选项设置严格按照国家事业单位改革的现状分类，即"行政性或行政支持类事业单位"、"公益性或社会公益类事业单位"、"经营性或经营开发服务类事业单位"，同时"行政机关"及"其他"也作为选项。普通大众也许并不十分清楚上述各选项之间的区别，但对调查对象而言，即便理解略有出入也不会偏差太远，毕竟一个机构的性质定位决定着其编制、经费，进而关系到每个人员的待遇、职业前景等。因此有理由相信调查对象至少能够大致不错地把自己所在机构的性质和选项对应起来。如表3和表4所示，调查结果表明实践中我国仲裁机构的性质定位在呈现多样化特点的同时行政化的比例较高。

表3 第一次调查样本来源机构的自身定性与希望发展方向

机构性质	目前性质定位	希望发展方向
行政机关	1家（1.0%）	11家（10.6%）
行政性事业单位	77家（74.0%）	20家（19.2%）
实行企业化管理的事业单位	7家（6.7%）	14家（13.5%）
免税的公益组织	6家（5.8%）	40家（38.5%）
其他	9家（8.7%）	7家（6.7%）
未选（遗漏值）	4家（3.8%）	12家（11.5%）

表4 第二次调查样本来源机构的管理体制情况

机构管理体制	刚成立时的类型	目前的类型	认为合理的定位
行政机关	1家（1.3%）	2家（2.5%）	2家（2.5%）
行政性或行政支持类事业单位	47家（58.8%）	39家（48.8%）	22家（27.5%）
公益性或社会公益类事业单位	20家（25.0%）	24家（30.0%）	45家（56.3%）
经营性或经营开发服务类事业单位	6家（7.5%）	11家（13.8%）	5家（6.3%）
其他	1家（1.3%）	4家（5.0%）	5家（6.3%）
未选（遗漏值）	5家（6.3%）	0家（0%）	1家（1.3%）

第一，尽管比例不大，两次调查都有机构选择"行政机关"。从仲裁法第14条的规定来看，仲裁机构不能是行政机关应该是没有疑问的，因此定位为行政机关的机构可以说是对仲裁法的公然违反。值得注意的是，第一次调查中，问及发展意向时，选择"行政机关"的比例上升到10.6%，这与当前仲裁机构的生存环境总体上不佳，部分机构希望借助行政权的思路有关，同时近年来公务员几次提薪，如果能走行政机关的编制，人员收入会比较有保障。

第二，选择"行政性事业单位"或"行政性或行政支持类事业单位"的机构所占比例极其突出。第一次调查的结果是74.0%，第二次调查比例虽然有所下降，但无论是刚成立时的管理体制还是目前的管理体制，行政性事业单位所占的比例均最高，分别为58.8%和48.8%。造成这一现象的原因与国务院《重新组建仲裁机构的方案》中要求"仲裁委员会成立初期，其所在地的市人民政府应当参照有关事业单位的规定，解决仲裁委员会的人员编制、经费、用房等"有关。尽管该方案只是为了解决机构成立初期的困难才规定仲裁机构参照有关事业单位管理，本意并不是要把仲裁机构当成事业单位，但许多机构有意或无意就把事业单位当成实际的定位。

第三，选择"实行企业化管理的事业单位"或"经营性或经营开发服务类事业单位"的机构比例不高。第一次调查的结果为6.7%，第二次调查的结果为13.8%，与刚成立时的7.5%相比有所提高，但将实行企业化管理作为一种意向时又降至6.3%。这说明一些仲裁机构为了摆脱收支两条线管理或基于其他方面的考虑，把实行企业化管理作为一种不得已的选择，但如果有更多的选择，愿意实行企业化管理的并不多，毕竟实行企业化管理之后，其收费将由行政事业性收费转为经营性服务收费，进而必须按一定的税率纳税。

第四，"免税的公益组织"或"公益性或社会公益类事业单位"尽管目前所占比例不大，但属于大多数机构渴望的发展方向。第一次调查显示，目前定性为免税公益组织的只有6家机构（5.8%），但选择把它作为发展方向的有40家（38.5%），位居各种发展方向之首。第二次调查时，已经按"公益性或社会公益类事业单位"管理的机构比例有所提高，达到24家（30.0%），将公益性或社会公益类事业单位作为一种合理定位的选项得到45家机构（56.3%）的支持，同样居各选项之首。这是因为这种定位在满足多数仲裁机构所希望的拥有较大自主发展空间的同时又无须付出过高的代价。

第五,"其他"选项的设置表明定位问题的复杂性。考虑到实践中可能存在鲜为人知的创造,所以第一次调查特意设了一项"其他",并允许根据实际情况填写。结果选择"其他"的 9 家机构中,有 2 家没有进一步说明;1 家注明"仲裁委为虚设,秘书处为事业单位";3 家注明是"自收自支的事业单位";另外 3 家认为不明确,表述分别为"没明确"、"未定性"、"法律没有定性,由法律规定"。这充分说明实践部门对性质问题的认识非常混乱。第二次调查时同样设有"其他"选项,并允许注明具体内容。调查结果显示,对于目前定位有 4 家(5.0%)选择"其他",不过没有进一步说明具体内容,同时对未来的合理定位也有 5 家(6.3%)选择"其他",这表明他们认为无论是行政机关还是三类事业单位都不能很好地定位仲裁机构。

(二) 人员状况

1. 委员会委员

在我国,委员会是仲裁机构的最高决策部门,其人员构成对仲裁机构的外在形象和内部决策都具有重要的潜在意义。为了保证委员会的专业性,我国仲裁法第 12 条专门规定,"仲裁委员会的组成人员中,法律、经济贸易专家不得少于三分之二"。不过调查显示的委员会委员构成状况是行政色彩浓厚而专业色彩不足,与人们的预期尚有明显的差距。

第一,来自行政机关的委员比例过高。如表 5 所示,两次调查中来自行政机关的委员平均比例分别为 73.9% 和 69.3%,最高值均为 100%。第一次调查时来自行政机关的委员占三分之二以上的机构有 69 家(占 70.4%),第二次调查时的相应数据是 44 家(占 60.3%)。根据国务院法制部门拟定并被大多数仲裁机构采用的《仲裁委员会章程示范文本》,仲裁委员会会议的任何决议最多要求全体组成人员的三分之二以上通过,这意味着来自行政机关的委员对仲裁机构的决策有实质性的影响。

表 5　来自行政机关的仲裁委员会委员的比例

	最高值	最低值	平均值	有效样本	比例在 2/3 以上的机构
第一次调查	100%(5 家)	23.08%	73.9%	98 家	69 家(70.4%)
第二次调查	100%(4 家)	23.08%	69.3%	73 家	44 家(60.3%)

第二，绝大多数机构的主任由国家机关领导担任。第二次调查显示，除了3家没填外，在77家有效填写委员会主任由谁担任的机构中，有71家（占92.2%）由国家机关领导担任主任，由"来自非国家机关的法律或经贸领域专家、学者"担任主任的只有3家（占3.9%），另有3家选择"其他"。

第三，来自法律和经济贸易领域的专家所应达到的比例的规定没有得到严格遵守。前面提及，我国仲裁法明确规定"仲裁委员会的组成人员中，法律、经济贸易专家不得少于三分之二"。但第一次调查显示，在有效反映该比例的90家仲裁机构中，平均比例是59.6%，最低比例是6.7%，最高比例是100%（有11家），低于66.7%即2/3的有54家（占60.0%）。

第四，相当部分的仲裁机构没有来自高校等教学科研单位的委员。各国仲裁机构一般都有意识地选择一些在高校从事相关研究的知名学者加入决策部门，我国不少仲裁机构也这么做。但第一次调查显示，有55家（占52.9%）仲裁机构的委员会委员中没有来自高校等教学科研单位的委员，第二次调查显示的相应数据则是40家（占50.0%）。

造成我国仲裁机构的委员会构成行政色彩浓厚而专业色彩不足的原因是多方面的。一是政策方面的原因。1995年国务院办公厅发布的《重新组建仲裁机构方案》规定，"第一届仲裁委员会的组成人员，由政府法制、经贸、体改、司法、工商、科技、建设等部门和贸促会、工商联等组织协商推荐，由市人民政府聘任"。据此，委员中来自行政机关的领导已有7人。后来，国务院有关部门文件又要求增加台湾事务办公室与建设行政主管部门的领导作为仲裁委员会委员，① 这样来自行政机关的委员可能高达9人。根据《仲裁委员会章程示范文本》，仲裁委员会的委员人数少则10人，多则16人，这意味着如果严格执行国务院的有关规定，来自行政部门的官员在仲裁委员会中所占比例将为56%至90%。同时相关文件规定，仲裁机构换届时，"新一届仲裁委员会组成人员由上一届仲裁委员会主任会

---

① 参见国务院台湾事务办公室、国务院法制办公室联合下发的《〈关于聘请台湾地区专业人士担任仲裁员试点工作的意见〉的通知》（国台发〔1998〕9号文）和建设部与国务院法制办公室联合下发的《关于在全国建设系统进一步推行仲裁法律制度的意见》（建法〔2001〕91号）。

议商所在地的市人民政府有关部门,商会提名,由市人民政府聘任"。① 其中商所在地的"市人民政府有关部门",就是参与仲裁委员会筹建的有关部门,于是上述做法被长期固定化。二是法律规定的原因。国务院的相关文件能轻易要求从行政部门大量选择委员并在实践中得到实施,还与相关法律规定过于模糊有关。虽然仲裁法规定"仲裁委员会的组成人员中,法律、经济贸易专家不得少于三分之二",但如何判断一个委员是不是属于"法律、经济贸易专家"并没有统一明确的操作标准,这为各地根据自己的需要随意选择委员提供了可能。虽然官员中不乏精通法律和经济贸易的专家,但仲裁机构选择相关部门的官员作为委员时,通常不是因其"专业背景"而是因其"职位"。因此,实践中许多仲裁机构的委员只要行政职务发生变动,委员资格也就随之变动。三是各地人力资源禀赋不一。各仲裁机构往往是从机构所在地的相关单位物色委员人选,但是各地的科教发展水平极不平衡,有些地方根本没有高等院校,因此不可能在当地找到从事研究的法律和经贸专家作为委员。四是观念方面的原因。仲裁机构争取让行政官员担任委员会委员,主要是想借机与掌握大量资源的行政部门搭建直接接触的桥梁,为借助行政权力开展仲裁工作提供便利。

诚然,安排较多的行政部门领导作为委员的初衷也可能是好的。这种安排在仲裁法实施初期对保障新旧仲裁体制的"平稳过渡"也曾发挥过积极的历史作用,但随着时间的推移,其负面影响日益明显。对于来自行政机关的官员来说,成为委员只是他们担任的行政职务的副产品,对于他们本职的升迁几乎没有任何影响,因此缺乏必要的激励去履行委员职责。即使有意尽一点委员之责,也常常因为公务繁忙而出席不了必要的委员会会议,或者即使出席了会议也因为对仲裁并不了解,无法作出应有的贡献。更糟糕的是,许多仲裁机构常常因其委员会主要由行政官员组成而形象受损。特别是外国仲裁界人士或当事人经常以仲裁委员会的委员甚至主任大多是来自行政机关的官员为由质疑中国仲裁机构的独立性和公正处理案件的能力。

2. 常设办事机构的负责人

《重新组建仲裁机构方案》规定,仲裁委员会下设办事机构,其日常

---

① 《国务院法制办公室关于做好仲裁委员会换届工作的通知》(1998年8月4日国务院法制办公室第27号)。

工作由仲裁委员会秘书长负责。但实践中,各仲裁机构负责日常工作的人不一定是秘书长。第一次调查显示,实行秘书长负责制的有71家(占68.3%),实行主任负责制的有16家(占15.4%),实行其他负责制的有14家(占13.5%),另有4家(占3.8%)没有填写。第二次调查表明,对于负责日常工作的领导,选秘书长的有62家(占77.5%),选委员会主任的有6家(占7.5%),选委员会副主任的有20家(占25.0%),选办公室主任的有15家(占18.8%)。这说明实践中主任、副主任、秘书长和办公室主任的职权并没有普遍认为的泾渭分明的界限,各仲裁机构可以根据实际需要任意分配。

第一次调查显示,负责日常事务的主任、副主任、秘书长或副秘书长在国家机关中有领导职务的有69家(占66.3%),这意味着相当多的仲裁委员会的常设办事机构负责人是兼职的。第二次调查显示,80个样本中,在办事机构负责日常工作的领导有45家(占56.3%)是专职的,由政府法制办领导兼任的有30家(占37.5%),由其他国家机关领导兼任的有2家(占2.5%),此外还有1家选其他,2家没选。尽管与第一次的调查结果相比,第二次调查所显示的兼职比例已经有所降低,但仍然占据了相当大的比例。值得注意的是,出现兼任情况的仲裁机构大部分是由政府法制部门归口领导的,而由市政府办公厅归口领导的仲裁机构出现兼任情况的不多(见表6)。这可能是由于市政府办公厅和政府法制部门在当地行政体系中的地位不同。市政府办公厅是实权部门,拥有大量可供调用的资源并且工作任务繁重,相关领导没有兴趣也没有精力去兼任仲裁委员会办事机构的负责人。而政府法制部门相对清贫和空闲,相关领导有兴趣也有一定精力去兼任仲裁委员会办事机构负责人。

表6 样本来源机构归口领导与办事机构负责人情况

单位:家

	专职人员担任负责人	由政府法制办领导兼任负责人	由其他行政机关领导兼任负责人	其他	有效样本
市政府办公厅归口领导	16	3	2	0	21
市政府法制部门归口领导	15	26	0	0	41
其他	13	1	0	1	15
有效样本	44	30	2	1	77

当然，不能排除有些地方由行政部门领导兼任仲裁委员会办事机构负责人有利用其在行政机关的职位和影响来协调仲裁工作，促进仲裁良好发展的初衷。但由于行政机关的工作业绩对这些领导的升迁有更直接的影响，他们通常会把主要精力放在行政工作上，因此可能无暇兼顾仲裁工作，在客观上形成"自己做不了，别人还干不成"的局面，影响仲裁工作的正常开展。即便有些领导确实有心推进仲裁工作，但其行政背景对促进仲裁机构的发展往往是双刃剑。特别是行政部门领导调动比较频繁，在一个职位的任期通常比较有限，因而很少能对仲裁机构发展有长远的打算，同时容易在事实上影响仲裁工作的稳定性和连续性。第一次调查表明，兼职的官员在仲裁机构的任职年限在 3 年以下的占 9.6%，在 3—5 年的占 41.3%，两者相加占到 50.9%。实践中仲裁委员会办事机构的负责人由行政部门的领导兼任往往造成"一套人马，两块牌子"的现象。因为这些官员同时作为行政部门和仲裁机构的领导，两边的资源和人手都由其任意支配，并无实际分开的可能。这在实质上已让仲裁法关于"仲裁委员会独立于行政机关，与行政机关没有隶属关系"的规定落空。

3. 办事机构的人员构成

从现有的正式工作人员总数来看，两次调查的结果都反映，10 人以下所占比例最高，分别为 60.6% 和 71.3%，其次为 10—20 人（分别占 23.1% 和 20.0%），20—30 人和 30 人以上都只占很小的比例（见表7）。与许多国家机关相比，这些数据显示各仲裁委员会的常设办事机构总体上比较精简。不过从办案秘书在工作人员中所占的比例来看，不少仲裁机构后勤人员比办案人员要多。第一次调查显示，在工作人员当中，办案秘书平均所占的比例为 63.19%，其中最低比例为 12.5%，比例在 50% 以下的机构有 24 家。这说明根据实际业务需要来衡量，不少机构仍有冗员，很可能保持着一些行政机关有多少编制就进多少人的风格。

表 7 两次调查办事机构工作人员人数情况

	10 人以下	10—20 人	20—30 人	30 人以上	未填（遗漏值）
第一次调查	60.6%（63家）	23.1%（24家）	7.7%（8家）	3.8%（4家）	4.8%（5家）
第二次调查	71.3%（57家）	20.0%（16家）	6.3%（5家）	2.5%（2家）	0

从人员编制看,第二次调查显示,实行合同聘用制的人员平均所占的比例是46.6%,其中全部实行合同聘用制的有16家(20.0%)。有固定行政编制和经费保障实行公务员或与公务员类似待遇的人数平均所占的比例是43.7%,其中全部实行固定行政编制的有18家(占22.5%)。人员编制关系到仲裁机构的激励和约束机制,与每一个从业人员的切身利益密切相关,因此成为仲裁机构改革中最为敏感的问题之一。在两种编制的人员并存的情况下,随着事业单位体制改革的深入,仲裁机构用人制度改革应该如何进行才能更好地符合仲裁从业者的意愿呢?第二次调查显示,55%的机构表示希望采用新人新办法(聘用合同制)、老人老办法(原待遇不变),32.5%的机构希望实行全员聘用合同制,另有12.5%的机构选择"其他"。"新人新办法,老人老办法"能得到高比例的认同主要是由于在早期进入仲裁机构的从业人员中,有不少已经面临退休,他们都希望保持原来的固定行政编制,以便有比较稳定的收入。如何安顿早期进入仲裁机构的具有固定行政编制的这部分人就成为仲裁机构改革的一个难点。对于已经实行聘用合同制的从业者,他们本来就不指望获得稳定的保障,他们更关心的是自己的努力工作能不能得到应有的回报。实践中有些机构对实行聘用制的人员给予与固定行政编制的人员悬殊的待遇,造成了机构内部的紧张,影响了机构的有效运转。不同编制的人往往与不同的来源有关。第二次调查发现,从人员来源看,平均人数和总人数从高到低均依次为社会公开招聘、事业单位调入、行政机关调入、部队转业以及由行政机关工作人员兼任(见表8)。如果仲裁机构完全走向市场,当仲裁机构无法获得案源以正常运转时,可能需要通过适当的途径退出市场,这时候如何安置不同来源的人员将成为一个重要问题凸显出来。

表8 仲裁机构人员不同来源比较

单位:家,人

总样本数		行政机关调入	事业单位调入	社会公开招聘	部队转业	由行政机关工作人员兼任
总样本数	有效样本	63	64	66	61	62
	遗漏值	17	16	14	19	18
平均人数		1.8571	2.0938	4.9545	0.5246	0.3387
总人数		117	134	327	32	21

（三）财政状况

1. 经费来源

一些建立时间不长的国际仲裁机构在宣传推广中特意强调其经济上的独立性，以表明其具备独立公正处理案件的基础。[①] 受我国仲裁法颁布和实施的特殊时代背景的限制，国务院发布的《重新组建仲裁机构方案》规定，"仲裁委员会设立初期，其所在地的市人民政府应当参照有关事业单位的规定，解决仲裁委员会的人员编制、经费、用房等"；同时，"仲裁委员会应该逐步做到自收自支"。不过调查显示，相当部分的仲裁机构依然靠全额或差额拨款。如表9所示，第一次调查时，有37家（占35.6%）仲裁机构依然实行全额拨款，有20家（占19.2%）实行差额拨款，两者相加达到54.8%。这两类机构中，除4家没有注明成立时间外，只有4家成立时间在3年以内，也就是说有86.0%的机构已成立3年以上。第二次调查显示，有22家机构（占27.5%）依靠全额拨款，12家机构（占15.0%）依靠差额拨款，两者相加占42.5%。这两类机构中，成立时间在3年以下的只有1家，其余都在3年以上，甚至大部分已经成立9年以上。

表9　样本来源机构依靠财政拨款的情况

		3年以下	3—6年	6—9年	9年以上	遗漏值
第一次调查	全额拨款（37家）	10.8%（4家）	5.4%（2家）	35.1%（13家）	43.2%（16家）	5.4%（2家）
	差额拨款（20家）	0% （0家）	5.0%（1家）	30.0%（6家）	55.0%（11家）	10.0%（2家）
第二次调查	全额拨款（22家）	4.5%（1家）	18.2%（4家）	22.7%（5家）	54.5%（12家）	0%（0家）
	差额拨款（12家）	0%（0家）	16.7%（2家）	8.3%（1家）	75.0%（9家）	0%（0家）

[①] 比如香港国际仲裁中心介绍该机构历史时称："It has been generously funded by the business community and by the Hong Kong Government but it is totally independent of both and it is financially self sufficient。" 具体参见 http://www.hkiac.org/HKIAC/HKIAC_English/main.html，最后访问日期：2008年11月20日。新加坡国际仲裁中心在介绍该机构时也称："Funded by the Singapore government at its inception, SIAC is now entirely financially self—sufficient。" 具体参见 http://www.siac.org.sg/aboutus.htm，最后访问日期：2008年11月20日。

相比之下，实行自收自支的仲裁机构所占的比例明显不如依靠财政拨款所占的比例高。如表10所示，第一次调查显示，实行自收自支的机构总共有44家，占42.3%，低于依赖财政拨款的比例54.8%（另有3家机构在依靠财政拨款和自收自支之外，选择"其他"，占2.9%）。在实行自收自支的机构中，有13家是以纳税作为代价的（占12.5%），这与各国仲裁机构一般享有免税待遇明显不同。第二次调查时，考虑到实行自收自支不代表实际上收入能满足机构正常运作的需要，因此在调查实行自收自支的机构的总数的同时特别关注依靠自己收入能不能满足实际支出的需要。调查结果表明，共有40家机构实行自收自支（占50%，另有6家机构选择"其他"，占7.5%），其中尚有盈余的有17家（占21.3%），刚好持平的有12家（占15.0%），不够使用的有11家（占13.8%）。从实行自收自支的机构的成立时间来看，大致上可以说实行自收自支的比例与成立时间成正比。不过两次调查都显示，有一些成立时间在3年以内的机构也实行自收自支，这说明实践中是否实行自收自支与成立时间并没有必然的关系，而可能只是仲裁机构本身与相关主管部门基于主观认识的一种判断或选择。

表10 样本来源机构实行自收自支的情况

		3年以下	3—6年	6—9年	9年以上	遗漏值
第一次调查	自收自支（纳税）(13家)	7.7%（1家）	0%（0家）	0%（0家）	92.3%（12家）	0%（0家）
	自收自支（不纳税）(31家)	3.2%（1家）	16.1%（5家）	48.4%（15家）	32.3%（10家）	0%（0家）
第二次调查	自收自支（尚有盈余）(17家)	0%（0家）	5.9%（1家）	17.6%（3家）	70.6%（12家）	5.9%（1家）
	自收自支（刚好持平）(12家)	8.3%（1家）	16.7%（2家）	25.0%（3家）	41.7%（5家）	8.3%（1家）
	自收自支（不够使用）(11家)	9.1%（1家）	18.2%（2家）	0%（0家）	63.6%（7家）	9.1%（1家）

毫无疑问，一半左右的机构依赖全额或差额拨款的事实与国务院文件中"仲裁委员会应该逐步做到自收自支"的精神不符。主要原因之一是这一规定并没有得到严格的执行。第二次调查显示，组建仲裁机构时，只有61家机构（占76.3%）表示相关政府部门要求仲裁机构做到自收自支，并且只有

38 家机构（47.5%）明确提出实现自收自支的年限，具体年限 1—9 年不等，其中选择 3 年的比例最大，共有 26 家（占第二次调查全部回收问卷的 32.5%，但占提出年限的总机构数即 38 家的 68.4%）。

除了政策没有得到严格执行之外，未能实现自收自支还有什么别的实际原因呢？第二次调查显示，选择"地区经济不发达，案件量小"的占 52.8%，选择"成立时间短，积累不足"的占 27.8%，这两者是仲裁机构发展的客观原因。值得注意的是，有 58.3% 的机构没有实行自收自支是有主观方面的原因，即认为"自收自支不利于仲裁发展"，还有 27.8% 的机构认为"受目前管理体制所限制"也是一大原因（见表 11）。

表 11　第二次调查未实现自收自支机构的原因选择

单位：家，%

总样本		地区经济不发达，案件量小	成立时间短，积累不足	认为自收自支不利于仲裁发展	受目前管理体制所限	其他限制
总样本	有效样本	36	36	36	36	36
	遗漏值	44	44	44	44	44
被选频数		19	10	21	10	5
有效百分比		52.8	27.8	58.3	27.8	13.9

既然有 58.3% 的机构主观上"认为自收自支不利于仲裁发展"，那就有必要考察一下各仲裁委员会是否认为仲裁机构应该实行自收自支。结果除 3 家没选外，有 39 家机构（占 48.8%）认为仲裁机构应该实行自收自支，38 家（占 47.5%）认为不应实行自收自支，两者不相上下。那认为应该或不应该实行自收自支的理由是什么呢？如表 12 显示，两方的理由针锋相对，32 家机构认为自收自支是机构独立所必需的，但是 27 家认为自收自支不影响机构的独立；30 家机构认为自收自支是建立激励约束机制所必需的，但是 33 家认为自收自支会导致机构商业化。目前，我国仲裁机构获得社会捐赠还很罕见，不实行自收自支就意味着依靠政府的财政拨款，对此是否影响机构的独立性以及实行自收自支是否为建立仲裁机构的激励和约束机制所必需，笔者的答案都是肯定的。至于以担心仲裁机构的商业化为由反对实行自收自支，则是站不住脚的。首先，不能把正常的激励机制说成商业化。其次，实践中被指责为商业化的行为主要是一些仲裁机构实行的收费标准对标的额大的案件的当事人比较合算而对标的额小的案件

的当事人比较不合算。笔者认为，仲裁的制度优势能否充分发挥与案件性质有关，有些案件虽然在当事人意思自治的范围内，可以仲裁，但并非最适合仲裁。不能把仲裁机构根据自己的定位，通过制定收费政策和相关规则来引导更适合仲裁的纠纷进入仲裁轨道的行为视为商业化。

表12 认为应该或不应该实行自收自支的原因比较

单位：家，%

		应该自收自支的理由			不应该自收自支的理由		
		机构独立所必需	建立激励约束机制所必需	其他理由	不影响机构的独立	会导致机构商业化	其他理由
总样本	有效样本	36	36	36	36	36	36
	遗漏值	44	44	44	44	44	44
被选频数		32	30	2	27	33	9
有效百分比		88.9	83.3	5.6	75.0	91.7	25.0

2. 财务管理

与经费来源密切相关的一个问题是财务管理制度。它与经费来源一样影响着仲裁机构保持独立性的基础。由于我国仲裁机构在成立之初依靠财政拨款，同时大部分实行事业单位编制，因此仲裁收费被定性为"行政事业性收费"，仲裁机构必须实行收支两条线管理。这意味着仲裁机构必须在银行设立专门的账户，当事人通过该账户交付仲裁费用，银行将仲裁费全部上缴财政，然后财政部门将仲裁机构纳入部门预算编制范围，根据其履行职能的需要，合理核定其预算支出。仲裁机构须按核定的预算进行开支，违者按《违反行政事业性收费和罚没收入收支两条线管理规定行政处分暂行规定》等法律、行政法规进行处罚。① 2003年财政部发布文件认为仲裁收费性质上是"代行政府职能、强制实施、具有垄断性质的行政事业性收费"，② 这使仲裁机构实行的收支两条线管理制度得到强化。

第一次问卷没有对实行收支两条线的情况作专门调查，但是从有78家

---

① 关于收支两条线管理制度的介绍，详见马海涛等编著《收支两条线管理制度》，中国财政经济出版社，2003。
② 《关于加强中央部门和单位行政事业性收费等收入"收支两条线"管理的通知》（财综〔2003〕29号）。

仲裁机构定位为行政机关或行政性事业单位可以间接推出，至少这些机构是实行收支两条线管理制度的，因为实践中行政机关和行政性事业单位一般实行收支两条线管理。第二次调查显示，从目前实行的财务制度来看（见表13），严格实行收支两条线制度的机构有47家（占58.8%），实行收支两条线，但有一定程度的灵活性的有11家（占13.8%）。对于实行收支两条线管理制度对仲裁发展的影响，70家有效反馈该题的机构中，有17家（占24.3%）认为是积极的，29家（占41.4%）认为是消极的，24家（占34.3%）认为没有影响。由于问卷不是开放性的，因而无法获得观点背后的具体原因。不过根据笔者在一些机构进行实地调研的经验，持积极影响论者的原因有：第一，有些机构案源很差，收入很少，实行收支两条线有利于维持财政拨款作为经费来源；第二，有人担心如果仲裁机构不实行收支两条线制度，会产生腐败。持消极影响论者的主要原因在于：第一，收支两条线制度要求所需经费按照财务部门预先拟订的计划，经过层层审批才能获得，这常常导致机构无法根据实际需要灵活开展工作，甚至影响日常运转；① 第二，在收支两条线的管理体制下，得到批准的仲裁员报酬及员工工资标准比较低，使仲裁机构无法吸引国内外优秀仲裁人才，制约着仲裁业务的发展。认为没有影响的，很可能是虽然实行收支两条线，但有一定灵活度的机构。不过这种制度架构极不稳定，会随着领导人的变化而变化，甚至每年都可能发生变化，并且财政部门因此获得了对仲裁机构施加影响的潜在机会。

正因为实行收支两条线存在明显的弊端，不少仲裁机构希望能实行更灵活的财务制度。第一次问卷调查显示，如果可以自主决定财务体制，愿意选择收支两条线的只有34家（占32.7%），愿意比照执行企业财务制度的则多达41家（占39.4%），另有24家（占23.1%）选择"其他"，5家（占4.8%）没有作选择。之所以有相当比例选择"其他"，是因为比照执行企业财务制度往往要求纳税，仲裁机构负担比较大。第二次调查发现，能够自主管理，不实行收支两条线并且不用纳税的机构只有7家，比实行自主

---

① 笔者在某仲裁机构调研时曾听说过一个真实的案例。当事人上午来立案并交了仲裁费，下午双方当事人和解了，就来撤案。但因为该机构严格实行收支两条线，仲裁费已经缴入财政专户，无法退钱，需要等两个月，经财政部门批准后，才能从财政专户拿回原来交的仲裁费，当事人对此意见很大。

管理，不实行收支两条线制度但要纳税的机构数（11家）要少。另外有13家机构表示曾经或正在实行企业化管理，依法纳税。从适用的税率看，有4家适用5.5%，2家适用5.6%，适用5%、7.3%、8%、9%、33%的各有一家。因为实行严格的收支两条线制度和比照实行企业财务制度都有问题，所以第二次调查显示，从意向来看，最希望实行的财务制度依次为：自主管理，不实行收支两条线制度并且不用纳税（占42.5%）；实行收支两条线制度，但有一定程度的灵活性（占31.3%）；自主管理，不实行收支两条线制度，但要纳税（占12.5%）。希望实行严格收支两条线制度的机构只有1家（见表13）。

表13　第二次调查样本来源机构目前实行的财务体制与希望实行的财务体制

	严格实行收支两条线制度	实行收支两条线制度，但有一定程度的灵活性	自主管理，不实行收支两条线制度，但要纳税	自主管理，不实行收支两条线制度且不用纳税	其他	遗漏值
目前实行的财务体制	47家（58.8%）	11家（13.8%）	11家（13.8%）	7家（8.8%）	2家（2.5%）	2家（2.5%）
希望实行的财务体制	1家（1.3%）	25家（31.3%）	10家（12.5%）	34家（42.5%）	3家（3.8%）	7家（8.8%）

（四）业务状况

从应然的角度来看，每一家仲裁机构都应该是为了能向社会提供高质量的纠纷解决服务而设立的。如果仲裁机构不能以其独立、公正和高效吸引当事人利用仲裁来解决纠纷，那么这一机构就失去了存续的正当性。然而，本次调查结果及其他相关统计数据表明，我国仲裁机构的业务状况呈现明显的自身特点。

第一，借助行政权力、行政手段推广仲裁最受认同。第一次调查让调查对象按其认为的有效度高低，对推广仲裁的途径进行排列，结果高达45.2%的机构认为"借助党政机关"最有效，远远高于"直接联系企业"（24%）、"借助媒体"（21.2%）、"借助律所"（6.7%）和"其他"（1.9%）途径（有1%没有作答）。正是在这种认识的影响下，借助党政机关推广仲裁的方式在实践中多有反映，比如一些仲裁机构通过政府下发红头文件，或与有关行政机关联合发文，或由政府召开政府各部门工作会议等形式，要求各部门推广签有该仲裁机构的仲裁条款。① 这些做法明显背离了仲裁法规定的当事人自愿选择原则，虽然能够促使仲裁机构获得一时的发展，但也为仲裁机构提供了一种不当的激励，使仲裁机构的工作重心偏离通过努力提高办案质量和办案效率来赢得当事人的认可。

第二，实践中尚有相当数量的仲裁机构受案量很少。据国务院法制办每年的案件统计，2006 年，全国 185 个仲裁委员会共受理案件 60844 件，标的总额为 725 亿元，尽管与 2005 年相比总受案量增长率为 21%，标的总额增长率为 10%，但仍有 52 个仲裁机构受案量低于 2005 年，72 个仲裁机构的受案标的总额下降。从各个仲裁机构的受案量分布来看，受理案件不足 50 件的仲裁机构有 44 个，占总数的 23.8%；受理案件超过 50 件、不足 200 件的仲裁机构有 69 个，占总数的 37.3%；受理案件超过 200 件、不足 500 件的仲裁机构有 45 个，占总数的 24.3%；受理案件超过 500 件的仲裁机构有 27 个，占总数的 14.6%。② 如果从纵向来看，年受案量不足 50 件的仲裁机构，2003 年为 77 家（其中标的总额不足 2000 万元的有 47 家），2004 年为 72 家（其中标的总额不足 2000 万元的有 44 家），2005 年为 52 家（其中标的总额不足 2000 万元的有 29 家），分别占机构总数的 45%、39% 和 28%。③ 可见，有相当部分的仲裁机构长期办案量少而且标的额小，不可能通过自身发展业务来支付机构运转所需的费用，只能依靠政府拨款才能维持生存。

第三，在案件处理方面驻会仲裁员在许多机构中起着重要作用。第一次调查发现，在 104 家仲裁机构中，有 85 家（占 81.7%）允许仲裁机构现职工作人员担任仲裁员，15 家不允许，4 家没有回答该题。在问到现有驻会仲裁员的人数时，24 家可能因为有所顾虑没有回答。回答的机构中，只有 7 家（占 6.7%）明确回答没有，74 家（占 71.2%）明确承认机构中有驻会仲裁员，人数一般分布最集中的是 1—5 人，最多的高达 27 人。驻会仲裁员担任首席或独任仲裁员的案件数约占所有案件的 10% 以下的有 54 家（占

---

① 罗应龙：《阻碍仲裁事业发展的几个误区》，http://www.china-arbitration.com/readArticle.do? id = 8a8a8ae70df21d26010df223c10e0ae9，最后访问时间：2008 年 11 月 20 日。
② 国务院法制办秘书行政司编《政府法制工作简报》总第 224 期。
③ 国务院法制办秘书行政司编《政府法制工作简报》总第 171 期、第 195 期和第 210 期。

51.9%），10%—30%的有 14 家（占 13.5%），30%—50%的有 7 家（占 6.7%），50%—80%的有 4 家（占 3.8%），80%以上的有 1 家（占 1.0%），另外 24 家没有回答。驻会仲裁员的出现主要是因为未实行聘用制的仲裁机构缺乏人员退出机制，同时收支两条线下工作人员工资受到限制，希望通过获得仲裁员报酬提高收入。

三 "国家与社会"框架中的仲裁机构性质

两次问卷调查呈现了一幅复杂多样而又细致入微的全国仲裁机构现状图景。虽然这些机构都是依据仲裁法成立的，但是相互之间的差异可能大到让人难以置信的地步。如果把仲裁机构的性质问题放到这幅现状图景中去考虑，它就不再是一个抽象问题，而是关系到仲裁机构组织和运行的各个层面，并且与拥有不同背景的仲裁从业者的利益具有千丝万缕的联系，可以说仲裁机构在人员、财政和业务三方面表现的差异都直接或间接地与仲裁机构不同的实际性质定位有关。

正是因为仲裁机构的性质定位相当不一致，才有了行政化还是民间化的问题。其实行政化还是民间化问题的提出，本身意味着我国绝大部分的仲裁机构既不是纯粹的行政机关也不是纯粹的民间组织。如果把行政机关和民间组织作为两个极点，目前绝大多数仲裁机构的实际性质分布在两极中间的某一个点上。往民间组织方向发展，就是一种民间化，而往行政机关方向靠近，则是一种行政化。一系列处于不同层面的具体问题都同行政化与民间化之争有着内在的关联，而行政化与民间化之争正是因为吸收了这一系列的具体问题才在具备日渐丰富的实际内涵的同时又逐步被符号化，成为一种几乎让每一家仲裁机构都无法置身事外的旗帜之争和路线之争。

诚然，人们很容易找到一些造成仲裁机构之间在人员、财政、定位和业务等方面存在差异的直观原因。比如，不同的仲裁机构由于成立时间的长短不一而处于不同的发展阶段，同时所在地的经济和科教发展水平不平衡也导致各地仲裁机构所拥有的资源禀赋不同，这两者都会对仲裁机构的组织和运作产生影响并造成不同机构间的差异。笔者在描述仲裁机构现状时也或多或少地揭示了造成不同机构现状的直接原因。不过，要想进一步解读调查所取得的种种信息数据，挖掘这些第一手资料所可能含有的理论和政策含义，就有必要把仲裁机构的现状差异及其原因一起放到"国家与社会"这一基本分析框架中考察。近年来已经有不少学者借助政治国家与市民社会的关系理论来说明仲裁制度的存在基础和应然状态，① 因此"国家与社会"的分析框架对于仲裁界已经不算陌生。不过已有的相关研究都没有把关注点放到仲裁机构上面，因此没能利用"国家与社会"的分析框架深入地解读仲裁机构的性质问题并探寻可能影响中国仲裁机构未来发展走向的内在逻辑。

从"国家与社会"的视角来看，新中国成立以来至改革开放以前的大部分时间里，我国受苏联影响，全国实行高度集权的计划经济，其实质是政治国家吞并了市民社会。改革开放之后，随着经济的转轨，市场经济逐步确立，市民社会随之发育并不断成长。可以说自20世纪70年代末开始至今仍在持续进行的社会转型过程本质上是国家与社会关系的调整和重构过程。1994年仲裁法颁布，取消原来各种各样的行政仲裁，要求重新组建仲裁机构并采用新的仲裁制度，这也是国家与社会之间关系发生调整的一个体现，意味着转型期社会治理方式的一种改变。

这次调整意在把本来由国家垄断的经济纠纷解决权力部分转移到可以由当事人自由选择的新组建的仲裁机构，还给社会本该拥有的自主空间。不过，当时社会的发育程度不高，特别是商业社会的自治力量有限，因此，仲裁机构的重重组建不得不依靠政府的力量推行，这使仲裁服务依然作为一种公共物品由国家来提供。与仲裁法颁布以前不同的是，仲裁机构由原来的工商局、科委等部门牵头组建改变为法制办或市政府办公厅等牵头组建并对其进行归口领导的部门，同时由原来地方和中央一起提供仲裁服务改变为只由地方提供。仲裁法设计的制度框架是把成立仲裁机构的权力赋予设区的市，同时成立一个全国性的仲裁协会来维持仲裁行业的自律，从而让国家逐渐淡出仲裁领域，社会的力量逐渐成为主导。由于种种原因中国仲裁协会至今未建立起来，因而国务院法制办一直负责联系和协调全国的仲裁工作，这使得中央政府代表的国家力量在仲裁领域依然留了

---

① 郭树理：《民商事仲裁制度：政治国家对市民社会的妥协》，《学术界》2000年第6期；杨树明、冯佳：《市民社会视野下的仲裁制度（上）》，《仲裁研究》第6辑，法律出版社，2006；杨树明、冯佳：《市民社会视野下的仲裁制度（下）》，《仲裁研究》第7辑，法律出版社，2006；杨秀清：《协议仲裁制度研究》，法律出版社，2006，第1页以下。

个尾巴。不过，由于仲裁法已经明确把设立仲裁机构的权力赋予设区的市，实践中，地方仲裁机构的设立和运作基本上不以国务院法制办的意志为转移，这种各地各自为政的格局是全国仲裁机构极其多样化的一个重要原因。

由于受各种主客观条件的制约，全国各地国家与社会关系的重构进程不可能同步。在市民社会发育程度低而国家力量占绝对主导地位的地方，作为国家代表的地方政府依然掌握着占绝对优势的资源，对社会尤其是商业社会依然有着相当大的影响力，因此仲裁机构会主动把借助国家的力量推广仲裁并获取财政支持作为一种理性选择，而实际负责归口管理的部门，特别是政府的法制部门在现实中受到的权力约束很少，基于权力扩张的本能或者现实的利益考虑，也不愿失去对仲裁机构的控制。这种互有所需的双向选择使仲裁机构的行政化程度在许多地方不但没有随着仲裁机构存在时间的增加而减弱，反而呈不断加强之势。

在市民社会发育程度比较高而国家力量收缩比较明显的地方，作为国家代表的地方政府虽然对社会依然拥有巨大的影响力，但是政府行为受到比较多的限制，运作起来比较规范，出现滥用也比较可能受到社会力量的抵制。同时，仲裁机构通过自己的努力从社会中获取足够资源的可行性越来越大。在这种情况下，仲裁机构自然就会选择向民间化方向发展。因此，各地仲裁机构在性质定位及其他方面显示的种种差异在很大程度上是各地国家与社会关系重构进程不一致的反映。仲裁机构性质问题的真正解决需要国家与社会的关系调整到比较合理的状态。

借助"国家与社会"的分析框架，不难理解为什么仲裁机构的性质在西方国家从来不会成为问题而在中国会成为问题。在西方各国，国家与社会的界限一直相当明确，仲裁机构无论是设立还是运行都保持在社会的领域，即便在特定情况下需要借助国家的力量也会受到严格的限制。而我国设立的仲裁机构本身就是各地方政府部门夹带追求自身利益的目的而采取行动的产物，同时其运作也与设立者有着千丝万缕的利益牵连，因此仲裁机构的性质定位不可避免地要成为一个剪不断理还乱的问题。

尽管仲裁机构性质问题的根本解决有待于各地国家与社会关系得到较好的调整，但是国家和社会两方面的力量都可以积极采取措施影响或加快这一进程。对国家力量来说，无论是地方政府还是中央政府都可以采取实际措施或调整相关政策为消除仲裁机构的不合理差异作出贡献。比如中央主导并要求全国各地推进的事业单位改革就具有改变仲裁机构复杂现状的潜在力量。随着事业单位改革的深化，明晰仲裁机构性质的要求越来越迫切，仲裁机构要保持"亦官亦民"的身份也越来越难。不过，从事业单位改革的三种分类来界定仲裁机构的性质能否确保仲裁机构的独立公正仍有待观察，① 因为分类改革虽有国家权力收缩的成分但仍然是为了便于国家以适当的方式和途径对社会进行控制。更重要的是，事业单位的分类改革并不必然导致仲裁机构往民间化方向发展，一些省份正是借助改革要求把仲裁机构定为行政支持类事业单位，并参照公务员法管理，② 由于实践中有相当部分的仲裁机构与所在地的政府部门是"一套人马，两块牌子"，因此有些以仲裁机构的名义表达出来的声音其实是政府部门的呼声，是政府部门披着仲裁机构的外衣参与仲裁机构性质调整的利益博弈。要想抑制这些地方政府不当的利益冲动，显然需要借助中央的力量。有学者建议由全国人大法律委员会成立有相关部门、仲裁机构、相关商会和仲裁法专家参加的仲裁法执法检查组，对全国仲裁法执行情况进行检查。③ 这一建议如最终能被采纳，可能会促进国家与社会关系在仲裁领域的一次大调整。

仲裁机构本身也可以对促进国家与社会关系在仲裁领域的调整发挥重要的作用。许多机构由于性质还没有得到明晰的界定，实际上处于"国家与社会"发生接触的一个"连接点"上，国家与社会关系在仲裁领域的成功调整最终要体现为这些仲裁机构从行政性或行政化程度不同的组织逐渐转型为民间性的组织。在这一过程中，这些机构并非只能消极等待，而是可以通过自身的努力有意识地推动仲裁机构的民间化进程。④ 虽然仲裁机

---

① 据报道，在事业单位改革的试点过程中，深圳市把深圳仲裁委员会定位为"法定机构"，让其拥有既不同于公务员，也不同于事业单位、企业的独立身份。参见《深圳破除仲裁"模糊身份"》，http://www.gd.xinhuanet.com/newscenter/2008—09/22/content_ 14456460.htm，最后访问时间：2008 年 11 月 20 日。
② 《（山东）省法制办组织召开全省仲裁实务研讨会》，http://qdac.qingdao.gov.cn/bhdt1.asp?fileID=298，最后访问时间：2008 年 11 月 20 日。
③ 梁慧星：《关于开展仲裁法执法检查纠正商事仲裁行政化错误倾向的建议》，载中国仲裁网，http://www.chinaarbitration.com/readArticle.do?id=ff80818118f874c201195f655eaa0141，最后访问时间：2008 年 11 月 20 日。
④ 陈福勇：《模糊化还是明确化——也谈仲裁机构的性质问题》，载魏超、姜秋菊主编《北京仲裁》第 62 辑，中国法制出版社，2007。

构的努力可以看成是来自社会的力量，但更多的社会力量却因为我国现行仲裁法不允许临时仲裁而被人为抑制了。如果未来修改仲裁法时能承认临时仲裁，那将极大地加速国家与社会关系在仲裁领域的调整进程，因为临时仲裁不仅能揭开一些地方一直想加给仲裁机构的官方面纱，还能通过竞争，打破大多数地方仲裁机构在当地的准垄断，逼迫仲裁机构不得不认真面对市场，往民间化方向靠拢。

四 结语

我国目前国家与社会的结构性关系不仅说明了仲裁机构在性质定位、人员、财务和业务各个层面存在差异的根本原因，还预示着消除不合理差异的可能路径。国家与社会关系在仲裁领域的调整过程在某种意义上就是仲裁机构的转型过程。虽然1994年仲裁法促使仲裁程序制度大致成功地实现转型，但其建立全新的仲裁机构的目的至今未能真正实现。由于受特定社会条件的制约，绝大多数仲裁机构从组建之日起就带着旧体制的印记，因此注定要在实践中经历一个艰难的转型过程。

行政化与民间化之争是一种利益之争，仲裁机构的转型意味着包括地方政府部门在内的各相关主体利益的重新分配。不过，承认民间化与行政化之争本质上是利益之争，不等于认可各种利益都是正当的。面对各种不同的利益诉求，在修改法律或制定相关政策时，必须坚持两个立场。第一是坚持有利于仲裁使用者的立场。仲裁使用者的声音在这场争论中一直是缺席的。主张并设立行政化的仲裁机构固然能通过各种人事和财务安排让相关人员的利益最大化并得到充分的保障，但是这种构架下的仲裁机构缺乏基本的激励去提高办案质量和办案效率，这将对仲裁使用者的利益造成实际的损害。本来仲裁使用者还可以通过用脚投票的方式来迫使仲裁机构不得不考虑其利益，但是一些行政化程度比较高的仲裁机构，利用行政力量以规范合同的名义强制或半强制某些市场主体成为仲裁使用者，相当于把仲裁使用者退出的权利都给剥夺了。

第二是坚持增进公共利益的立场。国家之所以要在诉讼等纠纷解决制度之外引进仲裁制度，就是要让仲裁发挥其他制度所不具有的优势，与诉讼等纠纷解决机制形成良性的竞争，并通过符合当事人利益的分工解决各类纠纷，从而影响社会秩序的形成和增进社会公共利益。如果放任仲裁机构行政化，就会出现一套依靠国家财政支持，通过行政手段获取案源，并在案件处理过程中依靠类似法官的驻会仲裁员的"准法院"系统。这样的仲裁制度会严重违背立法者设立这项制度的初衷，人为破坏多元纠纷解决机制体系的内在平衡。

总之，笔者主张民间化，反对行政化，并不仅仅因为外国仲裁机构是民间性的，更是因为行政化的结果将在伤害仲裁使用者的同时减损社会公共利益。可以说，当仲裁这一纠纷解决机制在机构、程序以及功能等方面与诉讼不能明显区分开来的时候，仲裁就失去了存在的正当性基础。

羁押场所巡视制度研究报告*

陈卫东**

摘　要： 作为一种程序外的酷刑预防机制，羁押场所巡视制度通过邀请社会公众不定期地、未经事先通知地访问看守所，巡视看守所的羁押条件、羁押执法活动是否符合我国法律、法规的相关规定，有效地提高了看守所被羁押人的待遇、促进了监管机关执法的规范化。制度的试行还向社会公众传递了看守所规范执法的积极信息，增强了公众对看守所的了解与信赖。该试点研究通过比对试点前后的相关数据，包括衡量看守所条件、权利保障状况的指标得出了上述结论。

关键词： 羁押巡视　试点　看守所　实证研究

引　言

在中国，看守所是羁押未决犯的场所，多年来，其外围的高墙和森严的戒备使其管理运作情况披上了神秘的面纱，不为外人所知。2009 年云南晋宁县的"躲猫猫"事件之后，各地看守所发生的在押人员非正常死亡事件陆续被曝光，看守所被推到公众舆论的风口浪尖之上。事实上，沿袭多年的积弊透过某个事件爆发并不让人感到意外。如何规范管理，避免类似事件的发生，从源头上遏制被羁押人在看守所内遭受刑讯逼供或不人道待

---

*　本文原载于《法学研究》2009 年第 6 期。
**　陈卫东，中国人民大学法学院教授。

遇或许是不容忽视的一个重大课题。

禁止酷刑行为是当今国际人权标准的重要要求，也是近年来国际社会持续努力的一项共同任务。1984年12月联合国通过了《禁止酷刑和其他残忍、不人道或有辱人格的待遇或处罚公约》（以下简称《联合国反酷刑公约》），迄今为止包括中国在内的146个国家和地区已经签署、批准了这一公约。为进一步增强世界各国对酷刑的预防努力以进一步减少、遏制酷刑，2002年联合国大会又进一步通过了反酷刑公约的任择议定书，在该任择议定书中鼓励各国建立独立的羁押巡视制度，2006年6月该任择议定书正式生效，截止到2009年6月已经有89个国家批准了该任择议定书。[①]

尽管多年来我国政府对酷刑的遏制作出了极大的努力，但中国刑事司法的发展情况表明，包括刑讯逼供在内的各种酷刑行为依然是中国刑事司法面临的一项重大挑战：2000年全国人民代表大会常务委员会在对刑事诉讼法执行情况的大检查中发现，刑讯逼供现象仍然较为严重；2005年中国出现了数起引人关注的刑讯逼供导致的冤假错案；2007年"两会"期间，最高人民检察院在工作报告中指出，2007年全国检察系统共查处利用职权非法拘禁、刑讯逼供等侵犯公民人身权利、民主权利的国家机关工作人员930名。[②]

为进一步加强反酷刑机制，并与国际社会反酷刑努力保持一致，中国政府需要积极考虑批准《联合国反酷刑公约》任择议定书，而批准这一任择议定书的一项实质性要求就是建立羁押场所独立巡视制度。为此，中国人民大学诉讼制度与司法改革研究中心于2008年6月至2009年1月在我国的B省S市进行了为期半年的羁押场所独立巡视制度的改革试点。羁押场所独立巡视制度是指国家机关组织来自社会公众的代表对羁押场所进行定期或不定期的独立巡视，巡视人员通过巡视羁押场所的羁押条件、查验羁押记录、对被羁押人进行单独访谈，以确认被羁押人是否受到了人道待遇、羁押是否符合法定条件与程序、被羁押人的法定权利是否得到了有效保护的一项对羁押场所的监督、检查制度。羁押场所巡视制度，使人权保障摘掉了神秘的面纱，变得直观、常态、通俗、简单而易于实行，而且最

[①] 联合国反酷刑委员会官方网站，http://www2.ohchr.org/english/bodies/cat/，最后访问日期：2009年6月21日。

[②] 《930名国家机关工作人员涉嫌非法拘禁刑讯逼供被查》，中国新闻网报道，最后访问日期：2007年3月13日。

直接地实现了民主。巡视制度的作用机制是巡视员发现在押人员所受待遇的现状和问题，然后向有关当局反映和要求解决，最后由当局向巡视员反馈处理情况，实现了双向互动。双向的好处不仅在于巡视员对羁押当局的不合法或不合理行为起到了监督作用，而且在另一个层面上通过巡视员的媒介作用，社会公众了解到羁押当局公正执法对在押人员权利的保障，使公众信任司法。

围绕着遏制酷刑、禁止刑讯逼供，中国的刑事司法学术界以及实务界已经进行了不少的实证研究包括试点研究，比较突出的两个研究角度包括讯问犯罪嫌疑人时的录音录像、律师在场和保释制度的改革。上述努力显然是非常必要且富有成效的。与上述的研究路径不同，我们进行试验的羁押场所巡视制度具有四个鲜明的特点：一是它是一种程序外的机制，尽管与刑事程序紧密相连，但又不依存于刑事诉讼程序存在；二是羁押场所巡视制度的主体是社会公众中的志愿者，其监督活动具有更为突出的独立性，大部分巡视人员是无薪的志愿工作者，来自各行各业，他们从普通公众的视角对羁押条件、状况进行近距离观察而得出的结论更能为社会公众所信服；三是羁押场所巡视制度具有成本低廉、便于推广的优势，与录音录像、值班律师等程序内反酷刑机制不同，羁押场所巡视制度成本更为低廉，该制度既不依赖于科技设备，也不受制于司法职业人员的数量与工作时间等，任何经济发展程度的国家与地区均可方便、经济地推广这一制度；四是预防酷刑的制度辐射面更为宽广，目前我国多数程序内制度设计主要是针对刑讯逼供行为，如非法证据排除规则、录音录像制度、律师在场制度等均是着眼于遏制刑讯逼供这种最为严重、明显的酷刑行为，而羁押场所巡视制度的辐射面既包括刑讯逼供等酷刑行为，还包括生活待遇、羁押场所的条件、各种法律权利的告知与落实等其他与被羁押人处境、待遇息息相关的事项，可以全面地涵盖酷刑、不人道或有辱人格的待遇与处罚这一《联合国反酷刑公约》所厘定的酷刑以及各种准酷刑行为的范围。

一　研究目标

羁押场所巡视制度试点研究项目的主要目标是通过试行该制度，增强羁押场所的透明度，促进羁押条件的改善，促进对被羁押人待遇的提升与法律权利的保护，预防并减少酷刑以及刑讯逼供的发生。

项目的目标群体主要包括两类：一是被羁押的犯罪嫌疑人、被告人与罪犯（主要是指在看守所中短期服刑的罪犯）；二是执法人员，包括侦查人员与看守警察。项目组对于项目达成目标的预先设想是，通过试行羁押场所巡视制度，促进被羁押人的待遇、生活条件、法律权利保护状况的改善，规范执法人员的侦查行为，提升羁押看管行为的规范水平，从而帮助执法人员获得更多的社会认同与信任，并进而使执法人员的执法活动获得更大范围以及更大程度上的合法性认同。

羁押场所巡视制度通过巡视员对审前羁押场所，即公安机关负责管理的看守所进行定期或者不定期的访问，可以有效促使长期以来处于高度封闭状态的看守所变得更为开放、透明。在巡视员的巡视过程中，他们有权对所有羁押场所中的任何地点进行查看，有权与其自由选定的被羁押人进行秘密的交流，在其巡视过程中主要考虑的问题包括三大方面：被羁押人的生活条件是否符合我国法律、法规的规定；被羁押人的法律权利保护状况是否符合我国法律、法规的规定；被羁押人是否受到任何形式的酷刑、刑讯逼供以及其他形式的虐待或者不人道待遇。

通过羁押场所巡视制度反馈出的改善意见将帮助羁押场所进一步完善与改革，使其更加透明与规范化，巡视制度的成效以及巡视制度的过程将有助于传达出执法规范以及执法改进努力的积极信息并将这种信息传达给社会公众，这一过程实际上是对执法工作最好的宣传与评估，从较长的时间来看，执法人员通过巡视制度可以充分证明自身执法的规范化以及逐步改善的努力与做法，并将赢得领导层与社会公众更多的信任与肯定。

二 研究过程

经过近一年的准备工作，2008年初中国人民大学与B省S市人民检察院合作起草了《B省S市羁押场所巡视员制度操作规程（试行）》，并由B省S市人民检察院报请B省S市政法委、人大常委会、政协批准同意。在B省S市委、市政府、市人大常委会、市政协的支持下，B省S市人民检察院与B省S市公安局共同作为本项目的实施单位，与中国人民大学一同组成项目组推进羁押场所巡视制度在当地的实施，巡视的对象与地点确定为 B 省 S 市公安局看守所。项目组首先请当地人大常委会、政协推荐了 40 名人大代表、政协委员作为巡视员的备选人员，由项目组根据其个人的工作经历、品行、工作态度以及社会评价等因素，从中筛选出 20 人作为此次试点的巡视员，他们当中有医生、企业管理人员、公务员、民营企业家、社区代表等。由于他们基本上没有法律背景且对巡视制度了解不多，2008 年 3—4 月在开始正式试点之前，中外专家对 20 名巡视员进行了为期两天半的培训，参加培训的还有参与试点实施的侦查人员、看守警察与检察官。此次培训旨在使各位巡视员掌握巡视的大致技能、工作程序与要求；同时培训也使执法人员了解其在试点中的角色与要求。

根据《B 省 S 市羁押场所巡视员制度操作规程（试行）》，羁押场所巡视制度试验的大致做法为：羁押巡视员两人一组，在每周的任何时间可以凭巡视员办公室[①]颁发的专用证件不经事先通知地访问 B 省 S 市看守所；在巡视员抵达看守所后，看守所值班人员应当在核对证件后立即允许巡视员进入看守所进行巡查与探访，在巡视过程中驻所检察官、看守所值班人员出于安全考虑，可以陪同巡视；中国人民大学研究小组的成员出于研究的目的陪同巡视，但所有陪同人员原则上保持沉默，在巡视员就巡视路线、地点或者其他巡视事宜提出疑问时可以应答发言；巡视员可以巡视、探访羁押场所内所有与巡视目的相关的场所，如牢房、医务室、厨房、羁押人员活动区域、讯问室、储物间、禁闭室等；在巡视上述地点后，巡视员可以从在押人员名册中任意选取两名在押人员进行单独、秘密的访谈，询问与羁押巡视有关的各项问题，在会见在押人员时，驻所检察官在场，但仅负责保障整个会见过程的安全与顺利，其主要工作为听与看，不发表任何个人意见，但巡视员的访谈涉及案情时除外。

巡视员对在押人员的访谈主要围绕两部分内容进行。

（1）在押人员的基本生活情况，包括饮食情况、个人卫生条件、监舍环境、劳动情况、文化需求、就医情况、与外界的联系、人身安全保护等各种生活情况。

（2）法律权利实现与保障情况，包括中国刑事诉讼法及其司法解释、

---

① 巡视员办公室设在 S 市人民检察院，其成员包括人民检察院监所处、公安局看守所的工作人员，为本项目实施的具体实施机构、协调机构，该机构具有临时性、兼职性。

规章中赋予犯罪嫌疑人、被告人以及罪犯所享有的不受刑讯逼供、通知家属、律师帮助、权利告知、羁押期限、申诉控告等权利。

巡视员巡视过程中需要填写项目组统一制作的"巡视员报告表",巡视结束后 24 小时内应将该报告表交到巡视员办公室。巡视员的巡视与访谈不得涉及案情本身,巡视获得的信息未经巡视员办公室同意不得对外泄露。巡视员在巡视报告中反映的问题与改善意见,由巡视员办公室统一转达给公安机关、侦查部门并协调相应机关改进、完善。

第一阶段的试点工作为期 6 个月(2008 年 7—12 月),进行了 20 次巡视,基本上保持每周巡视一次的频率。

从项目的评估角度来看,中国人民大学派遣专人对项目实施情况进行跟踪研究,并就项目的进展开展了两次评估:一次中期评估与一次后期评估。评估的方法包括座谈、访谈、问卷以及亲身参与巡视、模拟巡视等。2008 年 9 月在中外专家对 S 市试点的中期评估活动中,项目组总结了试点前半段过程中存在的问题,并协调当地执法机关就羁押场所生活条件与法律权利保护情况的改善进行研究与部署。

三 研究方法

本项目的主要目标是通过试行羁押场所巡视制度,增强羁押场所的透明度,促进羁押条件的改善,促进被羁押人待遇与法律权利保护的水平的提升,预防并减少酷刑以及刑讯逼供的发生。相应地,本项目研究工作的主要目的就是验证羁押场所巡视制度是否有助于实现上述目标,同时通过项目研究,还将探索设计何种巡视制度更符合中国的刑事司法现状、更能为当地刑事司法部门所接受。

(一) 试点开始前的研究

为了比较该制度实施前后当地羁押条件与酷刑存在状况的差异,项目研究小组首先在 B 省 S 市执法部门进行了为期一周的调研活动以收集试点活动开始前的相关数据、指标,这些数据、指标与信息将被看作试点实施后作对比的对象。在本部分研究活动中,研究小组具体的研究方法与活动包括以下几个方面。

（1）调阅执法机关的档案材料、工作记录、数据，包括以下三个方面。

①过去3个月内看守所的平均羁押人数、羁押的财政成本（用餐、医疗以及其他支出）、看管执法人员的人数、工作时间记录。

②过去8年内，执法人员因酷刑等违法行为受到纪律处分、法律追究的人数。

③过去一年内，检察机关接受在押人员投诉、控告的次数以及投诉控告的处理情况。

（2）问卷调查。研究的主要内容是当地执法人员、律师对巡视制度的态度。研究小组向看守警察、侦查人员、检察官以及律师共50人发放了问卷，以了解目标人群对巡视制度的了解以及是否支持本制度。

（3）访谈活动。访谈活动的主要目的是对目前S市的酷刑状况以及羁押条件等相关问题进行定性研究。访谈采用一对一的形式，由研究人员对多名看守所警察、驻所检察官、律师、法官分别进行相同内容的访谈。

（4）实地查看与走访。研究小组为了收集试点开始前看守所羁押状况与权利保护状况的原始数据，对看守所进行了三次走访与巡视，巡视的过程与巡视员巡视程序相同，三名研究人员在不同时间段的巡视分别形成了一份巡视报告，记录了试点开始前看守所中羁押生活条件、法律权利保护状况等相关数据。

（二）试点进行中的研究

试点进行中的主要研究活动是对试点开始后巡视过程的全程跟踪。巡视员进行的每次巡视，项目研究小组都派遣三名研究人员全程跟踪，其中一名研究人员全程跟随两名巡视员进行巡视活动，另外两名研究人员在巡视结束后立即对巡视员进行访谈，并填写巡视员巡视后问卷。在跟踪研究中，研究人员将记录下列巡视的客观数据。

（1）巡视的次数，每次巡视的进程，羁押场所内人员的配合情况。

（2）与被羁押人谈话的情况。

（3）填写的巡视报告。

（4）巡视中发现的问题，公安检察机关的回应与改善情况。

（5）巡视中遇到的困难，需要改进的巡视步骤与方法。

在本部分的研究活动中，既有通过统计巡视员报告、记录巡视数据等方式形成的定量研究，也有通过对巡视员进行访谈所形成的定性研究。

（三）试点后期评估

试点运行结束后，研究小组还将对试点的效果进行评估，评估的研究方法包括以下几种。

（1）问卷。包括对试点开始前问卷发放对象的再次问卷调查，也包括对 50 名在押人员的抽样问卷调查。对在押人员的问卷调查主要是考察在押人员是否了解巡视制度以及巡视制度是否有助于他们自身羁押条件以及法律权利保障情况、免受虐待或酷刑等问题的改善。

（2）访谈活动。对试点是否有效这一问题，通过访谈进行定性研究。

（3）再次调阅相关工作记录、档案，寻找与试点开始前状况进行比对的数据。

（4）对整个巡视过程的跟踪情况进行总结性分析与研究。鉴于巡视活动跨越了 6 个月的时间，随着巡视制度的实施，巡视员已经开始不断地发现新的问题、提出新的改善意见，看守所方面也在不断改进羁押工作以及法律权利保护工作，对 20 次巡视工作及其效果的分析，将有助于发现该项制度的功用与不足。

（四）项目研究方法的局限性

在本项目的研究过程中，在设计研究方法以及选择研究对象方面，受各种客观条件的限制，我们意识到本项目的研究方法与研究进程中存在如下局限性，需要提醒读者注意并在未来的试点扩展研究中加以改进。

第一，试点时间的局限，由于本试点项目的实施周期仅有 6 个月，巡视的次数只能设定为 20 次，因此对巡视过程的考察以及得到各项数据样本的数量远远没有达到科学实证研究所要求的数量，比如被访谈的被羁押人数量不足、开展问卷研究的数量不足等。同时由于试点实施时间与试点所得结果之间存在时间延滞问题，即巡视制度所带来的其他积极变化在试点期间以及结束后的短期内难以全部显现，因此项目的评估很难在目前取得全面的、完整的结果。具体而言，通过巡视制度发现的看守所中存在的许多问题需要看管部门通过一定时间的改进才能产生相应的效果，比如巡视制度试行过程中提出的改进沐浴设施的建议，需要看守所花费一定的时间进行硬件的改造才能实现,而在本项目的实施期间,我们只能得悉看守所正在进行这方面的改进努力,而看不到具体的实施效果。

第二,试点的单一性,缺少比对组的对照研究。本项目在此阶段的试点研究仅选择了 B 省 S 市作为试点单位,而 B 省 S 市自身的情况具有相对特殊性,其自身特有的各种条件显然不能完全代表我国的其他地区与城市。试点地区的单一性也使本项目的研究缺少其他比对组信息的支持,整个巡视制度试点研究的科学性、全面性存在局限。

四 巡视制度运行机制

(一) 监督巡视员的选任及培训

1. 监督巡视员的选任

羁押场所监督巡视员由 B 省 S 市人民检察院、公安局报请 B 省 S 市人大常委会、政协、人民检察院批准,从市、县两级人大代表、政协委员和检察机关人民监督员中选拔。

从人大代表、政协委员和检察机关人民监督员中选任监督巡视员时,其标准为:(1) 本人或者近亲属不得为正在羁押的犯罪嫌疑人、被告人;(2) 本人或者近亲属与正在侦查、起诉或审判的案件无利害关系;(3) 具有良好的社会声誉且为人民群众所信赖;(4) 曾具有司法公安工作经历者优先考虑,但公、检、法三机关在职工作人员不得担任监督巡视员。

监督巡视员候选人由 B 省 S 市人大常委会、政协、人民检察院、公安机关共同推荐,由监督巡视员办公室统一组织筛选,考核后统一任命,首次任期半年,期满后除因涉嫌违法违纪接受其他部门调查之外,任期自然延长,不得无故解除监督巡视员的职务。

2. 监督巡视员的培训

为了巡视试点的顺利进行,中外专家会同当地部门负责对选任的监督巡视员进行以下培训工作。

(1) 巡视工作内容的培训

监督巡视员负责对市、县两级看守所羁押情况进行监督巡视,了解、监督上述羁押场所对被羁押人的监管工作以及在押人员的基本生活权利是否符合刑事诉讼法、看守所条例等相关法律、法规的规定，因此培训内容中包含了大量的法律程序、规定的基本内容与要求，帮助巡视员准确、全面地掌握目前我国法律、法规对被羁押人的保障性规定以及各项执法程序、诉讼权利的规定。

（2）巡视技能的培训

监督巡视员首先要认清巡视的目的在于保障犯罪嫌疑人、被告人的合法权利和人道待遇，让普通民众对被羁押者权利保障和监禁条件感到放心。监督巡视员一方面要加强自身的法律意识，了解羁押程序中涉及的法律问题和救济途径；另一方面要有一定的心理学和社会学知识，善于和在押人员沟通，打消他们的疑虑，得到他们的信任，获取真实的信息。

（3）巡视纪律的培训

监督巡视员对于巡视过程中了解到的信息应当严格保密。对于监督巡视员提交的报告，由巡视员办公室统一保存，对外保密。监督巡视员在巡视期间不得为被羁押人传递物品、交流信息，并应遵守看守所管理的有关规定，接受入所安全检查。被羁押人或看守所工作人员向监督巡视员提供信息，监督巡视员以及巡视员办公室有义务为其保密，被羁押人或看守所工作人员不因其提供相关信息而受到追究或处罚。

（二）监督巡视员的巡视工作

1. 巡视员办公室的职能

监督巡视员具体选任、培训工作由巡视员办公室负责。巡视员办公室设在 B 省 S 市人民检察院驻监所检察室。巡视员办公室在人民检察院、公安局的领导下开展工作，为监督巡视员巡视工作提供便利，负责组织对监督巡视员的任职培训，培训内容包括相关法律规定、工作程序与要求等。

巡视员办公室把监督巡视员在巡视工作中发现的问题和提出的整改建议及时反馈给相关责任单位，通过行使法律监督权督促责任单位切实解决存在的问题，并将责任单位的整改情况向监督巡视员反馈，邀请监督巡视员回访巡视。

监督巡视员对羁押场所的巡视是履行人大代表、政协委员法定职责的体现，是在业余时间的志愿工作。巡视员办公室对于试点期间监督巡视员的工作给予适当的午餐、交通补贴。

2. 巡视员的工作程序

（1）巡视员开展巡视时两人成行、共同工作。

（2）巡视员可以在任何时间探访相应的看守所，巡视开始前应联系巡视员办公室协助安排巡视工作，相关看守所工作人员对持有人民巡视员证件的人员应当毫不迟延地准许其进入看守所。

（3）巡视员有权探访看守所中与其工作相关的地点与人员，包括有权浏览看守所羁押记录，探访监禁号房、医务室、厨房、淋浴室、讯问提审室、会见室等与被羁押人待遇有关的地点。对于上述地点的巡视应有看守所工作人员陪同，以确保安全。

（4）巡视员在访谈中需要了解、查看的主要内容包括：①对被羁押人采取羁押措施的合法性；②被羁押人诉讼权利是否依法得到了尊重与保障；③羁押场所的条件是否达标，主要是指是否达到看守所条例所要求的生活、卫生条件。

（5）巡视员巡视时工作方式为听与看，与被羁押人的谈话不能涉及案情，对巡视的内容与了解的情况只需如实记录，不发表判断性意见与评论。

（6）巡视员对于巡视中发现的问题、了解的情况应当于巡视结束后24小时内向巡视员办公室提交文字报告，报告的格式由巡视员办公室统一制定。

3. 典型巡视过程的全程实录①

9:00am 两位监督巡视员持监督巡视员证件进入B省S市看守所区域；

9:03am 进入羁押场所巡视员办公室，办公室联络员L接待了两位监督巡视员，开始安排此次监督巡视；

9:05am 两位监督巡视员进入看守所监管区域；

9:06am—9:10am 巡视了审讯室、律师会见室，参照相关标准完成巡视员报告相应部分；

9:11am—9:16am 巡视了食堂，了解了食堂环境（包括餐饮卫生、操作间卫生、通风、安全等情况），询问了日常用餐的时间和条件，包括大伙食堂和小伙食堂（针对有特殊需求的在押人员），参照相关标准完成巡视员

---

① 以E、F两位监督巡视员一次的巡视为例，该次巡视较具代表性，但并不意味着其他巡视完全按此程序展开。此次巡视在不影响巡视员独立巡视的前提下，由中国人民大学课题组一位成员全程观察记录，记录过程不对巡视发表任何意见。

报告相应部分；

9：17am—9：20am 巡视了监控室，了解监控的范围、时间、有效性等问题，参照相关标准完成巡视员报告相应部分；

9：21am—9：25am 巡视了201、202监室，观察住宿人数、通风、光线等情况，参照相关标准完成巡视员报告相应部分；

9：26am—9：35am 巡视了图书室、财物保管室，查看了图书的种类、新旧，财物保管的分类、记录等情况，参照相关标准完成巡视员报告相应部分。

至此，相关区域巡视完毕，开始准备选择访谈对象。

9：38am B省S市检察院监所处H处长、B省S市看守所负责人K所长安排两位监督巡视员进入看守所监舍区域，在监舍随机选择此次的被访谈对象；

9：42am 两位监督巡视员在数个监舍依次察看一番之后，指出希望访谈的对象，在该在押人员同意接受访谈的情况下，其被加戴戒具后被带出监舍，来到监督巡视员访谈室①；

9：43am—10：08am 两位监督巡视员在访谈室开始对该名在押人员访谈，② 访谈过程中，B省S市检察院监所处工作人员在场观看，③ B省S市看守所工作人员在访谈室外值守；④

10：09am 此次巡视结束，两位监督巡视员、陪同工作人员出看守所；

10：10am—10：15am 两位监督巡视员完成并向巡视员办公室提交巡视报告；

10：17am—10：28am 两位课题组成员⑤分别对两位监督巡视员就本次

---

① 访谈室设在看守所提审区，其隔音效果较为理想，布局环境较为宽松，监督巡视员与被访谈人可以面对面交流，但是相互之间并未加以隔离。

② 巡视员首先向被访谈人介绍了自己的身份、进行此次访谈的目的，以打消被访谈人的顾虑，取得他的配合，就在押人员生活权利、诉讼权利的保障情况选取了巡视员报告中的若干问题进行有重点的询问。

③ 每次访谈安排一名检察官在场的目的是：一方面保证巡视员的人身安全，另一方面保证监督巡视不偏离设计初衷，即访谈的目的在于了解在押人员在看守所的生活权利、诉讼权利的保障情况，而不涉及案情。

④ 每次访谈安排一名看守所干警在访谈室外值守的目的在于保证监督巡视员的人身安全，遇有紧急情况看守所干警可以及时处理。

⑤ 参与巡视记录的课题组成员不参与此次对监督巡视员的访谈，以保证访谈的客观性。

巡视情况进行访谈；

10：30am 巡视员办公室就巡视员提出的食堂卫生问题和监舍区域垃圾清理时间间隔问题向看守所负责人K所长反馈，K所长在巡视员办公室向两位监督巡视员表示会按照监督巡视员的建议进行相关整改，巡视员提出的淋浴、医生人数问题，则由巡视员办公室整理后由公安局、检察院负责向市财政部门、人事部门反馈；

10：35am 两位监督巡视员领取本次监督巡视补助，并在收据上签名；

10：37am 两位监督巡视员离开巡视员办公室；

10：39am 两位监督巡视员离开B省S市看守所。

以上各项时间量化表见图1。

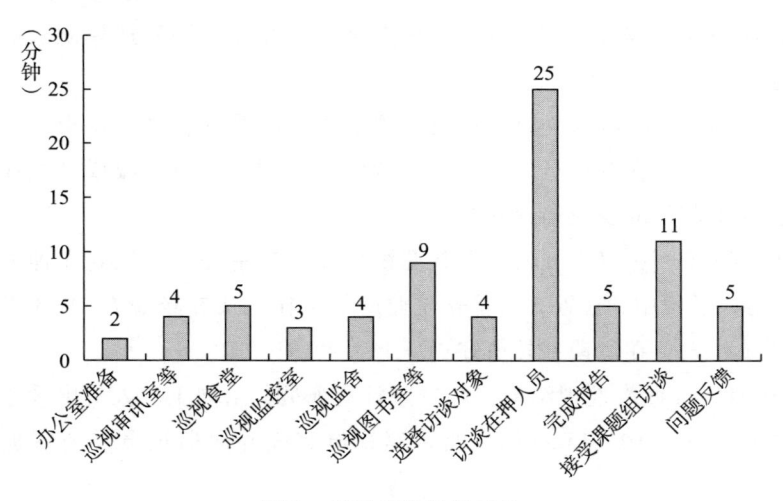

图1 巡视各项时间量化

（三）巡视制度实施前后对比、巡视员制度的变化与实施效果①

1. 试点开始之前相关部门对巡视制度的态度②

中国人民大学调研小组在本次试点之前对B省S市司法各界进行了走访，调查司法各界对羁押场所巡视制度的态度。在为期一周的调研中，调研小组走访了B省S市看守所、中级人民法院、公安局刑警支队、司法局

---

① 该试点的主要参与人员为20位监督巡视员和部分在押人员，以及S市检察院检察官和S市看守所干警，故该数据统计以上述人员的反馈为主，兼顾部分律师和法官的意见反馈。
② S市检察院检察官、S市看守所干警和部分律师和法官的意见反馈。

和 C 县看守所。

(1) B 省 S 市看守所

由于 B 省 S 市看守所为此次羁押场所巡视制度的主要试点单位,所以调研小组对其进行了仔细的调研,通过与看守所领导、干警、管教、狱医以及驻监所检察室有关同志座谈,收集到许多第一手资料。随后,还进入监区对被羁押人员进行访谈,获得了宝贵的资料。

在看守所,发放问卷 21 份,收回 21 份,发放对象为看守所干警。了解羁押场所巡视制度有 11 人,不了解的有 10 人。支持羁押场所巡视制度的有 9 人,不支持的有 5 人,无所谓的有 7 人。了解羁押场所巡视制度的 11 人中,支持羁押场所巡视制度的有 8 人,不支持的有 2 人,无所谓的有 1 人;不了解羁押场所巡视制度的 10 人中,支持巡视制度的有 1 人,不支持的有 3 人,无所谓的有 6 人。其中,不支持羁押场所巡视制度的和认为无所谓的人中,大都认为羁押场所巡视制度并不能有效地保障被羁押人员的合法权益,该制度没有法律依据,没有具体的制度来保障,是多余的,会流于形式,等等。

从上述资料我们可以看出,看守所干警对羁押场所巡视制度并不是非常了解,而且在座谈中,干警也反映担心聘任的巡视员不太了解巡视员的权利与义务,干扰看守所的管理,会对看守所的工作带来诸多不便。此外,了解羁押场所巡视制度的干警要比不了解羁押场所巡视制度的干警更支持羁押场所巡视制度,而不了解羁押场所巡视制度的干警大都不支持羁押场所巡视制度。

(2) 律师

律师,特别是辩护律师在维护被羁押人员合法权益的过程中发挥着重要的作用,律师是被羁押人员合法权益的专门维护者。所以,调研小组也对律师进行了调研,通过调研我们也了解到律师对于巡视制度的感想。

此次发放问卷 10 份,收回 10 份,发放对象都是常年从事刑事辩护的经验丰富的律师。了解羁押场所巡视制度的有 6 人,不了解的有 4 人。支持羁押场所巡视制度的有 6 人,不支持的有 4 人。认为羁押场所巡视制度会有利于他们开展工作的有 5 人,认为没有影响的有 5 人。认为羁押场所巡视制度的开展会增加被羁押人员翻供率的有 3 人,认为没有影响的有 7 人。

从上述数据可以看出，律师总体上比较支持羁押场所巡视制度，认为该制度会对改善被羁押人员的待遇产生积极的影响。当然在调研中，也有不少律师反映，怎么才能使羁押场所巡视制度不流于形式，真正发挥它应有的作用，也是项目运行中必须考虑的问题。

（3）刑警

在此次调研中，我们发现看守所中的最大问题还是"提外审"，在"提外审"的过程中，被羁押人员的权利难以得到有效保障，该阶段也是最容易发生酷刑的阶段。所以，我们也对公安局刑警队进行了调研，希望获取相关的支持信息。

此次发放问卷10份，收回10份，发放对象是公安局刑警队办案经验丰富的侦查员。了解羁押场所巡视制度的有4人，不了解的有6人。支持羁押场所巡视制度的有1人，不支持的有7人，无所谓的有2人。认为羁押场所巡视制度会有利于他们开展工作的有1人，认为没有影响的有2人，认为将会妨碍工作的有7人。认为羁押场所巡视制度的开展会增加被羁押人员翻供率的有7人，认为没有影响的有2人，认为会降低被羁押人员翻供率的有1人。

从上述数据可以看出，刑警对于羁押场所巡视制度总体持反对的意见，认为羁押场所巡视制度会打乱他们的工作计划，容易使被羁押人员产生抵抗情绪，不好好交代问题。

2. 试点结束后在押人员对巡视制度的评价

（1）试点结束后在押人员评价的基本数据①

问题1：您处在哪个诉讼阶段？②（见图2）

---

① 由于试点只进行了20次巡视，每次巡视由巡视员选择与1—2名在押人员访谈，故能够参与本次试点的在押人员有限。本次调查由中国人民大学课题组与S市看守所合作开展，S市看守所负责问卷的发放和收回。共发放问卷50份，收回50份。

② 此次试点的重点调查对象为处于侦查阶段和审查起诉阶段的在押人员，因为处于这两个阶段在押人员的人身权利和诉讼权利更容易受到办案单位的侵犯。基于数据的完整性考虑，也包括一部分处于审判阶段的在押人员。

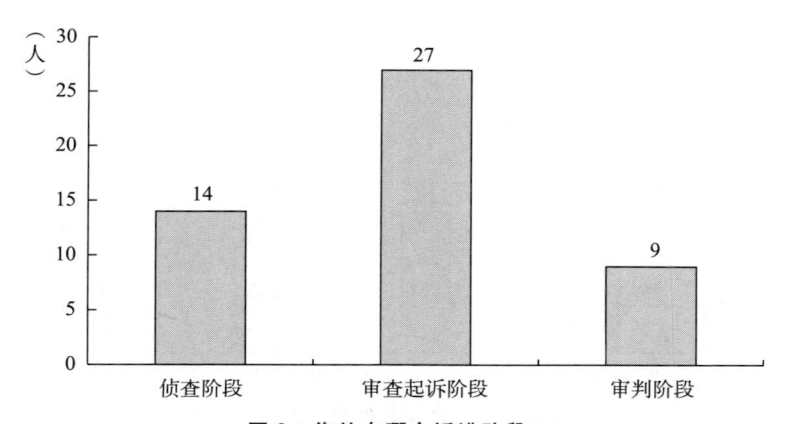

图 2　您处在哪个诉讼阶段？

问题2：您是否了解巡视制度？（见图3）

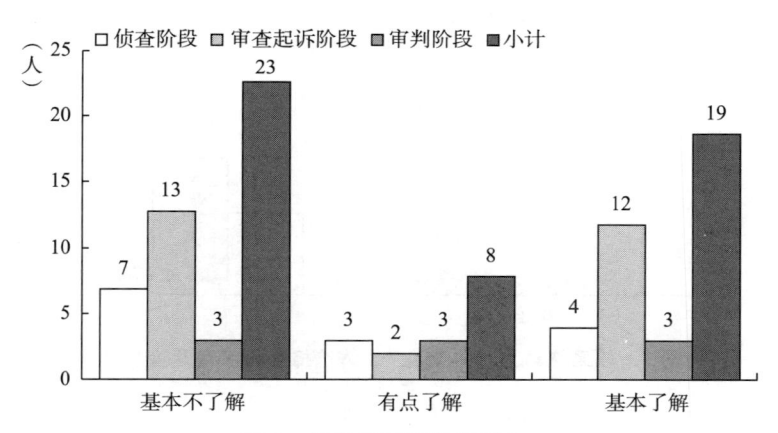

图 3　您是否了解巡视制度？

问题3：①您认为您的饮食、监舍条件在最近三个月，有没有变化？（见图4）

②如果您认为"有变化"，请选择变好了还是变差了。（见图5）

问题4：①在过去三个月里，您是否提出过聘请或会见律师，或提出申诉，或约见检察官的请求？（见图6）

②如果您提出过上述请求，请选择请求的实现情况。（见图7）

问题5：您认为上述变化与巡视制度是否有关系？（见图8）

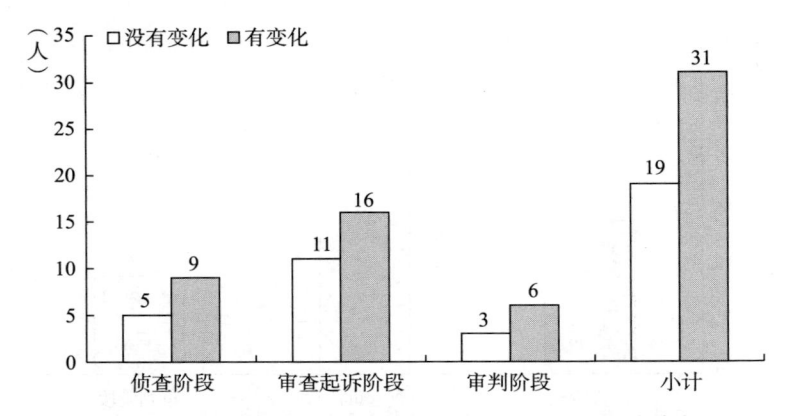

图 4　您认为您的饮食、监舍条件在最近三个月有没有变化？

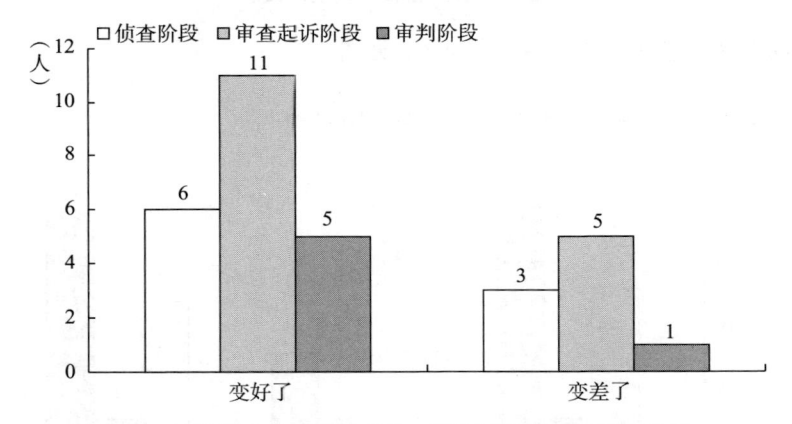

图 5　如果您认为"有变化"，请选择变好了还是变差了

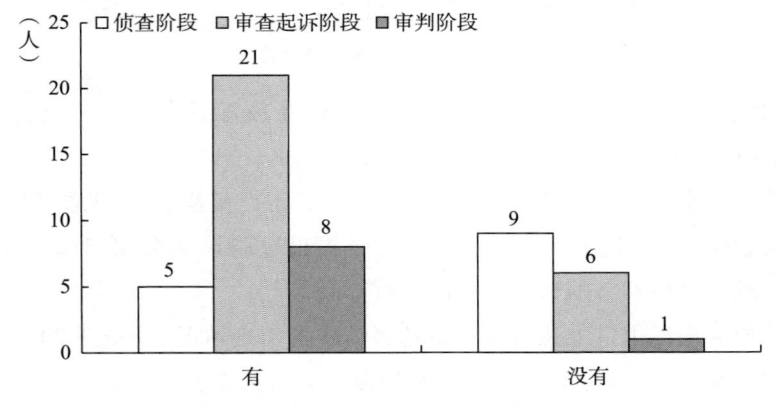

图 6　在过去三个月时间里，您是否提出过聘请或会见律师，或提出申诉，或约见检察官的请求？

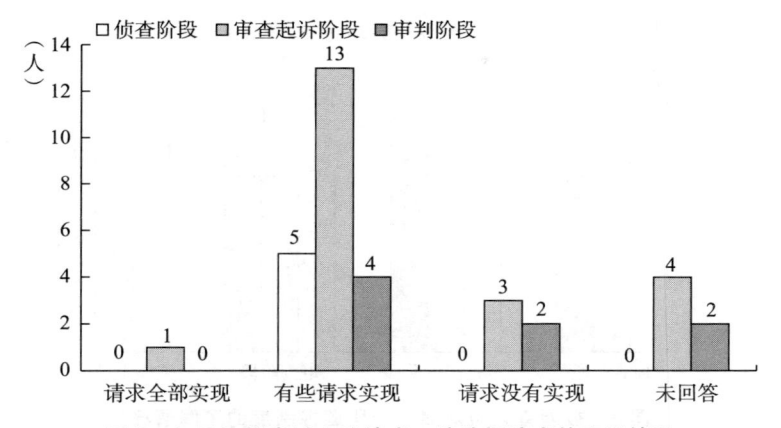

图 7　如果您提出过上述请求，请选择请求的实现情况

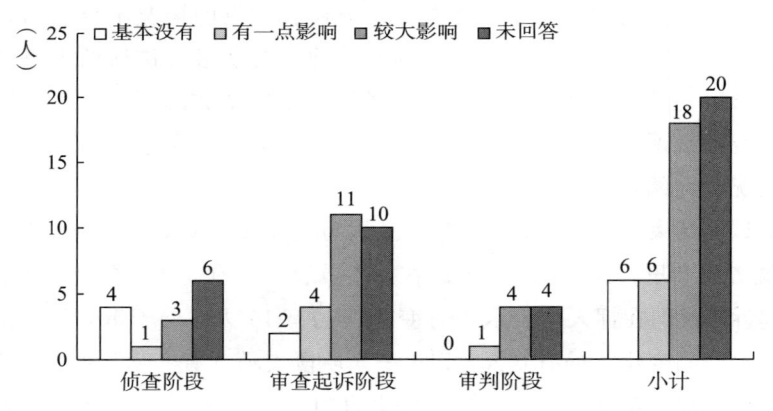

图 8　您认为上述变化与巡视制度是否有关系？

（2）初步分析

根据上述几组数据，可以得出以下初步结论。

①在试点结束之后，处于各个诉讼阶段的在押人员对巡视试点"基本不了解"的占有很高的比例。在收回的 50 份调查问卷里，处于侦查阶段的在押人员表示"基本不了解"的有 7 人，占该阶段的 50%；处于审查起诉阶段的在押人员表示"基本不了解"的有 13 人，占该阶段的 48%；处于审判阶段的在押人员表示"基本不了解"的有 3 人，占该阶段的 34%；以上三个阶段表示"基本不了解"的共有 23 人，占所调查总数的 46%。具体比例参见图 9。

上述现象可能存在以下几个方面的原因：首先，试点阶段只进行了 20 次巡视，每次巡视由巡视员随机选择 1—2 人作为访谈对象，所以能够参与试点运行的在押人员的人数有限；其次，看守所的特殊环境使得在押人员

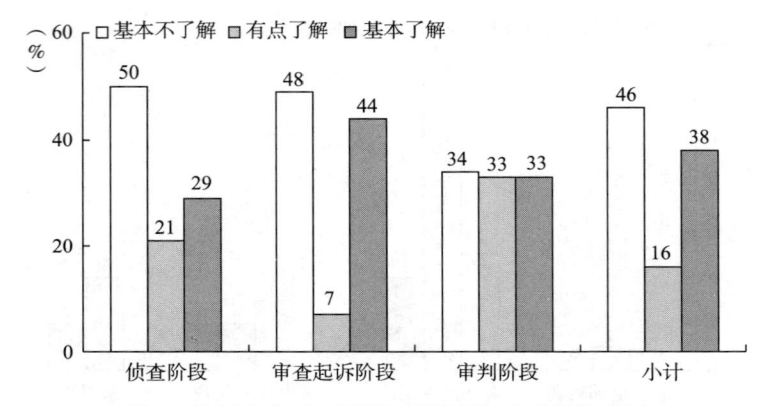

图 9　被调查人员对羁押场所巡视制度的了解情况

之间关于该试点的相互交流也存在一定障碍，试点的情况不容易为较多在押人员知晓；再次，基于在押人员的流动性，之前参与访谈的人员可能因为审判阶段的结束而转换到其他羁押场所，致使基数降低；最后，考虑试点的客观性，课题组和当地合作方在在押人员中没有作过任何关于该试点项目情况的介绍。

②试点结束之后，多数被调查人员认为羁押环境发生了变化。在收回的 50 份调查问卷里，处于侦查阶段的在押人员表示"有变化"的有 9 人，处于审查起诉阶段的在押人员表示"有变化"的有 16 人，处于审判阶段的在押人员表示"有变化"的有 6 人，以上三个阶段表示"有变化"的共有 31 人，占所调查总数的 62%。在这认为有变化的 31 人中，表示"变好了"的有 22 人，占 71%；表示"变差了"的有 9 人，占 29%。具体数据如图 10、图 11。

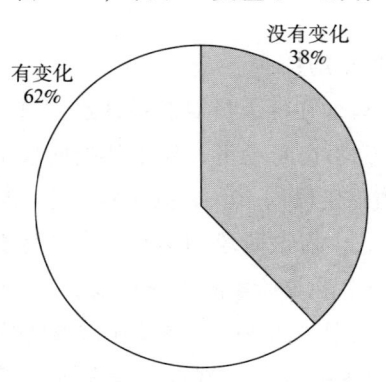

图 10　被调查人员对羁押环境变化情况的认识 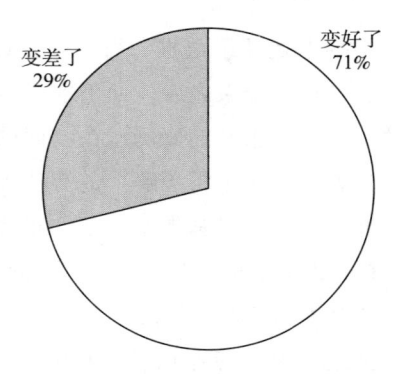　　　图 11　被调查人员认为羁押环境有变化的情况

上述现象可能存在以下原因：首先，试点开始时，项目当地合作方 B 省 S 市看守所刚开始进行新所建造，相应地拆除了旧看守所的部分基本设施，使得在押人员的放风场所和淋浴场所不再具备，日常的晾晒也成为难题。这些困难在试点期间由于新所尚在建设而没有得到改善，使得一部分在押人员认为没有羁押环境变化或者变差了；其次，基于巡视员向巡视员办公室提出了在巡视过程中发现的问题，当地合作方在权利告知方面和食堂卫生方面进行了较大力度的改进，可能使得部分在押人员认为条件变好。

③试点结束后，在押人员对巡视试点给予不同的评价。关于巡视试点与他们羁押环境变化的关系，处于各个诉讼阶段的在押人员表示"基本没有"的有 6 人，占 12%；表示"有一点影响"的有 6 人，占 12%；表示"较大影响"的有 18 人，占 36%；未回答的有 20 人，占 40%。遗憾的是，有 40% 在押人员放弃评价，原因难以得知。具体数据如图 12。

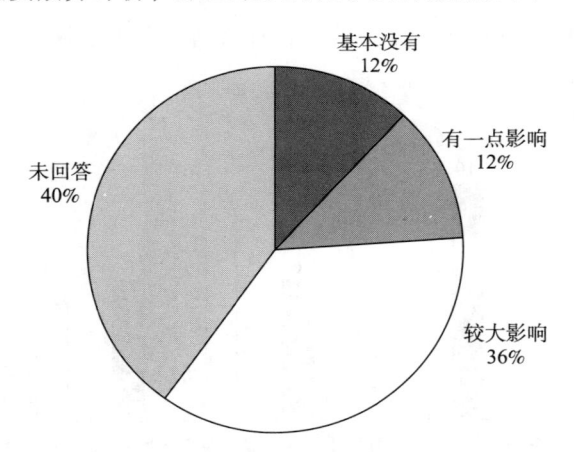

图 12 被调查人员对巡视试点与羁押环境变化的关系的认识情况

3. 试点参与人员对巡视制度的评价①

（1）试点参与人员对巡视制度看法的基本数据

问题 1：在巡视制度试点以前，您是否了解羁押场所巡视制度？（见图 13）

---

① 本次共发放问卷 80 份，其中巡视员 20 份，看守所警察 15 份，检察官 15 份，律师 10 份，法官 10 份，刑警 10 份。收回 66 份，其中巡视员 14 份，看守所警察 15 份，检察官 15 份，律师 8 份，法官 9 份，刑警 8 份。

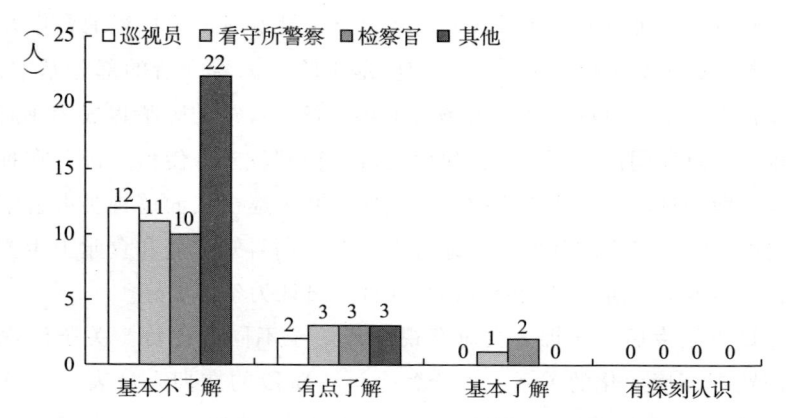

图 13 在巡视制度试点以前，您是否了解羁押场所巡视制度？

注：由于律师、法官、刑警不是本次试点的直接参与者，故将其作为外围人员一并统计，以下相同，不再标注。

问题 2：在巡视制度试点以后，您对该制度是否了解？（见图 14）

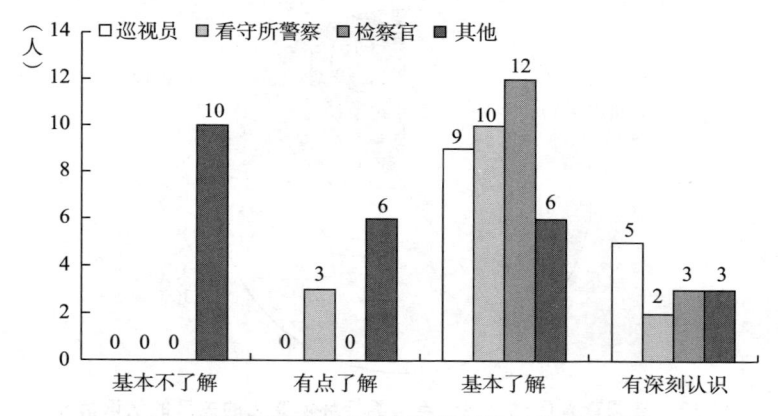

图 14 在巡视制度试点以后，您对该制度是否了解？

问题 3：您认为现在的羁押场所能否保障被羁押人的人身权利，例如杜绝刑讯逼供、监所内的打架斗殴等？（见图 15）

问题 4：您认为现在的羁押场所能否保障被羁押人的诉讼权利，例如告知诉讼权利、保障其申诉和控告的权利等？（见图 16）

问题 5：您认为巡视制度能否促进被羁押人基本生活情况的改善，例如饮食、个人卫生、文化需求、看病等？（见图 17）

问题 6：您认为试点中的巡视员办公室设置、人员组成是否合理？（见图 18）

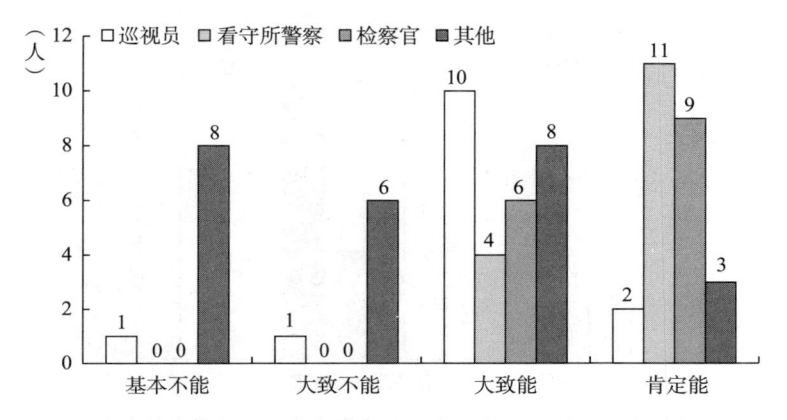

图 15 您认为现在的羁押场所能否保障被羁押人的人身权利，例如杜绝刑讯逼供、监所内的打架斗殴等？

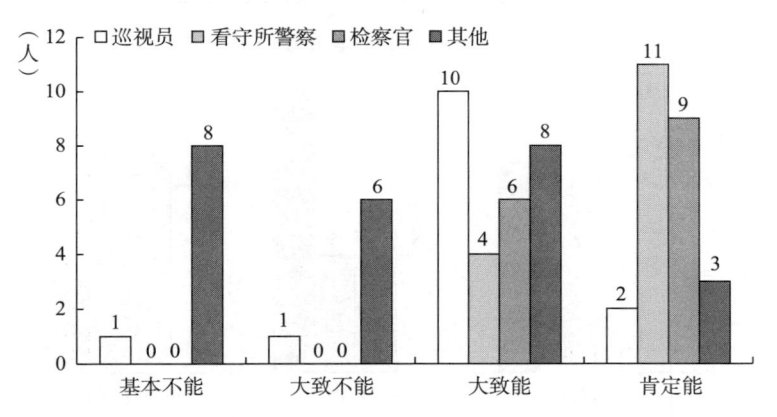

图 16 您认为现在的羁押场所能否保障被羁押人的诉讼权利？

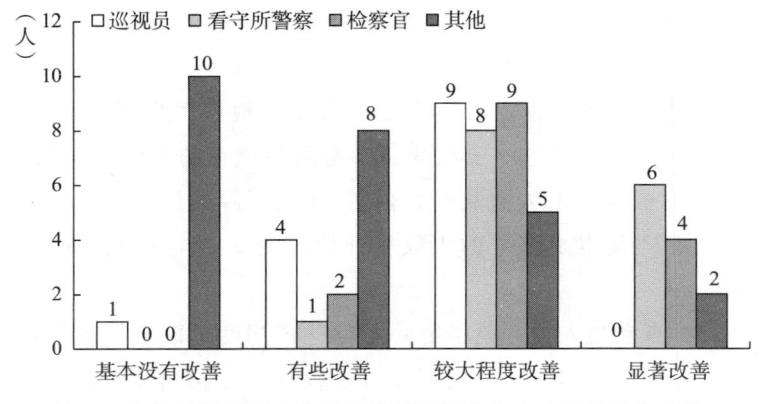

图 17 您认为巡视制度能否促进被羁押人基本生活情况的改善？

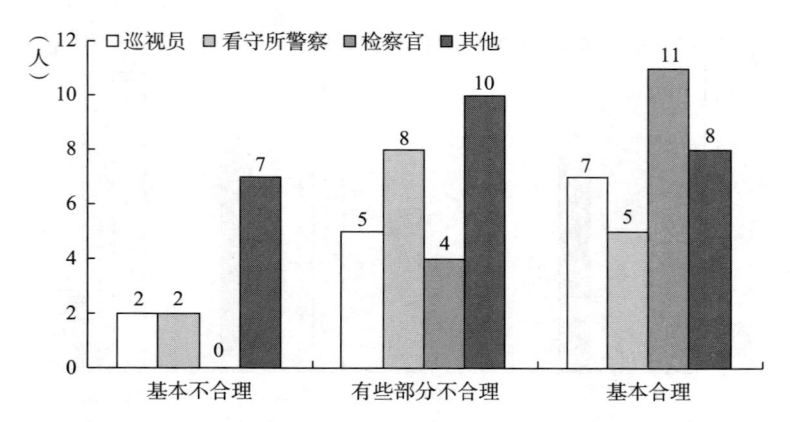

图 18　您认为试点中的巡视员办公室设置、人员组成是否合理？

问题 7：您认为巡视员报告反馈之后问题改进情况如何？（见图 19）

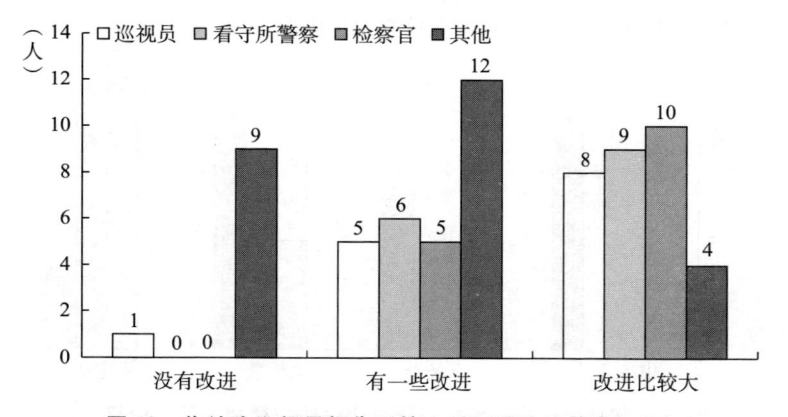

图 19　您认为巡视员报告反馈之后问题改进情况如何？

（2）初步分析

根据上述几组数据，可以得出以下初步结论。

第一，通过试点，巡视员、看守所警察、检察官以及其他外围参与人员对巡视制度的认识进一步加深。参与问卷调查的 69 人当中，对巡视制度"基本不了解"的人数从开始前的 55 人下降到试点结束后的 10 人，而对巡视制度"基本了解"的人数从开始前的 3 人上升为试点结束后的 37 人。

第二，试点参与人员开始了解并相信巡视制度可以有效改善在押人员的羁押待遇，保障他们的生活权利和诉讼权利。参与问卷调查的 69 人中，认为"大致能"和"肯定能"保障在押人员的人身权利人数达53人，占76.8%；认为"大致能"和"肯定能"保障在押人员的诉讼权利人数达53人，占76.8%；认为"较大程度改善"和"显著改善"在押人员的基本生活情况人数达43人，占62.3%。

第三，试点还存在一些需要进一步研究的地方。试点参与人员，尤其是巡视员结合自身的巡视实践对试点提出了有益建议，参与问卷调查的69人中，在目前巡视员办公室设置和人员组成的合理性问题上，认为"基本不合理"的有11人，占15.9%；认为"有些部分不合理"的有27人，占39.1%。在巡视员报告反馈之后问题改进情况的问题上，认为"没有改进"的有10人，占14.5%；认为"有一些改进"的有28人，占40.6%。

（四）巡视制度实施中的问题和完善建议

1. 监督巡视过程中出现的问题

通过对监督巡视员20次巡视后的访谈和对项目实施相关人员的调查问卷，我们发现在已经完成的监督巡视工作中存在以下问题。

（1）监督巡视员技能培训问题

虽然监督巡视员参加了两次培训，但在巡视过程中仍有部分监督巡视员需要在场检察官对有关情况作出解释才能了解相关情况，多数监督巡视员仍然不理解巡视报告中的一些法律专业术语的意思，如对其他强制措施权包括哪些内容，申诉、控告权怎样行使尚不清楚，对在押人员的回答情况也无从进行真伪分析。

部分监督巡视员尚未掌握与在押人员交流的技能，部分访谈流于形式。通过课题组对若干次监督巡视工作的观察，我们发现部分监督巡视员直接把巡视报告中用以提示监督巡视员的语句作为问在押人员的问题。如在基本生活情况部分关于饮食情况一栏，报告中的提示语言为"能否吃饱、吃好；食物是否卫生；特殊饮食需求如生病、民族习惯等能否满足；饮用水情况等"，部分巡视员对此直接引用；而其他一部分监督巡视员则通过"每餐吃什么食物，吃多少，有没有因为吃了食堂的饭菜而拉肚子的情况，生病的时候吃的是什么食物"等问题来了解在押人员的生活饮食的具体情况。

(2) 巡视报告客观性问题

首先，被羁押人员的羁押记录问题。由于看守所不能提供相关的完整记录，监督巡视员无法事先了解被访谈对象的基本情况，也无从了解其所处的诉讼阶段，由于信息不对称，访谈的目的性、针对性大大降低。

其次，访谈对象的随机性问题。由于看守所提供的被访谈名单中已决犯、轻刑犯、未决犯、重刑犯掺杂，监督巡视员巡视时缺少必要信息，在前期的 11 次巡视中，巡视员所选择的访谈对象大多数是已决犯、轻刑犯，巡视员不能对未决犯、重刑犯进行访谈，无法了解这些权利最容易受到侵犯的人基本权利保障情况；鉴于前期的状况，为了能够了解那些权利容易受侵犯的在押人员的权利保障情况，驻监所检察官与看守所负责人进行了适当的变通。在保障监管秩序与巡视员人身安全的基础上，由巡视员自主选择访谈对象，但如果选择的对象为专案或具有极大人身风险性的犯罪嫌疑人，此时看管人员有权要求巡视员更换访谈对象。在后期的多次巡视实践中，看守所干警并没有行使此项权力。

最后，监督巡视工作的安排问题。20 次监督巡视大都在中国人民大学课题组成员陪同下进行，时间安排也以其在 S 市的时间为准，在中国人民大学课题组成员离开 S 市的时间里，巡视员则不能自主巡视。这里需要说明的是，中国人民大学研究小组的介入是项目研究工作的必然要求，为的是在试点开始的初期全面了解试点进行情况、分析存在的问题、不断提出改进方案、与当地合作伙伴协商改进对策。当然，不容否认这样使得巡视时间相对集中，一方面监督巡视员的时间抽不开，巡视的自愿性没有真正实现；另一方面则是巡视报告反映的问题在较短时间里没有得到明显的改善。

(3) 巡视员办公室设置问题

巡视员办公室设置关系到该试点的正常运行。在试点中，鉴于我国检察机关负有法律监督的职责，巡视员办公室设在 B 省 S 市人民检察院，在人民检察院、公安局的领导下开展工作。然而，羁押场所巡视制度的初衷在于建立独立的羁押巡视制度，保障犯罪嫌疑人、被告人的合法权利和人道待遇，让普通民众对被羁押者权利保障和监禁条件感到放心。由于检察机关自身肩负着自侦案件调查取证的责任，有权决定是否逮捕犯罪嫌疑人，故检察机关要顾全自侦案件的侦查和法律监督职能，冲突在所难免，巡视制度的独立性不免受到影响。在试点结束后的调查问卷中，这也成为部分试点参与者的疑虑。①

2. 巡视制度运行的完善建议

结合课题组成员每次巡视后对巡视员的访谈情况与当地合作方以及试点参与人员的建议，总结有以下几个方面完善建议。

（1）构建巡视员相互交流的平台

巡视员需要项目课题组培训巡视技能，更重要的是结合自己的巡视实践探索出一套适合自己的、适合当地的巡视模式，而这需要巡视员之间加强交流和沟通，把自己的巡视心得与其他巡视员分享，取人之长，补己之短。在试点结束之后，在正式推行此项制度时，应该建立巡视员定期或者不定期的交流会，鼓励巡视员积极参与，巡视员一方面可以提升巡视技能，另一方面也可以加深对巡视制度的认识，提出更好的建议，探索一套适合我国国情的巡视模式。项目课题组，尤其是项目的当地合作方要为巡视员之间交流创造机会、提供平台，一则是重视对巡视工作的引导，二则是积极听取各位巡视员来自一线的反映，并采取有效的回应措施，这将有益于羁押工作的合法化、人性化。

（2）保障巡视员巡视的随机性

首先，建立完善的在押人员羁押记录。针对巡视员提出的选择被访谈对象缺乏针对性问题，当地看守所应该着手建立包含每一位在押人员的完整信息的羁押记录，从入所之日起，要为他们建立包括入所时间、入所体检、涉嫌罪名、所处诉讼阶段、有无提外审以及提外审的记录、有无加戴戒具及加戴戒具时间、有无生病及生病的处置、入所后的奖惩等相关信息的记录，在每次巡视前应允许巡视员自主查看，从而为巡视员选择被访谈对象提供基本信息。这样一方面消除了巡视的盲目性，从实质上保障了巡视的随机性，另一方面则可以促进羁押管理工作的规范化、程序化。

其次，保证巡视员巡视时间的自主化。经过试点阶段的熟悉，应该为巡视员创造自主巡视的机会，让巡视员在看守所工作时间里选择自己方便的时间进行巡视。

---

① 详见"试点参与人员对巡视制度的评价"部分中问题6的统计。

(3) 增强巡视员办公室的独立性

巡视员办公室负责日常巡视的安排和巡视员建议的转达，一方面要保证巡视工作的正常、有序开展，降低来自外界的阻力；另一方面要建立巡视工作的专人负责制，使巡视工作尽可能减少人为因素的影响，巡视员所反映的建议要实事求是地向责任单位反馈，并对其改进情况进行监督，把改进情况负责任地向巡视员反馈。对责任单位整改情况的评估应当有提出建议的巡视员参加，巡视员有权发表独立的巡视意见。

五 被羁押人基本生活条件的保障状况与改进

基本生活权利并非一个严格的法律规范概念，它是指维持人的必要的、体面的生活所必需的各种自由权利的总和，主要包括衣、食、住、行、体育锻炼、娱乐、医疗等自由和权利。基本生活权利按有无特定义务主体分类，应为一项绝对权。保障犯罪嫌疑人基本生活权利的理性依据为人道待遇原则，即任何人应享有保障其作为人的基本生活和尊严的权利。保障犯罪嫌疑人基本生活权利的法律依据为无罪推定原则。本项目的目标群体为被羁押的犯罪嫌疑人、被告人、罪犯（主要是指在看守所中短期服刑的罪犯）与侦查人员、看守警察。由于被羁押者的人身自由受到限制，其生活空间被压缩在看守所这一特定羁押场所内，因此其基本生活权利的义务对象就特定化为羁押场所——看守所及看守警察，基本生活权利在此种情况下转化为相对权。

依据看守所条例、看守所条例实施办法和联合国《囚犯待遇最低限度标准规则》之规定，被羁押人应至少享有的基本生活权利详见表1。

表1 被羁押人生活权利

居住	被羁押人犯的居住面积不得少于两平方米，监室通风、采光良好，温度、湿度适宜
饮食	羁押期间的伙食应当按规定标准供应，食品要清洁、卫生，开水要充分供给
衣被	被羁押人可以自备衣服、被褥；如果没有自备，看守所应提供必要的衣服、被褥及其他生活必需品
文体娱乐	每日应有必要的睡眠时间和一至两小时的室外活动；被羁押人应被保障宗教、文化活动的权利和自由
卫生防疫	看守所建立有防疫和清洁卫生制度，食堂与厕所应清洁和卫生

续表

医疗	看守所配备必要的医疗器械和常用药品，被羁押人患病时应当给予及时有效的治疗
个人卫生	看守所应当有供被羁押人沐浴的设施、设备，且应根据季节变化和实际需要，规定被羁押人洗澡、理发、洗晒被服的次数和时间

看守所缺乏透明度是滋生侵犯人权现象的最重要原因。实践中，工作检查式的监督和过场化的在押人员家属座谈会不可能对在押人员的权利保障起到现实作用，往往流于形式，缺乏实效。因此真正让普通公民以巡视员身份进入看守所这个刑事诉讼中最为神秘的场所，无疑具有开创性意义和现实性作用。

基于上述理念和法律规定，巡视制度对在押人员基本生活权利给予了必要和充分的重视，通过巡视活动，巡视员对看守所的羁押条件有了客观的认知和全面的了解，依据现行法律规范和巡视员工作指引之内容，对看守所保障在押人员基本生活权利的状况进行了客观评价并提出了改进的意见与建议。这些巡视员意见经巡视员制度规划的渠道反映到有关部门后，大部分得到了及时妥善的处理。在押人员和巡视员对羁押条件的改善普遍表示肯定。

以下为巡视员经过 20 次巡视对 B 省 S 市看守所在被羁押人生活条件方面的印象、发现的问题以及提出的建议及其反馈情况。

（一）作为试验对象的 B 省 S 市看守所概况

B 省 S 市看守所建于 20 世纪 90 年代初，监室较少，条件相对落后，远远不能满足现在的实际需要。该看守所整体布局是一座二层筒子楼，一楼关押犯罪嫌疑人、被告人和留所服刑人员，二楼目前因新所建设施工停止使用。共有监室 33 间，提审室 4 间，会见室 1 间，监控室 1 间，图书室 1 间，厨房 1 间，医务室 1 间，财物保管室 1 间，干警办公室及休息室若干间。

看守所在 2008 年 3 月至 6 月，平均在押人数 400 人左右，看守所民警 48 名（实需 54 人），其中 2 人长期病休，前勤 26 人，1 名女民警，1 名狱医；后勤雇员 16 人。看守所办公区和监区之间的走廊上贴有完备的工作规范、当日值班备班表等。监区出口有一名民警值勤，负责提审时作出入监区记录。

提审室不隔音，向走廊一侧不透光，没有监视设备，房间内虽然有隔栅，但实际上提审时只用向走廊一侧半区，办案人与在押人员可以直接接触。

会见室相对比较宽敞，中间用玻璃隔开，在押人员与家属无法接触。

监控室监控所有监室、走廊和出入口，有警察 24 小时值班。

图书室图书比较陈旧，没有报纸、杂志。

厨房在监区与看守所办公区之间的几间平房内，开小灶做盒饭的外间清洁、卫生，有青椒、茄子、芹菜等常见蔬菜，有鱼、肉，常见调味品齐全；做窝头和白菜汤等例行食品的里间污水、污渍较多，卫生状况较差，白菜和土豆堆放在地上，给在押人员送菜汤的大桶较脏。

医务室整洁，日常药品种类齐全，常用医疗设备完善，类似一个小诊所。

财物保管室较为整齐，但不清洁。看守所只保管衣服、鞋帽等物品，贵重物品不接受，由办案单位处理。

（二）被羁押人的食物与饮水条件

看守所对在押人员每日供应三餐，时间分别为早晨八点、中午十二点和下午四点。巡视员经询问看守所所长、政委及其他领导，了解到财政对 B 省 S 市看守所拨款标准为每名在押人员每月 120 元，含饮食、维修、交通、医疗等所有费用。巡视员通过详细询问看守所民警、在押人员和进行市场调查，认为以当地的物价水平和生活水平，保障在押人员享有基本体面、有尊严生活所需的人均月生活成本（包括饮食，水，电，煤，气，基本生活用品，厨师、保洁员薪酬等）约为 159.5 元（见图 20）。

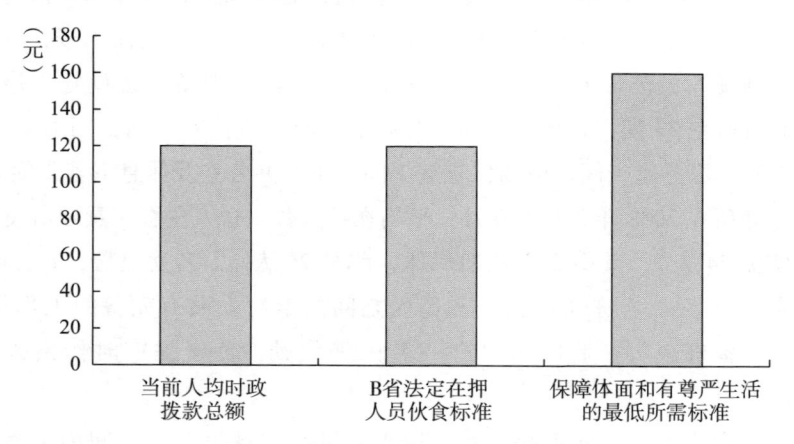

图 20 在押人员人均月生活成本

看守所无偿供应的日常饮食为玉米面窝头和白菜汤，每逢周末、节假日可能改善伙食，改善内容为吃馒头；病号可以单独供应饮食。巡视员还了解到，在押人员本人或亲友可以向看守所"存钱"，这笔钱会划到在押者本人专有的磁卡内，在押者可以用这张卡自己向看守所订购盒饭、点菜、购买日常生活用品等。有偿提供的盒饭为四两米饭和一个菜一份汤，单独点菜的菜品较为丰富，日常餐馆供应的看守所厨房都有供应，价格与社会餐馆相仿。比如，一份红烧肉，普通餐馆价格在18元左右，看守所售价为20元，巡视员认为考虑到看守所地处郊区，交通运输成本有所增加，该溢价属于正常。

20名巡视员中，有19名巡视员对饮食问题进行了关注，其中15名巡视员认为看守所饮食条件尚可，看守所本来就应该与外界有所区别，不然无法体现对在押人员的强制约束特征。在20次巡视员巡视访谈中，几乎所有访谈对象都认为在看守所内能够吃饱，表示饮食条件"可以"，其中16人表示对饮食条件"满意"（16人中有15人为有偿点餐者）。16名巡视员在向巡视员办公室提交的报告中着重提出了看守所饮食问题，认为食物质量较差；5名在报告中认为饮食难以保证基本的营养；5名认为饮食条件不错，粗糙的饮食可以帮助治疗富态病。

经巡视员办公室向看守所传达，这些意见引起了看守所和公安局主管领导的重视。看守所、公安局及检察机关向市政府提交了要求增加拨款提高在押人员给养标准的报告。值得注意的是，两名身份为人大内司委委员的巡视员也向人大常委会单独提交了报告，要求增加对看守所的财政投入。目前这些动议还在运作中，结果尚未直接体现。

巡视员还重点观察了监区厨房，发现厨房分两间，一间做盒饭与菜品，另一间做窝头和白菜汤。19名巡视员认为食堂卫生太差：和面的锅不刷，洗菜盆有污渍，油盆也没有盖子，窗台比较脏；食品器具不卫生、不健全；厨房不通风，水蒸气弥漫；做饭者主要是留所服刑人员，仅有一名厨师是看守所聘请的。建议进一步加强厨房管理，改进卫生环境，防止卫生不好引起各类疾病；厨房必须保持清洁，也得通风。

看守所的饮用水源为看守所内的一眼井，井水抽到水塔后通过封闭管道送往厨房、监室和卫生间，供做饭、饮用、洗漱和冲刷使用。监室内日常无开水供应，但在押人员称井水"口感很好"，看守所干警亦称该处井水符合天然矿泉水标准,洁净卫生。目前开水仅供病号服药饮用。巡视员提出应当按照看守所条例及看守所条例实施办法的规定,敞开供应开水,保障在押人员的饮水卫生和安全。

(三) 被羁押人的住宿与文化娱乐条件

看守所每个监室面积约为30平方米,室内有一张约15平方米的通铺,通铺木板下有暖气散热管。房间供暖良好,但无专门通风换气设备,有一扇窗户可以打开换气。每个监室关押12—22人不等,男女、成年人与未成年人分别关押,未发现有病号专门监室。室内有厕所与自来井水,供日常洗漱、饮用。监室约每周消毒一次。监室内有报警器和对讲设备,紧急情况下室内人员可以随时呼叫管教。在押人员的一日作息时间详见表2。每天早晨在押人员接受由管教民警、驻监所检察官、狱医联合进行的每日例行安全检查,查看看守所卫生、安全隐患,接受申诉、举报和医疗请求等。看守所由于扩建新所而拆除了旧所围墙,因此看守所暂停了放风的安排,在押人员不能出监室。在押人员的主要室内娱乐为看电视,也有少数在押者向看守所管教借阅书刊。

表2 在押人员一日作息时间

时间	内容	时间	内容
6:00—6:30	起床、整理内务	12:00—13:00	午休
6:30—7:00	收听中央人民广播电台新闻	13:00—16:00	学习、劳动
7:00—7:30	就餐	16:00—16:30	就餐
7:30—8:10	学习	16:30—19:00	学习
8:10—8:20	反省、准备迎接安检	19:00—19:30	收看中央电视台新闻
8:20—11:30	学习、劳动	19:30—22:00	洗漱、监室内自由活动
11:30—12:00	就餐	22:00—	就寝

(四) 医疗与防疫

看守所现有狱医一名,公安编制,负责所有在押人员的体检、医疗、疾病预防工作。对于普通病人,一般在每天早晨例行安全检查时接受看病申请,病情轻者一般直接发放对症药品,普通药品一次给1天剂量,过量服用可能对身体造成损害的药品每次只给一次服用剂量,并监视病人服下,防止自杀或自残。病情疑难重大的或者案情重大的特殊病号,经请示看守所领导、办案单位同意后送医院治疗。狱医负责每周消毒,夏季、秋季易发流行病时加大消毒频率。每季度进行一次艾滋病普查,近年来未发现艾滋病感染者。狱医向巡视员介绍说,看守所药品准备比较充足,常用药品和设备齐全,财政每年拨付的医疗费仅 14000 元,实际每年花销在 50000 元左右,不足部分由看守所支付(见图 21)。S 市看守所人均月医疗成本详见图 22。每个在押人员在入所时和被侦查机关"提外审"送回看守所时都要进行体检,一般无明显症状者不作详细记录,有明显症状或声明有病史者着重记录并观察。狱医保证 24 小时紧急情况随叫随到或者随时给出就医建议,几乎全年无休,工作任务非常繁重。

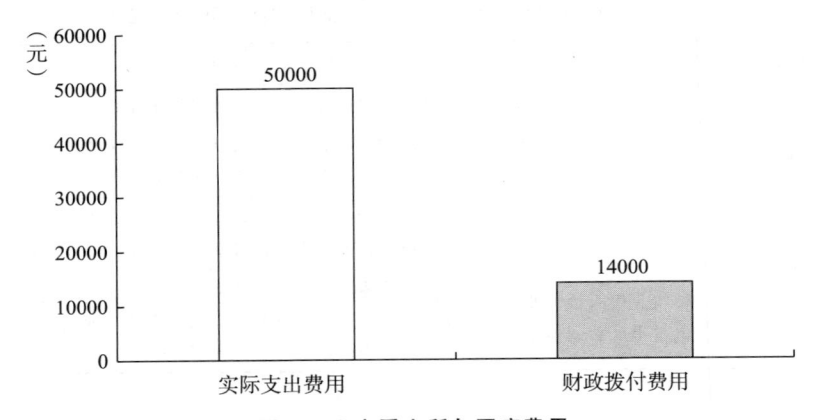

图 21　S 市看守所年医疗费用

巡视员发现了以下问题和着重提出了以下意见:问题一为医务室房间太小,环境较差;问题二为医护人员不足,目前只有 1 人,无休息时间;问题三为医疗器具不全,医疗设备太差,药品不新不全;问题四为体检只做听诊、验血且在押人员不能看到体检报告。巡视员建议:尽快改扩建医疗室或增加医务室房间;医护人员需要增加 2 人以上,轮换休息,提高工作质量,否则在押人员生病很难得到有效医治;医疗设备应更新,药品亦应有足够的保障,需要增加投入;进所体检时应具体些而不应仅仅是询问,必须做乙肝检查、胸透检查、心电检查,防止乙肝、结核、心梗出现;提高医务室处理紧急突发疾病的能力(见表 3)。

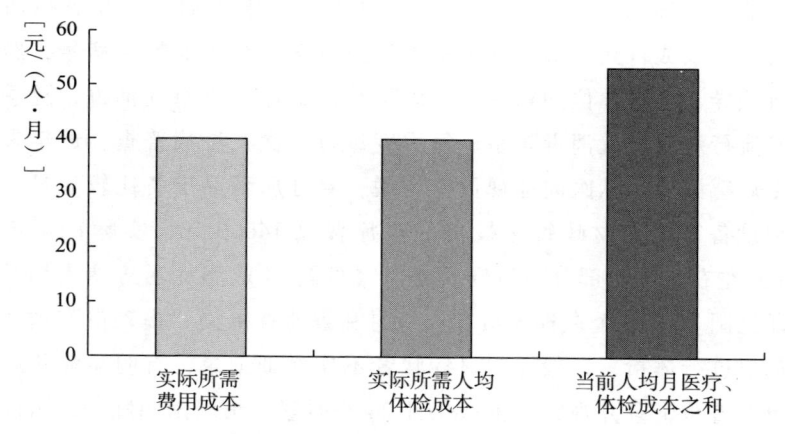

图 22　S 市看守所人均月医疗成本

表 3　巡视员针对看守所医疗与防疫发现的问题和所提建议

关注点	问题	巡视员建议
医务室	医务室房间太小，环境较差	尽快改扩建医务室或增加医务室房间
医生	医护人员不足，目前只有1人，无休息时间	医护人员需要增加2人以上，轮换休息，提高工作质量，否则在押人员生病很难得到有效医治
医疗设备	医疗器具不全，医疗设备太差，药品不新不全	医疗设备应更新，药品亦应有足够的保障，需要增加投入；提高医务室处理紧急突发疾病的能力
体检	体检只做听诊、验血且在押人员不能看到体检报告	进所体检时应具体些而不应仅仅是询问，必须做乙肝检查、胸透检查、心电检查，防止乙肝、结核、心梗出现

（五）对巡视员提出的各项意见的反馈与羁押生活条件的改进

1. 新看守所建设的加快以及建设中对巡视员意见的吸收

为全面提升 B 省 S 市看守所的羁押看管条件，B 省 S 市新看守所已经于 2006 年开始动工建设，总造价 1270 万元，资金由国债补助、地方财政支持、自筹三部分构成，设计条件相对较好，计划 2008 年底投入使用。新所坐西向东，围墙高 5 米，电网护栏，围墙上东南与西北两对角处各设一座武警岗哨。所内 3 排平房，南北走向，以保证全天采光。第一排房屋为 16 间，其中 8 间为提审室和律师会见室，室内钢筋栅栏隔离，有摄像头监控，目的在于防止在提审室内发生刑讯逼供；另外 8 间为看守所民警办公场所，分别为监控室、收押室、医疗室及办公室若干间。第二排、第三排房屋为监室,每排 11 间监室、1 个禁闭室,每间约 40 平方米,设计关押 15 人,有室内卫生间和淋浴设施,房间高 4 米,采光条件好,有专门通风、供暖设备,有监控摄像头。放风处和监室连为一体,防盗门隔开,门锁由看守所管教电子控制开关时间。3 排平房中段由一大过道连通,两侧有谈话室、阅览室、淋浴室。过道尽头,3 排房屋之后为厨房,有自来井水,可以满足病号饭和普通伙食分别供应(见表4)。

表 4 新旧看守所监舍、放风场所对比

	旧所	新所	备注
监舍面积	30 平方米/间	40 平方米/间	设计关押人数均为 15 人
放风场面积	无	36 平方米/间	—
监舍总面积	30×35=1050 平方米	50×22=1100 平方米	—

在新所的建设过程中,通过推行羁押场所巡视制度,根据巡视员反馈的各项意见,B 省 S 市看守所以及公安局已经开始充分吸收巡视员提出的改进羁押生活条件的意见与建议,主要包括以下几个方面。

①增加了被羁押人放风地点的设置;

②增加了被羁押人沐浴设备的安装,提前启用新看守所的厨房,为目前旧看守所中的被羁押人提供餐饮服务。

2. 餐饮条件的改善

在食物与饮水条件方面,看守所接到巡视员办公室转达的巡视员意见后,迅速作出了决策,拆除了旧厨房,投入使用了新厨房;购置了全新的厨房器具;厨房卫生保证每天打扫三次以上,厨具每次使用前和使用后分别刷洗消毒。但对于使用在押人员做饭的问题,看守所表示尚无力解决。因为一是看守所经费短缺,无力聘请多名厨师;二是社会人员进入看守所长期劳动容易利用工作便利给在押人员通风报信。因此,看守所只能从加强教育和监管的角度保证食品卫生状况。从实际效果看,至今没有发生过做饭者过错导致的集体卫生事件。

关于饮水卫生以及供应开水的问题,经巡视员办公室向看守所转达后,看守所领导进行了充分的讨论,最终形成改进意见:增加日常开水供应,但监室内不放置任何保温设备,在押人员每次喝水需向看守管教索要,目的是防止监室内利用开水伤害他人的事件发生。该改进意见得到了在押人员和巡视员的理解和肯定。

3. 住宿与文化娱乐条件的改进

看守所在全体干警大会和领导圆桌会上讨论了这些巡视员意见（见表5），承认这些问题确实存在，肯定巡视员工作的细致性和意见的中肯性。对于监室卫生、通风、消毒等问题，立刻部署改进；对于放风问题，限于场所有限，组织在押人员在可控制条件下分监室进行短时间的室外活动；对于其他问题，暂时因硬件限制不能立即改进，但通过向有关主管机关申请加快了新所建设进程，加班加点，在保证质量和施工安全的前提下赶进度，争取早日使在押人员搬进新所。同时，有两名人大代表向有关机关提出了支持加快看守所施工进度的建议。目前，B省S市政法委和公安局已经向看守所投入了专项资金保证新看守所在2009年入冬前投入使用。

表5 巡视员通过实地观察和访谈，就住宿与文化娱乐方面提出以下巡视意见与建议

关注点	问题	巡视员建议
放风	在押人员活动场所不足，散步场所不足	尽快设置放风场所
纪律	监区内有部分在押人员在没有管教看管的情况下，自由出入	采取相应的防范措施，否则会有一定的潜在危险
监舍空间	监舍人员太多，生活空间狭小拥挤，容易导致矛盾冲突	严格按照看守所条例实施办法，保证人均生活面积不小于2平方米
监舍卫生	监舍卫生条件不太好，虽经常消毒，但有异味	经常消毒和通风、除味
洗浴	洗澡条件不够，没有淋浴和热水	投入专项资金进行改造，保障在押人员的个人卫生
垃圾清理	垃圾筒24小时清倒一次，不卫生	6小时清理一次
书报	图书室书比较少、没有报纸	通过购买或者发起捐助等途径更新图书室书籍，并订阅报纸，保障每一个监舍都有报纸看
电视	监舍有电视，规定晚6点后可以看，但没有规定停止收看的时间	规定关闭电视时间，以免影响休息

4. 医疗条件的改进

对于巡视员提出的医疗卫生条件方面存在的各项问题，看守所方面对增设更多的医务室房间的建议认为很难采纳，目前旧所没有空余房间可供用作医务室，办理提押手续的警官都只能在过道内办公，所以无法解决这

一问题，待新看守所投入使用后这一问题会得到妥善解决，因为新所医务室空间大且规划合理、整洁。对于增加医疗人员的建议，看守所曾多次向B省S市公安局和B省S市人事主管部门打过报告，要求增加狱医人数，但都没有解决，原因是真正的有公安编制的医学专业毕业生非常稀缺，一般不愿意到看守所这样的单位工作，而社会上聘请的医生往往会给在押人员通风报信，导致串供、翻供现象的发生，给办案单位造成非常大的困难，所以这一问题非常难以解决，需要各方共同的努力。对于增加医疗投入问题，看守所已经开会计划从在押人员劳动收入中抽取部分用作医疗支出，保证药品的及时更新和充足供应。对于建立专业体检程序的建议，看守所目前尚缺乏专业的体检设备，因此体检只能以目测为主，而且，一名狱医确实没有充沛的精力进行较为完善的体检，看守所表示，他们将和主管机关、狱医及当地医院共同探讨解决的方案。

六 被羁押人的诉讼权利保障

（一）权利的告知

犯罪嫌疑人、被告人有权知悉享有的诉讼权利以及如何行使这些诉讼权利，例如聘请、会见律师，申诉和控告的权利，申请变更强制措施的权利，等等。犯罪嫌疑人、被告人享有被告知权，被告知权是犯罪嫌疑人、被告人维护自己合法权益、与刑讯逼供等酷刑作斗争的有力武器。刑事诉讼法第33条规定："公诉案件自案件移送审查起诉之日起，犯罪嫌疑人有权委托辩护人。自诉案件的被告人有权随时委托辩护人。人民检察院自收到移送审查起诉的案件材料之日起三日以内，应当告知犯罪嫌疑人有权委托辩护人。人民法院自受理自诉案件之日起三日以内，应当告知被告人有权委托辩护人。"除此之外，《人民检察院刑事诉讼规则》、《公安机关办理刑事案件程序规定》以及看守所条例等都明确规定了被羁押人员享有被告知其所享有的诉讼权利的权利。相关国际性文件中，对告知也有明确的规定。例如，联合国《关于律师作用的基本原则》在第5条对犯罪嫌疑人应当享有被告知的权利作了规定，各国政府应确保由主管当局迅速告知遭到逮捕或拘留，或被指控犯有刑事罪的所有的人，他有权得到自行选定的一名律师提供协助。《公民权利和政治权利国际公约》第14条第3款（甲）规定，迅速以一种他懂得的语言详细地告知对他提出指控的性质和原因；（乙）规定，有相当时间和便利准备他的辩护并与他自己选择的律师联络。

1. 巡视访谈关于告知情况的基本数据

（1）被访谈人构成情况

在课题组进行的5次试巡视和巡视员进行的20次正式巡视过程中，共访谈了28名犯罪嫌疑人、被告人或留所服刑人员，其中处于侦查、审查起诉阶段的7人，审判阶段的1人，留所服刑阶段的20人（见图23）。

（2）被访谈人文化程度见图24。

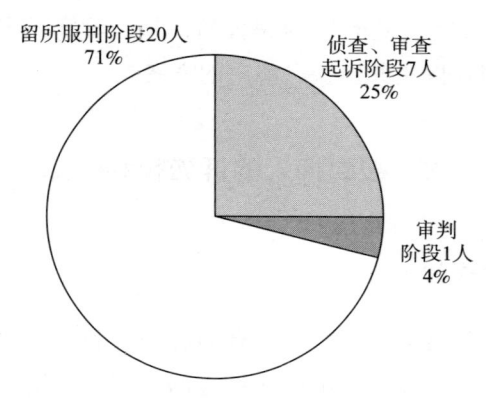

图23　被访谈人构成情况

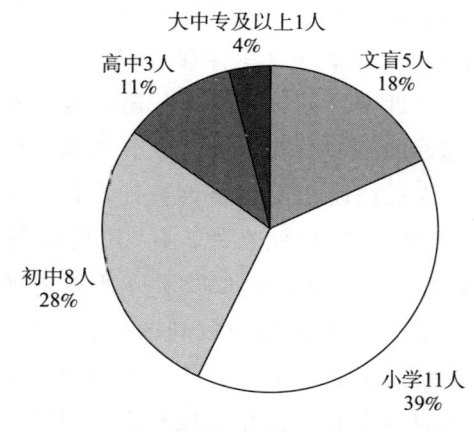

图24　被访谈人文化程度情况

（3）被访谈人是否被告知其享有的相关诉讼权利？（见图 25）

（4）告知时是否存在书面告知？（见图 26）

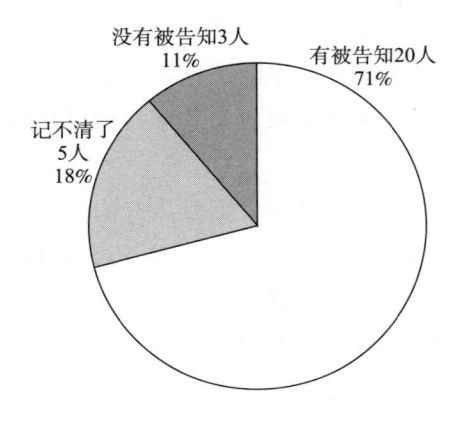

图 25 被访谈人是否被告知其享有的相关诉讼权利情况

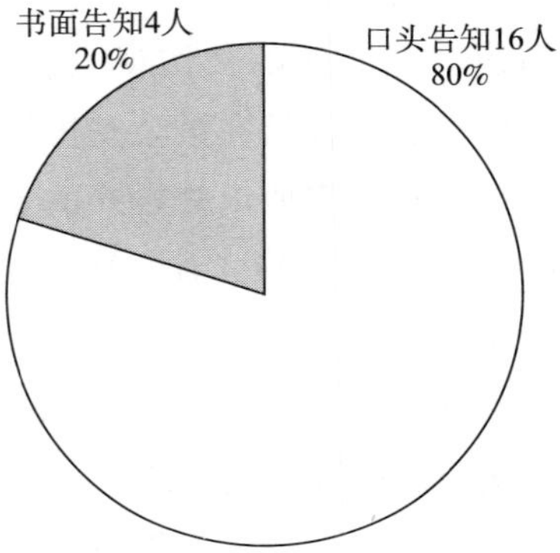

图 26 告知时是否存在书面告知情况

（5）是否理解其享有的诉讼权利，以及知道如何行使？（见图 27）

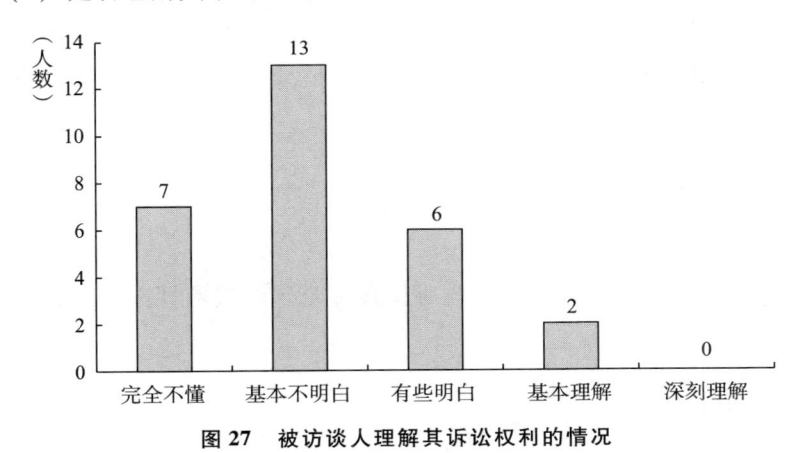

图 27 被访谈人理解其诉讼权利的情况

2. 初步分析

根据上述几组数据，可以得出以下初步结论。

（1）犯罪嫌疑人、被告人以及留所服刑人员的文化水平普遍偏低。在试点过程中，28 名被访谈人员大都是随机抽取的，而且有一部分还是表现比较好的积极分子，所以基本上代表了试点单位关押人员的一般文化水平。在 28 名被访谈人员中，初中及以下文化程度的有 24 人，占所有被访谈人员的

85%，其中文盲有 5 人；高中及以上学历的仅有 4 人，只占总人数的 15%。

（2）有些犯罪嫌疑人、被告人或留所服刑人员没有被告知其享有的相关诉讼权利。试点过程中，课题组分别选取了处于不同诉讼阶段的人员进行访谈，有 29% 的被访谈人员没有被告知其享有的诉讼权利，还有将近 10% 的被访谈人员在被公安机关拘留、逮捕时没有被告知其享有的诉讼权利，而是在看守所内被告知的。

（3）告知的形式存在瑕疵，主要是通过口头告知，而且告知的方式比较简单。在 20 名被告知晓诉讼权利的受访人员中，只有 4 名被访谈人员提到被书面告知，占 20%；剩余的 16 名被访谈人员说没有书面告知，只是简单的口头告知，占 80%。考虑到被访谈人员文化程度比较低，采用书面告知不太现实，口头告知更方便易懂。但通过巡视员反馈的信息来看，看守所干警、刑警大都是简单地宣读一下其享有的诉讼权利，并不深入地解释这些权利的内涵与行使方式。访谈中，只有 2 人认为基本理解其享有的诉讼权利及行使方式，有些明白的有 6 人，基本不懂和完全不懂的有 20 人。所以，被羁押人员对被告知的内容的理解还是存在较大问题的。巡视过程中，有的巡视员指出："建议市检察院早日与公安局一起印制告知羁押人员'权利'和检察官职能的小册子。"

（二）申诉、控告权

1. 基本数据

（1）2006 年 7 月至 12 月驻监所检察室收到的被羁押人员申诉、控告数量见图 28。

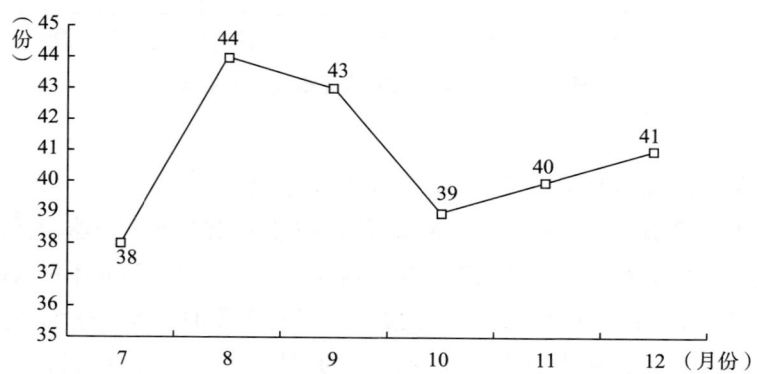

图 28　2006 年 7 月至 12 月驻监所检察室收到的被羁押人员申诉、控告数量

（2）2007年7月至12月驻监所检察室收到的被羁押人员申诉、控告数量见图29。

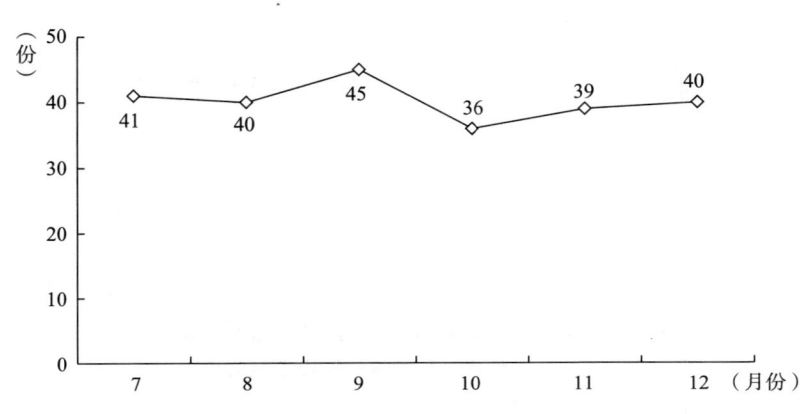

图29 2007年7月至12月驻监所检察室收到的被羁押人员申诉、控告数量

（3）2008年7月至12月驻监所检察室收到的被羁押人员申诉、控告数量见图30。

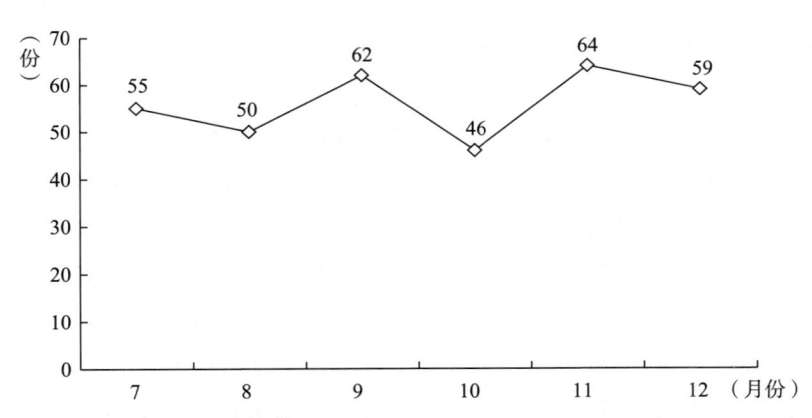

图30 2008年7月至12月驻监所检察室收到的被羁押人员申诉、控告数量

（4）2006年、2007年和2008年7月至12月驻监所检察室收到的被羁押人员申诉、控告数量对比见图31。

2. 初步分析

（1）2006年7月至12月与2007年7月至12月，驻监所检察室收到的被羁押人员申诉、控告的数量，大体持平。2006年7月至12月的控告、

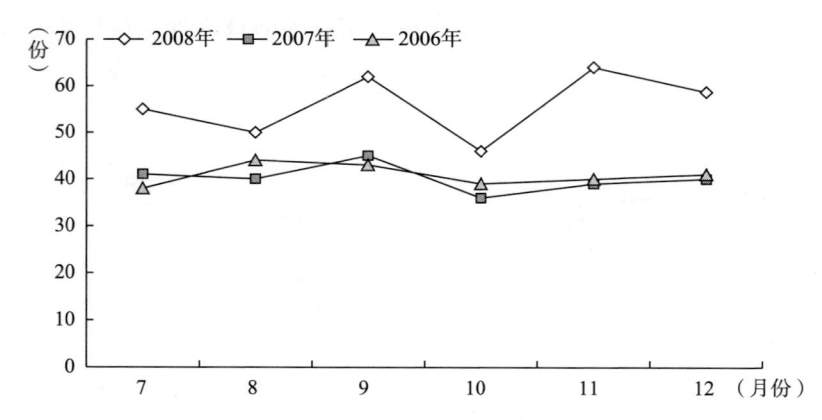

```
份
70  ─◇─ 2008年  ─■─ 2007年  ─△─ 2006年
60
50
40
30
20
10
 0
    7      8      9      10     11     12  （月份）
```

图31 2006 年、2007 年和 2008 年 7 月至 12 月驻监所检察室收到的
被羁押人员申诉、控告数量对比

申诉数量是 245 份，平均每个月 41 份；2007 年 7 月至 12 月的控告、申诉数量是 241 份，平均每个月 40 份。近三年来看守所的日常羁押人数维持在 400 人左右，没有较大的变化，所以 2006 年、2007 年大体持平。

（2）2008 年 7 月至 12 月即试点项目运行的时间段中，收到的被羁押人员申诉、控告的数量，较之 2006 年、2007 年有较大的增加。2008 年 7 月至 12 月的控告、申诉数量是 336 份，较之 2006 年、2007 年分别提高了 37% 和 39%。2008 年看守所羁押人数没有大量的增加，仍维持在 400 人左右的规模，所以 2008 年被羁押人员申诉、控告的数量显著增长。

（3）羁押场所巡视制度是促进这种增长的主要原因。考察近三年来看守所的变化，发现看守所近三年来，除去每年例行的打击"牢头狱霸"、"清理超期羁押"等活动，并没有深刻的变革。除去个别被羁押人员无理纠缠外，羁押场所巡视制度应该是促进这种增长的主要因素。2008 年 7 月，羁押场所巡视制度正式在市看守所试点，经过半年 5 次试巡视和 20 次正式巡视，被羁押人员权利意识显著提高，更加关注自己的权利保障，从而使控告、申诉数量在近半年内显著增加。

（三）项目对象对巡视制度能否保障被羁押人员诉讼权利的态度

1. 基本数据

（1）巡视员认为巡视制度能否保障被羁押人员诉讼权利？（见图 32）

（2）检察官认为巡视制度能否保障被羁押人员诉讼权利？（见图 33）

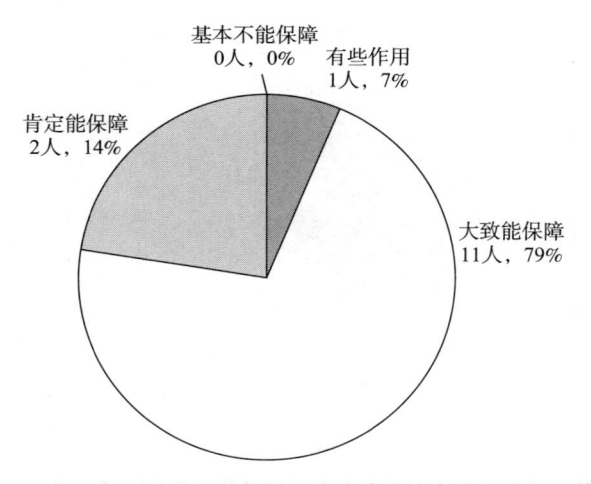

```
                    基本不能保障  有些作用
                    0人，0%      1人，7%
        肯定能保障
        2人，14%

                                  大致能保障
                                  11人，79%
```

图 32　巡视员认为巡视制度能否保障被羁押人员诉讼权利情况

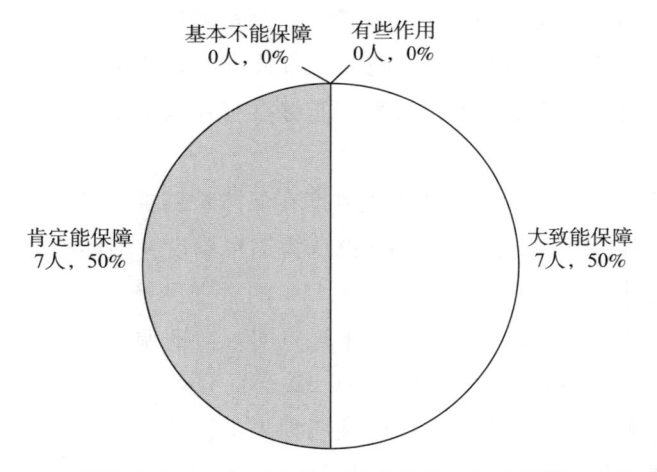

```
                    基本不能保障  有些作用
                    0人，0%      0人，0%

        肯定能保障              大致能保障
        7人，50%                7人，50%
```

图 33　检察官认为巡视制度能否保障被羁押人员诉讼权利情况

（3）看守民警认为巡视制度能否保障被羁押人员诉讼权利？（见图34）

2. 初步分析

（1）巡视员对羁押场所巡视制度在保障被羁押人员诉讼权利方面持乐观态度。在14份问卷中，选择"肯定能保障"与"大致能保障"被羁押人员诉讼权利的有13人，占93%。巡视员是羁押场所巡视制度的核心，他们深入地参与了这项制度，并为本制度的运行提出了宝贵的建议。通过多次参与本制度的实践，绝大多数巡视员认为羁押场所巡视制度是切实可行的，能有效保障被羁押人员的诉讼权利。

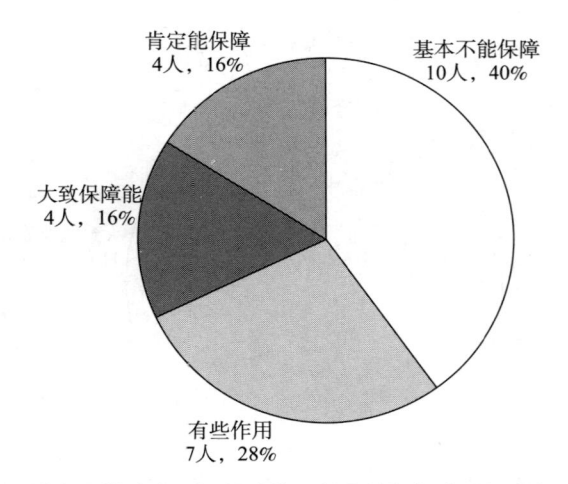

图中:
- 肯定能保障 4人，16%
- 基本不能保障 10人，40%
- 大致保障能 4人，16%
- 有些作用 7人，28%

图34　看守民警认为巡视制度能否保障被羁押人员诉讼权利情况

（2）检察官对羁押场所巡视制度在保障被羁押人员诉讼权利方面也多持乐观态度。检察院与看守所一道在推进此项试点改革的活动中，深刻地认识到羁押场所巡视制度的优越性，能够更有效地保障被羁押人员的诉讼权利。

（3）看守民警对羁押场所巡视制度在保障被羁押人员诉讼权利方面持怀疑态度。在 25 份问卷中，有 10 份认为巡视制度并不能有效发挥保障被羁押人员诉讼权利的作用，占 40%；32% 的看守民警对巡视制度持乐观态度。本次试点单位即在看守所，与本试点实施前的调查相比，此次支持巡视制度的看守民警的比例大约提高了 10 个百分点。经过 20 次正式巡视，看守民警也看到了巡视制度在保障被羁押人员诉讼权利方面的努力，巡视制度正在稳步推进。

（四）人身权利保障

1. 入所体检情况

（1）巡视访谈关于入所体检情况的基本数据

·被访谈人员男女比例见图 35。

·入所后是否进行过体检见图 36。

·入所后何时进行体检见图 37。

·体检内容见图 38。

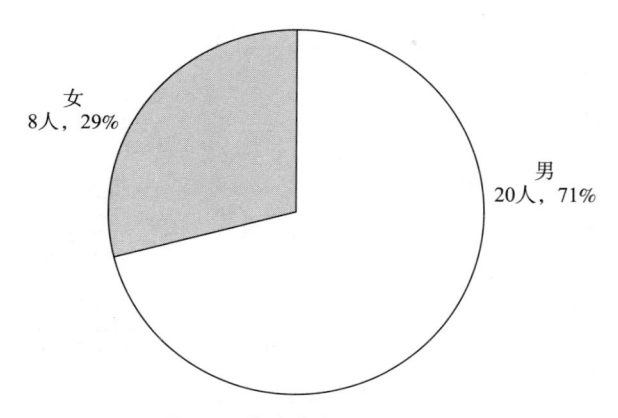

图 35　被访谈人员男女比例

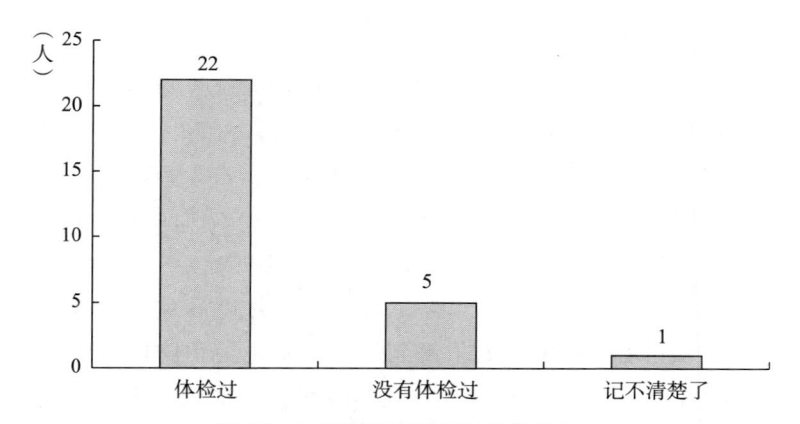

图 36　入所后是否进行过体检情况

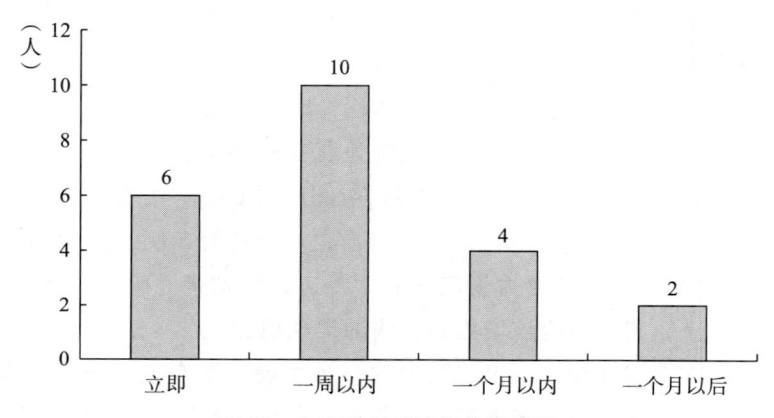

图 37　入所后何时进行体检情况

图 38　体验内容

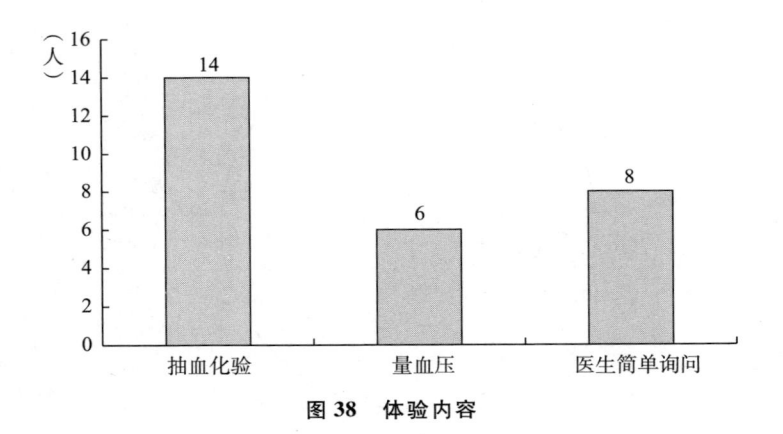

（2）对体检情况的初步分析

根据上述几组数据，可以初步得出以下结论。

其一，入所时，狱医并没有对所有的被羁押人员进行体检：在课题组选取的 28 名被访谈人员中，有 22 人进行过体检，占 78.6%；没有接受体检的，有 5 人，占 17.9%；记不清楚的，有 1 人，占 3.5%。

其二，对被羁押人员的体检，不是非常及时：入所时立即进行体检的只有 6 人，占 27.3%；一周以内进行体检的有 10 人，占 45.5%；一个月以内进行体检的有 4 人，占 18.2%；入所一个月以后才进行体检的有 2 人，占 9%。从市看守所狱医处了解到，医务室主要预防的是结核病、肝病、艾滋病等传染性疾病，和检查收到的被羁押人员的外伤情况等。传染性疾病，由于传染性比较强，患者需要单独监管，如果不能及时确诊的话，不仅容易造成单位整体感染，造成严重后果，而且也不利于被羁押人员的人身保护。而且，对于公安机关提外审的犯罪嫌疑人，如果受到办案机关的刑讯逼供，也需要及时地进行体检，以保存证据。

其三，体检种类比较单一，只有抽血化验、测量血压和医生简单询问三种。在 22 例体检中，抽血化验的有 14 例，占 63.6%；测量血压的有 6 例，占 27.3%；医生简单询问以前是否有过病史的有 8 例，占 36.4%。有的巡视员提出，"现在心脑血管疾病非常普遍，特别是心脏病，发病突然，而且后果严重，我们也应该增加心脏病的常规检测"。

体检存在上述问题，不仅与当地的经济发展水平有关，还与人事编制有关，整个看守所只有一名狱医，看守所日常在押人员维持在 400 人左右，一名狱医忙不过来，有时候只能简化处理了。在巡视过程中，很多巡视员提出了狱医数量严重不足的问题，有的巡视员甚至提出"至少要有三名狱医"等。在巡视员的不懈努力和有关方面的领导下，市公安局已经开始重新增加编制和经费，保证狱医的工作。

2. 项目对象主体对巡视制度保障被羁押人人身权利作用的态度

（1）巡视员认为巡视制度能否保障被羁押人员人身权利？（见图39）

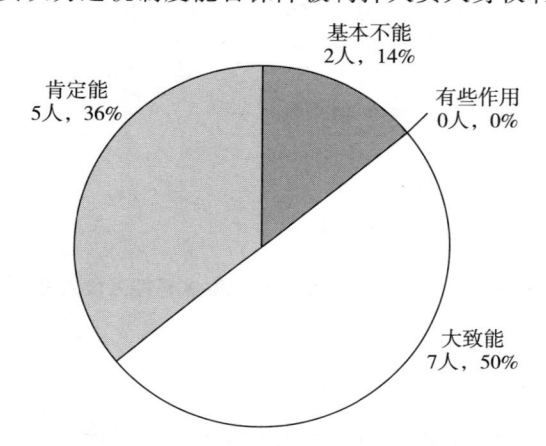

图39　巡视员认为巡视制度能否保障被羁押人员人身权利情况

（2）检察官认为巡视制度能否保障被羁押人员人身权利？（见图40）

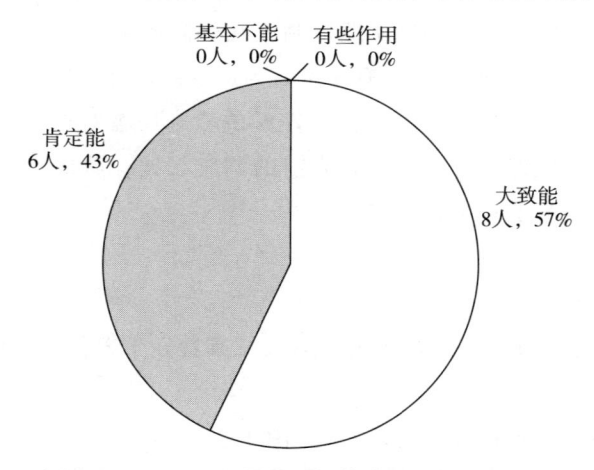

图40　检察官认为巡视制度能否保障被羁押人员人身权利情况

（3）看守民警认为巡视制度能否保障被羁押人员人身权利？（见图41）

（4）初步分析

第一，巡视员对羁押场所巡视制度在保障被羁押人员人身权利方面持

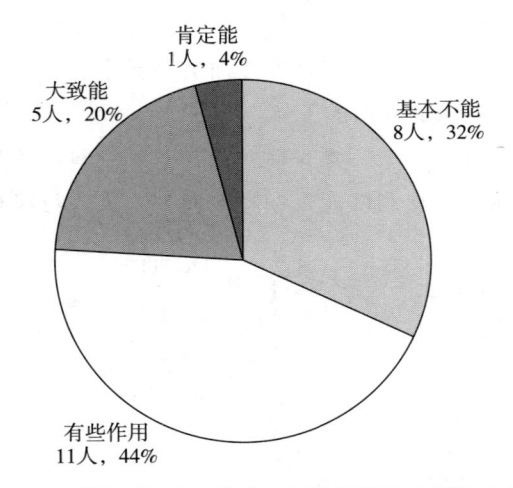

```
          肯定能
          1人, 4%
大致能                  基本不能
5人, 20%                8人, 32%


       有些作用
       11人, 44%
```

41 看守民警认为巡视制度能否保障被羁押人员人身权利情况

乐观态度。在 14 份问卷中，选择"肯定能"与"大致能"保障被羁押人员诉讼权利的有 12 人，占 86%。

第二，检察官对羁押场所巡视制度在保障被羁押人员人身权利方面也持很大的乐观态度。他们认为羁押场所巡视制度能够更有效地保障被羁押人员的人身权利。

第三，看守民警对羁押场所巡视制度在保障被羁押人员人身权利方面持怀疑态度。在 25 份问卷中，有 8 份认为巡视制度并不能有效发挥保障被羁押人员诉讼权利的作用，占 32%；24% 的看守民警对巡视制度持乐观态度。本次试点单位即在看守所，与先前的调查相比，此次支持巡视制度的看守民警大约提高了 6 个百分点。

3. 人身安全保障情况

（1）基本数据

①进入诉讼程序以来，是否被办案人员或看守干警打骂、体罚过？（见图 42）

②打骂体罚发生在哪个阶段？（见图 43）

③监舍内是否发生过打架斗殴？（见图 44）

（2）市看守所在预防刑讯逼供、打架斗殴方面的努力

为了杜绝刑讯逼供、"牢头狱霸"，有效地保障被羁押人员的人身权利，市看守所着重从如下几个方面来强化自己的工作。

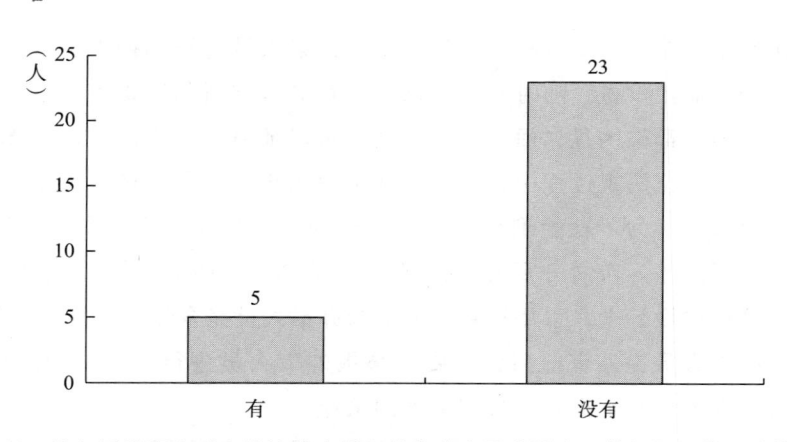

图 42　进入诉讼程序以来被访谈人是否被办案人员或看守干警打骂、体罚过情况

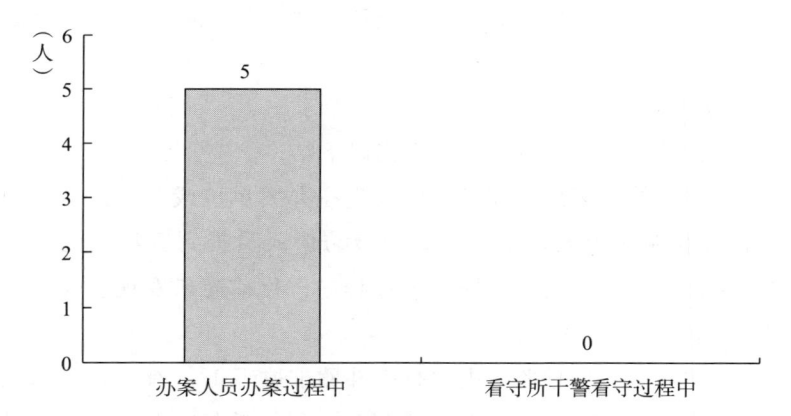

图 43　对被访谈人的打骂体罚发生阶段

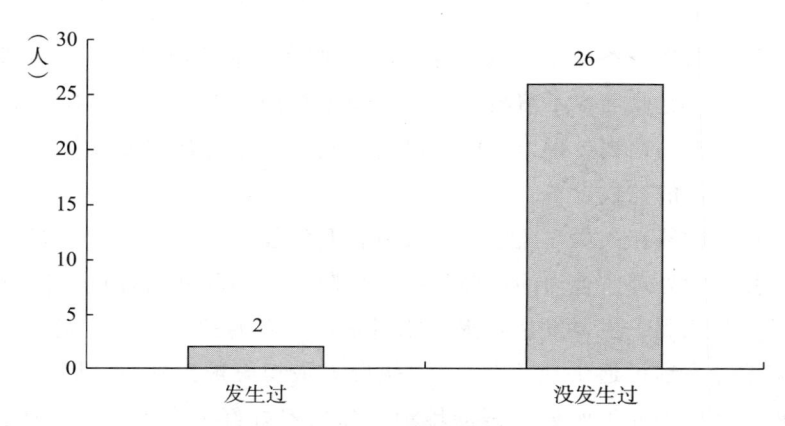

图 44　监舍内是否发生过打骂斗殴

①在审讯室里，安装隔离设备，保证办案人员与被羁押人员没有身体接触；安装监控设备，随时监控审讯室。在老看守所的审讯室中，虽有隔离装置，但大都被闲置，而且办案人员也可以随时进入隔离室内，无法防止刑讯逼供。在巡视过程中，很多巡视员提出审讯室的隔离不彻底，难以杜绝刑讯逼供。为了杜绝刑讯逼供，被羁押人员应与办案人员完全隔离、走不同的通道等。市看守所在认真研究的基础上，吸收了巡视员的建议，在新看守所的设计上，采用被羁押人员与办案人员完全隔离的方案。

②办案人员提外审前后，都要对被提外审人员进行简单的健康检查，防止被羁押人员在被提外审过程中被刑讯逼供。

③监舍里，安装监控设备，干警还要24小时值班巡视，发现突发情况后，也有应急预案。每年开展一到两次打击"牢头狱霸"活动，建设"和谐监室"。

（3）初步分析

根据上述几组数据，可以初步得出以下结论。

第一，打骂体罚等刑讯逼供主要发生在办案单位或办案人员提外审过程中。在28位被访谈人员中，有5位被访谈人员提到曾经受到过打骂体罚，这5例都发生在办案机关提外审过程中，目前尚未发现看守所干警对被羁押人员有打骂体罚等行为。

第二，看守管教处理监舍内的打架斗殴非常及时。有2位被访谈人员提到，监舍内有时候会发生打架斗殴现象，但管教都会及时处理，没有发生大的事情。

第三，监控设备老化。监区内有26个监舍，而监控室内只有两部老式显示设备，而且画面也不清晰，监控视角不全面，需要经常切换才能监控整个监区。有的巡视员提出了监控设备老化的问题，建议要增加投入，购置一套更先进的监控设备。

最后，被羁押人员在监区内的人身权利能够得到有效保障，而且看守管教也能及时处理监舍内的打架斗殴，保障监舍内的和谐环境。侵犯被羁押人员人身权利，主要发生在提外审过程中。有的被访谈人员提出，"提外审多数存在刑讯逼供现象"。犯罪嫌疑人最担心被提外审，因为一旦被提外审，他们即处于四处无援的境地，如果不好好配合侦查人员的讯问，即使是合理的辩解，也被认为是态度不好而遭受不同程度的刑讯；多数律师也反映在会见过程中，经常有犯罪嫌疑人提出遭受刑讯的情况，有时还可以看到犯罪嫌疑人身上存在外伤；看守所干警、狱医表示，在接收提外审后的犯罪嫌疑人时，经常看到他们身上存在不同程度的外伤。

七 研究的主要结论与反思

羁押场所巡视制度试验过程充分表明了该制度对于实现健全看守所的外来监督、增强看守所的透明度、提高被羁押人生活待遇以及法律权利保障水平等制度建设目标的积极功用。羁押场所巡视制度最为鲜明的优势在于能够将加强看守所外来监督、增进看守所透明度与传递看守所文明执法的积极信息两项功用结合起来。同时羁押场所巡视制度具有较强的本土适应性，尽管羁押场所巡视制度是《联合国反酷刑公约》任择议定书中规定的一项国际性推广制度，经过试验我们发现这些制度在我国具有较好的生长土壤与条件，容易为司法、执法人员所接受，并非完完全全的舶来品。首先，党的十七大提出了"确保权力正确行使，必须让权力在阳光下运行"的目标，增强权力行使的透明度已经成为当前政务改革、司法改革的重要方向。其次，1992 年通过的《中华人民共和国全国人民代表大会和地方各级人民代表大会代表法》明确规定，人大代表可以对本级或下级国家机关和有关单位的工作进行视察。1997 年 1 月 15 日公安部专门发布了《关于主动接受人大、政协对看守所工作检查监督问题的通知》，其中第 3 条专门规定了人大代表、政协委员对羁押场所的巡视制度，"本级或上级人大、政协派出的视察、检查团、组，随时可以视察看守所、听取工作汇报，同民警座谈、检查监室、查阅人犯档案、检查人犯的生活卫生等，对要求上诉、申诉、控告和诉说冤屈、超期羁押的人犯，可以谈话询问"。上述政策与法律、法规已经为羁押场所巡视制度创造了必要的实施环境乃至成为制度的雏形，羁押场所巡视制度一诞生就很好地与国情结合了起来。最后，羁押场所巡视制度体现的依靠民众参与司法管理的理念符合当前我国司法改革的发展趋势。近年来，围绕着人民司法、平民司法的改革理念，人民法院、人民检察院、公安机关先后通过人民陪审员制度、人民监督员制度、特邀监察员制度等改革举措逐步强化人民群众对司法管理的参与、决策，应当说公众的参与已经成为司法机关问计于民，进一步深化司法体制改革的一项重要举措，而由于羁押场所巡视制度十分契合目前这种司法改革的发展态势与方向，其引入、推广进程具有较强的宏观适应性。

在此次羁押场所巡视制度试验过程中，我们也发现了一些该项制度亟待完善之处以及需要进一步深入思考的问题，在此提出来，期待着学术界与实务界共同考虑。

其一，就巡视员的基本职能来看，在本试点中制度作用的发挥在被羁押人生活条件的改善方面作出的贡献远远大于对于被羁押人诉讼权利保障的促进与完善，也就是说，巡视员看到、想到并提出的许多问题、建议与被羁押人的日常生活条件紧密相关，对诉讼权利的关注程度远远不够，如前文研究显示，在开展试验的6个月中，从第一次巡视至最后一次巡视，巡视员对在押人员诉讼权利保障状况的满意度调查表明，巡视员对诉讼权利的保障情况一直都比较满意，这一点与巡视员对看守所基础条件、被羁押人日常生活条件作出的评价形成了鲜明的对比。然而，研究人员在陪同巡视过程中发现，巡视员对很多诉讼权利的含义以及法律规定的程序知之甚少，巡视员在对诉讼权利的具体要求、标准没有充分理解与掌握的前提下，得出诉讼权利保障状况良好的结论值得怀疑。这一主观判断性结论的得出显然与判断人所持的内心标准息息相关，在不了解诉讼权利具体要求的情况下，内心判断标准必然降低，从而得出较高的评价结果。而加剧这一问题的另外一个因素是被羁押人或者说被巡视员访谈的人员自身由于文化程度的限制对诉讼权利也没有清晰的认识，或许他们认为只要不被体罚、打骂就算是诉讼权利得到了保护。因此，在被羁押人、巡视员对诉讼权利缺乏一定基本知识的情形下，巡视制度很难对诉讼权利的保障发挥应有的制度功用。未来开展巡视制度试点的过程中，应当着重加强对巡视员法律知识以及诉讼程序知识的培训，使他们作为非法律人能够掌握一定的法律知识甚至是了解一些执法实践的问题、实际运行状况。

其二，巡视制度作为一项植根于社会公众的制度设计，其生命力应当着重体现在人民群众或者社会公众对执法机关的监督与支持，其作用应当是双向的，既要监督执法，又要支持执法实践。所谓监督执法容易理解，但对支持执法实践的作用，试点参与人员的理念认识存在一定差距，试点运行期间，这种支持作用虽然有所体现，但并没有带来直接、现实的效果。所谓的支持作用主要体现在巡视制度有助于传达执法过程中严格执法、保护公民权利的积极信息，对执法过程给予客观、全面、中立的评价并将这种评价传递给社会；同时支持作用也可以表现在通过巡视员反映的问题为执法机关改进执法条件赢得更多的社会与政府的支持。在试点过程中，限于试点的范围与持续时间，项目组并没有向社会公开宣传巡视制度与巡视员反馈的各种改进意见以及其对看守所执法状况的评价，所有巡视员的工作成果均存放于巡视员办公室，没有对外公布。这种做法实际上限制了巡视制度对执法部门支持作用的充分发挥。虽然巡视员通过其个人的人大代表、政协委员身份，巡视员办公室也通过系统内的报告途径向当地党委、政府提出了加大对看守所支持力度的建议与意见，相关领导部门也在积极考虑这些意见，但支持的力度没有达到预期的目标。巡视制度植根于社会，其社会动员作用如何充分发挥，值得我们深思。

其三，巡视制度切切实实地提高了当地看守所监管水平与被羁押人的待遇，比如上文的分析显示，对看守所现有基础设施条件与生活条件的评价，与巡视制度推行前相比，巡视制度推行后上升了20—30个百分点，这表明巡视员对看守所在现有条件下，尽力、逐步改进基础设施条件与在押人员生活条件方面作出的努力表示了积极的肯定。同时根据研究人员的观察，看守所警察、检察官对于这些制度的接纳程度也随着制度的运行在逐步提高；执法人员与巡视员之间的信任程度发生了质的变化，在后期的巡视中，巡视员的工作受到的支持力度已经完全达到项目设计之初的预期。

其四，试点运行中的领导者意志与基层执法人员的认识之间的差距大小和相互磨合程度是试点运行中决定试点能否成功、在多大程度上取得成功的一项重要因素。在过去的两年多时间里，B省S市委、市政府、市人民检察院、市公安局中一批有创新意识的领导者对项目开展给予了竭尽全力的支持，应当说他们的决策在今天看来是正确的、符合历史发展方向的，但同时也是充满挑战与风险的。领导者的意志在执法实践中的贯彻并不是一帆风顺的，试点的运行时时刻刻面临着来自基层执法人员及其固有思维的限制，试点运行的全过程充分体现了实践使人的思想产生的改变，基层执法人员对试点的抵制、消极态度随着试点进行逐步被化解，试点成果的逐步显露也进一步强化了领导者坚持最初决策的信心。这一博弈过程为我们在项目研究之外提出了一个值得深思的问题：法治的进程强调规则的治理，然而，规则治理的开始往往又需要英明的领导者的决策作为前提，如何既成功地创造规则治理的前提，而又不因领导者意志的介入影响法治的进程？

其五，巡视主体的选择与权力制约。在西方国家的制度设计中，巡视员从社会公众中选出，而目前我国现有巡视制度产生的源泉在于宪法所规定的各级人大、政协对行政机关的监督，虽然沿袭目前的制度设计可以更为简便、迅速地引入羁押场所巡视制度，但我国目前这种羁押巡视员的选择方式也存在一定的局限性。比如当前相当比例的人大代表、政协委员是具有一定领导职务或者经济地位的企事业单位领导人员，原有的本职工作以及领导职务已经令大部分代表、委员十分忙碌，如何保证从这些人群中遴选出的巡视员能够有充足的时间与精力从事巡视是目前这种制度设计中需要着重考虑的问题。如果不沿用现有的成型制度而是从社会公众中遴选巡视员，另外一个问题也不容忽视：长期以来国家权力包揽一切导致我国市民社会的发育进程缓慢，同时经济条件、宗教信仰方面的特殊国情也使得西方社会盛行的志愿者文化在我国显得相对陌生与欠缺。在这种情况下植根于志愿者文化与市民社会的巡视员制度也就缺乏足够充分的生长土壤。如果选择不利用人大、政协的既有制度资源，如何在缺乏制度生成土壤的国度培植出独立的巡视制度就成了一个短期内不易解决的制度性困境。

如何制约巡视员权力的行使、确保其巡视权力不被滥用也是需要在进行制度设计时同步考虑的问题。① 比如由于巡视时，陪同的执法人员应在看得见但听不见的范围内监视巡视员与被巡视人的谈话，如何防止巡视员在巡视中与被巡视人私下串通案情、传递口信与物品？在许多熟人社会为主的地区推广羁押场所巡视制度，如何防范巡视权力可能被滥用的弊端就是一个西方国家制度设计时相对忽略但在我国进行制度移植时所必须慎重考虑的一个问题。

其六，受制于经济条件、传统观念，制度目标的实现也存在困难。巡

---

① 西方国家城市化程度较高，巡视员巡视的场所多位于陌生人居多的城市，巡视员与被巡视人之间发生权力交易的概率十分渺茫，同时巡视员组织机构的独立性、职业化程度都比较高，通过经常性的培训与职业道德教育巡视员的自律意识都比较强，综合种种因素，巡视员以权谋私的现象极为罕见，相应地对巡视员约束制度并不是制度建设与探讨的重点所在。

视制度的最终目标是逐步改进羁押条件、提高被羁押者的待遇与权利保护状况，其中既包括执法态度、被羁押人法律权利的落实等"软条件"的改进，也包括羁押场所各项硬件条件的改进。而长期以来我国多数羁押场所面临着财政拨款严重不足的难题，① 在这种情况下，即使羁押巡视员发现各种羁押条件的不足并提出完善建议，相应的羁押机构也无力作出相应的完善，整个制度所带来的效果也就大打折扣。此外决策者、当地政府、羁押机关对于羁押场所软、硬件环境的改变意愿又容易受传统观念的影响，不易成为落实巡视制度目标的积极要素。在传统观念中，对作为犯罪嫌疑人、被告人的被羁押人进行周到、体贴的权利保护远未达到获得社会普遍认同的程度，多数人权益优于少数人权益、稳定压倒一切的观念在不同程度上限制着包括羁押场所巡视制度在内的各项权利保障制度的推行与实践。

最后，审前羁押场所的中立性不足也将阻碍羁押场所巡视制度功能的充分发挥。由于审前羁押中被羁押人的权利保护状况与各项待遇处于风险最大化的境地，因此羁押场所巡视制度在审前阶段的适用也就成了整个制度设计的重点环节。在我国审前羁押场所，也就是看守所，归公安机关管辖，其并不具备独立于侦查职能的中立性。在这种制度环境下，对侦查权进行间接监督的羁押场所巡视制度必然面临着更大的推行阻力，看守所根据巡视制度作出的任何一项羁押制度的完善与调整都会对侦查权的行使形成限制，即使这种限制从长远来看是符合法治发展方向、人权保障潮流的，由于看守所自身所处的地位无法完全超然、中立于侦查部门，巡视制度所欲发挥的制度功能将大打折扣。

---

① 各地羁押场所不得不通过场所内开展各种劳动进行各种创收或者巧立名目收取被羁押人费用等做法已经充分说明了国家财政拨款的不足这一事实。

我国刑事诉讼运行状况实证分析[*]

徐美君[**]

摘　要：通过对1997年至2007年《中国法律年鉴》记载的数据以及中国东部某基层公安司法机关实际运行刑事诉讼法的相关数据进行分析，可以得出初步的结论：我国的刑事诉讼是一种"侦查决定型"刑事诉讼，侦查机关在侦查终结时所作的决定更是关乎整个刑事案件诉讼结果的命运节点。据此，迄今为止进行的着重于审判程序改革的刑事诉讼改革进路值得反思，未来的刑事诉讼改革应当以解决侦查终结时侦查权的有效监督问题为重点。

关键词：刑事诉讼　侦查决定型　实证分析

我国现行刑事诉讼法（本文所提到的现行刑事诉讼法为1996年修改版本）自1997年施行以来，受到社会的普遍关注。综观近年来有关刑事诉讼法再修改的讨论，多数集中在对现行刑事诉讼法的批判，很少有人对现行刑事诉讼法的实际运行状况和特点予以分析和总结，这样的讨论难免陷入"主观臆想"的质疑。在《法律的运作行为》一书中，美国著名法社会学家唐纳德·J. 布莱克指出："法律是一个变量"，并且"法律的量可以用多种方式测定"。[①] 本文收集了1997年至2007年《中国法律

---

[*] 本文原载于《法学研究》2010年第2期。
[**] 徐美君，发文时为复旦大学法学院副教授，现为复旦大学法学院教授。
[①] 〔美〕唐纳德·J. 布莱克：《法律的运作行为》，唐越、苏力译，中国政法大学出版社，2004，第3页。

年鉴》记载的相关数据①以及中国东部某基层公安司法机关实际运行刑事诉讼法的若干数据，通过对这些数据进行分析，希冀对我国刑事诉讼的运行状况予以测评，并据此对我国刑事诉讼法的改革提出若干建议。

《中国法律年鉴》是目前可公开得到的有关司法统计数据的较为权威的资料。由于数据上报的口径不同，每本《中国法律年鉴》中有关公安机关、检察机关和审判机关情况的数据存在前后不统一的现象。本文所选用的数据尽量保持统一性，即同一类别的数据都选自同一统计口径。而文中关于中国东部某基层公安司法机关运行刑事诉讼法的数据则为笔者亲自调查收集，笔者希冀从微观角度对我国刑事诉讼的运行情况予以考证。

一 刑事诉讼运行状况的整体数据分析

（一）刑事诉讼四个程序的数据分析

我国刑事诉讼分为立案、侦查、审查起诉和审判四个程序。这四个程序都是独立的，依序进行。每一个程序都有自身严格的适用标准，每一个程序中都有一些重要的指标可以用来衡量刑事诉讼具体的运行情况。透过《中国法律年鉴》中的相关数据，可对我国刑事诉讼的整体运行状况进行分析。

从刑事诉讼四个程序适用的案件量（见图1）可以看出，我国自1997年施行现行刑事诉讼法以来，2000年立案数的增长最为明显，当年的立案数相比上一年度猛增了60%之多，2001年立案数相比上一年度又增加了20%，此后的7年里立案数基本维持在相对平稳的水平。但是综观10余年来我国刑事诉讼的实际运行，其有一个非常明显的特征，即移送审查起诉的案件数与立案数之间有非常大的落差，而移送审查起诉的案件与提起公诉、一审审判的案件数则基本持平。② 由于数据的有限，我们无法统计

---

① 2008年的部分数据来自《最高人民法院工作报告》和《最高人民检察院工作报告》。由于《中国法律年鉴》并没有律师参与刑事诉讼的具体统计，因此本文未能涉及这一部分的讨论，这是本文的遗憾之处。

② 从理论上讲，一审审判的案件数应比提起公诉的案件数少，但因为积案，上一年度未审结的案件被延至下一年度，因此一审审判数要高于提起公诉的案件数。

1997 年和 1998 年移送审查起诉案件占立案案件的比例，但是根据已掌握的数据，我们可以得出，1999 年移送审查起诉的案件占到立案总数的 24.16%，但 2000 年移送审查起诉的案件仅占立案总数的 15.50%，并在此后 2002 年至 2007 年长达 6 年的时间里，维持在与 2000 年持平的水平。这就说明，在我国刑事诉讼中，总体而言，大约有 85% 的案件在侦查终结时被侦查机关作出不移送审查起诉的决定而终止诉讼。①

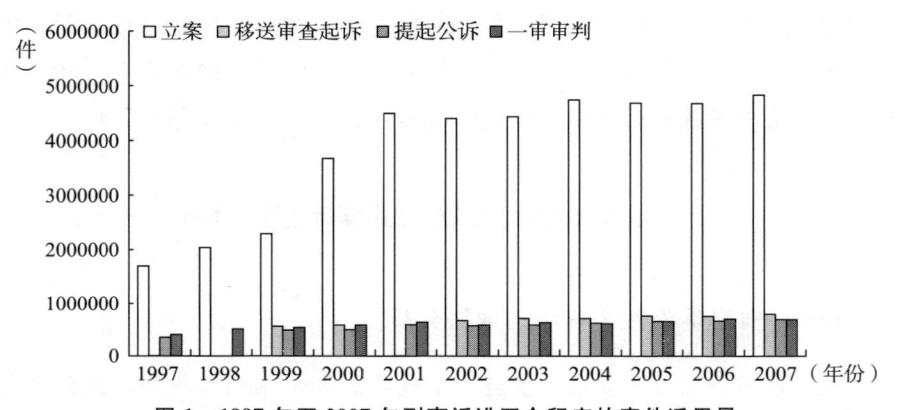

图 1　1997 年至 2007 年刑事诉讼四个程序的案件适用量

在被侦查机关移送审查起诉的案件中，绝大多数获得了有罪判决，我国一直保持着极低的不起诉率和无罪判决率。

10 余年来，我国不起诉率不超过 3.5%。具体来看，2003 年是不起诉率最高的一年，但当年也仅有 3.41% 的不起诉率。这一比率在 2006 年达到了最低点，降至 0.7%，在当年被检察机关提起公诉的 1029052 名犯罪嫌疑人中，只有 7204 名犯罪嫌疑人获得了不起诉处理。2007 年和 2008 年不起诉率有所回升，但依然没有回升到 2003 年的最高点。

我国还保持着极低的无罪判决率。尽管现行刑事诉讼法增设了"证据不足，指控的罪名不成立"这一类别的无罪判决，但这并没有增加无罪判决率。从 1997 年至 2007 年，无罪判决率基本维持在 1% 以下，除了 2000 年这一比率达最高 1.02%；从 2001 年以来，无罪判决率呈现下降趋势，

---

① 这一 85% 的比例是将公安机关侦查和检察机关自侦的案件合并统计而得出的数据。如果细分，检察机关自侦的案件，从立案到侦查终结再到移送审查起诉的比例要远高于这一数据，甚至被移送审查起诉的案件和犯罪嫌疑人人数要多于立案时的案件数和犯罪嫌疑人人数。这是因为这些案件的特殊性，往往会因一案而带出一串案，一人而牵出一窝人。

直到 2007 年降至最低点 0.15%。

从上述数据看，我国刑事诉讼的运行有两个明显的特点：一是案件立案之后，有大量的案件在侦查终结时被侦查机关终止诉讼，大约只有 15% 的案件被侦查机关移送审查起诉；二是我国刑事诉讼的不起诉率和无罪判决率很低，从而导致案件一旦被移送审查起诉，最终被定罪的可能性很大。在所有被移送审查起诉的案件中，95% 以上的案件被判决有罪。

（二）刑事审判程序的数据分析

我国刑事诉讼法规定刑事案件经过一审审判程序之后，对于符合一定条件的案件，还要经历二审和审判监督程序。这些程序在实践中的具体运行，可以为我们测量刑事诉讼的整体运行状况提供另一种参考。

从 1997 年开始，我国刑事诉讼的一审审判案件数总体在上升，从 1997 年的 436894 件到 2007 年的 724112 件，增长了 65% 之多，但是二审案件数在这 10 年间没有太多的增长，一直比较平稳，尤其是 2000 年之后，这一趋势越加明显。10 年来，二审案件数始终维持在每年 10 万件以下，平均每年大约 15% 的一审案件被启动二审程序（见图 2）。我国并没有出现美国般的被告人滥用上诉权，从而上诉案件激增这一问题。[①]

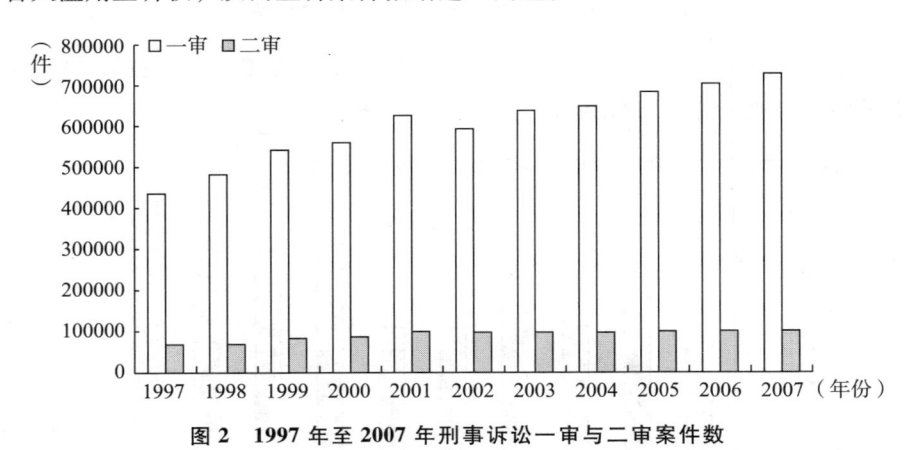

图 2　1997 年至 2007 年刑事诉讼一审与二审案件数

在这些二审案件中，2.58%—4.9% 的案件是由检察机关提起抗诉而启

---

① 〔美〕爱伦·豪切斯泰勒·斯黛丽·南希·弗兰克：《美国刑事法院诉讼程序》，陈卫东、徐美君译，中国人民大学出版社，2002，第 616 页。

动二审程序的。

总体而言，一审审结的案件中，大约有10%的案件，被告人会因不服一审判决而提起上诉。换言之，90%左右的案件被告人在一审判决后接受了一审判决，而且这一趋势在最近几年表现得愈加明显。

二审审结的案件中，维持原判占了绝大多数，平均71.8%的案件被判处维持原判，只有14.4%的案件被直接改判，7.07%的案件被发回重审（见图3）。这表明大多数上诉并不能得到二审法院的支持。

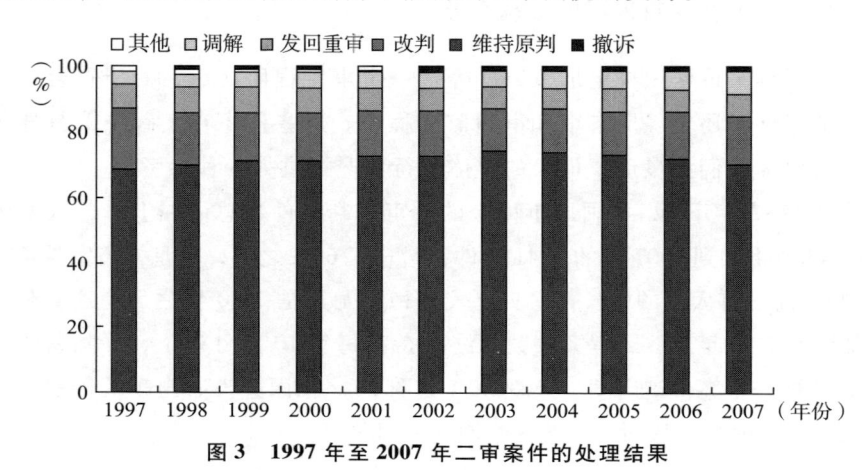

图3 1997年至2007年二审案件的处理结果

耐人寻味的是，在检察机关提起抗诉的二审案件中，居然也有43%左右的案件被维持原判（见图4）。

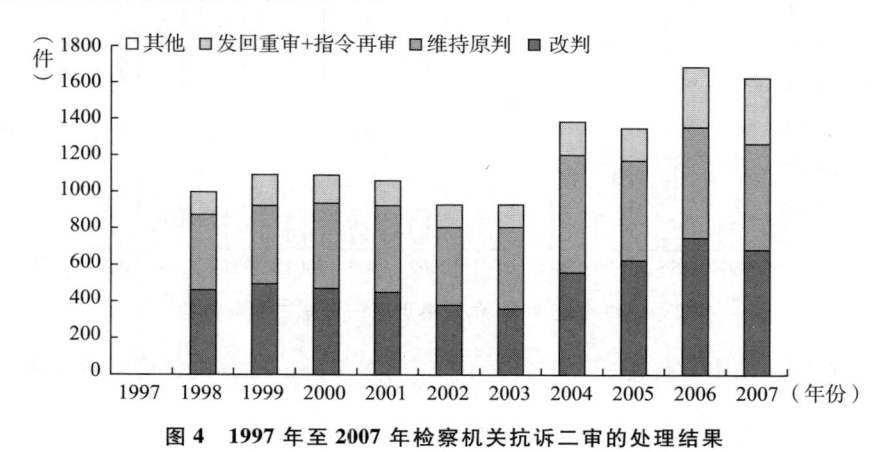

图4 1997年至2007年检察机关抗诉二审的处理结果

从1997年到2007年，我国进入审判监督程序的案件数量呈明显下降趋势,从 1997 年的 18753 件下降到 2007 年的 2831 件,下降幅度达 84.9%。占二审审结案件数的比例,从 1997 年的 28.96% 下降到 2007 年的 3.09%。大体上,1997 年至 2007 年二审案件数呈上升趋势,而审判监督案件数则呈下降趋势(见图 5)。这在一定程度上表明了案件审判质量在不断提高,当事人对案件审判结果的接受度也在不断上升。

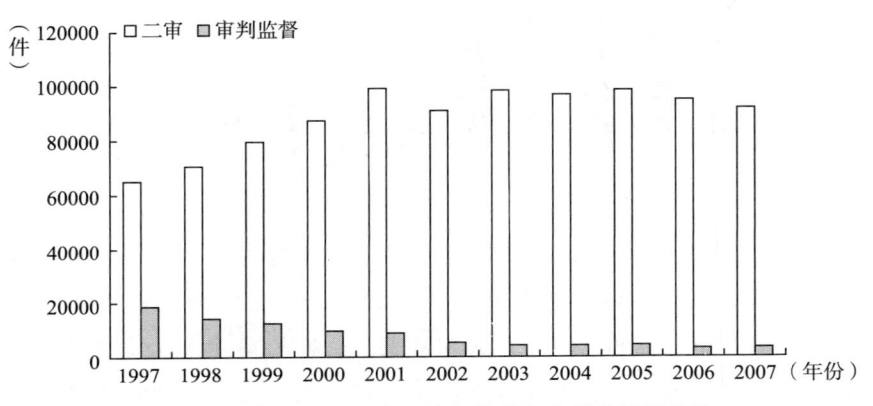

图 5　1997 年至 2007 年二审案件数与审判监督案件数

在 2002 年之前,平均 4.3% 的再审案件是由检察机关提起抗诉而启动审判监督程序的;在 2003 年之后,因检察机关提起抗诉而启动审判监督程序的则一直保持在 10% 以上,最高为 2006 年的 13.28%。

10 余年来,刑事再审案件占再审后维持原判的案件比例显著减少。但是,尽管如此,在这些再审审结的案件中,仍然有较大比例的案件被维持原判,虽然这一比例也在逐年下降。直到 2007 年,再审后被维持原判的案件仍然占当年审结的再审案件的 34%(见图 6)。这表明,大约 1/3 的案件在判决发生效力后被重新启动程序,而审判的结果是维持原判。

从上述的数据看我国刑事诉讼的运行有两个非常明显的特征。

一是案件数量的增长主要集中在一审程序。由于社会的发展和转型,一审案件数在十几年来急剧增加,但同时期二审案件数一直保持平稳,审判监督案件则越来越成为一种例外。因此可以总结出,实务界普遍反映的法官工作负担太重、压力太大的问题主要集中在一审法官身上。而要解决法官工作负荷问题,最关键的是应当增加一审法官人数。学界之前对法官工作量的分析,普遍是将全国一审案件的总数对应全国的法官总人数进行

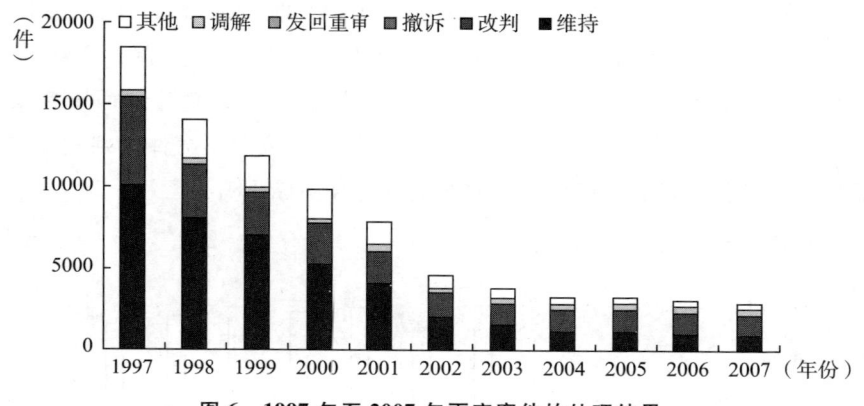

图 6 1997 年至 2007 年再审案件的处理结果

计算,① 笔者认为这样的计算方法并不科学,因为它将一审法官和二审法官混为一体,而就案件数的发展趋势来看,正确了解和计算法官的工作量,需要将一审法官和二审法官区别开来。这样的案件数发展趋势同时也表明,越来越多的涉案当事人选择接受一审的判决结果,同时越来越少的案件被启动再审程序,我国的司法质量正在逐步提高。这与我国10余年来加强司法队伍的培养、司法理念的灌输以及推动相关司法改革密不可分。

二是二审程序和审判监督程序案件维持原判率高。自现行刑事诉讼法实施以来,适用二审程序和审判监督程序的案件,绝大多数被维持原判。在二审审结的案件中,70%的案件被判处维持原判;在启动再审程序后,30%以上的案件被维持原判。

根据现行刑事诉讼法的规定,一审审结案件,被告人可以基于上诉权而提出上诉,并受到上诉不加刑原则的保护,因此对于二审案件而言,大多数案件被维持原判是可以理解的。但值得思考的是,在检察机关提起抗诉的二审案件中,居然有43%左右的案件被维持原判。根据现行法律的规定,检察机关的抗诉,只有在认为法院第一审的判决、裁定确有错误的情况下,方可提出。并且《最高人民检察院关于刑事抗诉工作的若干意见》对提出抗诉和不能抗诉的情形都作了具体规定。这就意味着,一旦检察机关提起抗诉,法院最后改判或发回重审的可能性应当很

---

① 朱景文主编《中国法律发展报告:数据库和指标体系》,中国人民大学出版社,2007,第196页。

大。但现实与理论上的预期相差很大。这种现象只能被解释为：要么检察机关在提起抗诉时存在较大的随意性；要么法院针对检察机关的抗诉采取置若罔闻的态度。

同样的问题也出现在审判监督程序上。现行刑事诉讼法和相关司法解释对审判监督程序的适用条件作了明确和具体的规定，均要求启动再审程序必须是原审裁判"确有错误"。而所谓"确有错误"，是指"有新的证据证明原判决、裁定认定的事实确有错误；据以定罪量刑的证据不确实、不充分或者证明案件事实的主要证据之间存在矛盾；原判决、裁定适用的法律确有错误；审判人员在审理案件的时候有贪污受贿，徇私舞弊，枉法裁判行为"。[①] 因此，从理论上讲，一旦案件被启动再审程序，就说明原审裁判的确存在事实或法律上的错误，需要通过再审程序加以纠正。但是实践的运行结果与立法的本意相差甚远，在一些年份，维持原判的案件数甚至远远高于以其他方式结案的案件数。

检察官一审抗诉后以及适用审判监督程序后维持原判率高这一现实是对现行检察机关抗诉制度和审判监督程序的巨大质疑。尽管数据表明，这两项程序存在实际的纠错功能，但同时也暴露出这两项程序实际上已被检察官滥用或被法院虚置。从维护司法裁判的既判力、树立司法权威、避免当事人长期受诉讼困扰等角度出发，未来我国刑事诉讼法的改革必须注意到检察官抗诉和审判监督程序被滥用或被虚置的问题，首先要避免随意地提起抗诉和启动审判监督程序，同时对确有错误的案件要敢于纠错。

二 刑事诉讼运行状况的局部数据分析

为了从微观角度对我国刑事诉讼的运行状况进行分析，笔者还收集了东部某基层公安司法机关运行刑事诉讼法的相关数据。根据政府信息网站介绍，该基层司法管辖区土地总面积 669.77 平方公里。2007 年末，常住人口 77.8 万人。2007 年实现地区生产总值（GDP）415.6 亿元。

11 年来，该区的刑事案件立案数总体在急剧上升，从 1997 年的 779

[①] 《中华人民共和国刑事诉讼法》第 204 条。

件上升到 2007 年的 7337 件，上升了近 10 倍，致使移送审查起诉、提起公诉和一审审判的案件数也是呈总体上升趋势。同时数据也显示了该区刑事诉讼运行方面的两个非常明显的特征。一是立案数与移送审查起诉案件数之间有非常大的落差，其中以 2006 年最甚。当年该区检察机关审查起诉 208 件，占当年刑事立案案件的 26.7%。2000 年是 11 年间移送审查起诉案件占立案案件比例最少的一年，当年检察院审查起诉案件 216 件，只占刑事立案案件的 6.58%。二是每年移送审查起诉、提起公诉和审判案件数之间尽管不能完全等同，但并没有表现如立案与移送审查起诉间如此大的差距。以 2007 年为例，当年检察院移送审查起诉案件 833 件，提起公诉案件 731 件，法院一审审判结案 701 件（见图 7）。

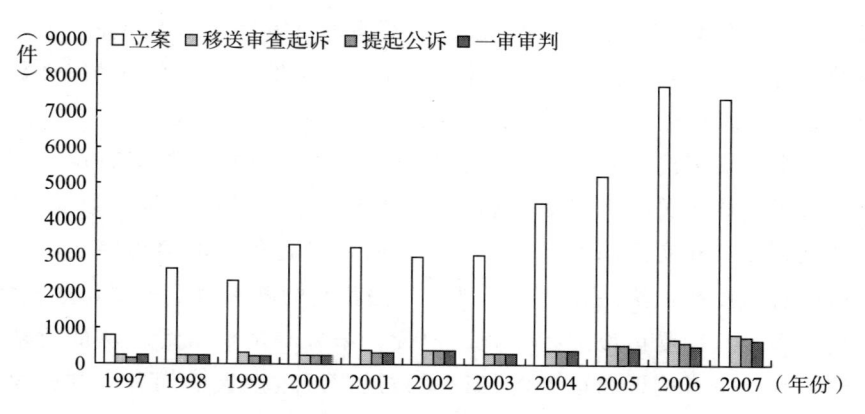

图 7　1997 年至 2007 年东部某基层公安司法机关刑事诉讼四个程序的案件适用量

1997 年是不起诉案件数量最多的一年，当年有 14 件不起诉案件，占所有审查起诉案件的 6.73%，1998 年不起诉率为 3.04%，之后就逐步减少。2003 年和 2004 年没有一件不起诉案件。从 1999 年至 2007 年，不起诉率维持在 1.08% 以下。

在 1997 年至 2007 年 11 年间，该区法院判决无罪的被告总人数为 14 人，其中 1999 年、2004 年、2005 年、2006 年、2007 年五个年度没有一人获得无罪判决。2001 年是获得无罪判决的被告人最多的一年，当年有 5 个被告人被判无罪，占所有生效判决人数的 1.16%。

图 8 显示，一审案件数在这 11 年间总体上升，从 1997 年的 229 件上升到 2007 年的 666 件，上升了将近两倍。很遗憾我们没有获得该区法院

1997 年和 1998 年二审案件数，但是从图 8 中可以看出，二审案件数从 1999 年至 2007 年 9 年间，也有比较大的波动。其中，2001 年是二审案件最多的一年，当年抗诉案件 4 件，上诉案件 52 件，占全年生效判决案件数的 16.92%。其余 8 年，二审案件数占一审生效判决案件数的比例保持在 4.92%—10.53%。

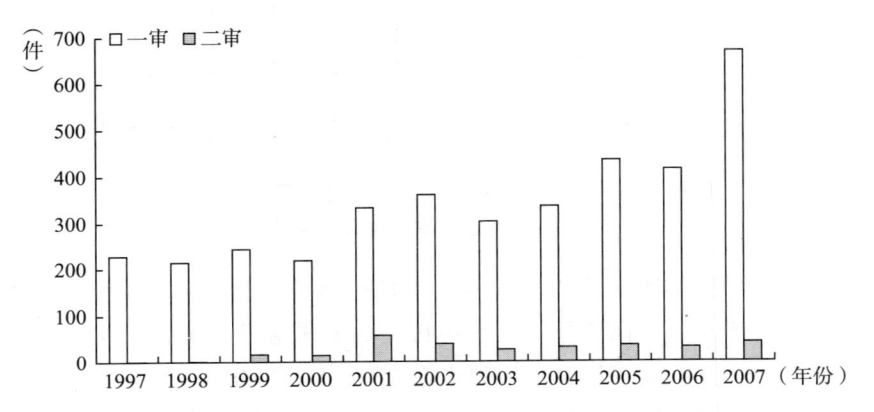

图 8 1997 年至 2007 年东部某基层公安司法机关刑事诉讼一审与二审案件数
注：缺 1997 年、1998 年二审案件数据。

从 1999 年至 2007 年，检察机关一审抗诉占二审案件的比例有一定的波动。9 年间，仅有 3 年检察机关未提起抗诉，剩余的 6 年里，检察机关抗诉的案件占全部二审案件的比例维持在 2.56%—8.57%。2005 年是检察机关提起抗诉最多的一年，当年检察机关提起抗诉 3 件，全年二审案件 35 件。

1999 年至 2007 年，二审改判发回案件比例 2001 年起逐年稳步下滑，2006 年后才见小幅回升。其中 1999 年和 2006 年，所有的二审案件都被维持原判。而在剩余的 7 年时间里，2001 年是改判和发回比例最高的一年，当年在 56 件二审案件中，有 14 件被改判或发回重审，占所有二审案件的 25%。其余年份中，被改判或发回重审的比例维持在 2.56%—13.16%。

图 9 显示，该区启动审判监督程序的案件属凤毛麟角。1999 年至 2007 年，只有 4 个年度启动了审判监督程序，而这 4 年均只有 1 件案件被适用审判监督程序。

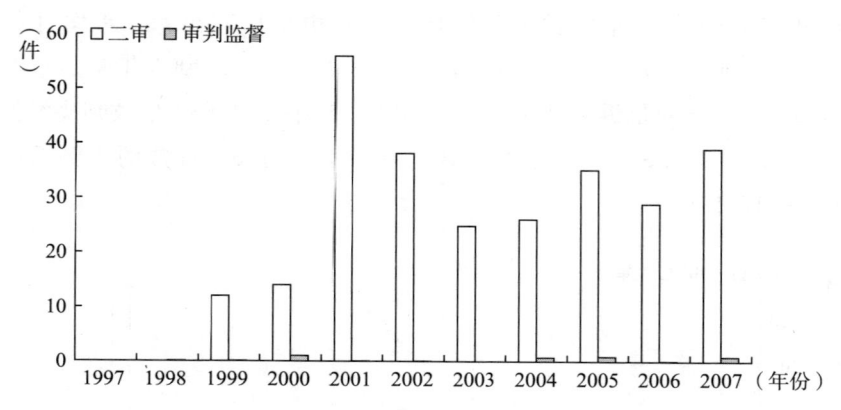

图 9　1997 年至 2007 年东部某基层公安司法机关二审
案件数与审判监督案件数

上述各项数据反映了自 1997 年以来现行刑事诉讼法在局部地区的运行情况。相较于从《中国法律年鉴》中得出的全国情况，我们可以看出，在全国范围内，立案数的增长主要集中在 2000 年和 2001 年，但在该局部地区，立案数几乎是逐年增长。但两者也呈现了一个共同的特征，即立案数与移送审查起诉案件数之间有非常大的落差。就该地区而言，平均大约有 10% 的立案案件会被侦查机关在侦查终结时移送审查起诉。换言之，近 90% 的案件会被侦查机关在侦查终结时终止刑事诉讼。

在不起诉率方面，全国范围和该局部地区都具有不起诉率低这一特点，但两者呈现不同的运行态势。在全国范围内，不起诉率相对比较平稳，11 年间每年的不起诉率均不超过 3.5%，2003 年的最高点与 2006 年的最低点相差也只不过 2.71 个百分点。但在该局部地区，1997 年和 1998 年的不起诉率相对较高，达到 7% 和 3% 左右，但在 1999 年及之后的 8 年时间里，均比较平稳地维持在 1.08% 以下。

就无罪判决率而言，在全国范围内，从 2000 年开始，无罪判决率逐年下降，一直到 2007 年达到历史最低点。在该局部地区，趋势显然与全国一致，从 2002 年开始，无罪判决率逐年下降，直到 2004 年及之后的 3 年时间里，无罪判决连续 4 年保持为零。但该地区从 1997 年到 2001 年的 5 年时间里，无罪判决率呈现波动，2001 年达到历史最高点。总体而言，该地区的无罪判决率要低于全国的无罪判决率。

就一审案件数而言，虽然该局部地区的一审案件数与全国范围的普遍情况相同，10 年间出现了稳步的上升，但该局部地区上升的势头明显更强。相比之下，该地区虽然二审案件的发展态势与全国范围不尽相同，在 9 年间有些波动，但平均而言，也是不到 10% 的一审案件被提起上诉，这与前述全国的普遍情况基本相同。

该地区检察机关一审抗诉案件数在这 10 年间呈现比较大的波动，表现与全国普遍情况并不相同的运行态势。在全国范围内，从 1998 年开始，检察机关的抗诉率就一直下降，到 2003 年达到最低点，之后有略微的反弹，但相对比较平稳。但在该地区，检察机关的抗诉与二审案件的比例呈现一种跳跃式的形态。但是综观 1997 年至 2007 年这 11 年间，检察机关的年抗诉案件最多是 4 件，只占当年生效判决的 1.2%，占所有二审案件的 7.14%。这说明了二审案件的启动主要源于当事人的上诉，检察机关的抗诉只占二审案件的一小部分。这也与全国的普遍情形相似。

值得一提的是，在该地区也并非所有的检察机关抗诉都会在二审程序中得到支持。数据表明，在一些年份，二审改判的案件数要少于检察机关一审抗诉数。二审被改判发回的案件比例在该地区也比较低。9 年中，改判发回率最高的是 2001 年，当年二审改判发回率达到 25%，有两年该比例在 15% 以下，另有 6 个年份该比例在 10% 以下，其中该比例为零的有两年。

很遗憾我们没有获得被启动再审的刑事案件最终的处理结果，因为该地区在统计数据时并没有区分适用再审程序的民事、商事和刑事案件的处理结果。但在可获得的数据中我们发现，被改判的再审案件的数目与被适用再审程序的刑事案件数目相同。这就说明，并非每件被适用再审程序的刑事案件都被改判，除非民事和商事案件都没有一件被改判的。

通过上述对我国东部某地区的 11 年数据分析，可以发现全国范围内刑事诉讼运行的所有特征在该地区都有体现，但是两者之间在运行态势上还是存在一些差异。这其实也不难理解，因为在一个特定地区，可供选择的样本少，由于基数少，即便很小的变量也会表现得很突出。

三　结论与建议

上述的数据分析表明我国刑事诉讼的运行存在几个特点：一是极低的

不起诉率和无罪判决率；二是上诉案件的比例有限；三是二审程序和审判监督程序维持原判的比例很高。这就说明了在我国一个刑事案件一旦被侦查机关作出移送审查起诉的决定后，这个案件最终就极有可能被定罪。在侦查终结环节，案件的最终命运几乎就已被决定。我国刑事诉讼的运行呈现与西方国家不同的特征。我国刑事诉讼实质上是一种"侦查决定型"刑事诉讼，即侦查程序取代审判程序成为刑事诉讼至关重要的环节，案件自侦查终结后命运几乎不可逆转。①

  对于侦查机关在刑事诉讼中的中心地位，我国学者已有充分的关注。如孙长永教授指出："就司法实践而言，起诉和审判都在很大程度上依赖侦查的结果，99%以上的有罪判决率，事实上是靠强有力的侦查来维系的。如果单从国家追究犯罪的效果这个角度来观察中国的刑事程序，侦查毫无疑问是整个程序的中心，在一定意义上也可以说，真正决定中国犯罪嫌疑人和被告人命运的程序不是审判，而是侦查。"② 孙长永教授的这一结论来自他对司法实践的了解和对文本的分析，与上述数据分析的结论具有异曲同工之处。但是笔者想进一步指出，仅将侦查机关在刑事诉讼中的中心地位立足于起诉和审判都是基于侦查机关收集的证据、案件最终的有罪判决依赖于侦查的结果，这一立论并不充分。因为在任何一个国家，侦查的主要目的都是收集证据，作为侦查之后的程序——起诉和审判当然是要对侦查收集的证据进行评价，前者评价案件是否值得提交审判，后者评价收集的证据是否足以认定被告人有罪。而从上述的数据分析中，我们可以得出进一步的结论。一是侦查机关对立案之后案件是否移交审查起诉享有很大的决定权，往往单方面筛选掉85%以上的案件，而且这些案件并没有机会得到起诉机关和审判机关的评价。③ 二是侦查机关移送审查起诉的决定与案件有罪判决之间具有极高的等同性（大约95%的等同性）。据此，

---

① 在西方国家，审判程序被普遍视为整个刑事诉讼的中心与高潮。参见〔德〕克劳思·罗科信《刑事诉讼法》，吴丽琪译，法律出版社，2003，第390页；〔日〕田口守一《刑事诉讼法》，刘迪、张凌、穆津译，法律出版社，2000，第158页；李学军主编《美国刑事诉讼规则》，中国检察出版社，2003，第480页。
② 孙长永：《侦查程序与人权——比较法考察》，中国方正出版社，2000，序言第5页。
③ 尽管从理论上讲，侦查应当接受检察机关的监督，但是现行刑事诉讼法并没有规定侦查机关作出撤销案件的决定应当向检察机关汇报，因此通常情况下检察机关并不能对这些具体案件予以监督。另外，根据立法被害人也有权直接就这类案件向法院起诉，从而接受法院的评价，但是由于自诉严格的立案条件，不能保证这些案件均能被法院立案。

笔者认为，我国刑事诉讼中侦查机关的角色和地位，比学者所提出的"侦查中心主义"有过之而无不及，我国的侦查机关实际上扮演着类似决定机关的角色。

仔细分析我国现行刑事诉讼法，侦查机关的这种类决定机关性质在笔者看来是预设的。我国刑事诉讼法将公安机关、检察机关和法院三机关并列，强调公、检、法三机关在刑事诉讼中分工负责、相互配合、相互制约的平等地位，侦查、审查起诉和审判被认为是刑事诉讼中三个独立的阶段，"流水作业式"的诉讼构造为侦查机关提供了巨大的职能空间，立法也没有对侦查机关的职权行使设置有效的监督。因此，作为刑事诉讼的首道工序——侦查程序无疑就成为决定今后案件走向的关键。

立法将侦查终结、提起公诉和判决有罪的证明标准列为同一，强调公安机关在侦查终结时就要做到与判决有罪时的"案件事实清楚、证据确实充分"同一的证明标准。这会导致移交审查起诉的案件与审判定罪案件的同一。否则，又如何解释侦查机关作出的移送审查起诉决定？

另外，我国有着严格的错案责任追究制度。该制度的初衷是杜绝司法人员在办案过程中徇私枉法制造错案，但是这样的考核制度也促使公、检、法三机关成为利益联盟。从理论上讲，审查起诉是对侦查环节的证据和事实进行审查，而审判是对提交审判的案件事实和证据进行裁断，但由于有了错案责任追究制度，后一程序的决定机关要对前一程序中的决定作出更改，就必须要顾及错案责任追究制度对相关责任人的负面评价。另外，这一制度也会促使前一程序的决定者在作出决定之前通过请示、咨询等方式征求后一程序决定者的意见。其结果是，侦查程序作为刑事诉讼的第一道工序，侦查机关所作的决定往往成为刑事诉讼最后一道工序的决定。

这种"侦查决定型"刑事诉讼显然具有一些优势。比如，由于在侦查阶段就严格按照定罪的标准进行审查，可以激励侦查机关尽可能查找案件真相；在侦查阶段就筛选掉绝大多数的犯罪嫌疑人，可以让这些犯罪嫌疑人尽早摆脱诉讼困扰，不会因为提起公诉、接受审判而社会声誉下降，回归社会的障碍减少；进一步地讲，可以提高诉讼效率，节省诉讼资源。

但是，不可忽略的是，"侦查决定型"刑事诉讼同时存在一些无法避免的弊端。为了能够移交审查起诉，尤其在我国公安机关普遍存在考核压力的情况下（比如成功侦查或起诉考核加分），侦查机关会不遗余力地收集证明有罪的证据,而这极可能对犯罪嫌疑人的人权造成侵害。

这种前倾性的刑事诉讼还使公开审判沦为侦查程序的"橡皮图章"。在缜密侦查的前提下,再加上之后的审查起诉,审判自然会降低敏锐度,而这反过来又会增加对之前错误侦查、错误起诉加以改变的困难。松尾浩也教授针对日本的精密司法曾指出:"由于侦查以及提起公诉'过度精密',在错误起诉的情况下,纠正错误并作出无罪判决比起所谓'不费力的起诉'的场合更为困难。"① 在我国,由于严格的考核制度以及审判程序对侦查程序收集的证据依赖性较强,这种可能性更大。

由于缺乏有效的制约,侦查机关作出的决定极大的存在滥用职权的可能性。根据现行刑事诉讼法的规定,撤销案件是侦查人员基于侦查结果单方面作出的决定,对撤销案件的决定,立法没有规定侦查人员必须通知被害人,同时侦查人员也无须通知作为监督机关的检察机关。这样,撤销案件终止诉讼的决定就完全取决于侦查人员,无须说明理由,也无须接受来自检察机关和被害人的监督。如此极有可能造成侦查人员滥用撤销案件权力、侵害被害人的权利。现行刑事诉讼法尽管从保护被害人的角度,为解决被害人告状无门,规定了"被害人有证据证明对被告人侵犯自己人身、财产权利的行为应当依法追究刑事责任,而公安机关或者人民检察院不予追究被告人刑事责任的案件",允许被害人直接向人民法院提起自诉。但是该条文要求,对这类自诉案件,被害人必须有证据证明被告人侵犯了自己的人身和财产权利。被害人往往缺乏自行收集证据的能力和渠道,而对被决定撤销的案件,法律既没有规定侦查人员应当告知被害人侦查结果以及撤销案件的理由,也不允许被害人查阅案卷,因此对被害人来说,要成功提起这类自诉非常困难。② 侦查人员侦查终结时作出的决定已经成为监督的真空地带。

可能是受了西方国家对审判程序重视的影响,也可能是审判程序更接近民众,为提高民众对司法的满意度和体现对普遍性诉讼价值的追求,我

---

① 〔日〕松尾浩也:《日本刑事诉讼法》(上卷),丁相顺译,中国人民大学出版社,2005,第182页。与日本的精密司法相比,我国的刑事诉讼也具有高定罪率、缜密侦查的特点,但是并没有日本的高不起诉率。

② 一些实证研究已经证明这种困难的存在。参见赵永红《不起诉的实践运作、加强与改进——关于对北京市不起诉工作的调查》,《国家检察官学院学报》2002年第6期。

国的诉讼程序改革将审判程序的改革作为突破口。从20世纪80年代开始的我国司法改革，就是以审判方式改革拉开帷幕。现行刑事诉讼法相较于1979年刑事诉讼法，对审判程序作了较大篇幅的修改，以努力实现查明事实和保障人权之间的平衡，而对侦查程序的改革则主要体现在犯罪嫌疑人在侦查阶段可以聘请律师提供有限的法律帮助。除此之外，侦查程序并未有较大的改动。因此，在刑事诉讼法修改之后，就有学者指出，我国的刑事诉讼"出现了职权式侦查与当事人主义特征的对抗制庭审之间的矛盾，使我国诉讼内部存在机制冲突。这种状况，难以使侦查方式与庭审方式产生相辅相成的效果"。① 而如果从"侦查决定型"刑事诉讼这一定义出发，这样的改革注定失败，因为它没有抓住问题的关键。

笔者认为，我国迄今为止进行的刑事诉讼改革的进路是错误的。要取得刑事诉讼改革的成功，必须且只能从侦查程序的改革出发。侦查程序的改革是一个宏大的话题，并非本文能够完全涵盖，但是上述的数据分析为我们提供了一个非常重要的思路。在"侦查决定型"刑事诉讼中，侦查终结时侦查机关作出的决定已然成为刑事诉讼的一个命运节点。在这个命运节点上，一旦侦查机关作出了撤案的决定，那么这个案件几乎就不大可能被重新启动刑事诉讼程序；而如果侦查机关作出了移送审查起诉的决定，那么这个案件就相当于被判决有罪。所以，要对侦查程序进行改革，首先要解决在这个命运节点上对侦查权的监督问题。

我国目前对刑事诉讼的这一命运节点缺乏有效监督。无论侦查机关作出撤案还是移送审查起诉决定，都是侦查机关单方面作出的决定，无须聆听被害人、辩护律师甚至检察官的意见。尽管移送审查起诉的决定，可以在审查起诉阶段接受来自检察机关的监督，但是立法规定侦查机关可以通过补充侦查就侦查环节的纰漏予以弥补，并且绝大多数案件最终将被法院认定为有罪；而对于撤案的决定，目前被害人的自诉形同虚设，并且侦查机关由于无须将侦查结果向检察机关报告，因此也通常不能得到来自检察机关的监督。

对这一刑事诉讼命运节点的有效监督，需要检察机关、犯罪嫌疑人、

---

① 左卫民、谢佑平：《刑事诉讼发展的世界性趋势与中国刑事诉讼制度的改革》，《中国法学》1996年第4期。

被告人和被害人的共同参与。具体思路是：废止公安机关与检察机关相互制约这一基本原则，理顺检察机关和公安机关之间监督和被监督的关系；侦查机关作出撤销案件的决定，应当通知检察机关和被害人，并说明理由；检察机关可以通过调阅案卷对侦查机关的撤销案件决定进行监督，认为撤销案件不当的，可以要求公安机关移送审查起诉；如果被害人对侦查机关的撤销决定不服，可以向检察机关申请复制案卷中的侦查文书和侦查结论，作为向法院提起自诉的证据；而对犯罪嫌疑人而言，应当保障其在侦查阶段享有充分的辩护权。

人民陪审员制度的复苏与实践：1998—2010[*]

彭小龙[**]

摘　要：1998年以来人民陪审员制度的复苏是多种社会需求合力催生的结果，承载了推进司法民主、维护司法公正、强化司法监督、提高司法公信力等多重期望。然而，由于陪审员难以有效地参与审判，该制度在人力补充、调解协商、知识提供等方面的作用较为突出，其他效果则不太明显。经验材料由此呈现"一种制度实践、两种复苏原因及效果判断"的现象。相对于立法意图和人们的预期，人民陪审已出现某种程度的职能异化。未来的改革应致力于职能分化，强化专门领域案件和轻微案件中民众参与审判的作用，同时注重提升陪审员在重大案件中的代表性和参审效果。

关键词：人民陪审员　陪审制度　实施效果

一　问题的提出

自1998年9月李鹏委员长提出"基层法院审判第一审案件，应当……实行人民陪审员制度"以来，人民陪审员制度呈现强势复苏态势。最高人民法院1998年"督促地方各级人民法院……对人民陪审员制度的改革进

---

[*]　本文原载于《法学研究》2011年第1期。
[**]　彭小龙，发文时为中国法学会法律信息部研究人员，现为中国人民大学法学院副教授。

行积极探索",① 2000 年、2004 年两次提交立法草案,十届全国人大常委会于 2004 年 8 月通过了《关于完善人民陪审员制度的决定》(以下简称《决定》)。此后,最高人民法院不仅在二五、三五改革纲要中强调继续完善该制度,还单独或连同其他部门颁布了一系列规范性法律文件。

人民陪审员制度的复苏于理论上存在两个疑惑。其一,随着法制建设的深入,司法裁判者的职业素养越来越受到重视,1998 年最高人民法院提出法官职业化,② 此后的国家司法考试、法官法修改等无一不是沿此方向行进。为什么在职业化如火如荼之时,作为非职业法官的陪审员反而重获青睐?其二,人民陪审的一个重要特征在于分割法官权力并对其进行监督。从前述立法过程来看,法院在复苏过程中扮演着积极推动的角色。如果承认"趋利避害"的假设具有一定合理性,作为被监督者的法院为何如此主动地给自己"套上枷锁"?③

疑惑不仅存在于理论上。为了解《决定》实行以来的实践状况,法院系统强化了相关司法统计,各级人大常委会等相关部门组织了多次调研,学者也开展了许多实证研究。这些经验材料呈现两种实践景象,不但没有消除前述理论上的疑惑,反而进一步引发人们对该制度复苏原因的不同推测和效果的不同评价。这不仅影响着我们对人民陪审员制度在当前司法实践中实际扮演的角色的认识,也会直接影响对其未来发展的规划。

制度效果往往需要经历一段时间才能表现出来,立法初衷也应当结合立法前后的社会背景和政策发展过程等进行考察。人民陪审员制度筹划复苏已有十余年,《决定》实施也已逾五年,现在有必要也有条件展开阶段分析。本文首先尽可能全面地展示有关人民陪审员制度复苏及其效果的各种解释、判断及其所依据的材料,然后根据该制度筹划复苏至今的经验材料,分析其复苏背景,考察其实践运作并进行效果评估;在此基础上,尝试回答前述疑惑,揭示当前人民陪审的"职能异化",并提出"职能分化"的改革方向。

---

① 《最高人民法院工作报告》,第九届全国人民代表大会第二次会议,1999,第 3 页。
② 田雨:《中国法官走上职业化道路》,《人民文摘》2003 年第 4 期。
③ 各国最高人民法院通常更接近于规则制定、政策形成的政治机构而非普通裁判机构。本文之所以将我国最高人民法院的积极推动等同于整个法院系统的态度,不仅仅基于我国法院行政管理体制及其特殊的上下级关系,更重要的是,最高人民法院系统把握审判实践状况和整体形势,在很多时候充当着法院系统"发言人"的角色。

二 一种制度实践，两种复苏原因及效果判断

（一）制度设计者立法意图的表达与司法统计

在十届全国人大常委会第八次会议上，最高人民法院副院长沈德咏曾就《决定》出台的必要性作了如下说明：第一，立法完善人民陪审员制度，是司法工作实践"三个代表"重要思想和"立党为公，执政为民"要求的重要体现，是落实宪法关于公民依法参与管理国家事务权力的重要保障；第二，立法完善人民陪审员制度，是弘扬司法民主、维护司法公正的现实需要；第三，立法完善人民陪审员制度，是增强司法活动透明度，强化人民群众对司法活动监督的现实需要，对于向广大人民群众进行法制宣传教育，加强诉讼调解，说服当事人息诉服判，也具有良好效果；第四，立法完善人民陪审员制度，是解决实践中存在的问题的必要措施。①

由此可见，制度设计者表达的"立法意图"在于改变人民陪审员制度的低迷状态，使之真正起到推进司法民主、维护司法公正、促进司法廉洁和增强司法权威等作用。问题是，这些理论上的功能在实践中是否得以实现？从相关司法统计和调研数据中，可以发现该制度复苏后呈现如下实践景象。

（1）陪审员已成为审判的一支生力军。《决定》实行五年来，全国法院共分三批选任了7.7万余名人民陪审员，超过基层法院法官人数的1/2，陪审员参与审判各类案件近200万件，占普通程序案件总数的19.5%。②

（2）陪审员的学历水平大有提升。《决定》颁行前，全国只有47.4%的陪审员具有大专以上文化程度，27.2%具有高中文化。③《决定》颁行后，经过两次选任，全国拥有本科以上学历的陪审员就已经达到39.18%，

---

① 沈德咏：《关于〈关于完善人民陪审员制度的决定（草案）〉的说明》，《全国人大常委会公报》2004年第6期。
② 王斗斗、刘百军：《人民陪审员5年参与审判案件200万》，《法制日报》2010年5月15日。
③ 吴坤：《曾终止审议的〈关于完善人民陪审员制度的决定（草案）〉重新提请审议》，《中国人大》2004年第6期。

拥有大专学历的占48.13%，拥有高中以下学历的仅占12.69%。①

（3）陪审员的代表性有所增强。《决定》颁行前，陪审员中党政机关人员及离退休人员占绝大多数。例如，1992年重庆市陪审员职业结构呈"两多一少"格局，城镇街道退休干部和农村基层骨干分别占34.47%和41.81%，企业和其他经济实体的人员只有12.16%。广东省2001年的调研发现，来自党政机关和妇联的陪审员远远超出70%。②《决定》颁行后，根据2008年5月的统计，全国范围内来自党政机关的陪审员比重普遍下降，企事业单位、科研院校、农民工、无业人员的比重有所上升，分别为25.31%、6.41%、2.53%和2.87%。③

（4）陪审员参审保障措施逐步落实。前两批陪审员都已接受了不同形式的法律培训。目前，超半数的基层法院实行了随机抽取陪审员参与审判。陪审经费已纳入财政预算予以全额保障，最高人民法院正在积极解决部分地区存在的陪审经费保障问题。④

（5）陪审员在实践中作用明显。第一，调解作用突出。各地法院采取分案件类型选择陪审员、从人民调解员中选任陪审员、选任专业技术人员充当陪审员、加强陪审员调解技能培训、陪审员独自主持庭前调解等多种措施，多数陪审案件做到调解结案、案结事了。⑤ 第二，专门领域案件中陪审员作用比较突出。各地纷纷在知识产权、劳动纠纷、妇女儿童权益、未成年犯罪等案件中聘请专家充当陪审员，既弥补了法官知识的不足，也促进了纠纷的妥善解决。⑥ 第三，陪审员功能得到扩展，尤其表现为陪审员参与执行。例如，2005年7月至2008年7月，宁波北仑区法院的陪审

---

① 李飞、佟季：《案件陪审三年间》，《人民法院报》2008年5月6日。
② 王伯文：《人民陪审制度的现状与思考》，《现代法学》1992年第6期；广东省高级人民法院"人民陪审员制度改革调研课题组"：《广东省人民陪审员工作现状、存在的问题及深化改革的意见》，http://www.gdcourts.gov.cn/sfdc/t20060524_20863.htm，最后访问日期：2010年11月1日。
③ 李飞、终季：《案件陪审三年间》，《人民法院报》2008年5月6日。
④ 最高人民法院：《深化司法体制改革保障社会公平正义》，《求是》2010年第8期。
⑤ 李飞、终季：《案件陪审三年间》，《人民法院报》2008年5月6日。
⑥ 知识产权案件专家陪审，参见《中国法院知识产权司法保护状况（2009年）》，《人民法院报》2010年4月21日。妇女儿童权益案件专家陪审，参见陈丽平《妇联系统人民陪审员队伍初步建立　显独特优势具双重责任》，《法制日报》2010年4月21日。

员广泛参与医患、劳资等六类重点案件的执行裁决和实施,没有一起案件提起上诉,平均有效执结率为71.6%,远高于一般"执行难"案件不到50%的有效执结率。①

从这些材料来看,人民陪审员制度可谓重焕青春,欣欣向荣。故此,全国人大常委会和最高人民法院认为,尽管相关措施有待继续完善,但"《决定》实施的总体情况良好",该制度已成为"公正高效权威的社会主义司法制度的重要组成部分",是"构建社会主义和谐社会的必然要求"。②

(二) 经验观察与学者们有关立法意图的推测

《决定》颁行后学者们的实证研究和相关媒体报道呈现了另一种实践景象。

(1) 庭审中陪审员的代表性没有多大改善。一些法院尚未实行随机抽取,而是由法院业务庭、立案处或政治处直接指定少数固定的陪审员参加审理。③ 某些地方陪审员流失和逃避陪审义务的情况相当严重,随机抽取几乎不具备可操作性,法庭上频频出现的仍然是"陪审专业户"、"专职陪审员"或"编外法官"。④

(2) 陪审员参审遭遇专业障碍。《决定》颁行后,有学者曾以"审理案件的难点分布"为题对西部某基层法院陪审员进行了深度访谈,43.8%的受访者感觉适用法律困难,另外37.5%在证据和事实认定方面存在疑惑。⑤ 上海市高级人民法院在参审判案困难的调查中也发现,11.3%的陪审员认为是通过证据确认事实,54.8%认为是法律适用,34.46%认为是在综合分析判断环节。⑥ 实践中常常出现陪审员极少发言,或在评议中重复、

---

① 邬凡敏、冯一文:《陪审员"陪执":司法民主化实践的新探索》,《宁波大学学报》2008年第6期。
② 陈永辉:《中国特色人民陪审员制度建设取得明显成效》,《人民法院报》2007年9月4日;施英:《〈关于完善人民陪审员制度的决定〉实施良好》,《人民法院报》2008年12月2日。
③ 方雷等:《人民陪审员看陪审制度》,《人民法院报》2007年8月29日。
④ 周玉国:《一些地方人民陪审员流失问题突出》,《人民法院报》2007年6月20日。
⑤ 刘晴辉:《对人民陪审制运行过程的考察》,载《北大法律评论》第8卷第1辑,北京大学出版社,2007。
⑥ 袁定波:《人民陪审员制度遭遇"四道坎"》,《法制日报》2008年5月8日。

附和法官意见等现象。①

（3）法官对陪审的认同有待提升。考虑到"司法为民"的主流意识形态以及法院积极推动人民陪审员制度的复苏，陪审员理应受到法官的尊重。可是，现实中时常出现法官否认陪审员的实质作用、轻视人民陪审员制度价值的现象，个别地区的调研材料甚至表明这种情况较为普遍。②

（4）某些陪审员对陪审的价值认同以及自信度不高。广州市中级人民法院对172名陪审员的调查显示，44%的陪审员认为"陪审制度有意义，但很难落实"，17.45%认为"陪审员如同虚设，案件更容易被个别法官操纵"，54.65%认为"增加了法院的工作难度"，13.37%认为陪审员是"请而不到、陪而不审、合而不议"。③ 有人对中西部农村法庭的调查甚至发现，某些陪审员竟然是为了获得生活补助等"可观的收入"和"进入法律职业共同体的机会"。④

（5）人民陪审员制度的社会认同度不容乐观。一些调查显示，公众对人民陪审员制度的知晓程度较低。例如，成都市中级人民法院的问卷调查表明只有37.16%的受访者了解该制度；另一份农村调研发现，受访的178人中竟有137人从未听说过人民陪审员制度。⑤《决定》实行三年间，当事人主动申请的仅占陪审案件总量的8‰，一些陪审员反映从未遇见当事人主动申请陪审的情况。⑥

从这些经验观察来看，人民陪审员制度或许只是"看上去很美"。不

---

① 西南政法大学和成都市武侯区法院在调查中发现，偶尔发言和从不发言的陪审员分别为76.1%和87.9%。参见"中国陪审制度研究"课题组《中国陪审制度研究——以成都市武侯区人民法院陪审工作为对象》，《法律科学》2008年第6期。类似的实证研究，参见刘晴辉《对人民陪审制运行过程的考察》，载《北大法律评论》第8卷第1辑，北京大学出版社，2007。

② 朱稳贵：《关于兰州市基层人民法院实施人民陪审员制度的调查报告》，硕士学位论文，兰州大学，2007。相关报道参见毛立平《落实好人民陪审员制度非常必要》，《人民法院报》2009年10月16日。

③ 广州市中级人民法院：《广州市人民陪审员情况调查》，《法治论坛》2008年第1期。

④ 曾晖、王筝：《困境中的陪审制度——"法院需要"笼罩下的陪审制度解读》，载《北大法律评论》第8卷第1辑，北京大学出版社，2007；胡铭：《刑事司法的国民基础之实证研究》，《现代法学》2008年第5期。

⑤ 成都市中级人民法院：《呈现的实然与回归的路径——成都地区人民陪审制度运行情况实证调查分析》，《人民司法》2006年第7期；杨秉勋：《农村人民陪审员制度改革调查与分析》，载王晨光主编《农村法制现状》，社会科学文献出版社，2007，第206页。

⑥ 李飞、佟季：《案件陪审三年间》，《人民法院报》2008年5月6日。

少人并不接受"总体情况良好"的判断,也不认同有待"继续完善"的解释,甚至对《决定》的立法意图作出了不同的解读。有观点认为,人民陪审复苏的原因在于其"司法民主"的象征意义满足了国家的政治需要,陪审能否起到实质作用并不为立法者关心。[1] 另有观点认为,人民陪审员制度复苏与案件负荷存在密切关联,尤其是《决定》对陪审员的学历要求是为了方便陪审员"和法官彼此沟通和理解、便于被法治话语规训和同化"以提高参审效率,是用"公正"包装效率,为法院提供"招之即来、挥之则去"的人力资源。[2]

(三) 各执一端,抑或共生共存

为什么对于人民陪审员制度复苏会产生不同的原因推测和效果判断呢?一种可能的解释即统计数据存在问题,抑或经验观察不够全面。不过,前者并未出现明显断裂和异常,且能与许多地方法院的统计和新闻报道相互印证;后者虽不像前者那样涵盖全国,但均不是"孤证",而是许多地方呈现的普遍现象。可以说,两种实践景象都有一定的客观性,两种效果评价和立法意图的表达或推测都有一定的实证材料支撑。

从法社会学的基本立场来看,制度的产生、变化和消亡取决于社会的实际需求。后者不仅形塑了特定时期的制度设计,而且通过社会环境等因素的作用,最终决定制度的实践状态。[3] 不过,社会需求往往牵涉不同的社会主体,不同主体各自的需求及其对制度的预期既有暗合也有差异,人们习惯于从自身需求、预期乃至实践感悟来评判事物。从这个角度出发,"一种制度实践、两种复苏原因及效果判断"或许存在另一种解释:是否因为不同主体需求的暗合催生了《决定》的出台,又因需求和预期的不同

---

[1] 柯岚:《人民陪审员:"陪而不审"不如"不陪而审"》,《法律适用》2005 年第 5 期;吴丹红:《中国式陪审制度的考察》,《法商研究》2007 年第 3 期。

[2] 曾晖、王筝:《困境中的陪审制度——"法院需要"笼罩下的陪审制度解读》,载《北大法律评论》第 8 卷第 1 辑,北京大学出版社,2007;李晟:《公正包装效率——从〈完善人民陪审员制度的决定〉第 4 条切入》,载徐昕主编《司法程序的实证研究》,中国法制出版社,2007,第 126 页;刘哲玮:《人民陪审制的现状与未来》,《中外法学》2008 年第 3 期。

[3] Sheryl J. Grana, Janne C. Ollenburger & Mark Nicholas, "The Social Context of Law," *Upper Saddle River*: *Prentice—Hall, Inc*, 2d ed. (1999): 9 - 11;范愉:《从司法实践的视角看经济全球化与我国法制建设——论法与社会的互动》,《法律科学》2005 年第 1 期。

而对该制度的实践感知以及复苏原因判断出现差异？

毋庸置疑，这种解释需要结合人民陪审员制度筹划复苏以来的社会背景进行"语境化"考察。在当前我国的法制环境下，这种操作尤为必要。黄宗智教授有关法律实践历史的考察表明，我国素有道德性理念与实用性实践相结合的"实用道德主义"传统，"实践是一回事，理论、表达或制度是一回事，但是在实践历史中并存、互动、结合和背离，则又是另一回事"。① 如果该论断成立的话，或许只有深入具体的社会背景，才有可能透过前述纷繁的实践景象及其与"表达"、"推测"的复杂关系，从整体上把握人民陪审员制度的实践样态。而且，立法本应是一个不同利益主体反复博弈的过程，而在当前我国的立法过程中，不完全博弈或未达成共识便出台法律的现象并不鲜见，立法者初衷与制度设计及实践效果也可能出现差异。或许也只有深入具体语境，才可能真正发掘出人民陪审员制度复苏多种可能的原因，权衡各种原因解释的相对合理性。

三 人民陪审员制度复苏的背景分析

（一）案件激增与法官短缺

如果以单位法官对应的一审收案量为指标，改革开放以来我国法官的工作负荷急剧增长（见表1），从1981年的14.99件攀升至1997年的31.11件。尽管这远低于西方国家的水平（见表2），法院却因此承受较大的案件负荷。一方面，受程序设计和专业技能等因素的影响，法官的办案效率有待提升，另一方面，法官人力资源分布格局也是一个重要原因。由于法院内部行政管理职能与审判职能界限模糊，行政事务占用了不少法官资源，从事一线审判的法官的数量远远少于法官总人数。② 事实上，即便这些法官也无法全力投入审判，他们往往还承担着普法宣传、精神文明建设、扶贫帮教等其他工作。从宏观层面看，实践中确实存在案件激增与法官短缺的矛盾。

---

① 黄宗智：《中国法律的实践历史研究》，《开放时代》2008年第4期。
② 例如，2004年从事一线审判的基层法官共91099人，仅占当年法官总数的47.71%。参见吴坤《肖扬向人大常委会报告法院建设时表示法院每年要请代表委员旁听庭审》，《法制日报》2004年10月27日。

当然，由于社会发展不均衡，这种矛盾在各地的表征不尽一致。大中型城市和东部发达地区的突出问题是案件数量激增，某些地方甚至出现"诉讼爆炸"。① 农村和中西部地区的案件数量虽无明显增长，却普遍面临"法官荒"，某些地方甚至连一个合议庭的法官都凑不齐。② 此外，20 世纪 90 年代初期以来，这些地方的法院经费保障普遍告别地方财政"公共负担"而走向"当事人负担"，法院基础设施和法官待遇的改善往往取决于办理的案件数量。③ 去何处寻找案源、如何在法官有限的情况下办理更多案件也成为一个现实问题。

表1 1981—2004 年中国单位法官年均审案量的变化

单位：件，人

年度	一审收案数量	法官数量	单位法官案件负荷
1981	906051	60439	14.99
1982	1024160	76906	13.32
1983	1343164	83688	16.05
1984	1355460	88135	15.38
1985	1319741	95247	13.86
1986	1611282	99820	16.14
1987	1875229	117647	15.94
1988	2290624	119529	19.16
1990	2916774	131460	22.19
1991	2901685	138459	20.96
1997	5288379	约170000	约31.11
2001	5344934	240000	22.27
2002	5132199	210000	24.44
2003	5130760	194622	26.36
2004	5072881	190961	26.57

资料来源：1997 年法官人数见《中国法律年鉴》1998—2005 年，中国法律年鉴出版社；其余数据来自朱景文主编《中国法律发展报告——数据库和指标体系》，中国人民大学出版社，2007，第 194、202 页。

---

① 李飞：《朝阳法院"诉讼爆炸"现象调查》，《人民法院报》2005 年 7 月 12 日。
② 就此可参见 2007 年 11 月 19 日至 12 月 3 日《法制日报》连续刊载的对宁夏、云南、贵州、新疆、甘肃、陕西、四川、广西等省份的系列调查。
③ 王亚新：《社会变革中的民事诉讼》，中国法制出版社，2000，第 167 页。

表2 1997年五国一审民、刑收案数量、法官数量以及单位法官审案量

单位：件，人

	美国	英国	德国	法国	日本
一审收案（民、刑案件）	29795102	2429255	2938961	1539502	512342
法官人数	30888	3170	20999	4900	2899
每名法官对应案件数	965	766	140	314	177

资料来源：日本最高裁判所：《諸外国の法曹人口との比較》，2000年1月14日，日本首相官邸网，http://www.kantei.go.jp/jp/sihouseido/dai8/saikousai/16s.pdf，最后访问日期：2010年11月1日。

由此看来，无论是"案多"还是"人少"，某些学者有关弥补法官短缺是制度设计者（尤其是最高人民法院）复苏人民陪审员制度的重要动机的推测，并非"空穴来风"。不过，我们在肯定这种可能性的同时也不能过于绝对，就此可以从规范、事实以及策略三个层面进行分析。

在规范层面上，最高人民法院最初草案第15条明确规定，"一名人民陪审员每年参与陪审案件不得超过10件"，目的是"防止有的人民陪审员长期不参加陪审，有的则长期、固定地参与陪审"，只因部分人大常委会委员认为"一年陪审10个案件，数量太多，恐怕难以承担"，该规定最终被删除。[1] 可见，陪审员弥补法官短缺的作用在制度设计者眼中并非那么重要。

在事实层面上，值得注意的是两个指标。其一，普通程序陪审率。如果复苏是为了缓解法官短缺，陪审员理应更多地出现在法庭上，普通程序陪审率应呈上升趋势。可是，《决定》颁行五年来普通程序陪审率只有19.5%，均低于该制度筹划复苏前的水平（见表3）。其二，法院案件负荷。20世纪90年代末以来，法院通过确定法官员额比例、分流富余人员等措施实行人员精简，法官人数有所下降。但是，人民陪审员制度筹划复苏至《决定》颁布这几年间，一审收案数量同样出现下降态势。考虑到一些业务能力较差的人员被精简，法官的工作效率应该是有所提升的。由此看来，此一时期案件负荷不但没有明显增长，反而可能低于人民陪审员制度复苏前的水平，制度设计者仍不遗余力地推动复苏进程，足见弥补法官

---

[1] 胡康生：《全国人大法律委员会关于〈全国人民代表大会常务委员会关于完善人民陪审员制度的决定（草案）〉审议结果的报告》，《全国人大常委会公报》2004年第6期。

短缺并非其主要动机。

表3 《决定》颁行前普通程序陪审率

单位:件,%

年份	1993	1994	1995	1996	1997
陪审案件数量	346632	350897	352023	392628	310931
普通程序案件数量	1071026	1135464	1237825	1303582	1483089
普通程序陪审率	32.36	30.90	28.44	30.12	20.97

注:普通程序案件数量通过计算"由审判员组成的合议案件"与"有陪审员参加的合议案件"之和得出。

资料来源:最高人民法院研究室编《全国人民法院司法统计历史资料汇编:1949—1998 (民事部分)》,人民法院出版社,2000,第172、202、234、264、296页。

从策略上来看,由陪审员提供人力补充的做法早已有之,20世纪90年代以后甚至可能是陪审员实际扮演最主要的角色,[①] 即便1998年之后仍存在这方面的需求。考虑到这种做法并不具有充分的正当性,制度设计者完全可以"秘而不宣",无须"大张旗鼓"地推动人民陪审员制度复苏。更何况,从表2可知,我国法官办案能力尚有很大的提升空间,可以(事实上也已经)通过强化非诉讼纠纷解决机制、扩大简易程序适用范围、推行法官助理制度等措施来提升纠纷解决的能力。可以说,陪审员的人力补充功能并非唯一的选择,其重要性不宜高估。

(二) 司法预期增长与司法能力相对不足

事实上,案件激增并非法院面对的唯一问题,随着近些年社会治理和秩序格局的深刻转型,司法预期增长与司法能力相对不足已成为我国司法领域的一个基本矛盾。城乡二元体制的松动和社会流动性的增强致使乡村由"熟人社会"走向"半熟人社会"甚至"陌生人社会",城市中单位等社会组织的影响力不断减弱,民间社会规范以及社会共同体内部纠纷解决机制难免出现失灵。尤其在"司法是正义的最后一道防线"等话语的影响下,通过诉讼解决纠纷越来越受到关注。可是,转型期人际关系模式、利益分配机制和价值观念不断分化重组,许多纠纷涉及立法未规制的新问

[①] 沈德咏:《关于〈关于完善人民陪审员制度的决定(草案)〉的说明》,《全国人大常委会公报》2004年第6期。

题、社会结构性对立和新旧政策变化，法院面对这些盘根错节的纠纷和诉求往往一筹莫展，不仅面临知识和正当性的不足，而且其判决也常常陷于"执行难"的尴尬境地。①

应当说，法院对这一矛盾是有切身体会的，近些年最高人民法院工作报告对此并不讳言。不过，能力不足的法院却无法回避人们的司法预期，由此常常陷入两难困境。首先，"司法为民"是我国的重要传统，当前坚持"司法为民"、"以人民利益至上"更是关系到社会和谐稳定的大局以及人民司法和人民政权的正当性，这给法院回应人们的预期增加了道德和政治上的义务。其次，为了扩大影响力以增大赢得救济的概率，我国民众素有运用"诉冤"和聚众、自杀、械斗等"小事闹大"的传统，② 起诉的同时上访或者诉诸媒体，这无疑给法院施加了极大的压力。③ 最后，转型时期的许多纠纷或是较为复杂、牵涉面较广而无法形成立法共识，或是涉及发展中的新问题而立法时机不成熟，常留待法院个案试错处理。有学者直言，"法院在很大程度上变得很像一座制度实验室"。④ 某些地方党委和政府为了转移矛盾和焦点，甚至千方百计地将房屋拆迁、"外嫁女"土地权益等难以妥善解决的纠纷推给法院处理。⑤

结合这种背景来观察，不难发现，人民陪审员制度复苏能够使法院在两难困境中获得某种自如空间。如果陪审员能够实质性地参与审判，可以增强法院回应社会的能力。其一，与当事人具有相似背景的陪审员可以使庭审中的沟通协调氛围渐厚，具有专业知识的陪审员还能为某些案件的处理提供智力支持。其二，陪审员与当事人生活在大体相同的空间，有助于营造迫使被执行人履行义务的舆论环境，陪审员在"捕获"执行标的方面

---

① 司法预期增长不仅表现为案件数量的攀升，同样值得关注的还有案件性质的变化。近年来，诉讼日益成为群体利益重要的表达和救济途径，实践中甚至出现旨在矫正社会行为、推进制度变迁的影响性诉讼。参见彭小龙《现代社会中司法的力量——兼论转型中国司法的两难困境及其应对》，《现代法学》2009 年第 6 期。
② 徐忠明：《众声喧哗：明清法律文化的复调叙事》，清华大学出版社，2007，第 203 页。
③ 应星：《草根动员与农民群体利益的表达机制——四个个案的比较研究》，《社会学研究》2007 年第 2 期。
④ 季卫东：《要关注"试验诉讼"》，载徐昕主编《司法程序的实证研究》，中国法制出版社，2007，第 1 页。
⑤ 贺欣：《为什么法院不受理外嫁女纠纷——司法过程中的法律、权力和政治》，载苏力主编《法律和社会科学》第 3 卷，法律出版社，2008，第 66 页。

也能提供更多信息。其三，陪审员能够在法庭之外拓宽当事人协商的时空平台，凭借其人生经验和生活常识促进纠纷解决。其四，陪审员将陪审经历及其所思所感告知周遭群众，可以增进人们对法院工作"同情的理解"。即便陪审员不能实质性地参与审判，司法民主的象征意义至少能从形式上增强司法决策的民主色彩并分担法官压力，在某些情况下甚至还可能被法官利用为应对民意、抵抗外部干预的壁垒。

当然，人民陪审员制度有助于缓解法院的两难困境并不足以说明其复苏意图就在于此，这毕竟只是一种理论推演。不过，法院充分感受两难困境恰逢人民陪审员制度筹划复苏之时。20世纪末以来，我国的改革开放和社会转型逐渐进入"纵深阶段"，矛盾和冲突日益增多并凸显。[①] 同样也是在这段时期，经过"文革"后近20年法制建设的积累，尤其是1997年党的十五大正式确立依法治国基本方略之后，司法介入社会生活的深度和广度大大加强，其面临的问题和困难也逐渐增多。[②] 时间的交集以及《决定》"出台说明"中对促进司法民主、强化调解等意义的强调或许能够表明，人民陪审员制度的复苏确有可能承载着缓解司法能力不足的厚望。

（三）司法地位提升与司法公信力相对欠缺

案件数量和司法预期的增长，表明司法在国家治理和社会发展中地位的提升，但这并不意味着司法公信力随之提升。有学者统计发现，法院信访量在20世纪90年代逐步攀升并远远高出案件总量，这已经指出法院公信力下降的事实。[③] 不过，鉴于党政部门、人大常委会、政协等也接待了许多涉法涉诉信访，单是法院信访量不足以揭示司法公信力的变迁。[④] 相比之下，上诉作为一种法定的不满表达程序，不仅能够反映人们对法院公正的感受，而且受政策以及其他因素的影响较小，或许可以通过上诉率测

[①] 贺劲松等：《改革，向纵深地带挺进》，《人民日报》2003年10月12日。我国近些年制度变迁所导致的矛盾和冲突加剧，参见李汉林等《社会变迁中的结构紧张》，《中国社会科学》2010年第2期。

[②] 例如，1997年以后最高人民法院工作报告开始强调，"妥善处理涉及群众切身利益的集团诉讼和群体性纠纷"。

[③] 朱景文：《中国诉讼分流的数据分析》，《中国社会科学》2008年第2期。

[④] 例如，2002年以来法院信访量下降，大量涉法涉诉信访却涌入其他渠道。全国人大常委会2005年上半年接待的信访中80%是涉法涉诉问题。参见石国胜《上半年涉法涉诉信访占八成》，《人民日报》2005年9月26日。

度司法公信力。图 1 显示，上诉率自 1995 年开始由 6.02% 攀升至 2004 年的 9.96%，反映 20 世纪 90 年代中期以来人们的不满度呈上升态势，象征着司法民主的人民陪审在此期间筹划复苏不难理解。问题是，制度设计者究竟是希望陪审员实质参与审判从而提升司法公信力，还是如前文所提到的某些研究者所言，只看重其象征意义？

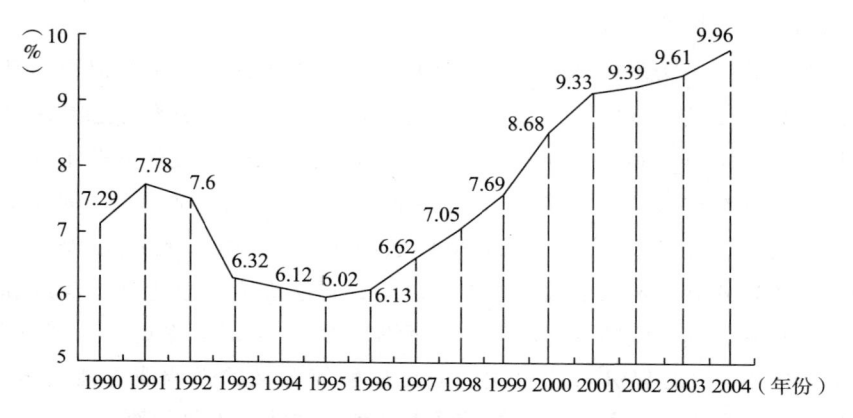

图 1　1990—2004 年人民法院上诉率变化

资料来源：根据《中国法律年鉴》1991—2005 年各卷提供的一审结案和二审收案的数字计算。

司法公信力相对欠缺的原因是多方面的，例如，法院的不受理政策、执行难等。但是，就上诉率所针对的常规案件而言，恐怕最明显的影响因素还是司法腐败。图 2 显示，全国查处的违法违纪和追究刑事责任的法官人数双双在 1999 年达到峰值。此后，查处的违法违纪法官人数下降，而追究刑事责任的法官人数并没有明显下降。有学者认为，这是因为 2001 年以来反腐倡廉偏重于抓大案要案。① 其实，无论是刑事犯罪还是违法违纪，甚至"人情往来"等模糊情形，都可能使人们产生司法不公的印象。② 北京零点调查公司 2007 年调研发现，85.6% 的受访者认为职业道德是法官最应当具备的素质，认为法官诚实可信、公正无私的受访者反而从 1999 年的 21.6% 下降为 19.4%。③ 在腐败频频曝光的情况下，寄希望于民众参与审判监督法官，并通过陪审经验的分享来稀释人们对法院的既有印象，完全

---

① 朱景文：《中国诉讼分流的数据分析》，《中国社会科学》2008 年第 2 期。
② 王亚新：《"司法腐败"现象的一种解读》，《思想战线》2005 年第 4 期。
③ 桑蕴倩、尹雪菲、张有义：《法官形象 8 年前后对比》，《法制日报》2007 年 12 月 2 日。

是有可能的。

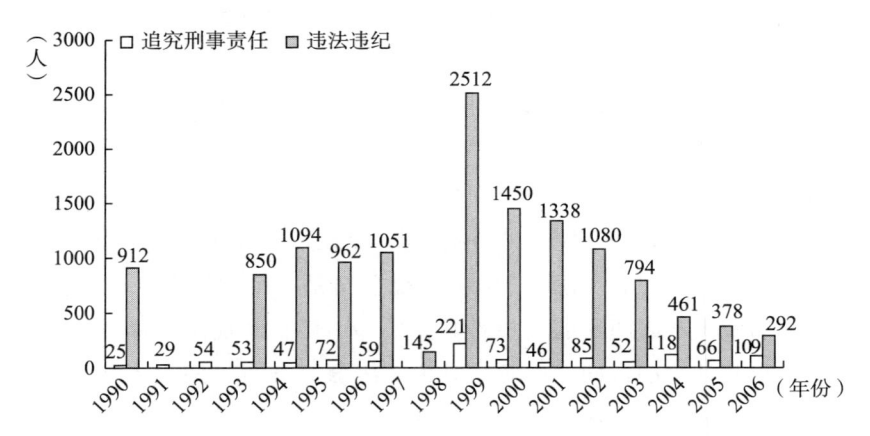

图 2　1990—2006 年全国查处违法违纪、追究刑事责任的法官人数
资料来源：最高人民法院工作报告（1991—2007 年）。

事实上，对于法院来说，司法腐败带来的负面影响可能更为直接。"群众感到从司法难以讨到'说法'，从而转向人大寻求救济，要求人大加强对司法机关审理案件的监督。"20 世纪 80 年代后期一些地方人大常委会在处理群众来访工作中发展起来的个案监督逐渐受到重视，并在 20 世纪 90 年代中后期得到较快发展，[①] 全国人大常委会甚至于 1999 年 8 月审议了《关于对审判、检察工作中重大违法案件实行监督的规定（草案）》。个案监督无疑给法院系统带来了极大压力，不过也为人民陪审员制度提供了复苏契机。陪审员参与审判的监督属于程序内部机制，不仅能避免司法与民主的关系、人大与法院的宪法权力架构等宏大命题的争论，缓解个案监督侵犯审判权独立运作的担忧，而且对于法院来说，这无疑也是在表明反腐倡廉决心、平息司法贪腐指责的同时，维持自身独立的一个较好方案。这个草案最终停止审议、个人监督并没有得到制度化或许与法院积极推动人民陪审员制度复苏的策略有着相当的关系。

司法公信力下降的另一个主要原因与审判方式改革相关。20 世纪 90 年代初期以来，随着审判专业化和司法职业化的发展，受现代法治话语以

[①]　陈斯喜：《探寻个案监督与司法公正的契合——人大个案监督实证调查案例分析》，载《洪范评论》第 2 卷第 1 辑，中国政法大学出版社，2005，第 37 页。

及案件目标管理和考评制度的影响,法官越来越倾向于充当"中立裁判者",通过程序机制既安全又迅速地处理案件。① 1990 年以后,法院一审结案判决率呈明显上升趋势(见图 3)。如果说二审改判、发回重审的比例大致可以反映一审裁判的水平,图 3 显示 20 世纪 90 年代以来一审错误率实际呈下降趋势。司法公信力并未随审判质量的提升而增强,部分原因就在于过分强调程序正义和"非黑即白"的判决与当前的民众意识存在一定冲突。时任最高人民法院院长的肖扬 2004 年在耶鲁大学的演讲集中表达了法院对该问题的认识和反思:"中国传统上又是一个'礼俗'社会,法律不可能成为解决所有纠纷的'灵丹妙药'……简单地援引法律条文进行判决不一定得到社会的认同。因此,对正义执着追求的'理想主义'可能在一定程度上必须让位于解决纠纷的'现实主义'。"②

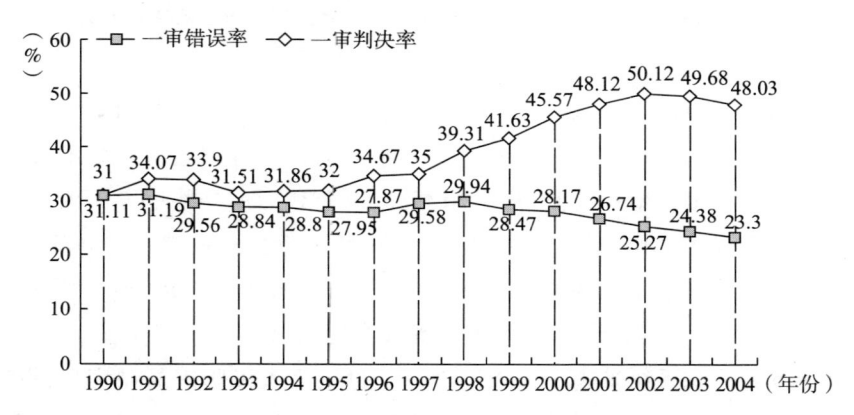

图 3 1990—2004 年人民法院一审判决率和一审错误率

资料来源:根据《中国法律年鉴》1990—2004 年一审结案、一审判决、二审改判和发回重审的数字计算。

从理论上看,民众参与审判可以输入普通人的常识、常理和常情,打破"理想主义"改革下现代法律与本土生活的隔阂。此外,参与审判本身也是一个学习和了解现代司法运作的过程,通过亲身体验并与他人分享这种经验,或许也有助于人们接受现代法治的规训,提升对法院工作的认同。由此,制度设计者希望通过人民陪审员制度增强司法权威、缓解司

---

① 范愉:《调解的重构(上)——以法院调解的改革为重点》,《法制与社会发展》2004 年第 2 期。
② 颜茂昆:《肖扬在美国耶鲁大学发表演讲》,《人民法院报》2004 年 10 月 10 日,第 3 版。

地位提升与司法公信力不足的矛盾并不意外。

四 人民陪审员制度复苏的实践运作

前述背景分析虽无法周延却足以表明,人民陪审员制度复苏并非仅仅因为司法民主的象征意义和人力补充的作用,更是因为其多种功能迎合了20世纪90年代以来我国司法领域中的多种现实需求。不过,应然的功能能否转化为实然的作用取决于制度的实践运作。鉴于法治话语和实践下的我国司法已成为一个相对自主运作的"场域",① 而司法权力结构为"场域提供结构并安排场域内竞争性斗争",② 通过考察《决定》颁行后人民陪审员制度的司法权力结构,或许能较为全面地了解该制度复苏后的实践运作。

就司法权力结构而言,最明显的莫过于有关陪审员的司法权力及其行使的制度性安排,由于其体现在诉讼制度和程序规定中,可称为正式司法权力结构。除此以外,法官职业化程度、法官与陪审员的关系等因素虽然没有形成制度,却可能形成一种隐蔽的非正式司法权力结构。鉴于任何话语的机制都要依附于非话语机制才能得以运作和发生效果,③ 非正式司法权力结构对人民陪审员制度的实践运作也会形成更细致的影响。

(一) 正式司法权力结构

1. 司法权力配置

陪审员参与案件审理行使司法权力,在司法权力结构上主要表现为陪审员与法官的权力配置。从整体上看,《决定》并未改变之前的做法,除不得担任审判长之外,陪审员享有与法官同等的权利,对事实认定、法律

---

① 〔法〕布迪厄、〔美〕华康德:《实践与反思——反思社会学导引》,李猛、李康译,中央编译出版社,2004,第144页。布迪厄的"场域"概念以社会分工为基础,指的是由各种位置构成的一系列关系所形成的社会空间,例如司法场域、教育场域、科学场域、艺术场域等。场域的相对自主运作并不意味着完全独立于外界因素,后者只是不以直接、武断的方式介入,而是经历"重新形塑过程",通过法律职业者资格要求、审判权的限定和分配等司法权力结构予以间接控制。
② Pierre Bourdieu, "The Force of Law: Toward a Sociology of the Juridical Field," trans. by Richard Terdiman, *Hastings L. J.* 38 (1987): 816.
③ 苏力:《语境论——一种法律制度研究的进路和方法》,《中外法学》2000年第1期。

适用独立行使表决权。不过，审判是一门需要长期学习和实践才能掌握的技艺，知识和经验的欠缺很可能会影响陪审员的表现。那么，试图复苏人民陪审员制度的制度设计者是否意识到这个问题？如果意识到了，是否采取相应措施以提高陪审员的参审能力？

应当说，制度设计者已经意识到这个问题，《决定》草案曾规定陪审员应当"有一定的法律知识或者其他专业知识"，只不过基于可能减损代表性等原因这条规定最终被删除。① 为了提升陪审员的参审能力，《决定》等规范性法律文件主要采取了两个措施。其一，学历要求。沈德咏副院长专门就此作出解释，"人民陪审员同法官一样行使审判权，因此同法官的任职条件，特别是文化程度不宜相差太大，否则，因自身能力、水平较低而难以发挥人民陪审员应有的作用"。② 《决定》第4条首次规定，陪审员一般应当具有大学专科以上学历。其二，法律培训。《决定》对此也首次作出系统规定，要求基层人民法院会同同级人民政府司法行政机关对陪审员进行培训。根据最高人民法院《关于人民陪审员管理办法（试行）》和《人民陪审员培训实施方案》，岗前培训和任职期间培训分别不得少于24和16个学时。

通常来说，学历较高的人文化水平较高，逻辑思辨能力和综合分析能力也较强。但是，抛开陪审员代表性不足等问题不论，学历较高意味着参审能力较强并非毫无疑问。在知识高度分立的今天，他们同样会遇到法律知识障碍，对司法裁判的特殊场景同样会感到陌生。例如，全国优秀陪审员赵维忠是西安某设计院的工程师，他在回顾陪审经历的时候坦承："我刚担任人民陪审员的时候，庭审过程中常常一言不发，好似审判台上的'泥塑'，评议案件时我也只是附和法官的意见。'陪而不审'的尴尬让我一度对陪审工作失去兴趣。通过思考，我认识到，只有提高法律素养，才能做好陪审工作。"③

---

① 胡康生：《全国人大法律委员会关于〈全国人民代表大会常务委员会关于完善人民陪审员制度的决定（草案）〉审议结果的报告》，《全国人大常委会公报》2004年第6期。

② 沈德咏：《关于〈关于完善人民陪审员制度的决定（草案）〉的说明》，《全国人大常委会公报》2004年第6期。当然，前文已经提到有人并不认同这种解释，认为学历要求的"真实意义"是为了提升法院的工作效率。但是，考虑到近年来盛行将"学历"等同于"审判素质"，这种解释具有相当的可信度。参见范愉《法律家素质与法学教育》，载《人大法律评论》第2辑，中国人民大学出版社，2000，第123页。

③ 陈永辉：《赵维忠：从陪而不审到名副其实》，《人民法院报》2007年1月6日。

由此看来,学历与参审能力没有必然的联系。那么,法律培训能否起到较好的效果?根据《人民陪审员培训实施方案》,培训内容从法官职业道德、审判纪律、司法礼仪、法律基础知识、基本诉讼规则到采信证据、认定事实和适用法律的一般规则,极为庞杂。且不说陪审员学习完这些课程后很可能出现"法化"现象,失去民众参与审判的原本意义,这些培训课程相当于大学本科四年的内容,几十个学时对于通常并未系统接触过法律的陪审员来说可能于事无补。有学者在对陪审员的随机访谈中发现,即便接受了3天的岗前培训,他们对培训效果的回答还是"听得模模糊糊、记不清楚、找不到感觉"。①

权力配置的另一个重要方面是评议规则。评议实行少数服从多数原则,陪审员与法官的人数对比对于陪审员影响案件裁决有着重大影响。就此而言,《决定》只是笼统规定合议庭中陪审员不得少于1/3。不少案件中陪审员无法形成多数,难以影响案件裁决结果。事实上,即便陪审员人数居多且与法官发生争议,法官也能凭借多年的法庭经验和专业优势说服陪审员,或孤立异议者。有学者亲历数百件刑事陪审后发现,"仅有1例坚持自己的意见而未被说服,其余有不同意见的陪审员均被审判长或领导说服,从而最终形成一致或多数意见"。②

此外,《决定》对评议发言顺序、判决书制作等问题并未作出明确规定。③ 基于陪审员与法官在知识和经验等方面的不对等,评议往往先由承办法官汇总案情、介绍相关法律甚至发表意见,陪审员难免受其影响。就判决书制作而言,不少法院出于省事等原因,没有通知陪审员参与,或者只是叫他们过去签个字、盖个章。更有甚者,一些法院连判决结果都不告

---

① 刘晴辉:《对人民陪审制运行过程的考察》,载《北大法律评论》第8卷第1辑,北京大学出版社,2007。
② 张永和、于嘉川等:《武侯陪审——透过法社会学与法人类学的观察》,法律出版社,2009,第153页以下。有学者对20个基层法院陪审案件的调研也发现,评议没有或者偶尔有分歧的案件占96.9%,发生争议后听法官的以及讨论达成一致的情况占90.6%,法官反映陪审员难以说服的仅为7.8%。参见刘晴辉《对人民陪审制运行过程的考察》,载《北大法律评论》第8卷第1辑,北京大学出版社,2007。
③ 2010年1月14日最高人民法院《关于人民陪审员参加审判活动若干问题的规定》第8—10条对这两个问题作出了规定。时间尚短,效果有待观察。

知陪审员。① 这种做法无疑会影响陪审员对陪审价值的认同，某些情况下甚至还可能为法官上下其手留下空间。域外陪审制度的实践表明，即便法官在评议中处于少数，他们也可以在不背离评议结果的前提下，通过撰写判决书或宣布判决巧妙地将其不满告知当事人，暗示后者提出上诉。②

2. 案件信息的获取与验证

司法权的行使离不开案件相关信息的掌握，这些信息的获取与验证方式必然会影响到人民陪审员制度的实践运作。为改变法官"先定后审"以充实庭审程序，20世纪90年代中期以来我国民事诉讼一度奉行"一步到庭"，1996年刑事诉讼法也力图限制检察机关移送案卷范围并将"实质审查"改为"形式审查"，但由于随之出现的诉讼突袭和拖延，加之法官惯性使然，这些改革收效甚微，法官仍习惯于审前阅读案卷材料了解案情甚至形成对案件的基本看法。③ 陪审员不参与审前证据收集和交换，《决定》等也没有明确规定他们阅读案件材料的权力，审前能否接触到案卷材料往往取决于法官是否允许，不少陪审员只能呼吁"开庭前的相互沟通"。④ 由于无法获得足够的案件信息，他们基本上不可能挑战法官审前形成的案件事实版本，只能依附于法官。

如果庭审能够提供充足信息，或许可以消减事先未接触案卷材料带来的不利影响。遗憾的是，尽管20世纪90年代以来的审判方式改革朝着弱化法官职权、强化当事人（抗辩）双方控制权的方向行进，但当前法官在庭审中仍占主导地位。庭审不仅无法通过举证和质证最大限度地提供案件信息，而且在法官事先已研读案卷材料的情况下甚至可能简化成法官印证

---

① 例如，西南政法大学和武侯区法院的调研显示，57.9%的陪审员不知道其所参与的全部案件的判决结果，5.3%的陪审员竟然从不知道参审结果。西南政法大学和成都市武侯区法院在调查中发现，偶尔发言和从不发言的陪审员分别为76.1%和87.9%。参见"中国陪审制度研究"课题组《中国陪审制度研究——以成都市武侯区人民法院陪审工作为对象》，《法律科学》2008年第6期。类似的实证研究参见刘晴辉《对人民陪审制运行过程的考察》，载《北大法律评论》第8卷第1辑，北京大学出版社，2007。
② Christoph Renning, "Influence of Lay Assessors and Giving Reasons for the Judgment in German Mixed Courts," *Int'l Rev. Penal L.* 72 (2002): 481-494.
③ 王亚新：《实践中的民事审判——四个中级人民法院民事一审程序的运作》，《现代法学》2003年第5期；陈瑞华：《案卷笔录中心主义——对中国刑事审判方式的重新考察》，《法学研究》2006年第4期。
④ 方雷等：《人民陪审员看人民陪审员制度》，《人民法院报》2007年8月29日，第8版。

自己心证的过程。此外,我国的法官往往在一次正式开庭前后进行若干次"非正式开庭",即以相当简便的方式召集双方当事人交流信息或者谋求纠纷解决。① 这更加剧了陪审员与法官在信息方面的不对等。在时间压力以及法官倾向性主导下,陪审员要将大量精力花费在理解案情上,几乎不太可能形成和提出有价值的问题,只好保持沉默或者附和法官的意见。

因此,从正式司法权力结构来看,由于关键性司法权力的阙如以及案件信息的不充分,陪审员往往无法实质性地参与审判。除了在专门领域案件中提供知识和经验之外,能够发挥实质作用的陪审员要么事先接受了法学教育或从事法律相关的工作,要么从事的是更讲究常识常理常情而非法律规则、更注重纠纷解决而非法律刚性适用的调解活动。②

(二) 非正式司法权力结构

非正式司法权力结构涉及因素众多,在此仅讨论法官职业化、陪审员选任方式和任期以及经费报酬、工作协调等几个主要问题。

首先,过去十来年间,我国法官职业化取得了很大进展,学界发出"法律共同体宣言",③ 法院也宣称"法官职业化时代"的来临。④ 考虑到法官职业化与民众意识的冲突、司法公信力以及法院抵抗外部干预的欠缺等背景,许多法官可能愿意采用陪审。不过,法官职业化的发展也可能对陪审的实践运作产生负面影响。例如江苏扬州某法官认为:"陪审员的功能有两大块,一个是认定事实,一个是法律适用。从认定事实来看,陪审员参加不参加对案件没什么影响。至于法律适用,那应该是职业法官的事情。从民主的角度来讲,陪审员个人的观点能够代表群众的声音吗?我看未必……我还看不出人民陪审员的实质性作用。"⑤ 尽管这只是媒体报道的个案,但考虑到舆论环境等因素,估计持此观点的法官不在少数。更重要

---

① 徐昕、徐昀:《非正式开庭研究》,《比较法研究》2005 年第 1 期。
② 2007 年 64 名全国优秀人民陪审员的典型事迹几乎都提到调解,其中许多人接受过系统的法学教育(张玉平、张辉、魏欣、申月霞等),或从事法律相关职业(宋冰、徐琳、汪士锋、黄日华、汤满堂等),有的甚至通过了司法资格考试(王传松、徐向荣、林文清等)。
③ 强世功:《法律共同体宣言》,《中外法学》2001 年第 3 期。
④ 刘岚:《写在首次中国大法官会议召开之际》,《人民法院报》2002 年 3 月 23 日,第 1 版。
⑤ 何兵等:《人民陪审员制度的实践:扬州地区法院调查》,《人民法院报》2006 年 4 月 24 日,第 3 版。

的是，比较法的材料表明，随着职业化程度的提升，法官与处在类似地位的人们会发展出一种"认同感"，"自己人"和"外人"之间的界限变得日益牢固，越发轻视陪审的作用。①

其次，从陪审员选任来看，基层人民法院负责提出陪审员的名额意见、审查候选陪审员的资格、确定陪审员的初步名单并提请同级人大常委会任命，拥有决定性的发言权和很大的操作空间。通过这种程序产生的陪审员即便随机抽选参与审理，或许也难以从根本上影响法官。就陪审员任期而言，《决定》等规范性法律文件只规定了任期为五年，并未规定是否可以连任，陪审员连选连任在实践中并不鲜见。② 由此可能出现两种后果。一方面，法官的优势地位得以强化，以前的合作或冲突经历可以让他们更有效地控制陪审员，陪审员也可能出现"法化"现象从而丧失普通人视角。③ 另一方面，陪审员也可能在长期的审判实践中不断积累法律知识和司法经验，④甚至可能与法官形成熟人关系，通过私下交流发挥他们在评议合意形成中的作用。⑤

最后，虽然陪审是公民的义务甚至荣誉，但考虑到陪审员也有自己的工作和生活，经费保障、补助、工作协调等问题也会影响他们在法庭上的表现。例如，截至2007年9月，半数基层法院未落实陪审经费，最高人民法院负责人认为这已经影响到陪审工作的顺利进行。⑥ 事实上，即便经费保障问题随着经济的发展以及专项财政拨款的加大得到解决，"拒绝陪审"、"陪而不审"、"陪审专业户"等现象或许也难以根本改善。一方面，《决定》

---

① 〔美〕达玛什卡：《司法和国家权力的多种面孔》，郑戈译，中国政法大学出版社，2004，第28页。
② 一些地方甚至明确规定陪审员可以连选连任。例如，《武侯区人民法院、武侯区司法局关于人民陪审员选任、使用、管理办法》（2005年3月9日）。
③ 例如，德国的实证研究表明法官与参审员的异议比率与参审员任期成反比。Thomas Bliesener, "Lay Judges in the German Criminal Courts: Social ~ Psychological Aspects of the German Criminal Justice System," in Martin F. Kaplan and Ana M. Martin, eds., *Understanding World Jury Systems through Social Psychological Research* (New York: Psychology Press, 2006), p. 189.
④ 在近些年有关陪审员典型事迹的报道中，几乎都可以看到从完全不适应审判，到多次案件审理过程中熟悉法律规则和诉讼程序，再到发挥实质作用的历程。
⑤ 德国参审制度实践中也出现这一现象。Stefan Machura, "Interaction between Lay Assessors and Professional Judges in German Courts," *Int'l Rev. Penal L.* 72 (2002): 370.
⑥ 王斗斗：《半数基层法院未落实人民陪审员经费》，《法制日报》2007年9月5日。

等规定单位不得克扣陪审期间的工资、奖金及其他福利待遇,但并未就本职工作与陪审的协调作出规定,陪审员可能因此无法出席庭审,也可能因为担心单位不满而拒绝陪审或者尽量压缩庭审时间、敷衍了事。[1] 另一方面,《决定》等规定人民法院参照当地职工上年度平均货币工资水平,按照实际工作日对无固定收入的人民陪审员给予补助,某些地方法院还大大提高补助标准。成都市的陪审员一个月补助1000元左右,中西部地区多次参加陪审的农村陪审员每月至少也能领到500元。[2] 实践中不排除无业、待岗以及退休人员基于这种"经济刺激"参加陪审,他们能否积极参与审判、监督法官、输入普通人的智慧和经验也就在两可之间了。

五 人民陪审员制度复苏的效果评估

通常来说,法律效果评估考察的是制度的实践运作在多大程度上实现其预期目标。由于一种制度往往承载多个预期目标,既包括明确的目标也包括隐含的目标,既涉及出台时的立法意图也涉及实践中满足的现实目标,如何确定预期目标便成为效果评估的关键。[3] 前文已经表明,人民陪审员制度复苏承载了诸多预期,但总的来看,司法公正具有基础性意义,其他目的往往以之为基础或为之服务。例如,司法民主、司法监督最终是为了司法公正,司法权威和公信力则以司法公正为前提条件。故此,下文首先将围绕能否促进司法公正对人民陪审员制度复苏的效果进行评估。

当然,除了对预期目标实现程度进行考察之外,法律效果评估还要关注制度运作的成本和时间。人民陪审员制度复苏的效果评估也应当包括对司法效益的考量。鉴于不同主体的成本和收益有所差异,陪审主要涉及法

---

[1] 刘岚:《基层院长话说"陪审"》,《人民法院报》2006年4月18日。事实上,最高人民法院起草的《决定》草案第9条第3款曾规定,"执行陪审职务优先于完成本职工作",但由于众多原因而被最终删除。参见胡康生《全国人大法律委员会关于〈全国人民代表大会常务委员会关于完善人民陪审员制度的决定(草案)〉审议结果的报告》,《全国人大常委会公报》2004年第6期。
[2] 刘晴辉:《对中国陪审制度的实证研究》,《四川大学学报》2007年第1期;曾晖、王筝:《困境中的陪审制度——"法院需要"笼罩下的陪审制度解读》,载《北大法律评论》第8卷第1辑,北京大学出版社,2007。
[3] 法律效果测量的要素和方法,参见朱景文《法社会学》,中国人民大学出版社,2005,第377页。

院和当事人两类主体，有必要分别予以考察。

（一）人民陪审员制度复苏是否有助于促进司法公正

司法公正在法哲学层面牵涉诸多内容，但就审判而言，"确定真实的事实并据此正确地适用法律"无疑是最基本的含义。① 从理论上看，人民陪审员制度能在多个层面上促进判决的真实性。其一，陪审员与当事人有着类似的生活工作背景，容易进入纠纷的特定"语境"。非职业地从事审判也不太可能形成思维定式，能够照顾到案件的细节。其二，陪审员较少受到法律规训，容易突破形式主义的樊笼，将一般法律规则与特定案件结合起来追求个案的恰当处理。其三，陪审员对审判的全过程监督有助于促进司法廉洁，排除案外因素的影响。其四，陪审员可以为专门领域案件的审判提供知识。显然，前三者对陪审员参审的实质性要求较高，《决定》颁行后陪审员往往难以对判决施加实质性影响，这些方面的作用并不明显。相对而言，陪审员提供知识则不需要过深地介入审判，对于促进专门案件中的判决真实性具有较为明显的作用。

当然，审判是一个对案件真实进行回溯探究的过程，判决绝对符合事实真相或许是一个无法企及的目标。程序正义便成为衡量司法公正的另一个标准，这不仅仅因为规范的程序运作能在最大限度内保证判决的真实性，更因为正当程序能够吸收不满而使判决赢得正当性认同。② 不过，程序正义的实现是有条件的，很大程度上取决于法官廉洁程度和民众诉讼观念，而这恰恰是当前我们所欠缺的以及人民陪审员制度复苏的背景之一。那么，人民陪审员制度的复苏能够增强程序正义以及人们对它的接受度吗？从实践运作中分析，至少有以下几点使答案并不那么乐观。第一，陪审员在审判中往往难有实质作为，对于程序运作影响不大，当事人更不可能因为审判席上加上一两个普通人就改变对司法的既有印象。第二，即便他们确实起到实质作用，法院在陪审员选任和管理中的主导地位也容易使

---

① 〔美〕朱克曼：《危机中的司法/正义：民事程序的比较维度》，傅郁林等译，载《危机中的民事司法——民事诉讼程序的比较视角》，中国政法大学出版社，2005，第4页。
② Klaus F. Rohl, "Procedural Justice: Introduction and Overview," in Klaus F. Röhl and Stefan Machura, eds., *Procedural Justice* (Aldershot: Dartmouth Publishing Company Limited, 1997), pp. 1 - 36.

人产生联想,凭什么相信由法院"定下来的"陪审员?第三,既然经过多年法律熏陶、受到科层管理的法官也往往存在偏私和腐败,作为普通人的陪审员更有可能存在不公正的倾向。更何况,我国并非采用集中开庭的方式,陪审员在审判之外的活动难以监管。第四,尽管人民陪审员制度能为审判增添司法民主等象征意义,或许还能成为法院抵抗外来干涉的壁垒,但如果该制度长期不能发挥实质作用,这些效应也将荡然无存。

其实,程序正义也只是司法公正的一种实现途径。如果当事人就争议解决规范和解纷主体达成一致,或者"避免作出两分式的和强加裁决的解决方案"而在自愿的基础上调和各方诉求,他们往往会因为其自愿选择而认同司法的公正。① 从这个角度来说,《决定》有关"人民陪审员的回避,参照有关法官回避的法律规定执行"的规定本可以为解纷主体(陪审员)选择留下机会,但法院在陪审员选任中的主导地位使得当事人的选择空间大打折扣。不过,人民陪审员制度复苏后在调解方面的突出表现,或许能在一定程度上促进人们对司法公正的感受。调解不仅意味着理解并促成当事人合意,从宏观层面上来看也是一种在与正式法律体系的互动中实现法律发展的机制,② 由此可能增加争议解决规范中的"同意"因素。

(二) 人民陪审员制度复苏是否有助于提升司法效益

1. 法院的角度

单从时间角度来看,由于陪审员难以实质性地参与审判,人民陪审员制度的复苏对审判不会产生多大影响。有学者曾就陪审合议庭与法官合议庭的办案时间对法官进行了问卷调查,结果发现前者时间更长的只占3.1%,后者时间更长的或者两者大致相当的分别占7.8%和53.1%。③ 西南政法大学和武侯区法院的调查也发现,70.1%的法院工作人员认为陪审对案件及

---

① 〔美〕马丁·夏皮罗:《法院:比较法上和政治学上的分析》,张生、李彤译,中国政法大学出版社,2005,第2页。
② 季卫东:《调解制度的法律发展机制——从中国法制化的矛盾情境谈起》,载强世功主编《调解、法制化与现代性:中国调解制度研究》,中国法制出版社,2001,第1页。
③ 刘晴辉:《对人民陪审制运行过程的考察》,载《北大法律评论》第8卷第1辑,北京大学出版社,2007。

时审结没有影响或者影响较小。① 但是，陪审员的培训和管理等需要付出一定的经费和人力资源，法院很可能在"力所能及"的范围内尽量规避陪审的适用，或者让少数"陪审专业户"固定地参与审判以节省成本。② 在陪审员流失或者规避陪审义务较为严重的地方，这种现象可能更明显。

当然，正如前文有关复苏背景的分析所提到的，陪审对法院司法效益的提升并非毫无意义。一方面，人民陪审员制度的复苏可以为法院提供源源不断的人力资源，一定程度上确实化解了东部和城市地区案件激增的压力。在西部和农村地区，除了组成合议庭以外，陪审员在提供案源以及办案人力支持方面也有其独特作用，例如充当开庭前的法律文书送达人、庭审中的书记员、判决后的执行人、法官不在场的看家人等。③ 另一方面，人民陪审员制度的复苏也为司法社会化提供了渠道。法院能够充分利用陪审员来自民间的特点，发挥其调解优势，提升解决复杂疑难案件的能力和执行能力，拓展纠纷解决的平台。④

2. 当事人的角度

鉴于陪审合议庭对案件审判时间影响不大，当事人通过诉讼解决纠纷所需的时间通常也不会发生什么变化。但是，如果将视野放宽一些，则可能出现两种迥异的情形。一方面，我国诉讼法将普通程序和合议庭捆绑在一起，选择陪审就等于适用普通程序，从而无法享受到更高效的简易程序和法官独任审判，会在一定程度上延长案件审理时间。另一方面，在基层法院普遍面临"案多人少"的情况下，人民陪审员制度的复苏能够为法院名正言顺地提供办案的人力支持，有助于合议庭的组成和案件的快速审理。此外，陪审员的调解优势能够减少当事人之间的对抗，他们在营造社

---

① 张永和、于嘉川等：《武侯陪审——透过法社会学与法人类学的观察》，法律出版社，2009，第153页。
② 之所以提"力所能及"，是因为目前各地法院普遍实行陪审率硬性考核，有些地方甚至明确规定陪审率必须达到80％，许多案件的陪审或许并非法院的自愿选择。参见余建华、王莉《杭州西湖区加强指导 陪审员陪审率逾八成》，《人民法院报》2007年11月9日。
③ 曾晖、王筝：《困境中的陪审制度——"法院需要"笼罩下的陪审制度解读》，载《北大法律评论》第8卷第1辑，北京大学出版社，2007。
④ 近年来，河南等地的法院开始试水"社会法庭"，将陪审员等社会力量组织成一个常设纠纷解决机构，接受法院的委托相对独立的调解案件、解决纠纷。参见李仕春、彭小龙《"法院—社会调解"模式的基础与制度建构——以河南省调解年活动为中心的考察》，《河南社会科学》2010年第1期。

会舆论压力、"捕获"执行标的等方面的作用也有利于增大判决执行的概率或者缩短当事人权利实现的时间。

一般来说，纠纷解决时间越长，当事人花费成本越大，反之亦然。所以，上述时间分析原则上也适用于成本分析。不过，基于调解在成本负担上的特殊性，陪审员在调解方面的优势能够提升当事人的司法效益。这不仅因为 2007 年 4 月 1 日起施行的《诉讼费用交纳办法》明确规定，以调解方式结案的减半交纳案件受理费，而且根据 2004 年 11 月 1 日起施行的《最高人民法院关于人民法院民事调解工作若干问题的规定》，法院应当准许当事人提出的不公开调解申请，由此有助于当事人在主张权利的同时避免个人隐私、人际关系等隐性成本的损害。

六 结语

行文至此，我们可以就 1998 年以来人民陪审员制度的复苏与实践作个简短总结。可以说，该制度的复苏是 20 世纪 90 年代以来多种社会需求合力催生的结果，承载了推进司法民主、维护司法公正、强化司法监督、提高司法公信力等多重期望。但是，由于陪审员仍难以实质性地参与审判，这些期望对于人民陪审员制度来说显然有点是"不能承受之重"。相对而言，调解、执行以及为专门领域案件审判提供知识，不仅对陪审员参审实质性程度要求不高，而且满足了当前纠纷解决和权利实现的多元需求，因而容易得到法院和当事人的认同，其效果较为明显。

我国人民陪审员制度始建于中国革命战争时期，权力监督和司法民主从一开始就被视为其核心价值和功能，[①] 尤其是近些年来受西方陪审制度及其理论的影响，"民主的学校、自由的堡垒"等价值更被广泛地认为是陪审的要义，以及衡量其实践效果的重要标尺。[②] 人民陪审员制度复苏后

[①] 就此，马锡五曾明确提到，"实行人民陪审，不仅可以吸引群众参加国家管理，提高人民群众的主人翁思想和政治责任感，而且，可以使审判工作置于人民群众的监督之下，不断提高质量，以防止错判。因此，人民陪审制度，在人民民主法制建设初期，就受到重视"。参见马锡五《新民主主义革命阶段中陕甘宁边区的人民司法工作》，《政法研究》1955 年第 1 期。

[②] 相关研究甚多，在此无法也没有必要列举。一个大致的梳理参见胡凌《人民陪审员的多面向解释》，载苏力主编《法律和社会科学》第 2 卷，法律出版社，2007，第 122 页以下。

在这些方面表现乏力,自然容易让人们产生不满,甚至对其意图产生不同的推测。然而,从制度设计者的角度来看,他们(尤其是法院)作为转型时期的法治实践者,虽在司法民主方面对陪审寄予同样的期望,对案件负荷激增、转型期纠纷的错综复杂以及司法公信力欠缺等的感受却可能更直接、现实和紧迫。人民陪审员制度的复苏具有司法民主的象征意义,延续了人力补充的作用,在专门领域案件审判、复杂案件的调解和执行等方面更是表现不俗,制度设计者在承认"有待继续完善"的基础上作出"总体情况良好"的评价或许并不唐突。

应当说,无论是基于《决定》的立法意图,还是从人们的一般期待来看,当前的人民陪审员制度已出现某种程度的"职能异化",从司法监督者变成了司法辅助者,扮演的是人力补充、协调人和知识提供者的角色。不过,正如拉德布鲁赫所言,"在法律历史领域中,我们常常遇到'目的转换'现象:一种法律设置伊始的目的早已迷失,不可追寻,但它却向着截然相反的方向发展出公理的效果,以此作为其继续存在且言之成理的目的"。① 考虑到案多人少、法院司法能力相对欠缺、专门知识和经验不足等问题在短期内难以有效解决,作为司法辅助者的人民陪审员制度仍具有不可或缺的作用。

由此,或许应当以一种务实和开放的视野来审视人民陪审员制度的实践及其未来的发展。今后的改革可以侧重于从"职能异化"走向"职能分化",通过制度设计的多元化来实现人民陪审员制度的多种功能,满足不同社会主体的需求。一方面,摒弃价值判断先行的做法和固有的成见,客观认识并积极推进陪审员作为司法辅助者的积极作用。考虑到已有的实践基础,可以在以下三个方面进行努力:第一,将各地聘请专家陪审员的做法予以常规化,尝试在青少年案件、劳动案件等专门领域案件中建立专家陪审制度;第二,充分发挥陪审员的调解优势,为其调解提供必要的技术和经费支持,增强纠纷解决的实效,实现法律与社会、法院与民众的良性互动;第三,当前人民陪审员制度采用合议庭审判方式,在缓解案件负荷、弥补司法资源方面的作用空间毕竟有限,可以尝试总结各地通过陪审实现司法社会化的做法,试点由陪审员组成的社会法庭,相对独立地处理

---

① 〔德〕拉德布鲁赫:《法学导论》,米健译,中国大百科全书出版社,1997,第113页。

主要涉及私人利益、社会影响力不大的轻微案件。另一方面，人民陪审员制度若想实现推进司法民主、提高司法公信力等目标，或许更应当注重民众参与审判的质量而非数量，着力提升陪审员在那些牵涉公共利益、社会影响力大的案件中的作用。将来的改革可以将陪审合议庭的适用限缩在重大刑事、群体性诉讼等案件中，努力增强陪审员的代表性和参审实效。当然，正如本文所分析的，这不仅涉及人民陪审员制度自身规定的完善，还涉及整个司法权力结构的适度调整，需要在改变法院主导陪审员选任、明确陪审与日常工作的关系、提升法律培训的实效、保障陪审员审前资料获取等一系列问题上，作出更多的尝试和研究。

人民法院内部审判运行机制的构建[*]

顾培东[**]

摘 要：法院如何恰当配置内部各主体、各层级的职权，合理确定各主体、各层级在审判活动中的地位和作用，建立符合审判客观规律和现实条件的审判运行机制，是我国人民法院改革与发展中的重大现实任务。C市人民法院在审判职权的配置与界定、审判流程的建立与控制、审判动态的监督与把控、审判绩效的评价和考核、信息技术的植入和运用等五个方面的探索，正逐步接近其构建"权力关系清晰、主体职责明确、监督制约到位、资源配置优化、审判活动透明、内部流程顺畅、指标导向合理、科技全面支撑"的法院内部审判运行机制之目标。鉴于构建法院审判运行机制在中国特色司法制度微观基础的塑造、我国法院规范化发展、法院改革创新等方面的意义，C市人民法院的实践能为其他司法机构的改革与发展提供有益的启示。

关键词：法院改革 审判运行机制 审判管理 审判职权配置

一 问题的提出

如果把人民法院认定为我国司法审判的主体，那么，作为审判最终

---

[*] 本文原载于《法学研究》2011年第4期。
[**] 顾培东，四川大学法学院教授。

产品的司法裁判是如何在法院这个由多成员组成、具有明确的层级化设置的拟制人格主体内部生成的？法院内各主体、各层级在审判活动过程中居于什么样的地位、处于什么样的关系，对司法产品的最终形成又能产生什么样的作用？法院内部各主体和各层级通过什么样的方式、以何种样态参与审判活动与实施审判行为，才能有效地保证司法产品质量，并且最大限度地提高司法产品的产出能力？所有这些，都是各级人民法院日常面临并直接关系司法功能与审判成效的根本性问题。客观地看，这些也恰恰是人民法院在近30年的改革与发展中着力解决而始终未能得到很好解决的问题。

这些问题未能得到很好解决的原因大致有三个方面。一是缺少必要的制度性资源和学理性资源。就制度方面而言，无论是宪法、法院组织法、法官法和各类程序法，还是最高人民法院制定的各种规则，都未能为法院内部的审判运行提供系统而明确的规范性依据。一方面，各种制度尚未能细及法院内部审判运行的各个环节和各个方面，相对于丰富而复杂的审判活动，现有的各种制度和规则显然过于粗疏，一些关键性活动或环节尚无据可依；另一方面，虽然各种制度都建立于对法院内部多主体、层级化构成的明确认知上，但往往仍然把法院看作一个抽象的整体，对法院内部多主体、层级化的构成以及由此带来的各主体意志的非一致性，甚至利益的多元性鲜有顾及。不仅如此，各种制度通常以单一案件的处理模式为实践背景，舍去法院总是同时面临很多案件这一客观事实，从而也忽略了由此带来的法院整体审判运行的复杂性。就学理方面而言，无论是程序法学还是法理学，在此方面除有过一些原则性的倡导和主张外，很少对法院内部审判运行作具体研究和分析，既有的学科理论体系似乎并不包容这方面内容，学者们对这类具体操作也缺少足够的关注或兴趣。二是法院审判运行无法简单沿用其他机构的组织方式和管理模式。一般来说，任何机构都会面临如何处理机构与其内部成员之间的关系问题，但基于审判活动的特殊要求与规律，现代社会中普遍适用于行政机关的科层制，以及普遍适用于企业的代理制或科层制与代理制结合的模式，都不能妥帖地适用于法院的审判活动。三是各方面认识极不统一。这不仅仅因为不同主体对于审判实践活动的经验性认知与判断存在很大差异，更主要的原因在于，法院内部审判运行绝不简单是一个技术性问题，它关涉人民法院审判权应当如何行使、怎样理解审判独立或司法独立这些深层次的理论是非,对这些是非问题的不同主张和不同理解,影响和阻碍着人们对于审判运行模式或方式共识的形成。

围绕人民法院审判运行的合理化,近十多年来,人民法院系统付出了诸多努力。《人民法院五年改革纲要(1999—2003)》(以下称"一五改革纲要")和《人民法院第二个五年改革纲要(2004—2008)》(以下称"二五改革纲要")主要以革除"审判工作的行政管理模式"为核心内容和主导思路,而《人民法院第三个五年改革纲要(2009—2013)》(以下称"三五改革纲要")则更强调"优化人民法院职权配置",其中一个重要切入点在于"改革和完善审判管理制度"。从最高人民法院新近的一系列举措看,"改善和加强审判管理"正成为当下法院工作的重要主题。[①] 两个时期改革思路及内容的变化,固然可以解释为人民法院改革阶段性任务的不同,但或多或少也显示出两个时期改革所依循的理念、改革的取向以及所针对的问题存在某些实质性差异。无论是革除"审判工作的行政管理模式"抑或"改善和加强审判管理",着眼点都在于"审判管理",然而,实现审判运行合理化,所要求的不仅仅是审判管理的改善与加强,更富有本质意义的是审判运行机制的构建。相对于审判运行机制的构建来说,审判管理的改善和加强无疑具有一定的次生性和从属性,特别是在有关审判权行使方式、审判独立或司法独立等基本性或根本性理论是非未能廓清,即在管理的主导方向尚不够明确的情况下,不管是刻意消解审判工作的行政管理模式,还是在一般意义上强调加强审判管理,都未必能产生理想的、符合我国法院审判工作特性的、具有长效性的审判运行状态。

本文拟对我国法院内部审判运行的基本特征和现实矛盾作出分析,对法院审判工作关涉的几个主要认识问题进行讨论,以此为基础,对 C 市人民法院近几年的相关探索性改革实践进行样本解析,[②] 力图勾勒出人民法

[①] 最高人民法院于 2011 年 1 月制定并下发《关于加强人民法院审判管理工作的若干意见》,旨在指导和推动全国法院系统审判管理工作。

[②] 该法院的有关改革实践,已经得到最高人民法院的认同,最高人民法院拟在总结和完善的基础上,将该法院的有关改革实践作为我国法院审判运行的一种示范性模式试行和推广。

院审判运行机制应有的基本图景,并说明这种机制构建对于中国特色司法制度微观基础塑造的重要意义。

二 人民法院审判运行的现状

描述我国法院审判运行的现状,重点是揭示现阶段我国法院司法裁判的生成方式,亦即定案方式。尽管审判运行所关涉的问题远不止于此,但司法裁判的生成方式或定案方式无疑是审判运行中的核心问题和关键性因素。从人民法院定案方式看,虽然各法院的具体实践有很大差异,但都有一个共同特征:多主体、层级化、复合式。所谓"多主体",即审判活动由法院内多个主体参与,从承办法官、合议庭、副庭长、庭长、副院长、院长,以至审委会,各主体都可以参加到审判活动之中,[①] 并对案件的实体裁判产生不同的影响;"层级化",即法院内合议庭、庭长、院长以及审委会之间构成类似于行政科层的层级化设置,各层级具有明确的从属关系,并且这种从属关系的效应常常体现在案件的实体裁判过程之中;"复合式",即同一案件在同一审级法院内往往需要经历多个主体和多个层级的复合评价,才能形成最终的裁判意见。

"多主体、层级化、复合式"的定案方式决定了我国审判运行的轨迹与其他任何国家的制度和实践都具有重大差异。在英美法系国家,如美国,初审裁判一般由独任法官作出,上诉审裁判则由多名法官组成的合议庭根据明确的议决规则作出。[②] 大陆法系国家各审级的裁判通常由合议庭作出。也就是说,各国法院在同一审级中,独任法官或合议庭所进行的审判活动和行为,法院内其他成员不能参与和介入;并且,独任法官或合议

[①] 这里所说的副庭长、庭长、副院长、院长的参与,均不是指这些主体作为合议庭成员或作为审委会委员参与的情况,本文后面对院、庭长行为及功能的相关叙述,除文意另有明确表达外,也都限定于这一意义。

[②] 在美国上诉法院,"合议庭:它是美国各州法院及美国联邦法院中最常见的模式","总的来说这种做法(即独任法官)不多见","全员合议庭所作的判决,一般只适用于终审法院,不常见于中级上诉法院"。参见〔美〕戴安·伍德《上诉法院与上诉法官的作用》,郭豫译,载宋冰编《程序、正义与现代化——外国法学家在华演讲录》,中国政法大学出版社,1998,第161—162页。

庭所形成的裁判意见，不受制于（并且排除）法院内其他主体的评价和影响。① 一些国家虽然针对不同案件设置了多种类型的合议庭（如法国设有普通合议庭、重案合议庭、联席合议庭等），但各合议庭在同一案件中并不发生任何交叉，彼此之间更不存在从属关系。

　　问题并不在于我国法院裁判决定方式的特异性，重要的是，"多主体、层级化、复合式"的定案方式在缺少相应制度配套的条件下，同时在各种复杂因素的影响下，造成了我国审判运行在一定程度上的失序和紊乱。具体表现为以下几个方面。（1）法院内各主体是否参与个案审理、个案裁决过程很不确定。除了合议庭以外，院、庭长以及审委会是否参与某一案件的审理活动尤其是裁判过程通常是不确定的。虽然从最高人民法院到基层法院都制定过一些规则，旨在对各主体参与案件审判活动的范围作出规范，但这些规则都无一例外地设置了弹性条款或兜底条款，如"合议庭自己认为应当提交院、庭长审核或提请审委会讨论的情况"，或"院、庭长认为应当由自己审核或审批的情况"。这些条款实际上瓦解了相关规则的限定意义，为各主体自由选择是否参与个案审判活动及裁判过程留下了很大空间。各主体（尤其是分管院、庭长）既有参与某一案件的审判活动并影响甚至决定裁判的条件和能力，同时也有放弃和推诿这种参与的理由和依据。（2）案件在同级法院内应当经历的层级的偶然性较大，随机性甚至随意性过强。与前一问题相对应，由于法院内各层级所对应处置案件的范围以及决定裁判的权力实际上很不确定，除了少数依规定必须由审委会讨论的案件外，其他案件的裁判究竟由哪一层级最终决定往往取决于多方面复杂因素，与处理和解决案件的实际需求并不吻合。（3）各主体参与审判活动以及影响裁判的方式和动因较为复杂。就方式而言，下一层级可以不向上级呈报而规避上级的参与，而上一层级也可以直接要求下级将案件上报给自己决定；同时，各主体对于裁判的形成，既可以通过明示、直接的方式在程序内表达意见，也可以通过间接、暗示的方式以非程序化的手段施以影响。就动因而言，各主体对自身职责的理解、个人工作的习性与偏好、外部社会因素的影响，甚至对不当利益的谋求等，都可能影响其是否

---

① 如德国，"院长不能干涉其他审判庭或者审判委员会的判决。他必须接受该判决并且不得对其进行指责"。参见〔德〕傅德《德国的司法职业与司法独立》，杜涛译，载宋冰编《程序、正义与现代化——外国法学家在华演讲录》，中国政法大学出版社，1998，第16页。

实际参与审判活动及裁判过程。(4) 各主体参与审判活动及裁判过程的效力也不是很确定。尽管法院内各个层级之间存在明显的从属关系，但并不意味着上级对裁判的实际影响总是绝对地大于下级。由于每一主体都有其特定的影响裁判的手段和方式，无论院长还是普通法官，既可以说权力很大，也可以说权力很小，权力的实际范围常常取决于各主体如何运用自己的权力。

正因为前述现象的存在，以人民法院机构名义所作出的裁判，特别是在裁判文书中"本院认为"项下所作出的表述，可能既不反映法院这一机构的意志，也不体现法院内各主体的共同智慧。虽然不能从这些现象中推导出法院裁判质量或审判水平必然低下的结论，但可以肯定的是，"多主体、层级化、复合式"定案方式所希望创造的法院作为审判主体的"集体优势"，在审判工作的现实中并没有得到很好体现。而由于这种审判运行状态容易为苟利营私者所利用，司法不公或司法腐败现象与此也不无联系。

对我国法院审判运行的现状的述说，还必须进一步回溯到我国法院审判运行变化的过程，特别是前面所提到的各级法院在审判运行合理化方面所付出的努力。

20 世纪 70 年代末恢复司法审判制度后的较长时期中，我国法院主要实行行政化的案件审批制度，层层审批以及体现于其中的"民主集中制"成为裁判形成的基本方式。承办法官或合议庭在裁判过程中的话语权和影响力都很小，很多案件甚至是在院领导已经"研究决定"后才履行开庭形式，"先判后审"的现象较为普遍地存在于各级法院。迄至 20 世纪 90 年代末，"一五改革纲要"以"审判工作的行政管理模式，不适应审判工作的特点和规律，严重影响人民法院职能作用的发挥"的认识为基础，以发挥法官独立审判作用为潜在理念，以"还权于合议庭"为主导思路，推出了"以强化合议庭和法官职责"为重点的改革方案，明确规定"除合议庭提请院长提交审委会讨论决定的重大、疑难案件外，其他案件一律由合议庭审理并作出裁判"，同时提出，审委会"逐步做到只讨论合议庭提请院长提交的少数重大、疑难、复杂案件的法律适用问题"。这一改革思路和方案意味着：(1) 法院裁判基本由合议庭自行决定；(2) 案件是否交由审委会讨论，除了取决于案件是否"重大、疑难"外，还取决于合议庭是否主动提请院长提交；(3)院、庭长除了向审委会转交合议庭提请讨论的案件（此职能仅限于院长）以及作为合议庭成员参与案件审理和作为审委会委员（并非所有庭长都是审委会成员）参与少数案件的讨论外，对审判过程不能有更多的参与；(4)审委会讨论的范围，主要集中于少数重大、疑难、复杂案件的法律适用问题，其他影响案件实体裁判的因素，不属于审委会讨论的范围。

从明确法院内各主体审判职责的角度看，"一五改革纲要"所确定的这一思路无疑富有意义。然而，在我国法官队伍素质尚不够理想，司法审判的外部环境较为复杂，相应配套和约束严重缺失的情况下，这一思路实际推行后所暴露的问题在很大程度上背离了改革的初衷。在"还权于合议庭"的口号下，由于院、庭长缺少参与审判过程的正当性，审委会讨论案件的范围又受制于合议庭的主观愿望与判断，审判管理基本上被"边缘化"，审判活动在很大程度上游离于监督与管理，由此引出案件审判质量下降、裁判过程不透明、腐败现象滋生等问题。

"二五改革纲要"尽管仍然依循突出合议庭的作用与功能这一主导思路，但着重强调"强化院长、副院长、庭长、副庭长的审判职责"，其意图在于通过院、庭长具体参加合议庭审理案件，[①]"建立法官依法独立判案责任制"，"逐步实现合议庭、独任法官负责制"，提升审判质量与水平。与此同时，"二五改革纲要"又把"改革和完善司法审判管理"列入法院建设的重要内容，强调"建立并细化与案件审理、审判权行使直接相关事项的管理办法，改善管理方式"。"二五改革纲要"显然已经注意对"一五改革纲要"某些缺失的弥补。但是，在"二五改革纲要"的落实过程和实际操作中，各级法院并未显现"逐步实现合议庭、独任法官负责制"的趋势，更明显的偏向是将裁判的决定权从合议庭或独任法官手中部分甚而大部分上收，相应恢复院、庭长审批案件的方式和制度。形成这种状况的原因主要有：首先，在院、庭长人数与案件数量严重不相匹配的情况下，通过院、庭长直接参与合议庭审理案件来提升整体审判质量和水平的意图，并不具有很强的现实性和可操作性，因而院、庭长对案件质量的把关不能

[①] 最高人民法院制定并下发《关于完善院长、副院长、庭长、副庭长参加合议庭审理案件制度的规定》，要求各级法院制定院、庭长办理案件数量的标准，以促使院、庭长更多地作为合议庭成员直接参与案件审理。

不通过审批案件的方式实施；其次，在法院内部各种权力关系未完全理顺的情况下，对审判管理的强调，实践中很容易被简单地理解或演化为院、庭长对案件的审批；最后，进入21世纪以来，提交法院的社会纠纷日益复杂，司法审判对外部社会的影响日趋加大，党政权力机构对法院审判工作也高度重视，各法院都无法容忍"权力在法官、压力在法院、责任在院长"的格局或状态，使院、庭长不得不更多地介入个案的审判活动之中，关注个案的裁判结果，这也导致院、庭长审批案件方式的恢复或部分恢复。总之，在"二五改革纲要"实施期间，甚至自"一五改革"后期直至现今，"一五改革纲要"所希望革除的"行政管理模式"再度成为很多法院的选择；"一五改革"初期"从窗户中扔出去"的行政管理模式，又堂皇地"从正门中走了回来"。不过，由于案多人（院、庭长）少的矛盾始终存在，在多数法院，院、庭长事实上不可能审核或审批所有的案件，因而，审判运行的真实的状况往往是：要么院、庭长说了算，要么院、庭长管不着。审判运行的紊乱与失序问题并未真正得到解决。

"三五改革纲要"所提出的"优化人民法院职权配置"的思路，包含对法院内部审判活动中的权力关系的重新审视，但改革的具体措施落脚于"改革和完善审判管理"或者"加强审判管理"。如前所述，权力的配置以及权力关系的调整已然超出了"审判管理"所能涵盖的范畴，无论是加强还是改善"审判管理"，都难以承担法院审判运行合理化的重任，至少在"裁判究竟应由谁说了算"或"谁可以在裁判过程中说了算"等基本问题尚不清晰的情况下，对加强和改善审判管理的实际成效很难给以太多的期待。

最高人民法院新近出台了《最高人民法院关于在审判工作中防止法院内部人员干扰办案的若干规定》，对法院内部人员参与和影响审判活动作出了某些限制。应该说，这一规定对规范审判行为具有一定的积极意义，但对于解决前述审判运行的紊乱与失序问题的作用仍然十分有限。这主要因为，这一规定所限制的主要是法院内部人员的非职务行为，[①] 如非办案人员或非分管领导对办案人员或办案过程施以各种影响，而本文所指陈的审判运行紊乱与失序问题，在很大程度上是法院内部成员在履行职责过程

---

① 该规定涉及法院内部人员在审判活动中职务性行为的内容，仅仅要求"全程留痕"。

中所产生的。这些问题与法院内部的权力配置和职责设定更为相关。因而，总体上说，这一规定所欲达到的效果与本文所讨论的审判运行机制的构建不属于同一层面的问题。

三　审判运行机制构建的前提性问题

人民法院审判运行机制的构建，始终绕不开一个前提性问题，即在法院机构作为审判主体的体制下，法院内部各主体，谁应当具有司法裁判的参与或决定权？长期以来，有两种力量缠结和交织在这一问题上：一种是理论上以司法独立原则为依据或支撑的话语力量，坚持司法裁判权只能由法官（通常指承审案件的合议庭或独任法官）排他地独立享有；另一种是实践中在科层制结构影响下行政化决策方式的强势作用，实际奉行院、庭长（也包括审委会）案件审批制，保持院、庭长及审委会对裁判的最终决定权。两种力量的缠结和交织，使得前述问题的答案变得模糊不清。为此，需要从理论、制度以及经验等不同层面对下述几个相互关联的问题作出讨论。

（一）我国是否应当承认法官或合议庭独享裁判权

法官独享裁判权的主张通常是从司法独立原则中推导出来的。在很多学理性阐释中，司法独立包括三层含义：一是司法独立于政治以及其他社会力量；二是法院及法官独立于当事人以及其他关系人；三是法官独立于法院内部其他成员，亦即法官独享裁判权。① 最后一层含义又包括：（1）法官独立行使裁判权的过程不受法院内部其他人员的影响；（2）裁判只能由法官独立决定和作出。由于依托于司法独立原则，法官排他地独享裁判权的主张往往被认为具有很强的话语上的正当性。在近些年有关中国法治或司法问

---

① 贺卫方：《中国司法管理制度的两个问题》，《中国社会科学》1997 年第 6 期；贺卫方：《中国的法院改革与司法独立》，《浙江社会科学》2003 年第 3 期；陈卫东、韩兴红：《以法官独立为核心推动我国法官制度的现代化》，《人民司法》2002 年第 2 期；张卫平：《论我国法院体制的非行政化》，《法商研究》2000 年第 3 期；王利明：《司法改革研究》，法律出版社，2000，第 86 页；夏锦文：《世纪沉浮：司法独立的思想与制度变迁》，《政法论坛》2004 年第 1 期。

题的讨论中，司法独立日益成为中心话题。不少人几乎把我国法治或司法领域的所有问题都归结于司法的独立性不强或法官未能独立，一些学者为中国法治或司法所开出的"包治百病"的万应灵丹亦是司法独立或法官独立。很多论说似乎告诉人们这样的道理：只要法官完全独立行使裁判权，便可以实现法治昌明、弊绝风清。① 这些认识和观点所造就的舆论氛围，无疑会强化人们对于法官独享裁判权的信念与期待，特别是把法官独享裁判权与法治昌明的重大意义维系于一体，客观上会影响人们对法官独享裁判权在中国社会环境中实现的可能性及实际效果的审慎分析。

对于司法独立这样宏大主题的讨论，显然超出了本文的承载，而且在当下法治意识形态极为复杂的局面下，对此问题的任何观点都很难避免仁智互见的命运，但既然有关法官独享裁判权的主张处于司法独立的主题下，就需要在共识性相对较强的认知基础上，对相关问题作出解说。

对前述司法独立的第三层含义稍加分析便不难看出，法官独享裁判权与司法独立之间并非相互证成的关系。司法独立在最朴素的意义上体现为审判主体实施审判活动不受其他力量或因素的干扰，因而对司法独立的实际判断需要首先明确谁是审判主体。如果审判主体是法官，那么司法独立当然应体现为法官独立；如果审判主体是法院，裁判行为是由法院机构整体完成的，那么司法独立的评价基点就不在于法官是否独立，而在于法院的审判活动是否独立。所以，司法独立即意味着法官独享裁判权的判断，是一个逻辑上并不周延的命题。是否承认法官（相对于法院内部）独享裁判权与是否认同司法（相对于法院外部）独立原则，是完全可以分离开来审视和讨论的。

从制度性规定来看，宪法、法官法等清楚地表明，我国司法审判是以法院而非法官为主体或本位的，相关的制度设计也围绕法院机构作为审判

---

① "由于没有确立法官独立，因而，司法独立和法院独立只能流于纸上的规定，致使司法实践中出现种种有违司法活动规律的现象，导致司法不公、司法丧失权威性和公信力等问题，严重损害了我国法治现代化建设，具体表现为以下几个方面：司法权地方化……法院内部管理行政化……法官自身缺乏独立的能力与意识"，"确立以法官独立为原则，推动我国法官制度现代化，是解决目前我国司法活动中出现的司法不公、司法腐败、司法权地方化、司法管理行政化、法官素质低下等一系列问题的关键，是实现我国司法现代化的必由之路。"参见陈卫东、韩兴红《以法官独立为核心推动我国法官制度的现代化》，《人民司法》2002 年第 2 期。

主体而展开。宪法第 126 条规定："人民法院依照法律规定独立行使审判权，不受行政机关、社会团体和个人的干涉。"这一规定与宪法第 131 条有关人民检察院依法独立行使检察权的规定，共同构成我国法律对司法独立在中国的特定含义的权威界定和解释。在宪法的这一界定和解释中，既看不出有关法官独立的意蕴，更推导不出法官独享裁判权的结论。需要指出的是，法官法第 8 条对法官权利的规定中，的确有法官"依法审判案件不受行政机关、社会团体和个人的干涉"的表述，但这一规定依然不能被解读为对法官独享裁判权的肯定。首先，与宪法规定法院独立行使审判权的表述相比，法官法的这一规定中并没有使用"独立"一词修饰法官的审判行为，显然出自立法者的审慎和严谨。其次，法官法规定中所称的"法官"，是对法院内审判人员的一种泛指，并非仅指特定案件中的合议庭成员或独任法官。法官法第 2 条对"法官"的范围作出一般性界定，包括"院长、副院长、审判委员会委员、庭长、副庭长、审判员、助理审判员"，也体现法律对法院整体性的强调。从根本上说，法官法这一规定，主要是对宪法第 126 条精神的重申和落实；作为宪法下位法的法官法，也不能作出与宪法文义不同的规定。因此，综合法律的相关规定看，我国法律所蕴含的司法独立或审判独立不包含对法官不受法院内部制约而独享裁判权的承认；同时，根据宪法和法律的精神，"法院独立行使审判权"也不能简单地等同于或推断为"法官独立行使审判权"。[1]

不可否认，法官或合议庭在法院内部排他地独立享有裁判权，确实是西方法治国家的一种普遍性实践。[2] 这种以法官为中心或本位的司法方式或模式是否适用于我国，关键并不在于它能够带来什么样的司法效果或者具有什么样的意义，也不在于这种司法方式或模式与我国以法院为主体或本位的制度孰优孰劣，而在于我国是否具有适用这种方式或模式的社会条

---

[1] 我国很多学者在强调法官独立时，实际上已经把法官作了抽象化处理，这种语境中的法官，毋宁是一个公正和正义的化身或一个公正与正义的符号。其实，即便是在西方，对法官神圣化的问题，也有很多审慎的批判，如美国现实主义法学代表人物弗兰克曾以"法官是人吗"为题，对神化法官的现象作出深刻的分析。参见〔美〕杰罗姆·弗兰克《初审法院》，赵承寿译，中国政法大学出版社，2006，第 157—168 页。

[2] 根据苏力的研究，美国联邦最高法院首席大法官也"常常利用其行政管理职权谋求并实际获得了对司法决定的影响"。这种特殊化的现象，大致不会影响本文的这一判断。参见苏力《论法院的审判职能与行政管理》，《中外法学》1999 年第 5 期。

件和社会基础。正如美国学者达玛什卡所说:"在考虑移植某一外国规则的时候,当务之急是首先仔细考察在本国的制度背景中是否存在使此项外国规则有可能发挥实际效用的先决条件。"① 西方以法官为中心或本位的司法方式或模式的形成和存续,不仅经历了数百年的漫长历史,而且它具有系统化的政治、经济以及文化等因素的支持和匹配。特殊政治结构所造就的法官的突出地位,深厚的法治传统对法官的长期影响,精英崇拜文化烘托起的法官的社会声望,法律职业共同体的全面形成以及法官遴选制度和机制的成熟,法官执业保障制度的配套及法官相对优渥的薪酬待遇,等等,共同构成了以法官为中心或本位的司法方式或模式所必要的社会基础。可以说,西方法官的地位和作用以及与此相关的司法方式或模式,是西方社会条件和社会制度的特殊产物。就我国情况而言,前述这些因素中,有些在一定的情况下或许会与西方趋同,有些则需要很长时间的发展与积累,而涉及政治建构以及文化取向等深层次的因素,则无法期待与西方相同,我国不可能通过改变基础性政治建构和主要的文化取向来适应某种司法方式或模式。这也表明,不只是现阶段,即便从长远看,以法官为中心或本位的法官独享裁判权的司法方式或模式都不可能成为我国制度上和实践中的选择。

为避免前述分析带来误解,必须申明,不认同法官独享裁判权的主张,丝毫不意味着否定法官在我国司法审判中的核心作用。一方面,法院绝大多数案件的裁判应由法官(合议庭或独任法官)作出决定,只有少数案件的裁判由审委会最终决定;另一方面,在审委会决定的案件中,法官仍然发挥着必不可少的作用,法官所进行的审理以及对裁判的初步意见,是审委会作出决定的前提与基础,即便在法官的裁判意见与审委会意见不尽一致或完全相左的情况下亦是如此。否认法官独享裁判权仅仅是为了表明:(1)人民法院内部决定司法裁判的主体,除了法官外,还有审委会这一组织;(2)法官在形成裁判的过程中,不应绝对地排除其他主体(主要指院、庭长)的参与,这种参与既包括为法官的裁判提供智识和经验方面的指导与帮助,又包括对法官的裁判行为实施恰当的制约。明确这两个基

---

① 〔美〕米尔伊安·达玛什卡:《司法和国家权力的多种面孔》,郑戈译,中国政法大学出版社,2004,第3页。

点,才有可能也才有必要对法院内各主体在裁判形成过程中的应有角色作出分析,进而对审判运行秩序及机制等问题作进一步的讨论。

(二) 法院审判为什么不应适用行政化决策方式

尽管饱受各方面的诟病,也没有明确的制度支撑(甚至有悖于某些制度性规定),行政化决策方式依然在我国法院审判实践中具有强势影响力,在很多情况下实际地支配着法院的审判运行。苏力教授在20世纪90年代末所描述的,同级法院内就裁判意见下级对上级逐级请示报告或上级对下级直接垂示的情况,① 依然是不少法院今天的现实。这种状况同三个因素直接相关。其一,我国法院内部组织实际上是按照科层制原理构建起来的,法院内存在从普通法官经由庭长、院长到审委会这个明显具有从属性的层级化关系和建制,并且,各个层级都对应着外部行政谱系中的级别。因此,无论形式上赋予法官在裁判行为方面多大的自主权,如果缺少合理的权力制约,很难实际抗衡这种科层制的影响。其二,以法院机构为主体或本位的审判模式,客观上容易强化行政化决策方式。既然法院内部构造呈现为层级化的组织体系,那么法院机构功能的发挥也不能不依托和借助于这种层级化的组织体系,这就为行政化决策方式提供了运用和发挥的空间。其三,制度上及实践中的责任约束和追究制度,也推动着行政化决策方式的刚性发展。一方面,法院内部的责任追究制度要求院、庭长对其属下法官的违法审判行为承担责任,② 从而约束着院、庭长必须审慎地察看和监控属下法官的审判行为,包括通过审核或审批案件的方式控制法官的裁判行为;另一方面,院、庭长(尤其是院长)往往更直接地受着党委、人大等外部领导、监督机构的责任约束,这也会导致他们更多地介入具体审判过程,把控一些重大、疑难案件的实体裁判。

揭示行政化决策方式在我国法院审判运行中存在的客观性,并不表明对这种方式的认同与接受。事实上,无论是学术界还是实务界,都普遍不赞成行政化决策方式在审判活动中的运用,理性上都认为行政化决策方式

---

① 苏力:《论法院的审判职能与行政管理》,《中外法学》1999年第5期。
② 最高人民法院1998年8月26日颁布的《人民法院审判人员违法审判责任追究办法(试行)》第26条规定,院、庭长严重不负责任,对合议庭或独任审判员的错误未能纠正,导致枉法裁判的,应承担相应责任。

有违于审判活动的基本特性和内在规律。然而，对于一些学者否定行政化决策方式的具体理由则需要作进一步分析和讨论。

否定行政化决策方式（主要指院、庭长批案制）的理由通常有这样几点。（1）行政化决策方式违反法官独立原则。从审判活动的特点来看，法官对案件的判断确实需要一定的独立性，但如前所述，法官独立并不是我国制度上已然或所欲确立的原则，因此，这一理由虽然是不少学者最容易提出的理由，但也是在我国现实中最难以获得认同的理由。（2）行政化决策方式丧失了审判所必须具备的亲历性，形成"审而不判、判而不审"的审、判分离格局。① 应该说，亲历性是司法审判所不可或缺的特性，审判活动的言词原则、直接原则等都是建立在亲历性之上的。然而审慎地看，以审判的亲历性作为否定行政化决策方式的理由仍然缺少足够的力度。首先，审判的亲历性是相对整个诉讼过程而言的。在诉讼过程中，必须有法官与诉讼参与人面对面的直接接触，但亲历性并不表明每一个参与裁判的个人都必须亲历庭审过程。一个充分的例证是：各国法院上诉审通常采用书面审理形式，上诉审法官并没有亲历庭审现场，这却并不影响其对案件作出裁判。其次，现代证据规则和证据技术早已使审判活动突破了"侦审一体化"时代中"五声听讼"的局限，对事实的认定主要依赖证据而不是依赖庭审中的"察言观色"。同时，在很多民商事案件中，当事人根本就不参加庭审，而刑事审判中，证人不出庭作证也是一个普遍性事实，绝对化的"亲历"需求和条件在今天都已经丧失。即便需要了解庭审过程，现代音像技术也能够完整地还原庭审现场，以满足未参加庭审人员"亲历"的需求。② 所以，亲历性的要求并不构成对行政化决策方式的根本性否定。（3）行政化决策方式违背了审判公开原则。这一理由成立与否，牵涉对审判公开原则内涵的理解。但无论言说者守持怎样的观点，都不能否认，任何国家的审判制度和实践都不要求或不可能做到审判过程完全公开，即便是在允许裁判文书中公开法官异议的美国，裁判的议决过程也并非公开进

---

① 张卫平：《论我国法院体制的非行政化》，《法商研究》2000年第3期；陈瑞华：《司法权的性质》，《法学研究》2000年第5期。
② 弗兰克曾对二审法官没有亲历性作出批评，设想用"有声电影"还原一审庭审实况，弗兰克当时的空想在今天已经完全成为现实。参见〔美〕杰罗姆·弗兰克《初审法院》，赵承寿译，中国政法大学出版社，2006，第245页。

行或在裁判中作出具体描述的。显然，以违背审判公开原则作为否定行政化决策方式的理由也不免有些牵强。

本文之所以认为行政化决策方式有违于审判活动的基本特性和规律，主要基于一个简单而质朴的道理：审判活动本质上是一个发现和判断的实践性行为，这种发现与判断的准确性和正确性，一方面取决于主体的综合水平与能力（既包括对事实和对法律的认知能力，也指理性能力与实际经验），另一方面又取决于投入这种发现与判断过程的时间与精力，而这两方面因素与法院内主体之间的层级关系都不完全对应。首先，法院内各个不同层级划分的基础和依据并不完全是审判水平与能力，并非级别越高，审判水平就越高、能力就越强；其次，也是更为重要的，投入个案的时间与精力，通常是下级（尤其是合议庭或独任法官）比上级多，而不是相反。因此，如果依照行政化决策方式中下级服从上级的基本规则来决定裁判的内容，势必有悖于审判活动的实际逻辑与要求。不仅如此，如果行政化决策方式固化在审判运行之中，合议庭或独任法官对案件的认知和判断始终具有很大的被否定的可能性，这势必会削弱他们对于案件审理的责任，消解他们追求事实真相、正确适用法律的动力和信心，从而也无法为院、庭长以及审委会的认知和判断提供可靠的基础。当然，在我国现实环境中，行政化决策方式还有一个值得重视的问题，如果决定裁判的权力过于集中在院、庭长手中，希图影响裁判结果的各种社会势力也会随之围聚于院、庭长周围，这势必会减弱法院抗御外部干扰的能力，也容易增加司法腐败的风险。

对法院审判是否适用行政化决策方式的讨论，不能回避审委会制度的设置问题。依据现行制度，审委会作为法院内部审判组织，具有对法院裁判最终决定的权力，审委会作出的决定，法院内部各主体都必须无条件服从。在这个意义上，审委会制度的确具有一定的行政化色彩。有学者更是把审委会制度看成我国法院审判行政化的典型例证。① 然而，近些年的审判实践越来越清楚地表明，审委会制度确实具有其存在的必要性和合理性。首先，在我国社会纠纷日益复杂、解决纠纷的难度越来越大，特别是

---

① 贺卫方：《中国司法管理制度的两个问题》，《中国社会科学》1997 年第 6 期；陈瑞华：《司法裁判的行政决策模式》，《吉林大学社会科学学报》2008 年第 4 期。

裁判需要综合考量多种因素的情况下，审委会制度有利于集中更广泛的智慧，更加审慎地解决法院所面临的复杂疑难问题。其次，在各级法院中，由审委会讨论决定的案件毕竟不多，审委会的存在并不影响合议庭或法官作为审判主要力量这一格局。最后，审委会讨论中实行平权表决规则，一般来说也不存在上、下级之间的服从问题。进一步而言，审委会在很大程度上是解决法院内部裁判争议的必要设置。法院内部对于某些案件的裁判，各主体之间常常有不同的看法和主张，即便是共同经历案件审理全过程的合议庭成员，也会有重大分歧，这就需要审委会这样的组织，对内部的分歧和争议作出判断，进而形成能够代表法院机构或大体能够体现法院整体意志的裁判意见。不仅如此，在允许院、庭长对裁判形成过程的一定参与并保持其对裁判内容有一定话语权的情况下，审委会制度或许是对院、庭长权力的必不可少的制约。也就是说，在我国法院层级化组织体系客观存在的背景中，审委会制度虽然具有一定的行政化色彩，但它同时又有助于克服层级化组织中行政性因素所可能引发的某些弊端。当然，总体上看，审委会制度仍然有进一步完善的必要和改进的空间。

（三）如何看待院、庭长在审判活动中的作用

院、庭长在审判活动中的角色与作用，特别是院、庭长对于裁判生成的作用，是最富有争议也最具有实质性的问题。

院、庭长角色与作用问题的复杂性首先产生于制度上的不完善。我国相关法律虽然规定了院、庭长的设置，但有关院、庭长参与审判活动方面的内容规定得很少，除了少数程序性权力外，法律规定中看不出院、庭长在审判活动中应有什么样的作为。这种状况与审判运行的实际状况甚至与审判运行的客观需求具有很大差异。正式制度中明确认同院、庭长参与裁判过程并赋予其一定话语权的是 2002 年最高人民法院出台的《关于人民法院合议庭工作的若干规定》（以下简称《规定》）。《规定》第 16 条明确，"院长、庭长可以对合议庭的评议意见和制作的裁判文书进行审核，但是不得改变合议庭的评议结论"；第 17 条又进一步规定，"院长、庭长在审核合议庭的评议意见和裁判文书过程中，对评议结论有异议的，可以建议合议庭复议，同时应当对复议的问题及理由提出书面意见。合议庭复议后，庭长仍有异议的，可以将案件提请院长审核，院长可以交审判委员

会讨论决定"。最高人民法院这一旨在规范合议庭工作的专项规定,从完善合议庭制度的角度,把院、庭长参与裁判过程并影响裁判的功能由潜规则变成了显规则,但《规定》在实际操作中存在明显的疏漏。首先,院、庭长审核案件的范围和边界不清。"院、庭长可以……审核"的规定,显然是指院、庭长可以对所有合议庭评议结论和裁判文书进行审核,但面对大量的案件,院、庭长能够审核的只是其中一部分,甚至是很少一部分,实际审核的范围和边界不能不取决于院、庭长的主观选择,实践中究竟哪些需要审核或不需要审核缺少起码的限定。其次,院长与庭长各自审核的范围没有明确的划分。从《规定》内容来看,院长与庭长的审核工作既有层级上的递进关系(合议庭复议后,庭长仍有异议的,可以提请院长审核),更有并列和交叉关系(院长与庭长都具有审核权),究竟哪些应由院长审核,哪些又应由庭长审核,在《规定》中既没有具体的答案,也没有原则性的导引。最后,院、庭长对合议庭评议结论与裁判文书审核后处理的方式不相一致。根据《规定》,院、庭长对合议庭评议结论有异议的,可以要求合议庭复议,但不能改变;而院、庭长对于裁判文书有意见的情况,前述《规定》没有明确如何处理,结合《规定》的文意看,可以理解为院、庭长有权直接修改。实践中,合议庭的评议意见固然主要体现案件的实际处理结果,而裁判文书中的表述对案件当事人的实体权益也可能有实质性影响,尤其对上诉审或再审能够产生重要影响。因此,如果允许院、庭长直接修改裁判文书,实际上也就间接地赋予了院、庭长在某些情况下否定合议庭实体处理意见的权力。

除了制度疏漏外,院、庭长的角色和作用问题的复杂性当然还与各方面认识不统一相关。如果主张法官独享裁判权,院、庭长则无权染指裁判过程,而如果奉行行政化决策方式,院、庭长又无疑是裁判过程中的核心角色。根据前文对"法官独享裁判权"以及"审判决策行政化"的讨论,对院、庭长的角色和作用,大致能够得出这样的结论:一方面,总体上应当承认院、庭长参与裁判过程甚至保持一定话语权的地位;另一方面,又必须对院、庭长的参与行为作出明确的限定。

承认院、庭长对裁判过程参与的权力,除了前文讨论中述及的理由外,更主要基于几个实践性原因。第一,作为法院内部层级的负责者,院、庭长对审判活动具有不言而喻的管理职责。这种管理除了体现于审判资源的配置、审判流程的把控、审判绩效的考核、审判技能的提升等方面的工作外，也不能不针对或涉及个案的裁判，因为后者更接近于管理所欲追求的目标和成效。有些法院把院、庭长的这种管理权称为"审判指导监督权"。① 无论称谓如何，院、庭长的审判管理不涉及个案裁判是不现实的，任何对法院审判工作有基本了解的人都不会否认：真正影响审判质量的是对个案裁判的管理。第二，院、庭长同时也是法官，并且总体上应当被理解为较为优秀的法官。因此，从充分运用各种审判资源实现法院的审判功能这一要求看，也应当重视和利用院、庭长的经验与智慧；相反，排拒院、庭长对裁判过程的介入，则是对审判资源的浪费。第三，在实际运作中，任何一个有良知和责任感的院、庭长面对自己认为存在明显错误的裁判行为，都不会无动于衷，放任其发生；法院内部和外部责任追究制度也会促使院、庭长在此情况下有所作为。所以，研究院、庭长的角色和地位，关键和重心并不在于是否允许院、庭长参与裁判过程，而在于如何对这种参与作出必要的限定，防止由此而陷入行政化决策模式。

　　从实际操作的角度看，对院、庭长参与裁判过程，应当从如下方面作出限定。一是限定参与的范围。并非所有的案件都必须有院、庭长的参与，更不能由院、庭长自行决定是否参与；应当根据案件审理的难易度以及处理案件的实际需求，划定院、庭长参与的范围；同时，对院长和庭长分别参与的范围也应有明确的界定与划分。二是限定参与的方式。就个案裁判活动而言，院、庭长的参与，除了体现为依照法律规定批准和决定某些程序性事项外，主要体现为对合议庭评议结论和裁判文书进行审核，院、庭长也可以应合议庭要求，参与某些案件的讨论，甚至在某些情况下，应合议庭和当事人的要求，参与案件的调解。但院、庭长参与的过程必须留有记录或以书面形式进行，这样既促使院、庭长审慎地行使此类职权，也有利于分清责任。三是限定参与的效力。院、庭长对于案件处理的意见以及可能影响案件处理结果的意见，如果与合议庭不一致，院、庭长只能要求合议庭复议或提请（庭长通过院长提请）审委会讨论，而不能直接变更合议庭的意见或直接变更合议庭形成的裁判文书；同时，要通过一系列制度建设，避免把

---

① 钱锋：《审判权优化配置下的法院内部分权制衡》，《法制日报》2010年10月13日，第9版。

"审核"演变为"审批","要求复议"演变为"强制性变更"。

四 审判运行机制构建：C市法院的样本解析

本文的主张和观点，主要源自作者对C市法院相关实践两年多跟踪调研后所形成的感受与判断。近几年来，C市法院从理顺审判主体（合议庭和审委会）与审判管理主体（院、庭长）之间的职权关系、解决审判权如何行使问题入手，扩及对法院内部审判运行的系统化的制度构建和全面性的规范引导，逐步形成了有效、有序且较为成熟的审判运行机制，为我国法院审判运行提供了一个具有示范意义的模式。

概括和述说C市法院相关实践的内涵是一件困难的事情。这是因为，C市法院因应审判运行的实际需要，不断研究探索，反复调整完善，其制度构建已经覆盖实际操作的若干细节，难以详尽作出描述，更主要的是，C市法院相关制度设计中所蕴含的大量经验性基础，很难从文本上加以充分揭示，这些制度设计背后的经验性机理，甚至只有置身于实际运行中的具体角色才会有真正的体悟。在此，本文仅对C市法院构建审判运行机制的主要路径或主要方式作出粗略的解析，冀望这些解析能够大致勾勒出审判运行机制的应然图景。

（一）审判职权的配置与界定

审判职权的配置与界定，是审判运行机制构建的核心。其实质是，依据法律和相关规则、审判活动的规律和要求，以及长期积累的审判经验，对法院内各主体在审判活动中的职权进行划分和确定，明确各主体在行使和实现人民法院审判权过程中的地位与作用。

基于对法院内各主体角色的理解以及对法院运行中突出矛盾的认识，C市法院在审判职权配置与界定中，首先对审判职能与审判管理职能作出界定和划分，明确规定：审判职能由合议庭和审委会行使，而审判管理职能主要由院、庭长行使。虽然这种界定和划分并不十分准确——作为审判主体的合议庭，尤其是审委会，同样具有一定的审判管理职能，而作为审判管理主体的院、庭长，对个案裁判的形成过程也有一定的参与，但这一规定意义在于，从制度层面否定或排除了院、庭长对于个案实体裁判的决定权，特别是为解决院、庭长与合议庭在个案裁判中的分歧与冲突建立了明确的规则，即在两者意见不一致的情况下，院、庭长不能直接否定合议庭对个案实体裁判的意见。在这种权力格局中，院、庭长对审判过程的参与，除了体现为法律上规定的批准或决定程序性事项外，主要体现为对部分案件合议庭实体裁判意见的审核，并根据审核情况要求合议庭复议或进一步提交（或提请提交）审委会讨论。

C市法院对审判职权配置和界定最重要的步骤还在于：将各主体的职权范围分别对应各类具体案件，具体明确哪些类型案件由合议庭自行决定裁判，哪些类型案件必须（或可以）由庭长（副庭长）或院长（副院长）审核（庭长、副庭长、院长、副院长之间也有明确界定与划分），哪些类型案件必须（或可以）提交审委会讨论。如果说审判职能与审判管理职能的划分明确了各主体职权的性质和作用，那么从案件类型层面所作出的界定则进一步明确了各主体职权行使的具体范围。

把各主体职权范围分别对应各类具体的案件，这无疑是界定职权的最有效方式，然而，具体如何划分各主体职权所对应的案件类型却是一项十分复杂的工作。简单使用"重大、复杂、疑难案件"与"一般案件"的基本分类并不能满足这种细化界定与划分的需要，而具体列举又难以穷尽各种可能的类型，由此给实际工作带来掣肘和不便。同时，对于各主体具体应当对应哪些类型案件也需要考量多种复杂因素，需要以大量的审判经验积累为基础。总体上说，C市法院在划分中把握了这样几个原则。第一，充分发挥合议庭在审判中的主导或核心作用，坚持审判工作的重心向合议庭倾斜，把大多数案件划入合议庭自行决定裁判的范围，塑造以合议庭为基础的审判工作格局。第二，根据有效解决案件的实际需要划分案件的管理层级，越是难以解决或需要审慎处理的案件，所经历的层级就越多，裁判也受制于更多主体的认识和评价，投入的审判资源也就更多。C市法院所理解的"难于解决或需要审慎处理的案件"，并不单纯指争议标的额大或量刑重的案件，甚至不完全是认定事实困难或适用法律不够明确的案件，更主要是指社会影响较大、法律效果与社会效果统一和兼顾的要求较高或难度较大的案件。第三，各主体承担的审判事务与其承受能力大致适应。对应案件的划分，充分照顾到各主体或各层级审判事务量上的均衡，避免因畸多畸少或畸轻畸重而形成制约瓶颈，尽可能做到各适其力。第四,各主体职权对应的案件范围尽可能明确、具体,便于识别;同时,不设弹性条款或兜底条款,保证制约的刚性。第五,根据审判工作的具体情况,适时调整各主体职权覆盖的范围,从而使职权配置与审判工作的实际需要保持动态适应。

审判职权的配置和界定虽然只是明确了法院内各主体的工作分工,实际上却是审判运行机制构建所迈出的重要一步。首先,它从具体审判事务层面矫正了合议庭独享裁判权或者院、庭长审批制两种不同的偏向。其次,它明确了审判职能与审判管理职能,特别是明确了合议庭与审委会、合议庭与院(庭)长以及院(庭)长与审委会之间的职权边界,同时还明确了各主体职权交叉冲突的处理原则,为法院内部运行设定了必要的"差序格局"。最后,它为合理利用审判资源,特别是为广泛集中法院内各主体的智慧解决法院所面临的复杂问题提供了制度性架构。总之,审判职权的配置和界定,较好地体现了我国"法院行使审判权"这一基本制度的精神,同时也把近些年社会各方面对于法院内各主体具体如何行使和实现审判权的理性认知,固化于实际操作模式之中。尽管对于审判职权配置的具体内容还会有不断的调整,但这种配置和界定无疑是人民法院制度建设的重要基础。

(二) 审判流程的建立与控制

审判流程不仅关系审判运行的效率,也间接影响审判的质量,因而,审判流程的建立和控制也是审判运行机制构建所不可或缺的步骤。法院内部的审判流程与各类诉讼程序既有关联,也有区别,它受制于并体现着诉讼程序,但所反映的是诉讼程序一般覆盖不到的案件在法院内部流转的情况。审判流程与审判职权的配置和界定也有很大关系。在审判职权不清晰的情况下,由于个案审判所经历的层级和环节亦不确定,细化的审判流程实际上是无法真正建立的;审判职权界定后,则可以依据审判职权的配置和分布,建立起既涵盖审判运行全过程又兼容法院各主体审判活动的十分细密的审判流程,并通过对流程的控制,实现审判运行的高效和均衡。

在审判流程的建立与控制方面,C市法院的工作重心集中于三个方面。(1) 流程设置。基本方法是依据审判运行的特征,把整个审判过程分解为若干个阶段,同时又根据具体的审判活动,把各个阶段进一步分解为若干个节点,以此为基础,把各类程序法所规定的审限分解和配置到各个阶段和各个节点之中,使每一项审判活动和审判行为的基本位序、时限得以固化。(2)流程(在法院内部)透明。首先,各主体在办的全部审判事务透明,这样既避免案件长期积压的"窝案"、"抽屉案"等现象,又有利于新的审判事务的分派。其次,每一案件的审理进展情况透明,便于各主体实时了解和掌握审理进程,相应安排自己的工作计划。(3)流程控制。通过专门的软件程序,在办案平台和管理平台中根据节点时限内审判事务的完成情况,分别设置"节点提示"、"节点预警"、"督促催办"以及"节点冻结"四个自动控制环节,督促和推动审判流程的运转。

C市法院在审判流程的建立和控制中同样贯彻着一些明确的理念和原则。第一,流程的设置重在保证当事人实际享有程序效益。虽然一般来说,审判流程的建立和对其的控制有利于推动效率的提高,但某些审判行为效率的提高并不必然惠及当事人,关键要看能否实际缩短当事人的诉讼周期。C市法院审判流程设置的出发点不仅仅在于对内部审判行为的督促,更注重保证当事人实际享有程序效益。一方面,把没有进入程序法规定审限之中却实际影响诉讼周期的事项,如上下级法院之间上诉事务的衔接(移卷、缴费、移交上诉状)等列入审判流程的节点之中,用合理的时限加以约束;另一方面,把结案的节点从裁判文书的签发延伸至送达行为的完成,把审判流程控制的积极效果真实地转化为当事人诉讼周期缩短的事实。第二,对审判流程的控制既约束合议庭成员的审判行为,也约束院、庭长的审判管理行为。对审判流程的控制通常侧重于(甚至完全是)对一线审判人员行为的约束,然而,在法院内各主体的行为交叉作用于审判过程的情况下,审判流程的顺畅运转就不仅仅取决于一线审判人员的行为。从实际情况看,由于院、庭长所受的管束相对较少,院、庭长的审核或审批环节更容易阻塞流程。C市法院一方面在流程设置中把院、庭长根据法律规定和内部规则实施的审批事务,[①]以及院、庭长根据职权配置对部分案件的审核事务,与合议庭审判人员的审判行为一起,共同编入流程之中,成为流程中的某些节点;另一方面,对院、庭长的这些行为也配以相

[①] 主要包括期限性事务(审限延长、扣除、诉讼中止等)、措施性事务(诉讼保全、回避、先予执行、诉讼强制等)以及其他事务(如合议庭人员的变更、庭审直播、不公开审理等)。

应的时限或设置相应的评价分析程序,① 由此形成对院、庭长行为的有效约束,保证审判流程整体上的顺畅。第三,充分重视审判运行的均衡。无论是流程设置还是流程控制,都把审判运行的均衡作为重要目标,通过这种均衡来实现审判效率的提高。具体包括以下三个方面。(1) 各个阶段和各个节点之间的均衡。在阶段和节点的划分以及时限的设定方面,充分尊重审判运行的客观要求,并尽可能照顾到各种不同案件审理所可能出现的多种情况,配置适当,张弛有度。(2) 各主体在办的审判事务的均衡。通过繁简分流、合理配案、加强调度等方式,力求个案的结案周期、各审判人员及审判管理人员的工作量等大体均衡,避免结构性忙闲不均或畸快畸慢。(3) 年度内审判工作,特别是月结案率的均衡。通过对审判流程的控制,保持日常审判的合理周期,避免年终突出结案现象。这些理念和原则,有效地保证了审判流程对于审判活动的合理引导作用,也强化了各主体行为以及法院整体审判运行的规范性。

(三) 审判动态的监督与把控

审判动态的监督和把控的意义主要在于两个方面。其一,法院审判活动中,各主体的行为通常是个别化、分散地进行的,并且多数直接代表法院对外实施,要保证这些行为能够真正体现法院机构的意志和智慧,就需要通过对面上审判动态的监督和把控,把这些个别化、分散进行的行为统一于法院的整体掌控与管束之下,形成一体化的审判格局。其二,法院整体审判水平以及审判成效的提高,不可能完全依赖于各独立主体能力和水平的提升,必须发挥法院整体对于个体的指导作用,由此也产生了对审判动态予以监督和把控的要求。与此相对应,C市法院的具体工作围绕两个方面开展:一是以个案审判活动为对象的面上监督和把控;二是以阶段内法院审判工作总体状况为对象的面上监督和把控。

以个案审判活动为对象的监督与把控,主要是借助审判活动的高度透明实现的。除了前文所提到的流程透明外,这里还包括案情的透明(全部纸质档案电子化,在内网上相关人员可以看到整个案卷,并借此了解案

---

① 对院、庭长的审批决定行为,C市法院设置了高效、中效、正常及低效四个评价等级,通过网络实时统计分析,并在内网上随时可以查看,借以形成一定的激励和约束。

情）和审判行为的透明（每一个主体参与个案审判活动的情况都有明确的记载）。在高度透明的情况下，各主体都把自己的行为置放在其他相关主体的测度与评价之中，并在审判职权确定的格局下形成对各种偏失的矫正。虽然总体上说，这种监督和把控主要体现为院、庭长对审判人员的管束，但院、庭长同样也无法回避审判人员对其行为的制约，特别是在审判责任明确后，审判人员既有抗衡和抵制院、庭长不当行为的依据，也有这方面的动因和条件。对个案审判活动的面上一般性监督和把控与职权配置中所形成的对重点案件的层级性监督和把控，共同形成了点与面的结合，提升了法院对审判活动的整体把控能力，大体造就了"既放得开又管得住"的审判运行格局。

审判动态的监督与把控的另一个层面是对法院审判工作阶段内总体状况进行分析，并且通过一系列制度性措施，从不同方面推进整体审判水平的提升。这些措施包括五个方面。（1）审判质效分析。根据各种司法统计数据以及各种指标测定数据，逐月、逐季以及年中和年终分别对本案及本院各业务单位的审判质效进行分析，发现和改正质效方面的突出问题。（2）发改案件质量评析。对上级法院发回重审和改判的案件进行总体和个案分析。总体分析主要是研判发改率及其变化、发改的主要类型等，个案分析则针对某些重点案件，分析发改的原因。（3）案例通报评析。对新类型案件以及阶段内较为集中的案件进行讨论和分析，研究具体的法律适用方法，统一裁判尺度。同时，对本院以及全国各地法院处理的某些重大案件进行评析，总结这些案件处理中的经验教训，开阔视野，启迪思维。（4）信访情况分析。对涉及本院所受理案件的信访情况（包括网络传媒对本院工作的评价）进行分析，掌握信访率的变化、信访案件的类型以及信访的具体原因。（5）审判长联席讨论。各业务庭（局）的审判长定期对本单位审判业务情况进行分析评估，对合议庭提出的重大、疑难问题进行讨论，提出相应的建议。此外，还通过创办《审判指导》，加强审判信息的沟通。这些制度化的形式有效地融汇了全院各个方面的智慧和资源，密切了法院内各主体之间的联系，同时也使个别化的审判行为始终受制于法院内不同方面的评价和不同角度的审视，进一步强化了对审判活动的监督和把控能力。

（四）审判绩效的评价和考核

审判绩效的评价和考核，主要是通过建立反映审判主要目标和要求、覆盖审判全过程的综合指标体系，对审判工作及其效果作出量化的分析和评价。建立量化指标考评体系，是近10余年来各级法院为提升审判质效而普遍采用的方式。但是客观地说，在相当多的情况下，这一方式的形式意义大于其实际效果，其原因不仅在于由最高人民法院统一制定的指标体系不尽适用于各级法院以及不同法院的具体情况（也许法院间的客观差异决定了很难形成真正适用于全国各级法院的统一指标体系，尤其是细化的指标体系），还在于，以事后统计为基础（并且通常是各法院自行统计）、以应对上级法院评价为主要用途的各种量化分值，很难反映法院审判工作的真实水平和状况。在指标体系的设置和运用方面，C市法院一方面保持与最高人民法院统一口径的基本对接，另一方面立足于本院审判工作的实际，把这方面工作纳入构建审判运行机制的总体要求之中，由此也形成了自己的特色。

首先，在尊重最高人民法院统一规定的口径前提下，根据本院情况对指标体系进行了全面的完善和调整。一是将三项二级指标（公正、效率、效果）扩展为五项（增加了审判作风和审判技能两项），以便更为全面地反映审判工作的总体状况；二是对三级指标作进一步细化或合并处理，增强指标的适应性；三是在保持权重逻辑一致的前提下，对各项指标的分值和权重进行相应调整。① 完善和调整后的指标体系既与本院审判运行的实际情况更加契合，也获得了法院内各主体的普遍认同。其次，把个人作为指标体系设置以及考核的最基本单元。指标体系的设置和考核通常以法院为基本单元，部分法院扩大到各业务庭（局），而C市法院则以从事审判和审判管理的个人作为最基本的单元，业务庭（局）及法院的总体量化分值多数也是在个人分值累加的基础上形成的，这样大大增强了指标体系对具体审判和审判管理行为的约束力。最后，通过软件系统把指标直接植入具体的审判流程之中，通过数据的实时填报或相关情况的实时记录，自动

---

① 如适当调低当庭宣判率、陪审率等指标的权重，而相应调高一审服判率、撤诉率、刑附民调解率等指标的权重。

生成审判行为和审判管理行为的具体分值，这不仅保证了各项数据或分值的准确性和客观性，而且使指标体系与审判过程密切融合。实际上，在C市法院，指标体系绝不仅仅是定量化描述审判工作业绩的一种工具或手段，更主要是对审判活动和行为进行事前的导引、事中的参照和事后的评价，从而也是审判运行机制所必不可少的元素。此外，在运用指标体系对审判绩效进行考核评价过程中，C市法院也注重评价的合理性，重视各业务庭（局）以及个人之间的可比性，①保证指标体系对审判行为和审判管理行为的合理激励和导向。

（五）信息技术的植入和运用

尽管构建审判运行机制的基本逻辑和机理并不依赖某种技术化的条件而成立，但从C市法院的实践看，没有信息技术的全面植入和运用，前面所描述的审判运行的状态实际上是难以形成的，至少实际效果会受到很大影响，因此，有理由把信息技术的植入和运用理解为审判运行机制构建的一个基本环节或一项重要内容。从另一角度看，"科技强院"的指导方针也包含了人民法院发展对信息技术运用的明确需求。

信息技术在审判运行机制形成中的作用，集中体现于办案平台和审判管理平台的创设。C市法院把审判职权配置和审判流程控制的各项规定和要求、审判绩效评估考核的各项指标，以及审判业务需要的各种资料（法律、法规、相关判例，以及法律文书格式范本等）全部植入两个平台之中，同时辅以多个分析软件，使法院内部的审判运行基本通过网络得以实现。信息技术为审判运行带来了三个明显的效果。一是提高了审判运行的透明度，这种透明度能够充分满足审判行为和审判管理行为对相关信息的需求，保证了法院内各主体之间在审判过程中信息的相互对称。二是强化了制度和规范的刚性。由于多数管理性规范已经编入软件系统程序，系统程序的不可变更性使审判管理的刚性也随之强化，审判管理的严肃性借助于信息技术的特征和功能得到进一步体现和维护。三是提高了审判效率。办案平台和审判管理平台的使用，提升了审判活动中的自动化水平，特别

---

① 如能力较强的法官，常常被安排承办重大疑难案件，而这类案件的结案周期往往较长，上诉和改判率也比较高，单纯依分值进行比较，很难形成公允的结论。

是通过审判流程的自动转接、各审判环节的自动催促和提示、部分法律文书的格式化处理、各种文书资料的网上流转，节省了人力耗费，又加快了审判活动的速度，这无疑有助于审判效率的提高。

通过前述五个方面，C市法院希望能够构建"权力关系清晰，主体职责明确，监督制约到位，资源配置优化，审判活动透明，内部流程顺畅，指标导向合理，科技全面支撑"的有序且有效的法院内部审判运行机制。应该说，无论在总体思路上，还是在具体细节方面，C市法院的探索正逐步接近这样的目标，而C市法院的这些实践也使人们有理由对理想的法院内部审判运行状态抱有信心和期待。

五　延伸的几点思考

作为一项关系人民法院基础性建设的实践，法院审判运行机制的构建无疑需要取得广泛的社会共识，尤其是决策层的明确认可和强力推行。对于C市法院的探索性努力，更需要超越一个中级人民法院自身工作改善的层面，去认识和看待其对于我国各级法院当下乃至长远的启示和示范意义。

（一）审判运行机制构建与中国特色司法制度微观基础的塑造

进入21世纪以来，构建和完善中国特色社会主义司法制度成为我国司法改革与发展的明确主题。近几年在此方面的努力集中体现于从宏观上确立司法理念（为大局服务，为人民司法）和司法取向（能动司法），以进一步明确我国司法发展的基本方向。然而，在宏观上司法理念和司法取向既定的前提下，我国司法制度改革与发展的重心应当转入微观基础的塑造，即从体制和机制上培育司法主体的应有特性，使各司法主体能够真正成为矫正司法理念和司法取向的有效载体，保证正确的司法理念和司法取向在微观层面得到落实。就人民法院而言，微观基础塑造的核心正在于构建科学、合理的审判运行机制。这种认识可以从我国经济体制改革的路径和逻辑中得到证明。我国经济体制改革在市场取向的目标明确后，改革的主要任务就是培育适合于市场经济的市场主体，其重点又在于建立企业内部的法人治理结构，解决企业内部的决策和运行问题。如同建立法人治理结构，法院内部审判运行机制的构建，就是要把我国法院内部围绕审判所形成的各类关系、开展的各项活动以及实施的各种行为,科学、合理地安排和确定在相对稳定的运行模式之中,进而建立起合理的审判运行秩序,充分有效地利用审判资源,整体上提升人民法院的审判能力与水平。在此意义上说,审判运行机制的构建既是中国特色司法制度完善所不可逾越的环节,也是我国司法发展与改革的重要现实任务。

(二) 审判运行机制构建与人民法院规范化、现代化发展方向

近年来,在落实司法为民方针的过程中,我国各级法院相继推出了一些新的举措,如高度重视调解,重提"马锡五审判方式",强调诉讼的便民、利民,等等。这些以"亲民、敬民"和"简约、便捷"为特征的举措,容易被人们理解和认知为对人民法院规范化、现代化发展方向的偏离甚至放弃。客观地说,实践中也存在一些忽略实体和程序规则、忽视审判对社会行为导向作用,以及消解必要司法形式和司法礼仪功能的现象。这些认识和现象的存在,使审判运行机制的构建在当下获得了一种更为特殊的意义。一方面,C 市法院的实践表明,法院内部审判机制的完善与司法为民的要求并不矛盾,司法为民的一些要求和具体的程序性措施,完全可以楔入审判运行机制之中,规范化地得到落实和保证;另一方面,审判运行机制的构建,无疑会使法院审判工作规范化、现代化水平得到全面提升,使人民法院基础性建设跃上新的台阶。由此也可以认为,审判运行机制的构建符合并代表着我国法院规范化、现代化发展的基本方向。

(三) 审判运行机制构建与法院工作的创新

围绕中国特色司法制度的完善,特别是能动司法理念的贯彻,近年来各级法院都不同程度地开展了一些具有一定创新或探索意义的实践。在这些创新和探索中,构建审判运行机制的实践具有更值得重视的价值。这不仅因为这一实践直面并回应了我国审判所面临的主要矛盾和急迫需求,相比之下,这种创新和探索具有根本性意义,还在于,这一实践建立于可靠而扎实的基础与依据之上。首先是法律基础。从 C 市法院的实践看,构建审判运行机制的工作完全是在法律规定的范围内展开的,不仅没有与现行法律相冲突的内容,而且相关的制度和措施还围绕着法律规定的落实而设计,弥补了法律难以覆盖的很多空缺。其次是国情基础。审判运行机制的

构建一方面尊重我国法院内部多主体、多层级的现实,并着力于将审判运行的客观规律和要求带入这一体制和架构的运行之中,发挥法院的审判功效,体现我国司法的独有特色;另一方面,通过审判职权配置以及指标体系的设计,能够把外部社会对司法审判的合理要求转化为法院内部的具体审判活动规则,强化司法审判与社会生活的相融性,增强司法审判的社会功能,同时也有利于理顺和规范司法同外部社会的关系,形成法院与外部社会的良性互动。最后是经验基础。审判运行机制的构建是以深厚的审判经验积累为基础的,各项制度设计都需要依赖大量对审判经验的提炼,并且需要进一步接受实际操作的检验,任何流行的学说或域外既有的模式,都不足以提供有效的指导和参照。可以认为,审判运行机制的构建过程,也是把成功的审判经验在理性原则指导下汇聚于一体并付诸实践的过程。正因为具有这些扎实可靠的基础,构建审判运行机制的实践是更富有生命力同时经得起历史检验的创新。

(四) 构建审判运行机制与深化宏观配套改革

构建审判运行机制这一微观层面的改革,衍生或引发一些需要在宏观层面解决的问题。比如,虽然院、庭长不能直接否定合议庭有关实体裁判的意见,但在现行体制和环境中,法官的各种资源供给在很大程度上仍然受制于院、庭长,因此,院、庭长往往具有不可忽略的"隐性权威",而对这种"隐性权威"的服从,容易损伤制度上的制约关系,这就需要重新审视法官职业化制度建设问题。又如,在法院内各主体权力和职责十分明确、各主体的司法行为高度透明、各种考核评价指标细致缜密、责任约束极为严格的氛围中,法院激励手段匮乏的问题会显得更为突出。长此以往,难免会出现"约束疲劳"等现象,由此可能导致审判运行机制在一定程度上的扭曲甚而解体。也就是说,法院虽然能够创造一定的约束资源,但无法内生出足够的激励资源去维系这样的审判运行机制,需要外部条件的支撑与配合,而这又牵涉宏观上司法资源供给体制的某些改革。由此可以看出,构建审判运行机制的实践,对于我国司法体制和制度的宏观改革能够形成一定的促进和推动作用;立足于微观运行的实际需求而审视和思考宏观改革的思路与方式,将会形成更为清晰的认识,也容易推动各方面共识的形成。

总之，C 市法院构建审判运行机制的实践，以我国法院统一行使审判权制度为前提，恰当处理了法院机构集体行为与其内部成员个体行为之间的相互关系；以我国社会纠纷的复杂性为背景，通过合理的制度设计把解决社会纠纷的多元目标和要求体现并落实于审判运行之中；以诉讼案件不断增多、审判力量相对不足为客观条件，从审判资源优化配置以及信息技术的深度运用入手增加了司法的容量与能力；以司法审判所处的复杂社会环境为现实，尽可能创造对法院及其成员审判行为的约束和激励，在机制和制度层面上保证了司法的公正与廉洁。所有这些，都抓住了我国法院发展及审判运行中的根本性问题，切合我国法院审判工作的实际状况。不仅如此，这一实践符合现行法律的各项规定，符合正确的司法理念和司法取向，与法院的其他改革创新亦能兼容并蓄、相得益彰。有理由认为，这一实践是低风险、高效益并代表我国法院发展与改革基本方向的探索。更富有意义的是，当下各司法机构都面临司法职能在机构内如何配置，特别是内部运行如何实现规范化和合理化的问题，缘生于法院内部的这种改革思路，还能为其他司法机构的改革与发展提供有益的启示，由此进一步推动中国特色司法制度微观基础的全面形成。

中国土地执法摇摆现象及其解释*

何艳玲**

摘　要：中国土地执法实践呈现"摇摆现象",即有时执法有效,有时执法失灵。执法摇摆现象的发生,并非完全因为法律不完备或者土地执法部门能力有限,还在于中国集中体制下的"嵌入式执法"。在中国国家体系中,土地执法部门被嵌入集中体制及其建构的中心工作中。在中心工作完成过程中,土地执法部门真正完成的并非其职能目标,而是集中体制目标。不同中心工作的建构,导致土地执法效果可能有效,也可能失灵,呈现出摇摆不定的执法效果。集中体制本身的分化,即中央和各级地方政府目标重点的不同,也使得土地执法效果更不可预期。

关键词：土地执法　执法摇摆　嵌入式执法

一　土地违法与执法摇摆

随着中国经济的快速发展,土地要素对经济增长的贡献日益显著,加强土地的法治化管理,也因此成为实现国民经济持续健康发展的重要保障。但是,目前各地土地违法现象都非常严重。近年来,国家开始三令五

---

*　本文原载于《法学研究》2013 年第 6 期。
**　何艳玲,发文时为中山大学中国公共管理研究中心教授,现为中国人民大学公共管理学院教授。

申打击违法用地,并不断加大查处力度。2003年,国务院统一部署,在全国范围内开展土地市场秩序的治理整顿工作。2004年12月24日,国务院发布《国务院关于深化改革严格土地管理的决定》,指出要着重解决有法不依、执法不严、违法不究和滥用行政权力侵犯农民合法权益的问题,并公开查处了一批大案要案。2006年,国土资源部、监察部按照国务院的统一部署,建立并正式实施国家土地督察制度。即便如此,乱用土地、滥占耕地现象依然屡禁不止,土地违法问题依然严重。2009年全国国土资源部门共立案土地违法案件41662起,涉及土地面积31850.47公顷,其中耕地14181.54公顷,与2001年同比分别上升20.35%和39.43%。对2010年全国土地使用情况进行的检查发现,全国违法违规使用土地已经超过48000公顷,其中耕地达18000公顷。① 土地违法现象为什么会如此严重?学术界对此已经有不少关注,现主要有以下三种解释。

解释一:法律不完备论。皮斯托和许成钢认为,转型国家"法律的不完备"使执法过程充满了不确定性。面对法律供给机制的障碍,执法部门只能通过在具体执法过程中的学习和调整,来弥合制度缺口,实现法律效果的改进。但这也为执法者留下了广阔的自由裁量空间,潜藏着滥用剩余立法权和执法权的可能,② 进而引发执法不足或执法过度的困境。

解释二:地方政府趋利论。一些学者将关注焦点集中于执法层面。有的认为执法成本的高昂,使现实中的违法行为不能得到完全查处,由此形成差异化的执法格局。③ 更多研究则指向执法行为的主体,即地方政府。研究者认为,在以目前的财税体制为基础确立的央地关系格局中,地方政府已成为一个相对独立、内聚紧密的资源垄断集团,其"谋利化"倾向在很大程度上已成为共识。④ 特别是随着分税制改革的推进,地方政府

---

① 《中国国土资源统计年鉴2010》,地质出版社,2011,第106、890页。
② 〔美〕皮斯托、许成钢:《不完备法律》,汪辉敏译,载吴敬琏主编《比较》第3、4辑,中信出版社,2002。
③ 王锡梓:《中国行政执法困境的个案解读》,《法学研究》2005年第3期;徐昕:《论私力救济与公力救济的交错个法理的阐释》,《法制与社会发展》2004年第4期。
④ 张静:《基层政权——乡村制度诸问题》,世纪出版集团、上海人民出版社,2007,第132页;杨善华、苏红:《"从代理型政权经营者"到"谋利型政权经营者":向市场经济转型背景下的乡镇政权》,《社会学研究》2002年第1期。

从经营企业转向经营城市,土地的征用和转让也因此成为新的生财之道。①"违法对象特殊、地方保护和行政干预问题突出",成为土地执法难的重要原因。②

解释三:选择性执法。戴治勇和杨晓维把国家根据情势需要"什么时候严格执行哪部法律,采取什么执法手段,什么时候放松哪部法律的执行,什么时候严格执行哪个具体的案件,采取什么执法手段,什么时候对哪个案件执行特别对待的视具体情况而定的执法方式"称作选择性执法,③并进一步将"国家或政府根据不同情势强化或弱化执行既定法律的权力称作剩余执法权",特指国家或政府在法律已有明确规定的情况下,对执法方式、执法力度的选择,以区别于因为法律不完备而产生的剩余立法权和执法代理人在法律不完备时的自由裁量权。④通常,选择性执法以全国或地区范围的、大规模的、自上而下的运动式执法或执法懈怠为特征。

以上三种解释是本文讨论的基础。但是,这些解释都尚存有待追问的地方。比如,就法律不完备论而言,为了规范土地的利用与管理,我国已陆续颁布一系列的土地管理法律法规。如 1986 年颁布的土地管理法,构成了土地管理法律体系的核心。之后,随着城市房地产管理法、农村土地承包法、物权法的相继颁行,土地管理法律体系进一步完善。此外,国土资源部制定和公布的多项部门规章以及各省(区、市)出台的地方性法规、规章,都使得土地管理相关配套法规建设不断加强。⑤ 应该说,目前土地执法实践面临的已不是无法可依的局面。当然,不同层级的土地管理法律规范,其目标可能并不一致,这容易导致执法的无所适从;土地管理法律规范与其他法律在目标上可能存在冲突,这将导致法律体系内部的冲突问题,也大大影响执法的推进。但是,法律不完备或者冲突的问题在中国其他执

---

① 周飞舟:《生财有道:土地开发和转让中的政府和农民》,《社会学研究》2007 年第 1 期。
② 国土资源执法监察队伍建设和体制改革问题调研课题组:《关于国土资源执法监察队伍建设和体制改革问题调研报告》,《国土资源通讯》2003 年第 1 期。
③ 戴治勇、杨晓维:《间接执法成本、间接损害与选择性执法》,《经济研究》2006 年第 9 期。
④ 戴治勇:《选择性执法》,《法学研究》2008 年第 4 期。
⑤ 李名峰、胡继亮:《不完备法律理论对完善我国土地管理法治的启示》,《理论月刊》2010 年第 2 期。

法领域也是常见的，为何在土地管理领域，违法会显得更为频繁而严重？①可以说，土地违法仍然是一个需要给出更多解释的现象。

就地方政府趋利论而言，其对转型背景下地方政府行为的关注为土地违法现象的研究提供了广阔的问题意识空间。但是，首先，在基于行政性分权的单一制国家中，地方政府的权力仍然源自中央政府的授予，后者拥有最终的决定权和支配权。中国的央地分权这么多年来主要在财税领域，而在考核和人事等一些更关键的领域，分权并未实质性展开。如研究者所指出的，"尽管共和国历史上经历了不同时期的沧桑剧变，但体现在这些正式制度中的基本权力关系并没有实质性变化"。②其次，地方政府并非一心谋利。最近几年，尤其是自和谐社会、民生、环境等非经济指标开始成为政府绩效考核标准以来，原有"地方法团主义"③的政府谋利动机已经发生了一些改变，政府行为已经越来越具有"风险规避"的性质，④即以"不出事"作为重要标尺。直接与民众打交道的基层官员，大多是被动应对、落实自上而下的各项政策指令，或在制度环境压力的缝隙间寻求生存与发展的空间。⑤可以说，虽然土地能够为地方政府带来巨大收益，但是在"风险规避"情境下，地方政府其实并非总会因为谋利而随意违法。如果存在大量土地违法现象，并非总可以归于地方政府谋利的解释。

---

① 根据国土资源部 2005 年 8 月 31 日公布的《关于印发〈查处土地违法行为立案标准〉的通知》，土地违法行为分六类：非法转让土地类（6 种）、非法占地类（11 种）、破坏耕地类（6 种）、非法批地类（17 种）、其他类型的土地违法行为（5 种）、依法应当予以立案的其他土地违法行为。我们调查的土地违法行为主要有两种：一是土地管理者非法批准占用土地或转让土地的行为，二是土地使用者违反法律法规，在使用土地中改变土地用地性质的行为，即政府日常工作中所称违法用地。

② 周雪光：《权威体制与有效治理：当代中国国家治理的制度逻辑》，《开放时代》2011 年第 10 期。

③ Jean Oi, "Fiscal Reform and the Economic Foundations of Local State Corporatism in China," *World Politics* 45 (1) (1992): 99 – 126; Nan Lin & Chih-jou Jay Chen, "Local Elites as Officials and Owners: Shareholding and Property Rights in Daqiuzhuang," in Jean C. Oi and Andrew G. Walder, eds., *Property Rights and Economic Reform in China* (Stanford University Press, 1999).

④ 何艳玲、汪广龙：《不可退出的谈判：对中国科层组织"有效治理"现象的一种解释》，《管理世界》2012 年第 12 期。

⑤ 吴毅：《小城喧嚣：一个乡镇政治运作的演绎与阐释》，三联书店，2007，第 329、577 页；张静：《基层政权——乡村制度诸问题》，世纪出版集团、上海人民出版社，2007，第 255 页以下；欧阳静：《运作于压力型科层制与乡土社会之间的乡镇政权——以桔镇为研究对象》，《社会》2009 年第 5 期。

"选择性执法"分析了在法律相对完备情况下中央和地方政府相机选择的行为特征。这无疑很有启发意义。但是,政府(包括职能部门)到底根据什么来选择执法还是不执法?什么时候严格执法,什么时候不严格?这里的驱动机制又是什么?对此我们还需要更多推进。此外,在对大量土地违法现象进行跟踪调查的基础上,我们观察到:在同样的制度、法律框架下,一定时期的违法行为被默许,另一时期同样的行为则会被严格按照法律文本进行处理;在"拆违风暴"中,大规模违章建筑在强压下被拆掉,但同时又存在农民抢建之类的违建行为;而在执法效果上,执法并非总失灵,而是有效执法和执法失灵交替存在。选择性执法研究重点指向执法行为的特征,而我们更关注选择性执法行为导致的结果,即"执法摇摆":在同样的法律环境下,会出现不同的执法效果。

本文经验材料大多源自对 G 市 B 区的长期调查。B 区属城市郊区,拥有较大面积的农田,但土地违法现象严重。自 2005 年以来,虽然区政府不断加大土地违法行为的整治力度,但乱用土地、滥占耕地现象依然屡禁不止,甚至周期性爆发。2007 年该区被国土资源部列为"土地执法百日行动重点整改地区",2008 年又被国土资源部督导组予以通报。由于每一个土地违法案件几乎都涉及很多层级政府,我们的调研并不限于 B 区,而是涉及 B 区上下级政府乃至中央相关部门人员。

二 土地管理中的目标替代和目标冲突

如果法律和制度环境相对固定,就必须回到政府和有关职能部门的具体行为逻辑中去寻找执法效果的解释。现有关于中国政府行为的研究有两点核心讨论:其一,政府行为是政治体制的折射,并受其制约;[1] 其二,政府行为仍然呈现集中体制特征,中央政府借助科层组织将政策意图传达到地方各级政府。[2] 据此,如果将土地违法行为的纠正看成土地管理部门这一具体职能部门要实现的目标,那么这一目标的实现将受制于整个集中

---

[1] 荀丽丽、包智明:《政府动员型环境政策及其地方实践——关于内蒙古 S 旗生态移民的社会学分析》,《中国社会科学》2007 年第 5 期。
[2] 周雪光:《权威体制与有效治理:当代中国国家治理的制度逻辑》,《开放时代》2011 年第 10 期。

体制的目标。如果目标一致,则在集中体制的运作下,土地管理部门目标的实现并不困难,但如果目标并不一致,同样在集中体制之下,土地管理部门目标的实现会变成不可预期;更多时候,土地管理部门会协同参与实现集中体制目标,而将自身目标搁置。最终,土地管理部门运作过程中并非实现其原本目标,而是发生了目标替代(见图1)。

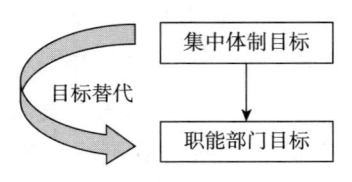

图1 土地管理中的目标替代

针对大量耕地被破坏、土地资源存量不断下降的现实,国家不得不从粮食安全与农业可持续发展的战略高度出发,将"十分珍惜和合理利用每寸土地,切实保护耕地"作为一项基本国策,并通过计划土地供应量、加强用途管制、上收农地征用审批权、垂直管理等方式加大土地管理力度,确保耕地面积的稳定。同时,也通过保留农地或生态林地来维系生态环境。

从形式上来看,这一用地目标是非常重要的,尤其是"保耕地"目标,几乎到了不可触碰的地步。为了实现这一目标,自1996年提出实行严格的土地管理制度以来,国家相继出台了一系列法律法规,并通过加大执法力度、完善监察技术等多种手段,形成了土地管理的高压态势。2002年5月,国土资源部出台《招标拍卖挂牌出让国有土地使用权规定》,规定所有经营性用地一律实行招标拍卖挂牌出让,并通过明确出让范围、组织实施程序等,力求优化土地资源配置。为强化对基本农田保护区及其农田用途变化的权限控制,国务院办公厅2004年下发《关于深入开展土地市场治理整顿严格土地管理的紧急通知》,随后专门出台《关于基本农田保护中有关问题的整改意见》,要求稳定基本农田面积和质量。为严格地方政府对土地利用总体规划和年度计划的落实和执行,控制建设用地规模,2006年6月发布《国土资源部关于当前进一步从严土地管理的紧急通知》,2006年7月发布《国务院办公厅关于建立国家土地督察制度有关问题的通知》,2006年9月发布《国务院关于加强土地调控有关问题的通知》。

在严格的法律框架和从上到下进行传递的集中体制下,实现土地管理目标在理论上是没有问题的。但是，集中体制在用地问题上还有其他性质完全不同的目标。在近些年的发展中，为控制固定资产投资规模、调整优化产业结构，国家往往又将土地政策作为宏观调控的重要手段，通过对进入经济体系中的新增建设用地规模、速度和结构的引导，来促进经济的平稳较快发展。也就是说，土地作为资源和资本可以变成经济增长的工具。对地方政府而言，这一目标显得更为明显。早在20世纪90年代，钱颖一等人提出"中国特色的联邦主义"，① 认为以财政包干为内容的财政分权改革是激励地方政府积极发展经济的重要因素。随后，学者通过分省定量研究为该理论提供了经验证据。② 1994年以后分税制带来的财政集权努力对地方政府构成一种"驱赶"效应，使其逐步将财政收入的重点由预算内转到预算外、由预算外转到非预算，从收入来源看，即从依靠企业到依靠土地征收，从侧重"工业化"到侧重"城市化"。③ 于是，土地的征用、开发和出让及其带动的建筑业和房地产业的兴盛成为城市扩张的核心内容，土地财政因此成为地方财政收入的重要支柱。④ 同时，地方政府"以地生财"的发展模式，与基于GDP增长的政绩考核机制在本质上也是激励兼容的，地方官员的升迁概率与GDP增长率又存在显著正相关关系。⑤ 在这种情况下，地方政府确实存在不断投资、扩大征地范围的冲动。

显然，在用地问题上，集中体制存在两类不同的目标体系。为了论述方便，我们按照其性质将其分别界定为增长目标和非增长目标（包括耕地保护、环保、生态等）。此处的矛盾在于，由于土地本身的排他性、有限性等自然属性，一块地一旦成为建设用地，就基本不再可能兼为农地或生

---

① G. Montinola, Yingyi Qian & Berry Weingast, "Federalism, Chinese Style: the Political Basis for Economic Success in China," *World Politics* 48 (1) (1995): 50 - 81; Yingyi Qian & G. Roland, "Federalism and the Soft Budget Constraint," *American Economic Review*, 88 (5) (1998): 1143 - 1146.
② Hehui Jin, Yingyi Qian & Berry Weingast, "Regional Decentralization and Fiscal Incentives: Federalism, Chinese Style," *Journal of Public Economics* 89 (9 - 10) (2005): 1719 - 1742.
③ 周飞舟：《分税制十年：制度及其影响》，《中国社会科学》2006年第6期。
④ 周飞舟：《大兴土木：土地财政与地方政府行为》，《经济社会体制比较》2010年第3期。
⑤ Hongbin Li & Li-An Zhou, "Political Turnover and Economic Performance: The Incentive Role of Personnel Control in China," *Journal of Public Economics* 89 (2005): 1743 - 1762；周黎安等：《相对绩效考核：关于中国地方官员晋升机制的一项经验研究》，《经济学报》2005年第1期。

态林地。因此，对土地的投资使用天然会产生建设、农业以及生态环境等目标之间的冲突，在用地问题上存在两类相互冲突的目标体系（见图2）。其中，非增长目标可能与土地管理、与土地执法的目标一致，但增长目标可能相反。

用地目标的矛盾也表现在有关文件规定上。如国土资源部 2009 年印发的《保增长保红线行动工作方案》，就明确要求各相关部门"有效保障扩大内需项目用地，提高土地调控政策的应变能力和效果，维护土地管理秩序，坚守 18 亿亩耕地红线，促进经济平稳较快发展"。其中"坚守 18 亿亩耕地红线"与"有效保障扩大内需项目用地"、"促进经济平稳较快发展"就是矛盾的。

图 2　土地管理中的目标冲突

三　中心工作的构建与执法摇摆的形成

由于用地多重目标的存在，集中体制如何实现这些目标并达成有效治理就成了一个难题。在新近的研究中，周雪光提出了"运动型治理机制"，并认为其是中国集中体制与有效治理矛盾的调节机制。运动型治理机制通过"暂时叫停原科层制常规过程，以政治动员过程替代之，以便超越科层制度的组织失败，达到纠偏、规范边界的意图"，让集中体制在不断地调整与波动中走下去。① 运动型治理机制的存在表明，国家在常规型机制之外，始终保留着自上而下的总体性支配权力，以更加有效地贯彻自身的战略意图和政策目标。

对于运动型治理机制的存在，我们深以为然并深受启发，但对"运动型治理机制正是针对常规型治理机制失败而产生的（暂时）替代机制或纠

---

① 周雪光：《权威体制与有效治理：当代中国国家治理的制度逻辑》，《开放时代》2011 年第 10 期。

正机制"则予以保留。① 在对土地执法进行的长期调查中,我们发现,其一,确实如已有研究所言,国家在常规型机制之外,通过总体性支配权力建构运动型治理机制,并据此来实现各种不同目标。其二,运动型治理机制并非常规型机制的替代或者纠正,而是通过不同时期的中心工作与常规型机制同时存在。所谓"中心工作",通常是指特定时期必须完成的目标与要求。中心工作的完成也被称为"讲政治",这意味着如果完不成此任务则"不讲政治",而这对每一层级的政府来说都是严重的错误。其三,由于中心工作频繁出现,在某种程度上,常规型机制被悬置,运动型治理机制作为另一种常规型机制而存在,即"运动型治理机制常规化"。于是,在土地管理领域,相互冲突的多重目标依次被建构成中心工作,并因为常规型机制的悬置和"运动型治理机制的常规化"而得以实现;而土地执法的有效或者失灵,关键在于哪一种目标被建构为中心工作。因为这些不同的中心工作,土地执法效果在形式上就呈现了摇摆性(见图3)。

关于用地的增长和非增长目标,到底哪一类目标会被选择呢?按照上述框架,这取决于集中体制对中心工作的认定。中心工作如何形成呢?其一,它是集中体制视外部诉求对其正当性影响而建构的结果。什么目标被建构成中心工作,与目标本身的重要性无关,而与集中体制对正当性的估计有关。其二,中心工作往往会成为整个政府体系(包括职能部门)优先目标,在政府编制和经费都有限的情况下,中心工作甚而会成为整个政府体系在该阶段的全部目标。

```
用地多重目标 → 中心工作 → 运动型治理机制的常规化 → 目标实现
                    ↓
              常规型机制的悬置 → 执法摇摆
```

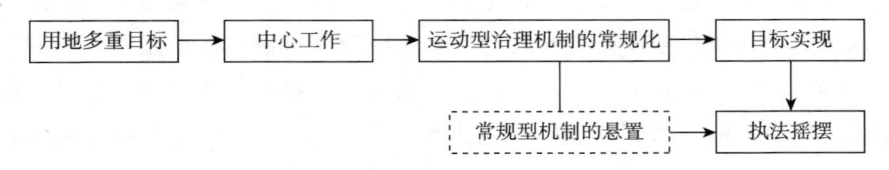

图3 中心工作、运动型治理机制的常规化与执法摇摆

集中体制的轴心是通过有效治理的实现来保证其正当性。在中国30多年改革和发展过程中,经济高速增长在很大程度上构成了重要的正当性来

---

① Hongbin Li & Li-An Zhou, "Political Turnover and Economic Performance: The Incentive Role of Personnel Control in China," *Journal of Public Economics* 89 (2005): 1743 – 1762;周黎安等:《相对绩效考核:关于中国地方官员晋升机制的一项经验研究》,《经济学报》2005年第1期。

源，以至于在整个政府政绩考核体系中，增长目标都被置于非常重要的位置。如果增长迟缓，这将成为集中体制面临的严重问题，因此在实践中，增长目标经常被塑造成中心工作，并影响到整个政府体系的运作。具体到用地问题上，每当经济增长放缓或经济形势不利的时候，增长会被建构成中心工作，各级政府都需要对增长这一目标承担相应责任。在对长期投资驱动的增长模式路径依赖下，各种刺激经济的项目往往不期而至。而这些项目，无不需要相应的土地进行配套。当然，各级土地管理部门也必须配合这一中心工作，让其便宜行事，以完成任务。

这里的问题在于，保增长的中心工作往往来得突然，而基于前述相对严格的土地管理法规、规章，各级政府几乎没有机动的供地指标。在这种情况下，所有土地管理部门都要毫无例外地牺牲法定办事规程，为这些临时性的项目开道让路。土地管理有"批、供、用、补、查"五个环节，当前四个环节都为支持增长这一中心工作而作出妥协后，承担"查"功能的土地执法部门当然也必须如此。调研中，有受访者如是说："现在省里面没有机动的供地指标，因为作规划的时候全部上报落实安排好。但是扩大内需又有许多建设项目，国家的建设项目压下来你不能不供地呀，这个时候不违法用地能行吗？"（访谈，省级：高级工程师）"这些国家重点项目牛得很。你看最近我们去W市，铁路都已经通车了，其实用地批文都还没下来的。（国土资源）部里去调查，人家连门都不让他们进，就告诉他们现在已经没人在这里办公了。要罚款啊？给你钱，反正国家重点项目有钱。人家新闻联播都上了，都通车了，你敢拆掉它吗？"（访谈，中央级：科员）

事实上，在各级政府违法用地数据中，这类重点项目占了违法用地相当大的比例。尤其当政府举办完大型体育赛事或完成建设活动之后，新增违法用地数量激增俨然成为规律。而各地名目繁多的开发区、园区，也基本上利用中心工作的批准成立并多数存在违反土地利用总体规划、非法占地的问题，形成了"规划跟着项目走"、"规划跟着领导走"、"规划跟着违法走"的现象。

同时，这些重点项目建设，由于对经济增长有明显拉动效应，而有的农民也经常会从农用地转建设用地中获得地价增值，因此其建设过程中的土地违法行为甚至被认为理所应当并因此获得庇护。与此相反，对这类违法行为进行处置则难以获得认同。调研中，有受访者说："我实在想不出哪种人会反对上项目占地，或者说，占地上项目对谁有害……只要不亏待农民，违法用地在老百姓那里并没有民愤。"（访谈，市级：处长）

这样的舆论也影响其他职能部门对土地执法部门的支持，并进一步削弱土地执法效果。我们调查的一个地级市 2005 年向司法部门移送了 23 起土地违建案件，到年底一件也未落实。土地执法部门去追踪，法检不愿诉判，说"民愤不大"，公安不愿侦查，说"正事还忙不过来呢"，政府领导不让拆，说"损害群众利益"。在这种情况下，很多违法用地不了了之。由于经常有突发性的临时用地任务，土地管理部门随时要进入高速关联、急速运转的状态，其在长期实践中也摸索出了一些路子，即制造出重点项目建设所需要的用地指标，让重点项目获得合法身份，以降低土地违法数量和规模，并规避可能的部门考核压力。具体操作如下：对于大量非恶性违法用地，土地执法部门并不追究，允许其模糊存在；在若干年后这些用地作为"历史遗留问题"被变相承认；当中心工作带来计划外用地需求时，再对这些用地进行严格执法，并将用地指标转让给重点项目。

经济形势不会永远严峻。当经济发展过快，甚至过热时，调控经济就会成为政府的中心工作，相应地，对于土地管理部门来说，由于增长的压力减小，"控制建设，保护耕地"等非增长目标就会成为新的中心工作。而以往默许的种种违法用地行为，这个时候也会被严格执行规定。"以前的口号叫'筑巢引凤'，这个时候什么都给你建的，过几年后就把它当历史遗留问题处理，也不会有什么问题。但现在是'腾笼换鸟'了，那没有证肯定不行。"（座谈会，区级：科级干部）

在 G 市，"筑巢引凤"时期，主要目标是促进经济增长，侧重吸引投资，对用地管制规则的突破被在一定程度上默许。但在后来的"腾笼换鸟"时期，中心工作从促进经济增长转向了产业升级和经济转型，集约节约用地成为新的目标。在此背景下，之前被默许的违法建筑则往往会被严格按照法律予以清拆。在这一情境下，即使有非常完美的高压管理势态，用地多目标的存在也使得土地执法部门无论在执法还是执法力度的选择上都存在强烈的相机抉择性。一位执法部门负责人谈及自身工作笑言："我们对自己工作的定位就是要做只嗅觉敏锐、牙齿锋利，但蓄势待发的狗（笑）。自己心里要很有数，知道是怎么情况，但不能随便出去乱咬。一旦咬得不好就麻烦了。什么时候领导一声令下，放我们出去，我们能保证准确咬到位，我们的工作就算达标了。"（访谈，省级：副厅级）"不能随便出去乱咬"表明土地执法部门关注的并非执法的有效，而是应否执法。是否应该执法的关键，在于集中体制到底要实现哪一个目标。如果"保红线"被确定为中心工作，土地执法部门也必定会全力出动去实现。"一旦放出去就能准确咬到位"，也表明土地执法部门所体现的完成集中体制要求的能力。

由于经常要在各种相互矛盾的目标之间进行快速切换，常规型机制根本无法适应和匹配，这些中心工作往往要通过"运动"来实现。尤其是在保增长几乎成为体制惯性的情况下，保耕地这样的非增长目标经常要通过诸如"拆违风暴"等运动来实现。回溯土地管理史，通过运动型治理机制来完成土地执法任务事实上长期存在。以 G 市为例，1962 年对"征而未建"行为进行了全面清退运动；1968 年掀起了重点查处违章私建运动；到 20 世纪 90 年代，在 G 市城市建设"一年一小变"、"十年一大变"运动中，掀起了重点拆除违章棚户的各种执法运动；2011 年发动了全市范围的"拆违风暴"。而在全国层面，2007 年由于土地违法现象的严重，也展开了超大规模的土地执法"百日行动"，查处了一批重大典型案件。可以说，通过运动型治理机制来完成土地执法任务几乎从未中断，在土地执法领域，运动型治理机制几乎成为常态型机制。

四　集中体制的分化与执法摇摆的深化

以上论述了在中心工作不断变动情况下"执法摇摆"的形成。但是，在前面的论述中，我们将整个集中体制看成了一个整体。事实上，集中体制的核心是不同层级的政府。而不同层级的政府，其目标虽然大体上被集中体制所决定，但是在不同时期的侧重点仍然会有不同。这种不同，再一次增加了土地执法效果的不确定性。

一般认为，在集中体制中，地方政府是上级-下级压力型机制下的地方政府。由于晋升往往依据上级的"标尺"，实现上级诉求对地方政府而言一般更重要。但是，晋升标尺虽然为确保上下级统一性提供了可能，却无法保证地方政府在上级政府预设的框架内按部就班。众多研究表明在执行来自上级部门特别是中央政府的各种任务时，地方常采用"变通"①、"共谋"② 等策略来规避、歪曲、弱化政策实施。③ 地方政府之所以如此，是因为地方政府本身也具有特定的本地诉求，这些本地诉求常常与上级诉求不一致；即便是中心工作，除了上级的中心工作，本级政府也常有自己的中心工作。上级诉求与本地诉求的相互交织，使土地执法的效果更加具有不稳定性。而具体执法部门往往在基层，其执法效果被影响的因素更多。

在这些本地诉求中，首先是地方发展。1994年的分税制改革，迫使基层政府将土地经营作为新的生财之道，土地收入、银行贷款、城市建设、征地之间形成了一个滚动增长的循环，这个循环在推动工业化和城市化发展的同时，使地方政府预算收入（以建筑业、房地产业等营业税为主的收入）和非预算收入（经营土地的收入）呈现平行增长的态势，④ 获得更多建设用地成为地方政府常有的冲动。但是，一方面地方政府存在强烈的征地冲动，另一方面由于新增建设用地实行年度计划控制，且必须报上面批准，地方政府实际获批建设用地其实非常少。比如，自1999年新土地管理法实施以来，G市经批复建设用地总面积为11560公顷，B区占其中的3.45%，为398.4公顷。批复的项目类型也以国家和省、市的重点工程、基础设施及公益类项目居多，区属项目特别是经济项目非常少。在这样的情况下，B区政府只好利用各种方法来换取或者偷取建设用地面积了，比如编造虚假资料、多次审批、擅自改变土地用途、跨区搞"占补平衡"等。地方政府为促进地方发展，还会利用前述那些自上而下的重点项目获得更多的建设用地自主权。

"我们区其实可以很富的，但市里不让我们富，我们的报建都批不下来，

---

① 制度与结构变迁研究课题组：《作为制度运作和制度变迁方式的变通》，《中国社会科学季刊》1997年冬季卷；孙立平、郭于华：《"软硬兼施"：正式权力非正式运作的过程分析——华北B镇收粮的个案研究》，《清华社会学评论》2000年特辑。

② 周雪光：《基层政府间的"共谋现象"：一个政府行为的制度逻辑》，《社会学研究》2008年第6期。

③ Kevin J. O'Brien & Lianjiang Li, "Selective Policy Implementation in Rural China," *Comparative Politics* 32 (2) (1999): 167–186；孙立平、郭于华：《"软硬兼施"：正式权力非正式运作的过程分析——华北B镇收粮的个案研究》，《清华社会学评论》2000年特辑。

④ 世界银行城市化与土地制度改革课题组调研报告：《城市化、土地制度和经济可持续发展：以土地为依托的城市化到底能持续多久》，2005，第25页以下。

不给我们建。现在不是开亚运会嘛，我们让他们（辖区内用地建设部门）全部以亚运会重点项目的名义，通过绿色通道报市里去，看他们批不批，一旦批了赶紧建。过了这村就没这店了。"（访谈，区级：科级干部）对于这种现象，土地执法部门原则上是要管的。但是，现有土地管理实行分级管理体制，各级政府在土地管理业务上有着不同的职权划分。其中，计划（规划）、审批权主要集中在中央和省一级政府。使用（出让）、收益权，则主要集中在县、市一级。而具体的执法动态巡查则主要由乡镇一级政府负责实施。权、责、利的分割使得不同层级的地方政府对同一用地现象有着不同的成本收益考量。如果乡镇政府在地方发展目标下不配合，那么即使当前中心工作是保耕地，即使在2007年全国土地执法"百日行动"这样的大型运动中，地方政府也可能想尽各种办法促增长，而上级土地管理部门要发现这类问题的成本也非常高。

在这种情境下，最近数年来，中央政府着重通过各种约束激励机制，如国家土地督察制度、耕地保护省长负责制、行政问责机制以及自上而下的频繁检查活动，企图抑制地方政府和具体土地执法部门在土地执法方面的偏离。这些举措产生了一定影响，但也导致了地方官员承担的风险和工作考核的不确定性，诱发了其在目标无法完成条件下的规避行为，比如通过作假变通来应付上级检查，① 这就更加深了土地执法的难度。

在地方发展之外，本地诉求还包括人情以及由此引发的地方稳定等更多地方性因素，这尤其体现在农民建房这类用地问题上。2001年至2008年，B区只有3个城中村改造安置复建房（公寓式）办理了用地手续，而整个B区约3252户村民由于结婚、分家等原因需要新住房，住房需求很大。但是，自2001年10月1日《G市农村村民住宅建设用地管理规定》实施以来，农村村民住宅建设用地的审批权收归G市政府及其土地管理部门。在日益集中的用地审批制度下，农村住宅（也包括集体建设用地）申请非常困难，"但农民孩子要结婚、要分家、要建房的呀，几年甚至十几年报建下不来的都有。报建不通，但农民不可能一直不结婚、不分家的呀，那就只好违建"（座谈会，镇级：镇长）。

---

① 何艳玲、汪广龙：《不可退出的谈判：对中国科层组织"有效治理"现象的一种解释》，《管理世界》2012年第12期；张静：《基层政权——乡村制度诸问题》，世纪出版集团、上海人民出版社，2007，第273页。

在办理用地手续可能性渺茫的时候,农民通常会铤而走险,违法建房遍地开花。在一些地方,只要给村社交钱,村社就为其申报宅基地,甚至不经主管部门批准就允许其抢建、乱建名为住宅实为商用的建筑物。在这种情况下,地方政府如果严格对违法用地进行打击,势必会激化农民矛盾。但若搁置法定章程,则恶性违法用地行为又无法控制。于是,基层土地执法部门往往会自建"法外标准",对土地执法效果产生影响:"那些生活确实有困难,住房很紧张的能不拆就不拆了。如果有几套房的还再建,坚决拆。如果是村主任、书记违建,坚决拆,他们抗议自然有纪委和他们沟通。对那些占用基本农田,复垦后又建、反复多次、性质特别恶劣的坚决拆。"(访谈,镇级:科员)

对"生活确实有困难,住房很紧张的能不拆就不拆",对"有几套房的还再建,坚决拆",以及对"村主任、书记违建,坚决拆"的区别性执法,体现了人情、常理等地方日常规则对土地执法过程的影响。在这一执法体系中,执法部门不再运用法律逻辑所坚持的普遍主义原则,而是"依赖日常生活中的社会经验和解决纠纷的种种权力技术,关乎于现实利益和法律的社会效果",[①] 而其执法行为也随之从执法效果最大化变成了执法风险最小化。如某基层执法人员所说:"执法效果关键就是控制!不是有个问责百分比嘛,像(新增)违法用地不能超过当年新增建设用地的15%,那就尽量把违法用地控制在这个数字以内,控制在范围以内就不会被问责。还有一个关键的是不要出头,负责区域内的违法用地不要排在全市之首,不要太过分,一般就不会有事。"(访谈,镇级:科长)

当执法部门的目标从效果最大化变成风险最小化以后,土地执法效果也就更加变幻莫测了,而"执法摇摆"也具有了更深厚的组织基础。

五 嵌入式执法:中国执法难的反思

本文以土地"执法摇摆"现象为切入点,结合经验材料对这一现象进行了解释。在以上分析中,我们试图在关注法律内容和执法部门能力之

[①] 强世功:《法律是如何实践的——一起乡村民事调解案的分析》,载王斯福、王铭铭主编《乡土社会的秩序、公正与权威》,中国政法大学出版社,2001,第488页。

外,将一种特定的执法行为放置到整个集中体制中去进行观察;试图将中央到地方各层级关系以及社会诸要素的运行统合起来,以分析在执法过程中各主体决策和行动策略的建构,并以此探讨其执法效果。我们的核心观点是土地执法中的摇摆现象,并非完全因为法律不完备或者土地执法部门能力有限,而是在于:首先,集中体制下土地管理部门发生了目标替代和目标冲突,土地管理部门本身目标悬置,其真正执行的是其他集中体制的目标,而集中体制的目标,与土地管理部门可能一致,也可能矛盾;其次,集中体制为了快速实现不同性质的目标,必须运用运动型治理机制来完成中心工作,中心工作的完成,导致土地执法效果可能有效,也可能失灵,呈现摇摆不定的执法效果;最后,集中体制本身的分化,即中央和不同地方层级目标的重点不同,使土地执法效果更趋摇摆不定。由此,不同性质的目标被建构成中心工作,上级和本地诉求的双重约束,激发并生出一系列未曾预期但又循迹可查的土地执法结果。

我们将上述执法机制及其机理界定为"嵌入式执法"。这一概念源自新经济社会学家格兰诺维特所提出的"嵌入理论"(embeddedness)。[1] 格氏认为,人不是脱离社会结果、社会关系像原子式地进行决策和行动的,而是嵌入具体的、当下的社会结构、社会关系中作出符合自己主观目的的行为选择。格氏的观点能够非常形象地映照中国土地执法部门的执法场景。所谓嵌入式执法是指:在中国国家体系中,土地执法部门被深深地嵌入集中体制及其建构的中心工作中;在中心工作完成过程中,土地执法部门真正完成的并非其职能目标,而是集中体制的目标。在嵌入式执法中,土地执法部门所面临的冲突,并非其执法能力与执法目标之间的内部冲突,而是中心工作与法定规章制度之间的外部冲突。中心工作得以完成的运动型治理机制的常规化运作,使法律系统变得虚设。[2] 法律在某种程度上,不再是规约行为的工具,而是辅助中心工作的工具。所谓选择性执法是国家面临情势变化,通过执法投入和执法方式的变化,实现其特定目标的产物。[3] 由于土地管理的法定规章长期受中心工作冲击,地权概念难以

---

[1] Mark Granovetter, "Economic Action and Social Structure-the Problem of Embeddedness," *The American Journal of Sociology* 91 (3) (1985): 481–510.
[2] 张静:《土地使用规则的不确定:一个解释框架》,《中国社会科学》2003年第1期。
[3] 戴治勇、杨晓维:《间接执法成本、间接损害与选择性执法》,《经济研究》2006年第9期。

确立，大量"占用者得"概念盛行，众多土地违法行为被认同乃至被支持。这种认知更造成了土地违法行为被纠正的难度。

应该说，嵌入式执法不仅具有机制运转的机理，而且具有更重要的体制性意义。提出嵌入式执法的意义在于，它使国家宏观层面的结构约束与地方微观层面的实践运作有机结合，在动态演进的过程中，将执法过程中不同逻辑的紧张冲突、行为取舍予以真实呈现，从而使一系列矛盾的现象得以在同一个框架中进行解释。虽然不少学者认为中国已经经历了从总体性支配到技术治理的转变，[①] 但我们更倾向于认为其始终没有从根本上摆脱权力运作的随意性与短期性，从而使执法在严惩、默许、配合之间摇摆不定。

如果从更广泛的法治层面来看，只要这一嵌入式执法机制不改变，对法律相关部门而言，层出不穷的改革必定会陷入"形变质不变"的高成本改革循环中；而依法治国、依法行政的现代国家建设理念也仍然将只是停留在文本和口号中。

---

① 渠敬东等：《从总体性支配到技术性治理：基于中国 30 年改革经验的社会学分析》，《中国社会科学》2009 年第 6 期。

城镇规划区违建执法困境及其解释[*]
——国家能力的视角

陈柏峰[**]

摘　要： 既有理论框架难以全面解释违建执法的困境。实际上，违建执法的困境反映执法领域国家能力的不足。从执法的结构和过程看，国家能力不足表现在多个层面：执法机构的"孤岛现象"普遍，不同机构之间难以有效合作；一线执法人员的素养欠缺，且其工作难以被执法机构有效考核；执法人员在进入社区空间、处理执法事务时受阻严重。由于国家能力的不足，执法人员常常接受执法对象的讨价还价，违建执法表现出"日常惰性—专项治理"的循环结构，强力执法与违法不究处于共生状态。改善社会治理，需要在执法领域强化国家能力，需要从执法机构、执法人员及其与社会的互动等多方面着手。

关键词： 违建执法　国家能力　社会治理　城镇化

一　违建执法困境及既有解释

20多年来，中国的城镇化发展势头迅猛，城镇范围稳步扩大。与此同时，城镇规划区（包括建成区和规划控制区）内违法建设现象呈蔓延和扩大趋势，成为城镇建设和社会治理面临的难题。其中，建成区以外实行规划控制的区域（俗称"城乡接合部"），由于可能分享土地用途改变带来的

---

[*]　本文原载于《法学研究》2015年第1期。
[**]　陈柏峰，中南财经政法大学教授。

巨大利益，违法建设现象最为严重。多年来，许多城市多次"重拳打击违法建设"，但执法成效似乎有限。法律法规在实践中遭到漠视、规避和拒斥，"重拳"执法耗费了大量资源却效果不佳，还引发了政府与社会的对立和冲突。违建执法的困境是如何形成的？其症结何在？学界对此虽有一些关注，但缺乏足够的理论深度，且多是城市规划学者从政策层面切入的，法学学者涉足较少。如果着眼于对一般意义上的或可类比的执法研究，关于执法困境的解释主要有以下四种。

第一，法律不完备论。皮斯托和许成钢认为，法律的阻吓作用因其内在不完备性而被削弱。法律不完备，意味着它对一些相关问题未作规定或者规定不清，因此，阐明法律含义、限缩或扩大法律适用的"剩余立法权"就会产生。剩余立法权及执法权的分配方式会影响执法的有效性，并使执法过程充满不确定性，导致执法不严或执法过度。① 国内很多学者常对执法实践问题开出"完善立法"的药方，其背后往往有法律不完备论的影子。

第二，法律不正当论。这种观点认为，法律不能得到有效执行，往往因其不具有社会正当性。"法律在多大程度上有效，取决于社会规范在多大程度上支持它。如果法律偏离了社会规范，执行成本就会提高很多，甚至根本得不到执行。'法不责众'在多数情况下是由于法律与人们普遍认可的社会规范相冲突造成的。"② 美国"禁酒令"和中国"禁鞭令"是这种观点的主要支持案例，因为饮酒、燃放烟花爆竹是长久形成并得到普遍认同的社会习俗。③ 此外，剥夺人们既得利益的法律也因不具正当性而难以得到有效执行。例如，一些学者认为，中国土地制度未公平对待国有土地与农村集体土地，国家垄断建设用地一级市场，农民被剥夺了土地的处分权，其土地权益无从体现，小产权房是他们自发维权的结果。④

---

① 〔美〕皮斯托、许成钢：《不完备法律》，汪辉敏译，载吴敬琏主编《比较》第3辑，中信出版社，2002，第112页。
② 张维迎：《法律与社会规范》，载吴敬琏主编《比较》第11辑，中信出版社，2004，第163页。
③ 胡水君：《法律的政治分析》，北京大学出版社，2005，第132页；王锡锌：《中国行政执法困境的个案解读》，《法学研究》2005年第3期。
④ 马俊驹、王彦：《解决小产权房问题的理论突破和法律路径》，《法学评论》2004年第2期；曲苏闽：《对小产权房问题的法律思考》，《中国土地科学》2011年第12期。

第三，执法者趋利论。这种观点认为，执法者会在环境中根据自身利益来选择执法行为。贺欣曾分析外地来京工商户经营执照中的"法律合谋"，认为执法是平衡本地商业机构、执法人员、相关管理部门等各方利益的过程，法律被广泛规避，原因在于管理机构的自我利益。① 代理经济学分析执法问题都持执法者趋利论，将作为代理人的执法者预设为效用最大化者。例如，有学者把执法行为的影响因素简化为声誉收益、来自委托人的货币和非货币激励、执法行为的负效用。②

第四，嵌入式执法论。何艳玲认为，中国土地执法有时有效、有时失灵的"摇摆现象"，主要缘于集中体制下的"嵌入式执法"。土地执法部门被嵌入集中体制及其建构的中心工作中，它真正完成的并非其职能目标，而是体制的中心工作目标。不同中心工作的建构，导致土地执法效果可能有效也可能失灵。③ 此外，戴治勇认为，选择性执法现象，是政府面临情势变化，为降低包括间接执法成本和间接损害的总成本，运用剩余执法权以保证实现其政治、经济及社会目标的结果。④ 笔者曾将执法者所处的压力型体制纳入考量，从中央立法、基层政权偏好、地方社会偏好三个因素的关系出发，建构解释涉农执法实效的三维框架。⑤ 这种分析其实也是"嵌入"的视角：执法行为嵌入体制的政治、经济及社会目标中。

以上几种解释在特定案例或实践中有一定解释力，但也存在不足之处，难以从总体上解释城镇规划区的违建执法困境。

我国已建成中国特色社会主义法律体系，多数领域的法律已较为完备。在违建执法的依据方面，已有多方面、多层次的法律法规，城乡规划法、土地管理法是其中最权威的法律依据，地方也出台了不少规章制度，如《武汉市控制和查处违法建设办法》、《武汉市江夏区控制和查处违法建设办法》。这些法律法规和规章制度构成了完整的体系，对违建执法的职

---

① 贺欣：《在法律的边缘——部分外地来京工商户经营执照中的"法律合谋"》，《中国社会科学》2005 年第 3 期；Xin He, "Legal Evasion: The Strategies of Rural-Urban Migrants to Survive in Beijing," *Canadian Journal of Law and Society* 18 (2003): 69 - 90。
② Edward Glaeser et al., "Coase Versus The Coasians," *The Quarterly Journal of Economics* 116 (3) (2001): 853 - 899。
③ 何艳玲：《中国土地执法摇摆现象及其解释》，《法学研究》2013 年第 6 期。
④ 戴治勇：《选择性执法》，《法学研究》2008 年第 4 期；戴治勇、杨晓维：《间接执法成本、间接损害与选择性执法》，《经济研究》2006 年第 9 期。
⑤ 陈柏峰：《基层政权与涉农法律的执行实效》，《环球法律评论》2010 年第 5 期。

责分工、巡查处置、执法程序、管辖争议、考评机制、责任追究等作了完整详尽的规定，使违建执法有法可依。虽然偶有个案反映法律制度仍有不完备之处，但这显然已不是主要问题。因此，当前的违建执法困境是法律不完备论难以解释的。

法律不正当论也无法解释当前的违建执法困境。现代国家中，土地用途管制、建设规划控制已成通例，受到世界各国的广泛认可，其基础是录属于国家主权的管制权。违法建设在各国都会受法律严惩。中国绝大部分民众认可违建执法，只是一部分人在成为执法对象时，因其利益受损而激烈反对。将小产权房等违法建设看成自发维权的观点是错误的，它误解了建设规划控制和土地发展增益的性质。① 违建执法所涉及的法律法规，既不与社会规范有重大冲突，也未严重剥夺相关群体利益，它们具有正当性。

执法者趋利论有助于理解违建执法的困境。执法者不是在真空中执法，难免趋利避害。执法机构和执法人员都有自身的利益，执法活动很难完全不受利益影响。各地政府为了改善执法效果，出台了不少考评制度，力图改善执法机构和人员所处的结构性利益环境，压缩乃至消灭执法人员谋取灰色利益和腐败利益的空间，敦促他们加大执法力度。这些措施起到了一定作用，但没有完全化解违建执法困境。因此，执法者趋利论不能完整解释违建执法的困境。

嵌入式执法论也有助于理解、解释违建执法的困境。中国的集中体制在特定时期有特定的中心目标，可以运用巨大的动员能力为中心目标服务。执法机构有其执法目标，但它嵌入集中体制中，时常会被动员起来为中心目标服务。执法目标与体制的中心目标可能相同，也可能不同，因此会出现执法摇摆或选择性执法。目前违建执法仍然具有一定的嵌入性。例如，《咸宁市控制和查处违法建设考核评分细则》第6条规定，各级党委、政府和各主管部门没有督促、开展违建查处工作的，要追究责任；因违建查处引发社会稳定问题的，也要追究责任。这就存在执法目标与体制维稳目标相冲突的问题。然而，有些地方将违建执法纳入政府和领导绩效考核中，违建执法越来越成为地方党政的中心工作之一，

---

① 陈柏峰：《土地发展权的理论基础与制度前景》，《法学研究》2012年第4期。

但执法效果仍然难说满意。因此，嵌入式执法论也不能完整解释违建执法的困境。

执法者趋利论和嵌入式执法论虽然难以完整解释违建执法困境，但仍有相当的解释力，构成本文进一步研究的基础。也许，需要同时容纳上述两种解释，整合更多相关经验现象解释的新视角，将违建执法的不同场景、现象和问题放进同一个分析框架，并探究这些现象和问题之间的关联，从而从整体上解析违建执法困境的逻辑。"国家的本质就是执法"，[①]法律是国家意志的规范性表达，但国家意志贯彻于社会，则依赖于国家能力。本文尝试以国家能力为视角，在国家能力的理论框架中整合执法者趋利论和嵌入式执法论，以此解释违建执法的困境。

二 理论基础与解释框架

20世纪60年代，美国就有学者涉及国家能力的话题。亨廷顿指出，国家之间的政治分野，不在于政府的形式（民主或专制），而在于国家的政治素质，即具有强大适应性和内聚力的政治体制，包括有效的政府机构、组织完善的政党等。[②] 阿尔蒙德和鲍威尔用政治输出来衡量政治体系的作为，并从提取、分配、管制、象征四个方面具体衡量。[③] 不过，这些学者并未深入研究国家能力问题。

国家能力的系统讨论，出现于20世纪80年代国家主义学派兴起之后。国家主义学派认为，之前一些理论忽视了国家机构的重要作用，因此需要重申国家作为理论解释变量的独立性。斯考切波指出，国家能力是与国家自主性同等重要的概念。国家自主性意味着国家会确立并追求一些不受社会集团、阶级或社团利益影响的目标，但实施这些目标需要"国家能力"，即国家实施政策以实现其目标的各种能力。主权完整、领土稳定的行政－军

[①] 〔美〕弗朗西斯·福山：《国家构建：21世纪的国家治理与世界秩序》，黄胜强、许铭原译，中国社会科学出版社，2007，第6页。
[②] 〔美〕塞缪尔·亨廷顿：《变化社会中的政治秩序》，王冠华等译，上海人民出版社，2008，第1页。
[③] 〔美〕加布里埃尔·阿尔蒙德、宾厄姆·鲍威尔：《比较政治学——体系、过程和政策》，东方出版社，2007，第299页。

事控制，忠诚且有技能的官员，丰富的财政基础，是国家能力的条件和基础。① 迈克尔·曼对专制性权力和基础性权力的区分，② 揭示了国家能力的重要意义。低能力的国家由于未完成国家政权建设，缺乏有效的国家机构，因此在行政管理时主要依靠专制性权力而非基础性权力。米格代尔将社会对国家的影响纳入国家能力的考察范围，认为国家能力是国家通过计划、政策和行动来实现其改造社会的目标的能力。其具体体现在四个方面：第一，领导者通过掌握正规军和警察部队而垄断主要社会暴力；第二，国家官员有相对于国内和外部势力的自主性，能制定重塑、忽略或绕开强大社会势力偏好的政策；第三，国家机构高度分化，且都专注于治理民众生活细节的各种专门化任务；第四，国家机构之间能很好地协调，从而保持凝聚力，使不同机构的人员有共同的目标。③ 米格代尔将国家与社会组织争夺社会控制与支配权力的斗争视为国家能力的核心，即国家能否胜过社会组织，按照自身意愿制定并执行规则，其衡量指标包括服从、参与、合法性。

学者们对国家能力有不同的研究思路。斯考切波区分了总体的国家能力和具体政策领域的国家能力，认为"关于一国权力的最重要的事实也许就是不同政策领域中的权力不均衡"，而即使一场影响深远的革命或改革，在社会政治领域诸方面也会产生各不相同的转变。④ 因此，他建议对具体政策领域进行调查研究，以分析该领域国家能力强弱的制度原因。更多学者则从整体上对国家能力进行了分类研究。米格代尔将国家能力分为提

---

① 〔美〕西达·斯考切波：《找回国家——当前研究的战略分析》，载〔美〕彼得·埃文斯、迪特里希·鲁施迈耶、西达·斯考切波编著《找回国家》，方力维等译，三联书店，2009，第10页。
② 专制性权力是指国家精英凌驾于社会之上的权力，基础性权力是指国家实际渗透到社会、在其统治的疆域内执行决定的能力，它是一种国家通过其基础设施渗透和集中地协调社会活动的权力。参见〔英〕迈克尔·曼《社会权力的来源》第2卷上册，陈海宏等译，上海世纪出版集团，2007，第68页。
③ 〔美〕乔尔·米格代尔：《强社会与弱国家》，孙长东等译，江苏人民出版社，2009，第5、20页。
④ 〔美〕西达·斯考切波：《找回国家——当前研究的战略分析》，载〔美〕彼得·埃文斯、迪特里希·鲁施迈耶、西达·斯考切波编著《找回国家》，方力维等译，三联书店，2009，第23页。

取、渗透、规制、分配四大能力。① 提取能力指国家从社会中取得人力、物力和财力的能力，渗透能力指意识形态和国家机构进入社会的能力，规制能力指国家制定规则调节社会关系的能力，分配能力则指国家以特定方式配置或运用资源的能力。王绍光、胡鞍钢曾将国家能力概括为国家将自己意志、目标转化为现实的能力，分为汲取、调控、合法化和强制等四种能力。② 后来，王绍光又将国家能力分为强制、汲取、濡化、认证、规制、统领、再分配、吸纳和整合等能力。③

上述两种研究思路都有启发，它们可以结合起来运用。作为一个发展中的大国，中国的不平衡不仅体现在地域上，还体现在行业和政策领域中。国家在有些领域表现得很有能力，在另一些领域却软弱无力。因此，可以在不同领域中研究国家能力，或用国家能力去解释不同领域的问题。对国家能力的分类，无疑有助于化抽象为具体，加深对国家能力的理解，深化对具体领域问题的解释。当然，并非所有类别的国家能力都在特定领域中有所体现。执法是一个能够体现国家能力的重要领域。吉登斯指出，伴随着现代民族、国家的成长，人们不断从地方性制约中解放出来，直接面对国家的行政监视、工业管理和意识形态制约。④ 后者主要体现为法律及其执行，暴力工具仅是维持治理的间接资源。福山甚至指出，国家能力就是指国家"制定并实施政策和执法的能力，特别是干净透明的执法能力"。⑤ 因此，可以从国家能力角度去理解、解释执法困境。相关理论框架可以建立在以下两个模型基础之上。

第一，国家与社会的关系模型。国家能力视角关注国家对社会的形塑，因此需要考察国家与社会的互动关系。法律在执行过程中会经历与社会的磨合过程，它发生在执法机构与社会的接触面上。执法机构与社会是相互作用的，执法机构试图将法律变成社会现实，社会力量也会试图改变

---

① 〔美〕乔尔·米格代尔：《强社会与弱国家》，孙长东等译，江苏人民出版社，2009，第17页。
② 王绍光、胡鞍钢：《中国国家能力报告》，辽宁人民出版社，1993，第6页。
③ 王绍光：《国家治理与基础性国家能力》，《华中科技大学学报》（社会科学版）2014年第3期。
④ 〔英〕安东尼·吉登斯：《民族—国家与暴力》，三联书店，1998，第4页。
⑤ 〔美〕弗朗西斯·福山：《国家构建：21世纪的国家治理与世界秩序》，黄胜强、许铭原译，中国社会科学出版社，2007，第7页。

执法机构，法律系统与社会系统之间不断发生碰撞与交换、压制与反制。国家能力表现在两方面，一是国家对社会需求的回应，二是国家对社会变革的推动。国家如果能力有限，就只能被动回应社会需求，甚至难以满足需求，更不用说主动推动社会变革。西方关于国家能力的研究，集中于第三世界国家的经济发展和政治转型，多关注国家与社会强人之间对社会控制和支配的争夺。国家能力视角下的中国违建执法研究也要关注执法人员与社会群体的互动关系，后者既包括社区干部、地方精英，也包括弱势群体。执法人员也是国家能力的重要构成要素，其理念、意志、品质、能力，都可能影响执法结果。有正确的理念、高尚的品质、坚强的意志、非凡的能力，执法人员就可以尽可能聚集执法所需的资源。

第二，国家及其机构的结构模型。当我们谈论国家与社会的关系时，国家似乎是一个明确的主体。然而，国家是一个庞大的科层体系，在与社会的互动中，不同的机构都可能被当作国家。制定法律与执行法律的并不是同一类机构、同一批人，甚至在执法中，发布执行号令与实际执行的也不是同一类机构、同一批人。不同的机构、不同的人群有自身独特的利益、偏好、经验和意志，因此，保证一线执法人员有效传递、贯彻法律意图，这对国家能力是巨大的考验。换言之，法律在科层体系中的传递效度，也构成了国家能力。只有能力强大的国家，才能保证政令畅通、统一、完整；能力弱小的国家，政令在国家科层体系内部、上下级机构之间传播时就可能被歪曲。有时，法律执行还涉及不同职能的国家机构，取决于多部门的协商与合作。因此，国家能力视角下的执法研究既要关注机构之间（执法机构与其他机构、执法机构的上下级之间）的关系，也要关注执法机构与执法人员的关系。这些关系构成了国家能力的基本生态。

国家能力就是国家将自身意志转化为现实的能力，王绍光曾用公式表达为：国家能力＝国家实际实现的干预程度/国家希望达到的干预范围①。照此，在执法领域，国家能力可以表述为：国家能力＝法律的实际运作效度/法律表达的国家意图。

法律的实际运作效度与法律表达的国家意图之间始终存在差距，这种差距是细微差别还是巨大鸿沟，取决于执法领域的国家能力强弱，也反映

---

① 王绍光：《安邦之道：国家转型的目标与途径》，三联书店，2007，第5页。

国家能力强弱。因此，国家能力视角的解释，需要考察法律的实际运作，需要从执法的结构和过程入手，图 1 反映了一般情形下违建执法的结构和过程。

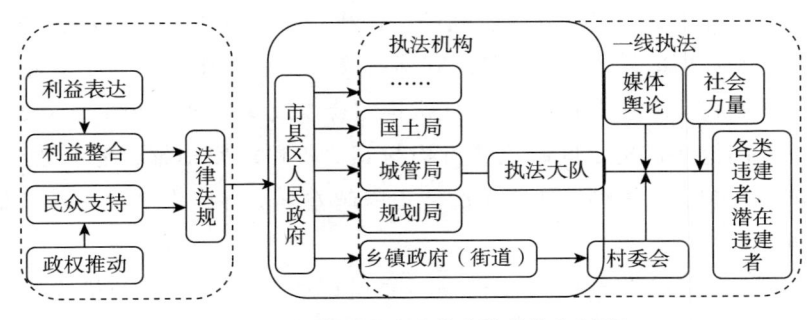

图 1　一般情形下违建执法的结构和过程

从执法的结构和过程入手，违建执法至少面临三个层面的问题：执法机构、执法人员及其与社会的互动。执法困境相应表现在这三个层面。第一，执法机构的"孤岛现象"。由于科层体系内部不同机构缺乏有效合作，法律和国家意志难以在执法过程中被忠实传递和贯彻，从而导致执法出现损耗。第二，一线执法人员的素养与管理。一线执法队员处于科层组织的末端，是国家进入社会的前线，如果缺乏科学有效的行政考核，他们就会缺乏投入和严格执法的动力；如果缺乏足够的素养（包括理念、能力），就难以有效完成执法任务。第三，执法人员与执法对象的"较量"。法律穿透社会，最终需要经由一线执法人员的执法行动，他们需要与执法对象进行反复的较量，而社会的复杂性（执法空间和执法事务的特性）可能压垮执法人员。这三个层面的困境映射了国家能力，国家能力的提高也会在这三个层面体现。本文从国家能力视角去解释执法困境，将从上述三个层面着手分析。

三　执法机构的孤岛现象

国家是一个庞大的科层组织体系。米格代尔认为，理解国家需要有两个层面的分析：一是关注全体的、统一维度的国家，强调其整体性，这点在国家观念中可以体现；二是对这种整体性的解构，它更偏好于检视互相强化、矛盾的实践以及各个不同部分的联合，将国家视为一系列松散联系的实践碎片。① 如果不能兼顾两面性，势必要么将国家能力过度理想化，从而误将虚夸的言辞当作高效的政策，要么将国家视为自我中心的腐败官僚组成的混杂体。法律在立法机关被制定出来后，要依赖于科层体系的执行，而科层体系由不同层级、不同部门的机构组成。大多数执法活动需要不同机构和部门之间的合作，"没有哪项政策（和法律）是一个'单一的组织'独自制定和执行的"。② 这些机构的合作效度是国家能力的重要组成部分。不同执法机构之间、执法机构与其他机构之间，越不能有效合作，国家能力就越弱，贯彻法律意图的能力就越差，执行后法律"失真"就会越严重。

不同机构的合作恰恰需要模糊国家所试图建立的明确的机构职能边界，而科层体系内不同层级、不同部门的目标总是存在不一致，因此面对特定执法目标时就难以形成合力。这就是所谓的"孤岛现象"：不同政府机构在职能、资源、信息、利益等方面，因为不能满足充分整合、及时交流、高效利用的一种状态。③ 孤岛现象是不同机构在合作过程中产生的各种困境造成的。目前的违建执法体系以城管为主，城管、国土、规划、住房保障房管、城乡建设、水务、交通运输、园林、公安、监察等部门各有职责。图 2 是县区级城管部门违建执法的流程图。

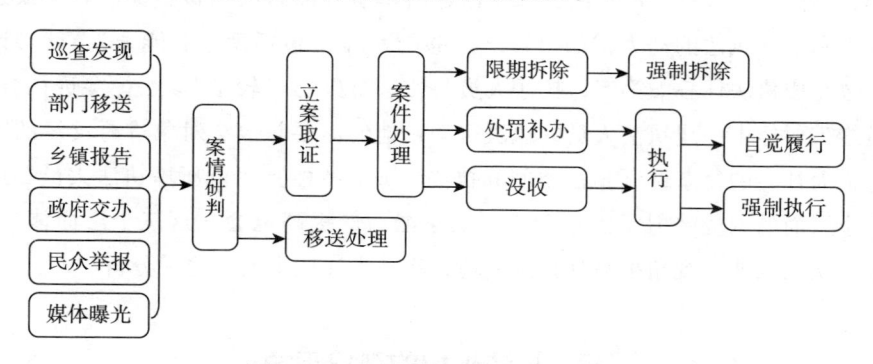

图 2 县区级城管部门违建执法流程

---

① 〔美〕乔尔·米格代尔：《社会中的国家》，李杨、郭一聪译，江苏人民出版社，2013，第 23 页。
② 〔美〕盖依·彼得斯：《美国的公共政策——承诺与执行》，顾丽梅、姚建华等译，复旦大学出版社，2008，第 144 页。
③ 马伊里：《合作困境的组织社会学分析》，上海人民出版社，2008，第 2 页。

城管部门在执法中需要与多个部门发生联系。在案件发现环节，案件可能来源于县区政府的交办、其他政府部门的移送以及乡镇（街道办）的报告；在案情研判后，可能需要将案件移送给其他政府部门处理；在案件处理环节，"处罚补办"需要移送城乡规划部门认定，由城乡规划部门责令当事人补办；在案件执行环节，强制执行一般需要向人民法院申请。不同机构之间的合作是政府工作的基础，但在现实中，不同政府机构的合作却可能受到种种限制。首先，可能有制度上的限制，某个部门所提出的资源、信息、行动要求，与另一部门所遵循的法规、制度、政策相违背。其次，可能是利益上的限制，一个部门协助另一个部门，需要支付成本、动用资源却不一定有收益，因此缺乏合作动力。

孤岛现象可以从条块关系角度去理解。所谓"条"，指从中央到地方各级政府上下对应设置的职能部门；所谓"块"，指由不同职能部门组合而成的各个层级的政府。在违建执法中，"条"上的机构包括城管、国土、规划、建设、水务、交通、园林等部门，而"块"主要包括市、县区、乡镇（街道办）三级。一般而言，"条"上的管理强调政令的上下一致和通畅，"块"上的管理强调一级政府的独立与完整，以及内部各部门相互之间的协调与配合。条块关系无疑会影响执法成效。违法建设涉及多个"条"的法律和政令，其执法任务主要由城管局承担。城管局主要是"块"上的职能部门，缺乏"条"上的上下级机构，只在一些地方的市、区两级设有。违建执法通常是市、区（县）两级推动的，其依据是城乡规划法、土地管理法等。一般来说，县区级规模适度，既能进行自主的战略规划，又能与民众保持密切接触和沟通，在控制法律、政策变形方面有一定优势。但城管执法依然受到条块关系结构的极大制约。表1是城管执法所涉及的条块关系结构。

表1 城管执法的条块关系结构

条块关系结构	县区政府	城管局	城管执法队	县区其他部门	乡镇（街道办）
县区政府	-	-	-	-	-
城管局	隶属关系	-	-	-	-
城管执法队	间接隶属关系	隶属关系	-	-	-
县区其他部门	隶属关系	无隶属关系	无隶属关系	-	-

续表

条块关系结构	县区政府	城管局	城管执法队	县区其他部门	乡镇（街道办）
乡镇（街道办）	隶属关系	无隶属关系	无隶属关系	无隶属关系	—
村庄（社区）	间接实质隶属	无隶属关系	无隶属关系	无隶属关系	实质隶属关系

城管执法主要涉及两类无隶属关系的部门和关系：一是县区内同级的条条关系，即城管局与县区其他部门的关系；二是县区内的条块关系，主要是城管局与乡镇（街道办）的关系。一般来说，具有隶属关系的政府部门和组织之间的合作更容易达成，因为上级部门和组织可以行政指令、考评的方式要求下级机关配合。在缺乏隶属关系时，资源配置容易部门化，执法很容易出现孤岛现象，职能分割、目标分散等弊端凸显，各个机构各自为政，组织的整体任务因此支离破碎。例如，如果城管与国土资源管理部门共享先进技术装备，就能尽快发现违建行为，但类似合作关系很难建立。这根源于各机构的利益的非一致性。在现代社会，权力必须按照功能来分配，不同部门组成的政府很容易变成"烟囱型组织"：每个烟囱机构都会发展出有利于自身存在和发展的利益，但可能不会体现更上一层次的利益。[1]

在城市管理执法中，条条上的孤岛现象一度非常严重。当时，城市管理职能分散在更多的不同部门，执法队伍多得泛滥，执法有利可图时重复处罚现象普遍，无利可图时又出现推诿现象；每个部门的执法能力、资源、权限都非常有限，难以解决现实问题。各地因此不断"相对集中行政处罚权"，建立城市管理综合执法局，这在实践中起到了重要作用。[2] 然而，由于违建执法权仍然分散于不同部门，[3] 条条关系中的孤岛现象依然

---

[1] 〔美〕弗朗西斯·福山：《国家构建：21世纪的国家治理与世界秩序》，黄胜强、许铭原译，中国社会科学出版社，2007，第53页。

[2] 江凌、张水海：《相对集中行政处罚权：发展历程、实施情况与基本经验》，《行政法学研究》2008年第4期；陈柏峰：《城管执法冲突的社会情境》，《法学家》2013年第6期。

[3] 城管执法部门负责查处未取得建设工程规划许可证或者未按照建设工程规划许可证的规定建设的，规划部门负责查处违反建设工程规划许可证规定的违法建设，城乡建设部门负责查处违反施工资质管理的违法行为，水务部门负责查处位于河道堤防管理范围和湖泊水域线内的违法建设，交通运输部门负责查处位于公路两侧的建筑控制区内的违法建设，园林部门负责查处非法占用城市公园、绿化广场等绿地的行为，住房保障房管部门负责督促物业服务企业劝阻物业小区内违法建设行为。

存在。城管执法需要其他部门配合，但城管在政府机构中处于弱势地位，其要求往往不被其他机构理会。例如，在湖北某区，城管局成立之初曾与城乡规划局联合发布过一个关于制止违法建设的通告，规定未经规划许可的违法建设，由多部门联合执法，但实际上，规划局从未参与过违建执法。违建执法虽然主要由城管局负责，但需要其他部门协力配合，这就可能有职能交叉和职责不清的问题。例如，河道周边的违建，是水务部门的执法范围，城管发现后应当移送处理，但水务部门既有市、区等不同级别，也有河道管理、水域管理、水务稽查、河闸管理、排灌站等不同部门，这些机构互相推诿颇为常见，导致城管无法快速移送案件。

目前城管执法中，条块关系中的孤岛现象更为严重，突出表现为乡镇（街道办）缺乏动力配合城管执法。在很多时候，条块上不同机构的利益甚至是相反的。例如，城市里常见的破墙违建开店问题，工商部门只管店铺是否合法经营，并不问经营场所是否违建；城管只管破墙违建问题，不管店铺是否合法经营；而街道办为了解决居民再就业，则可能视若无睹、不闻不问。再如，城郊乡镇违建现象严重，依法应当强制拆除违建，但强拆往往需要乡镇配合，乡镇因此需要投入人力、物力、财力，强拆过程中出现上访、自杀等任何影响社会稳定的事件，乡镇都将因属地管理原则而承担责任。如此，乡镇当然不会有兴趣大力支持城管的违建执法，而更倾向于放任违建行为。

条条关系中的孤岛现象，反映了违建执法手段的综合化需求与执法机构单一化职能之间的矛盾，而条块关系中的孤岛现象，则反映了执法体系末端的无力，以及执法职能在最基层的缺位。为了克服孤岛现象，特别是促进乡镇（街道办）与城管局之间的条块合作，很多地方建立了违建执法的协调工作机制。[①] 它往往以县市区政府的名义建立，办公室设在城管局，具体负责组织、协调、考核控制和查处违法建设工作。由于违建行为多发生在村庄或社区里，有一定的隐蔽性，街道、乡镇被纳入违建执法工作机制中，被要求以社区和村组为单位，开展日常巡查工作，甚至对辖区内"城中村"及旧城改造地区落实巡查人员，以及时发现和劝阻违法建设行

---

① 以湖北省武汉市和咸宁市为例，市、区两级政府分别或共同设立控制和查处违法建设工作的协调机制，定期研究、通报违法建设综合治理情况，协调处理查处违法建设中出现的突出问题。

为。有的地方甚至将城管局执法中队建到乡镇政府内部，与乡镇综治办合署工作。例如，在我们调研的湖南某乡，综治办就有一个专门的城管中队，有执法队员6人，占综治办总人数的一半。这6位执法队员每天都在村庄里巡查，收到了良好执法效果，将之前全乡一年100多处违建降到了一年5处。

协调工作机制在高位推动下，结合了以中间层级的协调为策略的层级性治理和以合作、整合及信任为基础的多属性治理，①有诸多作用。第一，协调沟通。协调工作机制是缺乏隶属关系的部门和组织机构之间的沟通平台，可以针对专项任务和问题，协调讨论后再转交职能部门办理，从而提高工作效率。第二，资源整合。协调工作机制是新增的制度构架，可以在必要时打破常规，实现跨组织的资源安排，有效统合城管局和乡镇（街道办）的各种资源。第三，减少摩擦。协调工作机制可以促进机构互动，形成集体政策，减少城管与其他机构的执法摩擦。第四，执法监督。协调工作机制是党和政府领导职能部门的具体方式之一，其常设办公室自然地承担起监督执法的职能。

协调工作机制沿袭了制度主义的思路：孤岛现象源于合作的制度框架没有到位，机构间的权责没有划清，因此，科学设定科层组织的职能分工和资源配置，就可以促进机构合作。官方媒体大多也是从这方面宣传协调工作机制的。但实践中，协调工作机制并没有彻底解决问题，违法建设仍然普遍，执法难以处处到位，孤岛现象时隐时现，机构间的合作关系时好时坏。例如，在武汉市，市、区两级都制定了《控制和查处违法建设办法》，并制定了相关的考核细则，但违法建设现象依然普遍存在。再如，在M县，虽然政府文件对违建治理中乡镇政府与城管局的职能做了明确分配，但乡镇政府并没有积极主动地发挥作用，城管局的执法人员对此多有抱怨。县里一份调研报告指出：全县镇村建设点多面广，县城管局鞭长莫及，而镇级监管不力，管理不到位，因此违建现象时有发生。②协调工作机制不能彻底解决孤岛现象的主要原因有以下几个方面。

第一，协调工作机制适合运动式执法，其持续性作用容易弱化。建立

---

① 贺东航、孔繁斌：《公共政策执行的中国经验》，《中国社会科学》2011年第5期。
② 刘磊：《执法吸纳政治：对城管困境的一种解释——M县个案的考察》，硕士学位论文，中南财经政法大学，2014，第60页。

协调工作机制后，地方政府往往通过专项治理的方式集中资源开展违建执法，短期内取得立竿见影的效果。但专项治理具有间歇性，疾风骤雨的执法运动过后，执法力度往往会弱化，高压状态被解除，违建便重新出现，从而陷入"违法建设－执法不力－专项治理"的怪圈。正因此，不少地方媒体几乎每年都出现"拆违锁定重点区域道路"、"掀起新一轮拆违风暴"之类的新闻，违法建设似乎拆除不尽。在任务重、强度大的环境下，协调工作机制可以实现充分动员，效率高、灵活性强，容易形成合力，但是其中涉及的利益主体多，合作形成模式后会长期减少某些机构的利益，这些机构就可能消极抵制。笔者调研的几个县市，在协调工作机制建立初期，乡镇（街道办）巡查违建行为的积极性较高，对城管违建执法的支持力度很大，一旦进入日常工作状态，乡镇（街道办）对违建执法投入的人力、物力明显减少。

第二，对其他机关的协助总是要耗费资源，因此协助受自身所拥有的资源的限制。在城郊村和城中村地区，民众违建"热情"很高，往往一个晚上一栋房屋就建起来了，而乡镇（街道办）巡查的人力和资源成本极高，因此巡查很容易徒有虚名。

第三，虽然协调工作机制建立了完整而严格的考评体系，但基层政府机构在任务繁重的工作中难免顾此失彼。它们在各项事务中都面临考评体系，尤其乡镇（街道办）这一层次的"块"上组织，需要承接自上而下的"条"上组织的任务太多了（所谓"上面千条线，下面一根针"），顾不过来是常有的事。

第四，孤岛现象并不仅仅是一种制度性存在，常常更是过程性的。执法机构对其他机构的每一次资源索取都可能遇到障碍，协调工作机制提供的是索取平台和机会，其他机构总是有消极抵制甚至拒绝的可能性和理由，甚至法律和制度明确规定的协调义务也可能被规避。

四　一线执法人员的素养与管理

（一）一线执法人员的素养

法律经过执行实施才能从国家意志落实为社会现实，而执行实施最终由执法人员完成，良好的法律通过他们才能发挥作用。毛泽东曾说："政治路线确定之后，干部就是决定的因素。"① 一项法律只有被执法人员理解、认同，才能顺利变成他们的具体行动。法律要很好地执行，就必须与案情相结合，这要求执法人员理解法律的理念和精神实质，吃透案件及其政治社会意义和内涵。执法过程需要执法人员有良好的判断能力、反应能力和处置能力。执法人员的精神风貌、执法理念或执法能力，对执法效果有着重要的影响。因此，执法人员的素养也是国家能力的重要构成要素，它主要包括理念和能力两大部分。斯考切波在谈及国家能力时，特别强调"忠诚且有技能的官员"，② 其实也是强调官员的理念和能力。

（1）执法人员的理念。忠诚不仅意味着忠于职守，还要求一线执法人员在意识形态、价值理念上与国家协调一致。彼得斯指出，组织结构中的不一致几乎是天生的，其中一个原因是国家与其一线人员的脱节。决策可能是中央制定的，但一线的执行人员不一定与中央共享同样的价值观和目标。③ 能否在组织体系内保证执法人员的理念一致性，属于国家能力中濡化能力的范畴。濡化能力是指不纯粹靠暴力、强制力来维持社会的内部秩序，形成被广泛接受的认同感和价值观，从而大大减少治国理政的成本。需要濡化的，一是国家认同，二是核心价值认同。④ 国家认同要求人们把对宗族、地域的忠诚转化为对民族、国家的忠诚，核心价值认同意味着国家塑造形成一套被人们接受并内化于心的信仰和核心价值体系。执法人员的国家认同和核心价值认同，是濡化能力的根本层面，具体表现为执法人员对法律及其背后的理念和意图的认同。执法人员对所执行的法律缺乏认同，从而导致法律失败，这种情形在第三世界国家并不鲜见。

在违建执法领域，有的一线执法人员对相关法律缺乏认同。这主要有两种原因。

---

① 《毛泽东选集》第 2 卷，人民出版社，1991，第 526 页。
② 〔美〕西达·斯考切波：《找回国家——当前研究的战略分析》，载〔美〕彼得·埃文斯、迪特里希·鲁施迈耶、西达·斯考切波编著《找回国家》，方力维等译，三联书店，2009，第 21 页。
③ 〔美〕盖依·彼得斯：《美国的公共政策——承诺与执行》，顾丽梅、姚建华等译，复旦大学出版社，2008，第 21 页。
④ 王绍光：《国家治理与基础性国家能力》，《华中科技大学学报》（社会科学版）2014 年第 3 期。

第一，执法人员被执法对象俘获。这又分两种情形，一是认同执法对象的观念。中国是一个后发现代化国家，法律肩负着改造社会的历史重任。中国式法治的显著特征是，由中央政权先行立法，然后由基层政权执行，通过政权体系将立法贯彻下去。这种模式决定了中国的法律有一定的外来性，它不完全是从中国社会自然生长出来的，因此法律的理念与民众的观念可能有所冲突。一线执法人员身处基层，与执法对象的关系密切，二者常常共享着相同的地方文化、思维方式，一线执法人员从而可能接受执法对象的观念，没有动力推进执法。一些执法人员素质不高，认识不到违建的危害，反而认可农民传统的"建筑自由"观念，或者认可农民因住房紧张而违建的做法（如因儿子结婚分家而违建）。二是被人情或腐败利益俘获。目前这种情形在违建执法中也颇为常见，如实践中有关系的村民可以堂而皇之地建房子，没有关系的"偷偷塞点钱"也可以违建。①

第二，执法人员被不当舆论俘获。目前一些媒体简单套用"侵权－维权"的框架，去认识具体的征地、拆迁、拆违纠纷，认为纠纷都源于地方政府或执法者侵犯了农民权利。这种认识甚至有极端化的倾向，置现有的土地管理法、城乡规划法于不顾，认为土地规划和用途管制仅仅是政府扩张权力、谋取土地利益的手段，否认土地规划和用途管制的必要性，不承认存在所谓的违法建筑，认为城郊土地上的农民有建筑的自由。这种错误的观念传播甚广，一些城管执法人员、乡镇干部受其影响，不能正确认识法律，误解了违法建设背后的利益关系。这种错误观念被带入执法过程，难免影响执法力度和执法效果。

（2）执法能力。执法能力是一种综合的、系统的能力，包括执法人员在认识、判断、组织、反应、交往、协调、处置等多方面的能力。一线执法人员直接面对处于社会底层的执法对象，他们与公司、城市中产者等执法对象有所不同。对前者的执法不容易做到令行禁止，缺乏足够手段敦促其接受处罚，而对后者的执法相对容易，可以在银行、执法对象的工作单位等的配合下实现执法目标。对底层民众的违建执法会遇到各种阻力，执

---

① 张雪霖：《街头行政中的选择性执法研究——以豫中南市郊的治违执法实践为例》，硕士论文，华中科技大学，2014，第3页。

法对象可能采取各种抵制措施，因此执法过程常常是一个谈判协商过程，执法人员和执法对象双方都需要动用各种社会资本，以及正式或非正式的权力运作策略，因此执法能力更显得重要。能力高的执法人员能够较好地把握法律的精神实质，能快速付诸行动，并能根据具体情况灵活有效地推进，对执法过程中可能出现的各种困难可以有所预计并能制定对策，对各种突发情况可以准确判断，从容应对，正确决断。而能力平庸的执法人员往往做不到这些。

在违建执法过程中，那些执法能力强的一线执法人员具有一些共同的特征，有些类似于王波所概括的"老法师"①。他们一般是超过45岁的男性，阅历和经验都很丰富，身体健康，精力旺盛，在一线执法岗位上干了至少十年，长期生活在辖区附近，是地道的本地人。这些人对执法工作，对辖区内相关的人和事，对地方社会的各种规矩和习惯，都非常熟悉。较之于年轻的执法人员，甚至较之于年轻的部门领导，他们在辖区内有更多的社会关系和信息资源。他们的职业生涯几乎不再有上升空间，但离退休还早，长期的执法工作已经磨砺出他们从容平实的心态。当然，并不是每个年纪大、工作时间长的一线执法者，执法能力都强。执法能力还需要智慧，"拎得清"是非，"搞得定"当事人，能说会道，可以将法律、社会风俗和违法案件结合起来。总之，执法能力是时间、经验和智慧的产物。通过大批执法能力强的一线执法人员，法律才可能穿透社会，变成现实。

目前，在很多地方，由于执法力量不足，② 城管局执法大队往往聘用一些"临时工"。这虽不符合法治要求，却是"有苦衷"的举措。临时工在待遇、管理、使用方式等方面，都与正式工有重要区别。他们的工作强度更大，待遇更低，管理也不够规范。这些临时工没有执法资格和执法权，他们往往与正式执法人员一起执法，承担一些辅助性的工作。相对而

---

① 王波：《执法过程的性质》，法律出版社，2011，第87页。
② 例如，小江城管局共有90人，除去领导和机关工作人员，经常在外执法的只有不到60人。他们不但要开展日常巡查工作，还要应对各种重大活动，完成上级交办事项，有些工作（建筑垃圾乱运乱排、小广告张贴问题）必须加班加点在夜间完成。91.1%的执法人员认为执法力量不足。参见张永和等《小江城管执法》，法律出版社，2012，第129页。张雪霖也发现，城管局能够分流到城郊村违建治理的一线执法人员严重不足，根本无法应对因征地拆迁而出现的具有突击性、隐蔽性和瞬时性的违法建设。参见张雪霖《街头行政中的选择性执法研究——以豫中南市郊的治违执法实践为例》，硕士学位论文，华中科技大学，2014，第3页。

言，城管临时工是一项不错的工作，收入比较有保障，劳动强度不算大。由于担心丢饭碗，他们往往会比正式执法人员更为尽责，工作更卖力。由于目前临时工肇事现象频现，他们也受到越来越严格的管束。临时工更容易在执法过程中成为"肇事者"，这有两个原因。第一，强化对临时工的管理，等于在正式执法人员与临时工之间设置了等级，正式执法人员有了管理临时工的职责和权力。在一线执法风险不断增大的背景下，正式执法人员倾向于安排临时工冲在最困难的一线。越是有风险的工作，越是可能由临时工承担。第二，临时工往往是年轻人，参与执法工作时间不长，人员流动又比较大，缺乏时间来积累执法经验和智慧，执法能力不足。因此，在最困难的一线，临时工由于缺乏足够的控制能力和决断能力，容易作出错误的决定，从而激化矛盾。

（二）对一线执法人员的管理考核

一线执法人员的素养虽然重要，但还需要制度保障他们竭力服务于法律所设定的目标。因此，执法组织要对执法人员施加行政控制，这种控制需要适度，既要给执法人员足够的自由裁量权，以应对一线执法的复杂环境和多元执法对象，也要防止其因自由裁量权过大而徇私枉法或侵害权益。"很多组织力量围绕着唯一一个中心问题，即法律授予的自由裁量权。组织理论的难题在于，虽然效率要求在决策和权力中授予自由裁量权，但授权的每一个行动都带来控制和监督的问题。"① 执法经济学常用层级代理关系去认识法律与执法机构、执法机构与一线执法人员的关系，法律是最高级的委托人，执法机构是法律的代理人，也是一线执法人员的委托人，执法人员则是一线的代理人。代理人与委托人的利益有所差异，其动机永远不可能与委托人完全一致，委托人需要支付激励和监督成本。

然而，一线部门的绩效难以管理考核。监督代理人，在执法机构中保证代理人对其行为负责，这并不容易，检测代理人的工作绩效也很困难。由于被监督的工作很难量化，制度化的监督和问责，常常要么导致监督成本居高不下，要么导致监督根本无法实施。非正式的社会监督虽然可能更

---

① 〔美〕弗朗西斯·福山：《国家构建：21世纪的国家治理与世界秩序》，黄胜强、许铭原译，中国社会科学出版社，2007，第44页。

有效率，但容易受偶然因素的影响。对于执法机构而言，倘若一线执法人员的工作绩效无法被准确考核，最终便难以建立制度来保证执法的透明性和问责制度的合理性。

当然，一线执法多种多样，针对不同对象和不同事物的执法，其准确考核的难易程度肯定有所差异。马特兰德曾提出政策执行的"模糊－冲突"模型，他根据执行性质的冲突性和模糊性建立矩阵模型，划分出四种不同性质的执行：冲突性和模糊性都低的行政执行，冲突性高、模糊性低的政治执行，冲突性低、模糊性高的试验性执行，冲突性和模糊性都高的象征性执行。① 城管执法比较靠近政治执行，其执法目标可能与地方政府其他机构的目标相冲突，却是明确的，其执法过程冲突性高，上级无法指示城管在具体场景下如何运用技术手段，需要执法人员临场决断。福山还提出了类似的"事务量－自由裁量性"、"事务量－特定性"的执行模型。事务量是指执行者需要作出决定的次数，自由裁量性是指熟练的执行者在不完全信息下不按例行程序作出决策，特定性是指考核绩效的能力。② 城管的违建执法属于事务量大、自由裁量性高、特定性低的一种执法类型。

总体而言，城管执法属于监督较难的执法类型，但其事务也可以划分为不同的类型。城管最重要的工作是街头摊贩管理和违建执法，摊贩管理的自由裁量性很大，不同时间、不同区域的摆摊是否可以被容忍，并没有明确的法规依据，靠城管自行决定。与此不同，违建执法的目标非常明确，违建的判断有法律法规和具体的城乡规划作为依据，其自由裁量空间相对小很多。因此，相比于摊贩管理，违建执法的绩效考核更容易。但是，基层执法机构普遍未建立起有效的违建执法绩效考核办法。

张永和等人调研的小江区城管局建立了《量化管理考核实施办法》，对执法人员从考勤、工作、形象、廉政、内务及其他方面，制定出扣分和奖分标准。③ 其中，针对违建执法的考核权重非常低，仅在一条中有"乱

---

① 〔美〕理查德·马特兰德：《综述关于执行的文献：政策执行的模糊－冲突模型》，载〔美〕理查德·斯蒂尔曼二世编著《公共行政学：概念与案例》，竺乾威等译，中国人民大学出版社，2004，第621页。
② 〔美〕弗朗西斯·福山：《国家构建：21世纪的国家治理与世界秩序》，黄胜强、许铭原译，中国社会科学出版社，2007，第55页。
③ 张永和等：《小江城管执法》，法律出版社，2012，第358页。

搭乱建"四个字涉及，一次乱搭乱建对执法人员的影响权重仅与一次迟到早退相当。而在湖北 Y 县城管局，一份《Y 县综合执法局 2012 年度考核工作方案》的文件提出，要强化平时考核，实行量化测评，但考核并不包含一线的执法工作，而是由领导测评和民主测评组成。最终，这些考核实际沦为了纸面上的"做作业"，① 以至于一线执法人员根本感受不到绩效考核的压力。他们在访谈时说："没有什么具体的绩效考核，我们的工作其实也没法考核。"也许，违建执法不是一两个执法队员能够完成的，而是需要广泛动员的专项治理。整体而言，城管局更在意县里的一些阶段性工作，在意作为县直机关在社会治理工作中的排名。在违建执法方面，城管局较为重视的不是日常的巡查和执法，而是县委、县政府领导的某项具体批示或人大代表、政协委员的提案。这些事情通常要限期完成，需要及时采取行动来回应。可以说，城管局缺乏动力进行日常的违建执法，其内部也缺乏敦促一线执法人员努力执法的绩效考评管理制度。

五 社区空间的执法较量

执法机构之间的有效合作，对执法人员的有效控制，执法人员的良好素养，都不必然保证法律和国家意图变成社会现实。违建执法的困难还在于，执法对象难以轻易接受执法决定。在一线环节，执法人员需要与执法对象进行反复的较量，包括宣传法律、讲明利害、对处罚进行谈判，甚至在暴力冲突中控制场面等。违建执法的常态不是令行禁止，而是讨价还价。只有经过讨价还价，甚至是讨价还价失败后的暴力冲突，法律才能经由执法人员穿透社会，国家意志才能得以贯彻。

（一）违建执法空间的特性

城管属于典型的"街头官僚"。街头官僚最早是李普斯基根据工作环境的属性对一线行政人员的抽象，主要指处于最基层和具体工作最前线的政府工作人员。他们直接和民众打交道，掌握着影响民众生活的资源分配

---

① 欧阳静：《"做作业"与事件性治理：乡镇的"综合治理"逻辑》，《华中科技大学学报》（社会科学版）2010 年第 6 期。

能力，享有广泛的执法裁量权。① 不同街头官僚的工作界面有所不同，可以抽象为不同的工作空间，包括窗口、街头和社区。② 工作空间的性质无疑会影响执法人员的行为，因为行为在具体的空间中展开。执法人员进入特定空间，在其中开展工作，与执法对象展开互动，身体、言语、目光、行为都受制于空间环境，其意义在此空间中被阐释。在不同的空间中，执法人员与环境的关系有所不同，与执法对象的互动模式有所差异，其行为也会有所不同。空间是社会实践的场所，其性质可以影响执法人员贯彻国家法律的难易程度。

在窗口空间中，执法人员要贯彻法律和国家意志最容易，在街头空间和社区空间中，贯彻法律和国家意志的难度都相对更大。窗口空间是街头官僚主宰而民众流动的空间，街头空间是街头官僚和民众都处于流动中的陌生空间，社区空间则是居民主宰而街头官僚流动的陌生空间。在窗口空间中，街头官僚掌握支配权，是空间的监控者和主导者。街头空间是开放性的空间，所有的人都只是过客，街头官僚和民众都不享有控制权，双方的互动充满不确定性。社区空间是居民的领地，街头官僚虽然拥有进入的法律授权和权力依据，却缺乏其中的地方性知识，执法如遇抵制便孤立无援，而居民可以依赖地方性知识抵制执法，互相熟悉、有着信任基础的居民还可能给抵制行为以支援。执法人员进入社区，总是难以逃避外来色彩，从而引起居民的怀疑和不信任。在提供有利于居民的服务时，这种怀疑和不信任容易打消，而城管的违建执法有损于居民的非法利益，不信任感很容易加深。

社区空间中的违建执法，尤其需要社区内部力量的合作。社区具有自治倾向和传统，国家权力没有一插到底，执法机构无法完全支配社区空间的运作，需要在其中寻找权力渗透的机遇，采用权力运用的策略。社区空间的地方性知识、社会关系，可以对执法权的运行施加或明或暗的影响，执法对象可以利用这些对执法人员构成约束和反制。执法人员进入社区空间，如果有社区内部力量的应和、支持，就可以了解和熟悉这些地方性知识及其内在逻辑，进而改变互动场景的力量对比。这就像当年"送法下

---

① Michael Lipsky, *Street-level Bureaucracy: Dilemmas of the Individual in Public Services* (New York: Russell Sage Foundation, 2010), pp. 13–17.
② 韩志明：《街头官僚的空间阐释》，《武汉大学学报》（哲学社会科学版）2010 年第 4 期。

乡"时法官对村干部的需求一样。① 这种需求在城郊村的违建执法中更为迫切。城郊村不仅是人们的生活空间，还是血缘、地缘空间，是社会关系密集的空间，村民之间的社会关系强度远高于城市居民小区，国家力量进入更容易遇到挑战。缺乏村干部的帮助，执法人员甚至进村找不到路。有时，社区内部有人向执法人员举报违法、提供社区内部的信息，但受熟人社会相处规则的限制不敢公开支持执法，不可能在执法现场改变执法人员与执法对象的力量对比。

社区自治组织的干部对一线执法人员进入社区空间可以提供很大的帮助，尤其在城郊村。社区干部虽是自治组织的领导人，但受乡镇（街道办）的指导，在村庄内生权威结构中处于上层，是国家与社会的联结点，其权力来源于村庄，同时又得到了国家的制度性支持。如果能得到村干部的支持，一线人员的执法无疑会更加顺利。然而，村干部协助城管的动力不一定强。第一，村干部的直接"上级"是乡镇（街道办），它们可能缺乏动力协助城管执法，从而出现孤岛现象。当然，乡镇（街道办）也可能与城管局保持良好的合作关系，村干部因此也会在乡镇（街道办）的要求下协助城管执法。第二，在城郊村，村干部往往是违法建设的带头者，其个人利益与执法是相冲突的。村干部往往能提前知晓城镇规划和相关政策信息，通过违法建设而在征地拆迁时谋取巨额利益的动力很强，其违建行为有着巨大示范效应，成为一般村民效仿的对象。因此，城郊村的村干部不但难以成为城管执法的内援力量，还可能成为执法的最大阻碍力量。他们财大气粗，社会关系网发达，一线执法人员乃至城管局都无可奈何。而如果不能对村干部违建执法，就很难树立执法的威信和正当性。

（二）违建执法事务的特性

从事务的特性看，违建执法也是困难重重。违法建设有着非常复杂的意图和原因，既可能是谋取利益，也可能因生活需要，谋取利益的违建者大多也会以生活需要作为借口来谋取道德正当性，这使得严格依法执法变得非常复杂。

老城区的违法建设既发生在旧城街区，也发生在新建住宅小区。由于

---

① 苏力：《送法下乡》，中国政法大学出版社，2000，第44页。

旧城不少建筑年久失修，一些居民为了扩大居住面积，往往不经过规划审批自行翻新房屋，搭建生活设施，加盖屋顶、平台等。一些企业也在厂区内不经规划批准随意建房，破产的国企厂区内更是长期无人管理，原工厂员工占地建房成为新的城中村。沿街住宅被破墙、破门、破窗改建或增扩面积，用于开店营利。一些新建住宅小区居民也改造房屋、擅自扩大建筑面积，利用屋顶、露台搭建书房、健身房、花房、观景房等。这些违法建设问题，有物业管理缺位、执法者无暇顾及的原因，但一些下岗、失业、残疾、老弱家庭生活困难、住房紧张也是事实。

更为严重的违法建设发生在城乡接合部，大多是农户在原址加层或异地新建。在不少城郊村，因违法建设泛滥，已经形成了"握手"楼群、"接吻"楼群。这些地区一直在"违建－拆除－再违建"中循环，执法效果有限。城郊村农民违建的主要目的有二。一是等待拆迁时的补偿。一些房子根本没有装修，仅仅搭起一个架子，农民说："根本没人敢住，别说地震了，打个喷嚏都能塌掉！"二是用于出租赚取房租利润。随着城市经济发展，务工人员增多，城郊村的房子出租利润巨大。与此同时，也有一些违建"情有可原"。例如，政府考虑到城市扩张的征地拆迁成本，一律不批城郊规划控制区内的农民建房，有的区域已经停批十多年，而人口自然增长、结婚嫁娶、房屋陈旧老化导致的住房需求客观存在。

对于老城区的违法建设，城管局很少主动执法，通常采取"不告不究"原则，除非涉及卫生城市评比等情形。城乡接合部则是违建执法的重点，执法矛盾和难度都比较大，容易遇到抵制。人们抵制的动力来自两个方面。一是道德正当感，主要来自那些因客观需求而违建者。二是巨大利益，违建者投入了大量成本，指望谋取高额利益，明知违法也要坚持抗争，或找各种理由为违建行为辩护。笔者在湖北某县调研时，曾亲历了一次违建执法。城管执法队员赶到现场，要求户主出示建筑规划许可证，并讲明相关法规。户主根本不在意，只是说："政府拆了我们的房子，又没给安置房，我不建房怎么办？政府应该把我们安置好了，再拆迁，现在一家六口不能总睡在过渡房里吧！"而真实情况是，当地政府已经划定宅基地给住户还建，但户主嫌地方偏僻，于是在交通方便的自留地上违法建设。

从制度上说，城管部门发现违建行为，首先会责令当事人立即停止违建，同时下达限期拆除决定书，责令当事人在规定期限内自行拆除；需要强制拆除的，予以公告，限期让当事人自行拆除；当事人不自行拆除的，城管部门就需要强制拆除。现实中，当事人自行拆除的情形少之又少，城管要么"罚钱了事"，要么强制拆除。"罚钱了事"造成了非常不好的影响，向民众释放了可以违法的信号，往往进一步刺激违法建设。而强制拆除常常遭遇执法对象的抵制，如拒绝撤离房屋，拿着液化气瓶子以自杀相威胁，雇用社会人员与执法人员对峙，甚至常常演化为暴力抵抗，如用刀具威胁、追砍或捅伤执法人员。① 住户或城管队员因冲突而死亡的事情并不鲜见，媒体上就出现过农民用锄头砸死城管队员的新闻报道。

执法过程中的暴力冲突具有互动性、触发性，往往并不是预谋性的。有时执法队员不恰当的一句话或动作可能引起暴力攻击，它在执法人员缺乏预期的情况下突然发生。从威胁、拉扯，再发展到暴力攻击，整个过程时间往往很短。例如，我们所调研的湖南某镇，城管队员正与户主协商拆迁事宜，户主的一个远房亲戚路过，突然拿砖头袭击城管队员。执法人员采取的强制措施、相对人利益丧失的景象、围观者的挑唆煽动、执法者言行失当等，都可能迅速引起执法对象暴力抵抗，甚至群体性暴力抗法。在强制拆迁时，执法对象目睹投入了大量辛劳的违法建设被拆，很容易出现情绪失控，进而采取极端的暴力抵抗行为。而且，执法对象和围观群众常常将对社会的不满情绪投射到执法个案中，从而情绪性地抵制执法。② 有时，执法人员在冲突中为了控制现场而采取强制行为，稍有不慎也可能伤及执法对象或围观群众。在个案中，暴力冲突可能延迟拆违行动，一般并不会阻碍拆违执法，但必然增加执法成本，加大违建执法困境。

无论何种原因，暴力冲突都会对城管局和执法人员造成消极影响，因为它可能触及基层政府的维稳底线。一线执法队员会尽力避免暴力冲突而进行执法谈判，不断试图说服执法对象接受执法方案，回应执法对象提出的部分诉求，在法律与现实之间寻求折中。从应然层面讲，行政执法具有单方性，只需要执法者的单方面意志就可以决定法律关系。实际情况与此有所差异，执法过程成为执法人员与执法对象的谈判协商过程，是一个不

---

① 刘磊：《执法吸纳政治：对城管困境的一种解释——M 县个案的考察》，硕士学位论文，中南财经政法大学，2014，第 65 页。
② 这类冲突属于顾培东所讲的非常规性纠纷，参见顾培东《试论我国社会中非常规性纠纷的解决机制》，《中国法学》2007 年第 3 期。

断讨价还价的过程，法律只是谈判中的一个筹码，执法过程吸纳了各种正式和非正式的权力关系和运作策略。① 执法人员的目标不是不折不扣地实施法律，而是在尽量避免暴力冲突的基础上寻找双方都可以接受的执法方案。执法谈判在一定程度上承认执法对象的某些非法利益，对执法人员也构成了保护，使其不至于在执法过程中遇到人身危险，也不至于因暴力冲突而受到追责。这印证了诺斯所说的，在正式制度与非正式制度组合而成的制度中，选择、衡量正式约束与非正式约束的成本越高，交换双方越倾向于利用非正式约束进行交换。② 无论是频繁的暴力冲突，还是更为日常的执法谈判，都表明了国家能力的不足。暴力冲突表明一线执法人员的决定不为执法对象所认同，而执法谈判表明一线执法人员难以单方面作出权威性的执法决定。

六　结论与启示

违建执法的困境，在现象上表现为违法建设普遍而执法困难。对执法现象的既有理论解释很多，但面对违建执法困境都显得解释力不足，最多只能解释其中某些层面的问题。从执法的结构和过程看，违建执法的困境表现在多层面，包括执法机构、执法人员及其与社会的互动等，它们指向的是执法领域国家能力的不足。法律是国家意志的文本表达，它需要经过执法过程才能贯彻到社会实践中，而这有赖于国家能力。本文从国家能力的视角审视、解释违建执法的困境，相关理论框架建立在两个模型基础之上，一是国家与社会的关系模型，二是国家及其机构的结构模型。

在"国家－社会"的理论框架基础上，将法律看作一种国家意志和政治权力，就可以变成"法律－社会"的理论框架，这一框架与国家机构的结构模型镶嵌叠加，就成为更复杂的"法律－执法机构－执法人员－社会"的理论框架。国家法律并没有按照其原初状态完好无损地贯彻到基层社会中，而是经由执法机构和执法人员，在与执法对象的斗争较量中逐渐

---

① 王波：《执法过程的性质》，法律出版社，2011，第81页。
② 〔美〕道格拉斯·诺斯：《制度、制度变迁与经济绩效》，杭行译，格致出版社、上海三联书店、上海人民出版社，2008，第96页。

嵌入社会，并在此过程中发生损耗和改变。国家为了完成不同的任务设置不同的功能部门，而执法又需要部门之间的合作，建立协调工作机制取得了一定成效，但机构壁垒坚固，协调工作机制仅在专项治理时作用明显。由于执法的社区空间特性和事务特性，执法机构未能通过有效的绩效考核来推动执法。面对复杂的社会，一线执法人员缺乏足够的控制能力，执法有如浪里行舟，只能借力用力。执法人员在执法任务、社会效果、个人安全之间摇摆，最终难免丧失权威性的决断，接受执法对象的讨价还价。

从执法的结构和过程看，国家能力在执法领域的不足表现在各个层面。在执法机构层面表现为孤岛现象，不同的执法机构之间、执法机构与其他机构之间缺乏有效合作。在执法人员层面，表现为执法机构缺乏对一线人员的有效考核，且一线人员欠缺足够的素养，包括正确的理念和足够的能力。在与社会的互动层面，表现为执法人员未能有效突破执法空间和执法事务特性的限制，在社会的复杂性面前艰难挣扎。由于国家能力的不足，违建执法常常在执法人员与执法对象的讨价还价中进行，而且区分轻重缓急，在专项治理中惩罚重点违法行为，通过动员来壮大执法力量。这带来了矛盾性后果：一方面，国家重典治国，力图消除违法建设现象，释放严厉打击违法的信号；另一方面，国家又在重点与非重点的对立中不断容忍违法，释放违法也可能不受惩罚的信号。因此，执法在形式上就表现为"日常惰性－专项治理"的循环结构，强力执法与违法不究处于共生状态。这种状况既是国家能力不足的结果，也表明了国家能力不足的现状。

《中共中央关于全面深化改革若干重大问题的决定》提出了国家治理体系和治理能力的现代化，《中共中央关于全面推进依法治国若干重大问题的决定》进一步指出，依法治国是实现国家治理体系和治理能力现代化的必然要求。虽然这些是新的命题，但学者比较发现，国家治理能力与国家能力的内涵有诸多相似之处。[①] 因此，对国家能力的研究可以为国家治理能力的现代化提供诸多借鉴。由于"从统治到治理"是现代政府职能和权力运行的基本趋势，国家能力的强化可能是国家治理能力现代化的基础。就本文讨论的违建执法而言，消除违建行为、强化依法执法，是完善

---

① 张长东：《国家治理能力现代化研究——基于国家能力理论视角》，《法学评论》2014年第3期。

社会治理、推进依法治国的当然内涵，也应成为国家治理体系和治理能力现代化的当然结果和表征，因此需要在执法领域强化国家能力或国家治理能力。从具体层面而言，需要从执法机构、执法人员及其与社会的互动等多方面着手：消除孤岛现象，保障政府机构间的有效合作；提高一线执法人员的素养，包括执法理念和执法能力，并通过有效的管理考核来推动执法；提高国家渗透和控制能力，以减轻执法人员进入特定社会空间、面对某些社会事务的阻力。当然，国家能力的强化，并不意味着国家事必躬亲，事事依赖执法机构。有效整合社会资源，利用社会力量来解决问题，也许是更为有效的方法。

检察人员对分类管理改革的立场[*]
——以问卷调查为基础

程金华[**]

摘　要：对全国7省市13家中基层检察院1748位检察人员进行问卷调查发现，受访者对检察人员分类管理改革所面临的现存问题和改革必要性有较高的共识度，但在具体的改革举措上，不同岗位的受访者的改革立场存在明显差异。从数据分析结论看，今后在司法人员分类管理改革的操作方面，应当注重司法系统内外的联动性，把拓宽党政部门对司法部门的人财物支持作为分类管理改革的根本来抓，而把员额制的"入额"问题放在改革的技术层面来操作。在改革方法论方面，司法改革顶层决策者要通过科学的问卷调查等实证分析方法，来系统了解司法人员针对改革诸多事项的具体态度与不同看法，并在此基础上有针对性地进行利益相关者动员，以达到凝聚改革共识的效果。

关键词：司法改革　司法人员　分类管理　利益相关者　实证研究

十八届三中全会所启动的全面深化司法改革（以下简称"本轮司法改革"）已进行将近两年。其间，从中央到地方，各项工作逐步推进。中央

---

[*] 本文原载于《法学研究》2015年第4期。
[**] 程金华，发文时为华东政法大学国际金融法律学院教授，现为上海交通大学教授。

层面的各种配套文件接踵而至,① 地方试点改革也如火如荼地开展,各种地方性改革试点方案纷纷出台。② 作为本轮司法改革首批试点内容之一,上海市人大常委会在 2015 年 4 月 16 日正式任命了进入员额管理的 71 名法官和 11 名检察官,标志着司法改革的一个实质性阶段成果的诞生。③ 其他地方的员额制改革也在探索中前进。

不过,对于本轮司法改革的真实进展,各方的反映可谓"冰火两重天"。官方媒体对本轮司法改革给予了热烈的褒奖,而诸如"微博"和"微信"(尤其是"微信公众号")等新媒体,以及部分传统纸质媒体,则表达了学者和部分司法人员的担心、焦虑甚至是反对的态度。为更好激发司法人员工作积极性的本轮司法改革,到目前为止,并未能有效遏制优秀司法人员的流失,反而在一定程度上起着推波助澜的作用。④

本轮司法改革的积极与消极态度共存的情况,是各界对历史上司法改革进展和绩效评估态度的翻版。⑤ 在对改革认识"冰火两重天"背后,有一些关于改革的实施问题值得我们认真对待:对于本轮司法改革,到底有多少司法人员支持或者反对?哪些群体支持更多,哪些反对更多?支持什么,反对什么?质疑改革的声音究竟是个别现象,还是代表了相当一部分司法人员的立场,甚至具有普遍性?如果对这些事实问题没有基本判断,

---

① 最高人民法院于 2015 年 2 月 4 日发布了《关于全面深化人民法院改革的意见——人民法院第四个五年改革纲要(2014—2018)》,最高人民检察院于 2015 年 2 月 15 日发布了《关于深化检察改革的意见(2013—2017 年工作规划)》(2015 年修订版),分别对前期所确定的改革方向和任务作了重申和进一步阐明。几乎在同时期,中共中央办公厅、国务院办公厅印发了《关于贯彻落实党的十八届四中全会决定进一步深化司法体制和社会体制改革的实施方案》,再次对司法改革进行了强调。

② 2014 年,上海、广东、吉林、湖北、青海、海南和贵州 7 个省份进入中央批准的第一批试点改革地区。2015 年 5 月,中央批准山西、内蒙古、黑龙江、江苏、浙江、安徽、福建、山东、重庆、云南、宁夏 11 个省区市进入第二批司法体制改革试点名单。

③ 王海燕:《首批纳入员额的法官检察官上任》,《解放日报》2015 年 4 月 17 日,第 2 版。

④ 以上海为例,据媒体报道,2014 年上海法院系统共有 105 人离职,其中 86 人为法官,法官流失人数较 2013 年同比上升 91.1%。流失的法官呈现"高学历、年轻化"倾向,且多为审判一线部门的业务骨干。2014 年流失的 86 名法官中,有 17 个审判长、43 人拥有硕士以上学历,63 人是年富力强的 70 后中青年法官。在 2015 年一季度,上海法院系统又有 50 人离职,其中法官 18 人。参见王烨捷、周凯《上海司改为留住青年法官开出"药方"》,《中国青年报》2015 年 4 月 20 日,第 3 版。

⑤ 张智辉认为,对于 1997—2012 年这十五年间的司法改革,学术界可以说是从狂热到悲情,实务界可以说是从消极到积极,社会各界可以说是从不满到理解。参见张智辉《司法改革:问题与思考》,《国家检察官学院学报》2013 年第 5 期。

那么本轮改革的顶层设计就未免有盲目性，实施效果也会大打折扣。

这些问题的核心在于，在对司法改革的具体任务进行设计时，应当配备怎样的改革方法与策略，更具体地讲，应当如何对待司法人员的改革立场？不能说顶层设计者完全忽视了这个问题，一些高层领导人的讲话和实务部门的研究，也指明了方法与策略的重要性。但是，如今改革表面繁荣、事实举步维艰的局面，确实说明顶层设计者对此事前准备不足。相比较对于司法改革理念和任务的讨论，理论界对于方法和策略的研究较少。①而司法改革方法论的重要性却是显而易见的。正如有学者已经指出的，"目前，司法改革已进入体制性改革的关键阶段，涉及重大利益调整和重要关系变更，与改革初期相比，所面临的情况更加复杂任务更加艰巨，对于改革的方法论问题，理应予以更大程度的重视"。②

在上述背景之下，本文拟对检察人员就分类管理改革的立场进行实证分析，以图实现如下几个目的：其一，检讨本轮检察人员分类管理改革设计的利弊得失；其二，从实证数据中提炼一些可能有助于改善或者深化这项改革的建议；其三，探讨实证研究（特别是问卷调查与分析）对于本轮司法改革的一般性意义，即主张通过科学的方法来全面了解司法人员的改革立场，尤其是中基层司法人员的改革立场，在此基础上通过合理地动员利益相关者，来实现改革的共识凝聚。之所以选择人员分类管理改革进行研究，是因为该项改革是本轮所有改革任务中对司法人员的利益格局影响最大的事项之一。对此进行研究，不仅可以直接呈现司法人员对本轮改革的共识与立场分化，相关的政策建议对于司法体系以外的改革也有借鉴意义。本文将利用一个全国性问卷数据来进行实证分析。该数据是 2014 年对全国 7 个省份 13 家检察院的 1748 名检察人员（包括检察官、行政人员和辅助人员等）所进行的问卷调查，重点是受访检察人员对人员分类管理改革的相关看法。以此数据为基础，本文试图展现如何以科学的方法来对待中基层司法人员的改革立场，并分析这些经验数据背后的理论与政策含义。

---

① 当然也有例外，参见景汉朝《中国司法改革策略》，中国检察出版社，2002；最高人民法院课题组《司法改革方法论的理论与实践》，法律出版社，2014。
② 熊秋红：《司法改革中的方法论问题》，《法制与社会发展》2014 年第 6 期。

一 科学对待中基层司法人员的改革立场

在就检察人员关于分类管理改革的具体立场进行实证研究之前，本文首先要提出与此相关的一般性原则，即科学地对待司法人员，尤其是中基层司法人员的改革立场。在本轮改革中，这个道理尤为重要。

自20世纪70年代末以来，中国改革成功的基本逻辑是自下而上、从外围到中心，也就是遵循局部地区自发设立制度改革试点，成功后由其他地区模仿并最终全国推广的路径。① 而十八届三中全会所启动的全面深化改革则是顶层设计，也就是中央统一规划，局部试点后统一推进。作为一揽子改革的一部分，本轮司法改革也是如此，它"体现了中国的司法改革从摸着石头过河到顶层设计、从若干节点改革到全面深化改革，从自下而上自发改革到自上而下有组织改革的发展路径和历史转折，从而使中国的司法改革发展到一个全新的阶段"。② 在自下而上的改革中，底层基于自己的利益与知识进行改革实践，它的最大优势是有主动性、针对性、可操作性，最大问题是没有充分的大局观，经常是头疼医头、脚疼医脚，结果往往是"工作机制改革"而非"司法体制改革"。而在顶层设计的改革中，最大优势是有远见、有理念，事关司法体系的全局和整体，但也因此可能忽视底层的呼声、利益与智慧，而使得方案没有可操作性，"不接地气"。因此，司法改革既需要同时发挥"顶层设计"和"摸着石头过河"的积极性，又需要克服两者的局限性。③ 就此而言，科学对待中基层司法人员的改革立场尤为重要。

为什么关注"司法人员"？司法人员是司法改革的核心利益相关者，

---

① 〔英〕罗纳德·哈里·科斯、王宁：《变革中国——市场经济的中国之路》，徐尧、李哲民译，中信出版社，2013，第63页以下。
② 胡云腾：《从摸着石头过河到顶层设计——对三中全会〈决定〉有关司法改革规定的解读》，《中国法律》2014年第2期。
③ 程金华：《国家、法治与"中间变革"——一个中央与地方关系的视角》，《交大法学》2013年第4期；葛洪义：《顶层设计与摸着石头过河：当前中国的司法改革》，《法制与社会发展》2015年第2期；最高人民法院司法改革领导小组办公室：《人民法院司法改革与中国国情读本》，人民法院出版社，2012，第97页以下。

其利益受改革直接影响，反过来也能直接影响改革的成败得失。① 本轮司法改革的重要举措之一，是改变现行司法人员的职业分类以及保障，这些改革直接影响所有司法人员的劳动量、工作收入、晋升机会、职业荣誉和保障等。作为核心利益相关者，司法人员可能通过各种途径对司法改革作出反应：当改革符合司法人员的利益与预期时，他们就会更加主动地去落实改革的任务；当改革不符合预期时，他们就会"用脚投票"、阳奉阴违或者以其他方式抵制。

为什么关注"中基层"？"中基层"在本文中指的是地市级（中层）或者区县级（基层）行政区划所对应的法院或者检察院，或者它们的派出机构。中层和基层司法机构既是绝大部分司法人员供职的单位所在，也承担了中国当前绝大部分的司法任务。在这些机构任职的司法人员，是国家司法体系中的中流砥柱，司法改革会直接影响他们的切身利益，但是在顶层设计的司法改革中，他们又往往在改革决策中处于边缘地位。而本轮司法改革将司法人员的分类管理、权利责任、待遇保障等作为改革重点，这直接关涉中基层司法人员的切身利益。

为什么关注"改革立场"？立场会影响行为，司法人员对改革的立场会影响他们如何应对改革。司法人员对本轮改革的立场，可能是反对，可能是支持，也可能部分支持和部分反对。对司法人员改革立场的认真研究有助于了解他们对于本轮改革究竟有没有共识。是否有共识，以及在哪些方面有共识，应当成为本轮司法改革对顶层设计方案及试点举措进行后续调整的重要依据。

怎样才算"科学对待"？科学对待不等于认真对待，但认真对待是科学对待的应有之义。应该说，本轮司法改革得到了认真对待。这体现在执政党高层对本轮司法改革的高度重视和关注，以及最高决策者对对司法人员改革立场进行调研的多次强调。不过具体到改革实践中，真正做到认真对待也不容易。例如，"2014年，司法改革方案这一关系重大的文件从起草，到论证，甚至到出台，都处于秘而不宣的状态，各试点法院讳莫如深、避而不谈，一项本应由全民参与讨论并广泛听取各界尤其是基层法官

---

① 程金华：《中国司法改革的利益相关者——理论、实证与政策分析》，载夏戴乐主编《北京大学法律评论》第15卷第2辑，北京大学出版社，2014，第450页以下。

诉求的工作，最终只是由上述人捉刀拟定"。① 从"认真对待"到"科学对待"更有很长一段路可走。作为认真对待司法人员改革立场的一种姿态，顶层设计者的确在改革方案出台之前以召开座谈会的方式作了很多内部调研。但是，这种方式所得到的信息可能是不准确的，也可能是片面的。在现行体制之下，参与座谈的司法人员，通常是被"参会机制"认真筛选过的业务骨干和先进人员。不能说这些骨干的意见不重要，但这些骨干的话并不具有普遍的代表性：既然是骨干和先进，就意味着他们不是普通的司法人员，在社会科学意义上其典型性是有限的。本轮改革既是利益再分配的改革，也是业务与工作的改革。对于业务与工作改革而言，优秀代表参与的座谈会通常能为改革设计者提供有帮助的建议，因为这些业务骨干对于业务比较熟悉，理解得比较深刻，看得也比较远。然而，就针对利益再分配的改革而言，优秀代表对待利益格局变化的积极态度和承受能力与普通人员有较大差异。此外，召开小型的专家、先进代表座谈会也是聆听意见的重要途径，但这也未必就是科学对待。这些方式只构成了科学对待司法人员改革立场的一部分而已。在此之外，还应当对司法人员进行大规模的、匿名的、科学的问卷调查，以便通过另一种途径来全面了解信息。② 由于本轮改革基本上牵扯到所有人的利益，对全体司法人员进行科学抽样的了解，是一项必备的工作。

本轮司法改革方案的整体性、全局性、前瞻性的优势已经很明显，但是因为方案仓促出台，对于中基层司法人员的改革立场尽管作了不少调研，在信息了解的全面性和科学性上却并不充分。目前局部试点地方的改革卡壳，在很大程度上与事前未能科学地对待中基层司法人员的改革立场相关，也就是说改革任务和操作方法未能很好衔接。

二　检察人员分类管理改革：本研究的背景、方法与数据

检察人员的分类管理是本轮司法改革的重头戏之一。《中共中央关于

---

① 王尔德：《建议司法改革充分听取民众意见》，《21世纪经济报道》2015年3月19日，第7版。
② 关于实证研究方法在司法改革中的应用，参见郭志媛《中国经验：以刑事司法改革试点项目为蓝本的考察》，北京大学出版社，2011。

全面深化改革若干重大问题的决定》提出,"建立符合职业特点的司法人员管理制度,健全法官、检察官、人民警察统一招录、有序交流、逐级遴选机制,完善司法人员分类管理制度,健全法官、检察官、人民警察职业保障制度"。《中共中央关于全面推进依法治国若干重大问题的决定》提出,"加快建立符合职业特点的法治工作人员管理制度,完善职业保障体系,建立法官、检察官、人民警察专业职务序列及工资制度"。在本轮司法改革的首批地方试点中,也基本无例外地把司法人员分类管理作为重点来抓。最高人民检察院在《关于深化检察改革的意见(2013—2017年工作规划)》中也明确提出:实行检察人员分类管理,将检察人员划分为检察官、检察辅助人员和司法行政人员三类,完善相应的管理制度;建立检察官员额制度,合理确定检察官与其他人员的比例;制定相关配套措施。

其实,在本轮司法改革之前,对于检察人员进行有效分类管理的重要性,早就被检察理论与实务界所认识。[①] 最高人民检察院早在1999年的《检察工作五年发展规划》中,就提出对检察人员实行检察官、书记员、司法行政人员、司法警察和专业技术人员的分类管理设想。随后,2000年的《检察改革三年实施意见》明确了检察人员的类别,拟实行检察官、书记员、司法警察、司法行政人员的分类管理。2003年底,《检察人员分类改革框架方案》提出了检察人员分类管理的整体设想。2004年,《2004—2008年全国检察人才队伍建设规划》提出了关于分类管理的新的想法,将检察人员分为检察官、检察事务官(检察官助理)和检察行政人员三类。2009年,《2009—2012年基层人民检察院建设规划》提出,应坚持积极稳妥地推进检察人员分类管理改革。2011年,中央组织部和最高人民检察院联合制定了《检察官职务序列设置暂行规定》,促进检察业务工作部门和

[①] 田定国:《分类管理检察机关工作人员的设想》,《人民检察》2000年第8期;蔡建:《对检察人员分类管理的研究与思考》,《国家检察官学院学报》2001年第3期;孙力、曲力慧:《从主诉检察官到检察官——对检察人员分类改革的思考》,《国家检察官学院学报》2005年第2期;珠海市人民检察院课题组:《检察人员分类管理研究》,《国家检察官学院学报》2005年第4期;广东省人民检察院课题组:《检察人员分类管理问题研究》,《中国司法》2006年第1期;苏正洪、张庆立:《检察人员分类管理制度改革若干问题辨析》,载胡卫列、韩大元、郭立新主编《主任检察官办案责任制——第十届国家高级检察官论坛论文集》,中国检察出版社,2014,第727页以下。

综合管理部门人员的精简整合。2013年3月，上述两机关又联合发布《人民检察院工作人员分类管理制度改革意见》，将人民检察院工作人员划分为检察官、检察辅助人员、司法行政人员。从上述改革进程来看，本轮司法改革只是把检察人员分类管理改革作了重申，并把它纳入执政党的最高决策机构的文件之中。

几乎在最高人民检察院出台相关政策的同时，局部地区的检察院或自发或受命开展试点。其中，上海浦东新区人民检察院早在1999年就开始了自主分类管理改革。① 受上级部署进行改革试点的单位则包括重庆的渝中区、渝北区检察院和山东的平邑县检察院等。②

在这样一个背景之下，对检察人员分类管理有了十多年试点工作的上海浦东新区人民检察院组成课题组，承担了最高人民检察院理论研究所发布的2013—2014年度重点课题"检察人员分类管理制度研究"。为了能够深入了解各地试点改革的利弊得失，课题组成员走访了重庆和山东等进行过分类管理改革的中基层检察院。同时，为了能够对全国各地的中基层检察人员针对本轮改革的认识有更全面和系统的了解，课题组设计了一组关于检察人员分类管理改革的问题，在全国若干地区发放问卷。本文实证研究的数据就是由这组问卷调查整理而来。

问卷是2014年上半年发放的。本次问卷调查对象共计有7个省份的13个地市级或者区县级检察院的检察人员。在选择调查对象单位时，课题组根据自身的调查资源，对如下几个方面的因素进行了权衡：东西部兼顾，地市级单位和区县级单位兼顾，有分类管理改革经验的和没有类似经验的兼顾。课题组共收回有效问卷1748份。表1描述了这1748份问卷的一些基本单位与受访人信息。

---

① 关于上海浦东新区人民检察院的试点工作，参见张华、朱毅敏《检察人员分类管理思考》，《上海市政法管理干部学院学报》2001年第5期；上海市浦东新区人民检察院课题组：《检察人员分类管理比较研究及思考》，载胡卫列、韩大元、郭立新主编《主任检察官办案责任制——第十届国家高级检察官论坛论文集》，中国检察出版社，2014，第523页以下。

② 关于重庆市试点工作，参见夏阳、卞朝永《检察人员分类管理改革的实践与思考》，《人民检察》2013年第8期。关于山东平邑县人民检察院的试点工作，参见王正海、张晓《检察人员分类管理改革之思考与建议》，《人民检察》2007年第20期。

表 1　本研究问卷调查的基本信息描述

类别	概述
问卷样本	回收有效问卷 1748 份（部分受访人员对个别问题没有回答）
调查单位	全国 13 家中基层检察院（共 4 家地市级检察院，包括广东 1 家、四川 1 家、山东 1 家、安徽 1 家；共 9 家区县级检察院，包括上海 3 家、重庆 2 家、广东 1 家、山东 1 家、安徽 1 家、浙江 1 家）
人员分布	其中有 1744 人报告了单位信息，包括地市级检察人员 803 名（46.04%），区县级检察人员 941 名（53.96%）
性别分布	其中 1662 人报告了性别信息，包括男性 1015 名（61.07%），女性 647 名（38.93%）
年龄分布	其中 1505 人报告了年龄信息，最年长者 60 岁（出生在 1954 年），最年轻者 21 岁（出生在 1993 年），平均年龄 39.48 岁
岗位分布	其中 1602 人报告了岗位信息，包括领导岗位 35 人（2.18%），检察业务部门 871 人（54.37%），综合业务部门 139 人（8.68%），检察行政部门 311 人（19.41%），检察辅助部门 145 人（9.05%），其他部门 101 人（6.30%）
职级分布	其中 1667 人报告了职级信息，包括 341 人（20.46%）为科员、科员以下或者未定级，977 人（58.61%）为副科或者正科级别，349 人（20.94%）为副处级或者以上级别
政治身份	其中 1669 人报告了政治身份，包括 1493 人（89.45%）为中共党员，69 人（4.13%）为共青团员，3 人（0.18%）为民主党派成员，104 人（6.23%）为群众
教育状况	其中 1655 人报告了教育背景信息，包括 1263 人（76.31%）有大专或者以上法学教育背景，392 人（23.69%）有非法学教育背景

下文将利用上述定量数据，着重对两类问题进行分析：受访检察人员如何认识检察人员分类管理的理念与改革困境；受访检察人员如何看待具体分类管理改革举措。

三　检察人员分类管理的改革理念与现实困境

关于现行检察人员管理的弊端，早已被大家所熟知。它的核心问题体现在两个方面：其一，检察工作只有分工的不同，没有岗位性质的差别，到目前为止，所有检察院系统的工作人员都被习惯性地称为"干警"；其二，所有检察干警被分为"三六九等"的主要依据，是行政级别与资历，而不是专业技能。① 这两方面的问题导致许多干警并没有把从事检察业务视为令人尊敬、令人向往的事业，因而又影响了检察工作的公正性与效率。

产生上述问题既有中国政治文化的根源，也有法律制度的原因。在政治文化上，检察院和法院从来都被组织人事部门视为党政系统的一部分，没有被看到同普通公务系统存在本质差别。在法律上，1995 年颁布的检察官法（2001 年修改），管理的是检察机关中通过一定程序取得检察官资格的检察人员。他们占检察机关工作人员的绝大多数，但其中有相当部分实际从事的并非严格意义上"检察官"的工作，而是对检察职能的实现起保障或辅助作用的管理工作和专业技术性工作。检察官法只规定了检察官的任职条件、等级、考核、培训、奖励、工资福利以及惩戒等制度。虽然检察官法中确定了 4 等 12 级检察官制度，将检察人员的职级晋升和待遇与普通公务员作了区分，但这一制度实际上基本处于空转状态。② 简言之，现行管理体制的根本问题是，尽管在名义上把检察院系统和法院系统统称为"司法机构"，但在管理上还是按照普通公务机构来管理；在检察院系统内部，尽管存在"检察官"、"书记员"、"行政人员"、"法警"等功能和头衔的区别，但在管理上还是按照"干警"同一管理，并没有作实质性的差别化对待。

上述人员管理问题的存在不仅影响了检察工作的效率，最终也会影响司法公正的实现。在问卷中，关于分类管理改革，针对"您觉得当前提倡对检察人员进行分类改革，是否同您的工作相关"，所有回答本题的 1609 名受访检察人员中，有 1420 人（88.25%）认为分类管理改革同自己的工作相关。大部分人认为，分类管理改革无论是与改善自己的收入、增加晋升渠道、提高检察工作效率还是与改善检察职业声望，都是正相关的。

针对"尽管高检院曾经尝试过推行检察人员分类改革，也在全国的一些基层院进行过试点，但是至今未能在全国推广实施。您认为检察人员分类改革未能推广的原因可能是什么"，在所有答题的 1690 人中，有 1460 位

---

① 孙力、曲力慧：《从主诉检察官到检察官——对检察人员分类改革的思考》，《国家检察官学院学报》2005 年第 2 期。
② 上海市浦东新区人民检察院课题组：《检察人员分类管理比较研究及思考》，载胡卫列、韩大元、郭立新主编《主任检察官办案责任制——第十届国家高级检察官论坛论文集》，中国检察出版社，2014，第 523 页以下。

(86.39%）认为"外部体制不配套"，1335 位（78.99%）认为"系统内部的体制约束"，1242 位（73.49%）认为"缺乏'顶层设计'"，1117 位（66.09%）认为"党政领导不够重视"，1087 位（64.32%）认为"改革方案不合理"，811 位（47.99%）认为"检察人员的反对很大"，766 位（45.33%）认为"时机不成熟"。

受访人员对改革不成功存在多重原因的看法，在我们的实地调研中也得到了很好的印证。其中，特别值得说明的是，检察系统内外体制不配套阻碍分类管理改革。像其他垂直领导的条线机构一样，中国上下级检察院实行内设机构对口管理，这意味着上级检察院的政治部对口下级的政治部，上级的公诉处（厅）对口下级的公诉科（处），上级的研究室对口下级的研究室，等等。对口管理包括日常的业务指导、年度的业绩考核甚至通知开会等。在前期进行人员分类管理改革的地方，通常也实行配套的"大部制"改革，也就是把检察院内设的众多科、处、室合并成刑事检察部等数量更少、管辖更宽泛的内设机构，以提高运作效率。然而，看似合理的"大部制"却没有办法运作，因为如此一来上下级检察院就失去了对口部门，也就失去了内部管理的"抓手"。例如，没有改革的检察院的内设部门，想找已经改革的检察院的对口部门来开会都很难，反之亦然。而在跨单位协调与合作上，进行分类改革试点的检察院，检察业务人员被"去行政化"。由于没有行政级别，到外面办案子时，经常没有办法同其他部门进行对等合作，所以一些改革试点检察院又不得不给内部没有行政职务的检察官安排一个相当的行政级别（如"副处级检察员"）。这些都是内外体制不匹配对分类管理改革的阻碍。由于这类因素的存在，过往试点的分类管理改革大多未能把检察官的责、权、利很好地匹配起来，也就没有办法激励检察业务人员安心从事法律专业事务。

四 检察人员对本轮分类管理改革举措的认识

本轮司法改革启动后，检察人员分类管理的大方向已经明确，不仅要实现内外有别，凸显检察官工作的司法属性，使之同普通公务员相分离，而且内部也要实现差异性，实行检察官、行政人员和辅助人员相分离，在凸显检察官中心地位的同时，各个序列实行体现自身特点的职业化管理方式。① 但问题是，本轮司法改革的具体举措是否符合大部分检察人员的预期？是否得到他们的支持？检察人员的具体支持情况如何？

（一）对主要改革举措的基本立场

1. 关于检察官同行政系统公务员相分离

本轮检察人员分类管理改革的应有之义是把检察官同普通公务员区别对待、分类管理。针对"检察官应该走自己的专业化路线，最好不要同行政部门的公务员混同在一起"，在1705名受访人员（指有效回答本问题的所有受访人员，下同）中，有878名（51.50%）选择"完全同意"，552名（32.38%）选择"比较同意"，两者加起来达到83.88%；表示"比较反对"和"完全反对"的分别只有47名（2.76%）和27名（1.58%），加起来为4.34%。

把检察官同普通公务员区别对待，主要是指两者在薪酬待遇方面应存在差别。针对"同行政部门的公务员相比，级别与资历相当的检察官的工资待遇哪种方式安排比较合适"，1715名受访人员中有505名（29.45%）认为检察官的薪酬比资历相当的行政系统公务员应当高25%左右，521名（30.38%）认为应当高50%左右，450名（26.24%）认为应当高75%。三者加起来，认为检察官薪酬应当高于普通公务员的达86.07%。

2. 关于检察系统内部的检察官、行政人员和辅助人员相分离

除了内外有别，本轮分类管理改革最重要的举措是在内部进行分类，把检察系统内部的检察官、行政人员和辅助人员区分开来。

针对"检察行政人员应该同检察官分离，单独招聘，按照自己的序列晋升，原则上不应再转岗到检察官序列"，1717名受访人员中有623名（36.28%）表示"完全同意"，675名（39.31%）表示"比较同意"；两者加起来，表示同意的达75.59%。表示"比较反对"的有147名（8.56%），

---

① 在中国检察人员分类管理改革的历史上，曾经出现过"三分法"和"五分法"。"三分法"就是实现检察官、检察行政人员和检察辅助人员相分离，也是本轮改革所采取的分类方法。"五分法"是指检察官、检察辅助人员、检察技术人员、检察法警和司法行政人员相分离。关于"五分法"，参见蔡建《对检察人员分类管理的研究与思考》，《国家检察官学院学报》2001年第3期。

表示"完全反对"的有 84 名（4.89%）；两者加起来达 13.45%。

针对"检察辅助人员（包括书记员在内）应该实行职业化，也就是原则上，检察辅助人员单独招聘，按照自己的序列进行晋升，原则上不应再转岗到检察官序列"，1711 名受访人员中有 512 名（29.92%）表示"完全同意"，613 名（35.83%）表示"比较同意"；两者加起来，表示同意的达 65.75%。表示"比较反对"的有 237 名（13.85%），表示"完全反对"的有 88 名（5.14%）；两者加起来达 18.99%。

（二）立场的差异性及其关联因素

从上述数据分析的结果看，受访人员无论对于外部分离还是内部分离，在整体上是支持的，但是相较于"内外有别"，受访人员对于内部分类管理改革的支持率并没有那么高，分歧也更大。对检察官同行政系统公务员相分离的反对率是 4.34%，而对检察官同系统内部行政人员相分离的反对率是 13.45%，对检察官同系统内部辅助人员相分离的反对率是 18.99%。那么，不同检察人员群体对内部分类管理改革有怎样不同的立场，尤其是哪些群体持有更多的反对态度？针对这个问题，我们先进行交互分类的双变量分析，然后进行回归方程的多变量分析。

我们的分析聚焦两个问题，即受访人员对检察官同检察行政人员相分离的看法，以及同辅助人员相分离的看法。为了简化分析，我们把受访人员的态度从五类归纳为三类，即把"完全同意"和"比较同意"归纳为"同意"，把"完全反对"和"比较反对"归纳为"反对"，保留"无所谓"这一项。分析的重点自变量有两个：受访人员的教育背景和岗位性质。教育背景在很大程度上可以影响一个人的职业理念，而岗位性质则决定着这个人的利益取向。

首先看受访人教育背景与改革认识之间的关系。我们根据受访人填写的所受最高教育的学科背景，把他们分为"法学"和"非法学"两类。法学教育背景包括大专、学士、硕士、博士和博士后，其中，法学学士（814 人）和硕士（410 人）合计占有法学教育背景的 1263 人的 96.91%。表 2 和表 3 分别利用交互分类表对受访人员的教育背景同他们对内部分类管理的看法作了分析。从两个表格的数据可以看出，有法学教育背景的受访人明显比有非法学教育背景的更认同检察官与检察行政人员、检察官与检察辅助人员相分离。并且,两个表格的分析都显示,这种差异在统计学上非常显著(P < 0.001)。

表2 受访人员教育背景与对检察官同检察行政人员相分离的
态度(交互分类)

		教育背景		合计
		非法学	法学	
态度	反对	78人(19.90%)	143人(11.32%)	221人(13.35%)
	无所谓	37人(9.44%)	136人(10.77%)	173人(10.45%)
	同意	277人(70.66%)	984人(77.91%)	1261人(76.19%)
合计		392人(100%)	1263人(100%)	1655人(100%)

Pearson chi2 = 19.04;P = 0.000

表3 受访人员教育背景与对检察官同检察辅助人员相分离的
态度(交互分类)

		教育背景		合计
		非法学	法学	
态度	反对	95人(24.23%)	213人(16.86%)	308人(18.61%)
	无所谓	68人(17.35%)	172人(13.62%)	240人(14.50%)
	同意	229人(58.42%)	878人(69.52%)	1107人(66.89%)
合计		392人(100%)	1263人(100%)	1655人(100%)

Pearson chi2 = 17.11;P = 0.000

如果说法学教育可以培育分类管理的理念,那么实际利益的考量是否会产生不同的影响?我们再把受访者的岗位性质与他们对分类管理的态度进行交互分类。表4和表5汇报了统计分析的结果。从中可以看出,岗位性质很大程度上影响受访者对于改革的态度。在表1区分的六类岗位性质中,针对检察官同检察行政人员是否应当相分离这个问题,检察业务岗位上的受访者反对比例最低(7.16%),同意比例最高(84.19%);反过来,检察行政岗位上的受访者反对比例最高(26.05%),同意比例最低(60.13%)。对于检察官同检察辅助人员相分离的态度,结果基本类似:综合业务人员比检察行政人员和辅助人员反对明显更少,检察业务人员和综合业务人员比检察行政人员和辅助人员赞同明显更多。这两组差异在统计学上也都是非常显著的。

那么，面对改革，教育理念是否比岗位性质更多影响立场？要回答这个问题，就需要多变量的因果分析。在此，我们用 Stata 进行 Mlogit 模型回归分析，依然用受访人员对待检察官同检察行政人员相分离以及检察官同辅助人员相分离的看法作为因变量。在自变量中，除了上文交互分类用过的教育背景和岗位性质以外，还加入以下控制变量：反映受访人员个人特征的检察系统工作年限、性别和行政职级，以及单位变量（把所有参加问卷调查的 13 家检察院都视为不同的单位变量取值）。

表 4　受访人员岗位性质与对检察官同检察行政人员相分离的态度（交互分类）

		受访人员岗位性质						合计
		检察业务	综合业务	检察行政	检察辅助	检察领导	其他岗位	
态度	反对	67 人 (7.16%)	23 人 (16.55%)	81 人 (26.05%)	27 人 (18.62%)	8 人 (22.86%)	20 人 (19.8%)	226 人 (13.56%)
	无所谓	81 人 (8.65%)	14 人 (10.07%)	43 人 (13.83%)	25 人 (17.24%)	2 人 (5.71%)	11 人 (10.89%)	176 人 (10.56)
	同意	788 人 (84.19%)	102 人 (73.38%)	187 人 (60.13%)	93 人 (64.14%)	25 人 (71.43%)	70 人 (69.31%)	1265 人 (75.88%)
合计		936 人 (100%)	139 人 (100%)	311 人 (100%)	145 人 (100%)	35 人 (100%)	101 人 (100%)	1667 人 (100%)

Pearson chi2 = 108.25；P = 0.000

表 5　受访人员岗位性质与对检察官同检察辅助人员相分离的态度（交互分类）

		受访人员岗位性质						合计
		检察业务	综合业务	检察行政	检察辅助	检察领导	其他岗位	
态度	反对	140 人 (14.96%)	26 人 (18.71%)	84 人 (27.01%)	37 人 (25.52)	7 人 (20.00%)	22 人 (21.78%)	316 人 (18.96%)
	无所谓	121 人 (12.93%)	22 人 (15.83%)	47 人 (15.11%)	29 人 (20.00%)	2 人 (5.71%)	21 人 (20.79%)	242 人 (14.52%)
	同意	675 人 (72.12%)	91 人 (65.47%)	180 人 (57.88%)	79 人 (54.48%)	26 人 (74.29%)	58 人 (57.43%)	1109 人 (66.53%)

续表

		受访人员岗位性质						合计
		检察业务	综合业务	检察行政	检察辅助	检察领导	其他岗位	
合计		936 人 (100%)	139 人 (100%)	311 人 (100%)	145 人 (100%)	35 人 (100%)	101 人 (100%)	1667 人 (100%)

Pearson chi2 = 44.41；P = 0.000

从多元回归分析可以看出，控制了一些受访人员的个人属性，并把调查单位区分以后，有两个变量对受访人员的看法有显著影响，分别是受访人的岗位性质和工作年限。从表6可以看出，就岗位性质而言，以"检察业务"为对照组，其他取值的系数都是负值，说明其他受访人员都比检察业务岗位上的受访人员更不愿意分离（包括检察官同行政人员分离以及检察官同辅助人员分离）。就是否同意检察官同行政人员相分离，所有负系数在统计学上都显著；就是否同意检察官同辅助人员相分离，行政岗位和辅助岗位两个取值的负系数在统计学上也显著。

表6 影响受访人员对内部分类管理改革有不同立场的因素分析（Mlogit 模型）

自变量	同意 vs. 反对	同意 vs. 反对
	检察官同行政人员相分离	检察官同辅助人员相分离
教育（"非法学"为对照组）		
法学	0.229（0.191）	0.280（0.173）
岗位（"检察业务"为对照组）		
综合业务	-0.692（0.311）	-0.091（0.281）
检察行政	-1.521（0.208）	-0.701（0.185）
检察辅助	-1.096（0.292）	-0.561（0.261）
检察领导	-1.832（0.503）	-0.873（0.500）
其他岗位	-0.958（0.340）	-0.397（0.318）
工作年限（单位：年）	0.037（0.012）	0.027（0.010）
性别（"男性"为对照组）		
女性	0.008（0.174）	-0.116（0.150）
职级（"科级以下或者未定级"为对照组）		
科级	-0.078（0.238）	0.264（0.203）

续表

自变量	同意 vs. 反对 检察官同行政人员相分离	同意 vs. 反对 检察官同辅助人员相分离
处级或者以上	0.007（0.347）	0.336（0.304）
单位变量	省略	省略
常数	2.071（0.525）	0.850（0.428）
样本	1443	1443
Pseudo R2	0.076	0.056

同时，根据表4和表5，尽管在人数上检察领导没有检察业务人员那么支持检察官同行政人员以及辅助人员分离，但在所占比例上看似检察领导比行政人员和辅助人员更加支持分离。可是，从表6可以看出，在控制其他多个变量之后，相对于检察业务人员而言，检察领导比行政人员更反对检察官同行政人员相分离（"检察领导"的系数为 -1.832，"检察行政"的系数为 -1.521），也比辅助人员更反对检察官同辅助人员相分离（"检察领导"的系数为 -0.873，"检察行政"的系数为 -0.701）。这个现象非常值得深思。

五 实证分析的总结与启示

（一）检察人员对分类管理改革的立场

从上文的经验研究中发现，检察人员对于分类管理改革大体有如下认识。

其一，现有检察系统内部干警管理的问题很多，不能有效发挥检察业务人员的工作积极性，影响了检察工作的效率和公正性。其中最突出的问题是，现行体制调动检察人员工作积极性的"指挥棒"是晋升到领导岗位。当前检察工作的绝大部分职业荣誉与回报捆绑在领导岗位上。可是，领导岗位总是僧多粥少。在实践中，除了少数检察人员在业务岗位上直接被提拔为领导干部，相当一部分人需要到行政部门历练才有晋升机会，因为行政部门工作人员与单位领导有更多接触机会，更容易被关注。为此，一些优秀的检察业务人员为了自己的前程，通常会在从事一段时间的业务工作之后转到行政岗位，这导致优秀检察业务人员的流失。同时，那些继续在业务岗位上工作的检察人员，尽管业务能力越来越强、法律技艺越来越熟练，但是因为被提拔到领导岗位上的机会非常少，而且随着年龄的增长越来越不愿意平调到行政岗位上历练，往往会变得消极怠工。所以，对于如何使优秀的检察人员继续留在业务岗位上勤勉从事检察业务，现行的干警管理体制存在负面激励。也因此，绝大多数检察人员（尤其是检察业务人员）希望能够改革现行体制，发展更加多样化的职业回报机制，尤其是加强对非领导业务岗位的职业回报。

其二，前期部分地方的试点改革举步维艰，是因为分类管理改革牵扯的因素很多，往往"牵一发而动全身"，或者反过来，因需要"动全身"而难以"牵一发"。受访人员把"外部体制不配套"和"系统内部的体制约束"视为制约分类管理改革的两大主要原因，说明分类管理改革不只是简单的内部员额制问题。我们在调研中也发现，那些试点相对成功的地方检察院往往都得到了地方党委的鼎力支持。

其三，尽管受访检察人员对于改革的必要性和难度认识比较一致，但是他们对改革举措的态度存在差异。首先，虽然对于本轮改革的主要举措支持态度比较明显，但是"共识"的程度有高低：认为检察官薪酬应当高于普通公务员的达到86.07%；同意检察官同行政系统公务员相分离的达到83.88%；同意检察系统内部检察官同检察行政人员相分离的为75.59%；同意检察官同检察辅助人员相分离的相对较低，为65.75%。这些态度的差异，不能用"共识"一言以蔽之。其次，不同的群体对于具体改革任务的立场也不一样。在理论上，影响检察人员对改革有不同立场的因素很多。在前文的关联与回归分析中，我们锁定了两种相对重要的因素：教育背景和岗位性质。尽管在双变量分析中，我们发现有法学教育背景的检察人员更认同把检察官同行政人员和辅助人员相分离，然而在控制了其他变量之后，具有法学教育背景的影响不再显著，而仍然具有显著影响的是受访人员的岗位性质。从事检察业务的人比其他群体更愿意支持检察官同其他序列相分离，而相比从事检察业务的人群，从事行政和辅助岗位的则更倾向反对彼此相分离，检察领导在所有群体中最反对彼此相分离。

（二）优化分类管理改革的思路调整："开源"与"分流"并重

从以上经验出发，我们认为，分类管理改革应当注重司法系统内外的联动性，把加强党政部门对司法部门的人财物支持作为分类管理改革的根本来抓，而把员额制的"入额"问题放在改革的技术层面来操作。拓宽外部支持是外部"开源"，合理解决入额问题是内部"分流"，两者应当并重。

目前，针对分类管理改革，无论是法院还是检察院都把员额制当作改革的突破口，并花大量精力处理单位内部人员的入额问题，而入额的处理不当是当前司法机关内部年轻人不满甚至"用脚投票"的根本原因。其实，这项工作固然关键，但只是个技术操作问题，党政系统的组织、人事与财政部门对司法机构的外部制约，才是分类管理改革举步维艰的根本原因。目前改革的顶层设计只是提供了一个蓝图，具体的操作方案，是由各个省份政法委牵头的司法改革领导小组研究上报中央政法委或者中央全面深化改革领导小组批准实施的。由于司法系统的干部、人事编制以及工资预算都不归政法委决定，地方政法委牵头起草的司法改革操作方案对人财物的调配空间很小。结果，分类管理改革的操作方案实际上主要是在检察院和法院系统内部做文章，只能把工作聚焦于入额问题。当外部的人财物配套未能有明显突破时，内部的入额工作就一定会"巧妇难为无米之炊"。由于当前操作方案不能明确地为整个检察院和法院系统争取更多的福利，员额制的实质就变成内部人员的利益再分配。入额人员的福利上升就势必意味着未入额人员的福利下降，这也是目前司法系统内部人心惶惶的根本原因之一。

检察系统内部行政人员和辅助人员相对较多反对分类管理的原因，也同目前改革工作重心放在内部"分流"相关。根据目前的操作方案，检察官、行政人员和辅助人员序列将相对分离，各自发展。这样分类在理念上是对的，但潜在结果之一是把检察行政人员和辅助人员孤立起来，他们不能像以前那样较为容易地转到检察业务岗位，在实践中也没有办法流动到检察系统外部的类似岗位。如果根据目前的操作方案推进，可预测的结果是，检察院和法院系统内部的行政人员和辅助人员将成为体制内的"孤岛"。这在很大程度上也适用于已经在领导岗位上担任职务的检察人员。很多检察系统领导从未从事过检察业务或者已经很长时间没有从事业务，这在入额问题上也有争议。所以，如果说年轻检察业务人员的担心来自能否、何时入额，那么行政人员、辅助人员和部分领导的担心来自未入额之后的职业前景，尽管担心的方向不一样，但是都有各自的理由来反对本轮改革。

因此，在改革思路上，目前的操作方案除了要做好入额工作，还要把拓宽外部的资源支持作为解决问题的根本举措之一。一旦外部"开源"改善了,内部"分流"就更容易解决。当然,这项工作还得回到顶层设计,应由中央全面深化改革领导小组尽早确定司法系统外部人财物支持的方案。具体而言,可以有两个操作举措:其一,通过科学的调查,尽早确定并公布检察院和法院系统工作人员的薪酬上浮方案;其二,打通司法系统内部行政以及辅助人员同外部类似岗位流动的渠道,尤其要尽量打通司法系统内部行政人员同普通党政系统公务员之间的流通渠道,避免司法系统内部的行政人员成为体制内的孤岛,通过改善他们的职业预期来减少改革阻力,以保证内部人额问题的顺利解决。

(三) 司法改革的方法论启示:通过科学方法凝聚改革共识

从上文的经验研究来看,科学地了解中基层司法人员的改革立场,寻找不同司法人员群体的认识差距,通过有针对性的利益相关者动员,来实现改革的共识凝聚具有必要性。

首先,针对本轮司法改革,除了召开各种类型的内部座谈会,尽可能以"民意调查"的方式,通过问卷调查,随时跟踪、了解司法人员针对各类改革事项的想法。对处于不同阶段的改革事项,问卷的对象和所了解的问题也有所不同。针对设计中的改革事项,可以在全国范围内进行科学抽样调查,询问受访人员针对是否改革以及如何改革的立场。针对试点中的改革事项,可以在试点单位范围内进行科学抽样调查,询问受访人员对改革进展的评估,尤其是具体任务的落实障碍。对于试点结束的事项,可以在试点单位范围内进行问卷调查,询问受访人员对于改革整体效果的评估,尤其是没有落实或者落实不到位的原因。问卷调查工作既可以由顶层决策者自己实施,也可以委托第三方来实施,或者联合实施。前文所用到的实证数据,尽管提供了一些信息,但只是一家基层检察院课题组通过实施调查获得的,无论在人力、物力还是调查关系资源上,都有极大的限制。受调查关系资源的制约,我们未能针对法院的类似改革开展问卷调查。因而,关于本轮司法人员分类管理改革,完全可以由中央政法委牵头,在已经开始试点的单位进行科学的问卷调查,以弥补现有渠道获取信息的不足与偏颇。其他改革事项,也可以类似处理。当然,通过问卷调查来了解司法人员的改革立场,并非唯一的方法,应当结合问卷调查进行包括观察、访谈、座谈等形式的定性调研,以求得全面、系统、真实的信息。

其次,根据问卷调查与其他途径收集的信息,对司法人员就具体改革任务的认识进行分类,梳理出具有共识与有争议的任务与举措,有针对性地进行科学的利益相关者动员,以使具体的改革事项能得到尽可能多的支持。改革必然有利益损失方,也必定有心态失衡甚至持反对立场的群体。分析司法人员对各种改革任务和举措的态度,关注利益相关者,并非要满足所有方面的利益,这既做不到,也无必要。但是,正如有专家指出的,"扣准社会脉搏是凝聚改革共识的重要前提",[1] 只有充分了解各方立场,才可能更好地动员司法人员参与甚至支持改革。扩大利益相关者的参与,可以减少改革阻力。

为司法改革凝聚更多共识,无论是具体的人员分类管理改革,还是更宽范围的司法改革部署,司法人员都要更多、更深地参与到决策的各个程序中去,从目前被顶层决策者事后单方面的告知、解释和抚慰,升级到决策之前、执行之中和完成之后被咨询的地位。司法人员的参与深度和广度,应当根据科学调研结果来部署,针对不同情况进行不同的动员。对于问卷调查和座谈会中发现支持较多的、困难较少的改革事项,可以一切从简,避免不必要的事前动员工作。对于广大司法人员持有两可态度的改革事项,则应当通过适当调整来取得多数人支持。对于某些特定的改革事项,对那些因利益直接受损或者在决策中处于边缘地位而持明显反对态度的群体,则需要扩大他们在事前、事中、事后参与改革决策和执行的广度。简言之,要在科学调查与分析的基础上,通过合理的利益相关者动员来扩大改革的支持群体,以达到凝聚改革共识的效果。[2]

---

[1] 李艳玲:《扣准社会脉搏是凝聚改革共识的重要前提》,《求是》2013 年第 2 期。
[2] 就上海检察人员分类管理试点改革而言,尽管真实的进展还是不尽如人意,但有些做法值得肯定。比如,在明确检察人员分类管理的基本原则之后,四家试点检察院(上海市检察二分院、徐汇区、闵行区、宝山区检察院)前后两次征求本单位检察人员意见:第一次征求全体检察人员意愿,组织填写岗位意向表;然后针对第一次征询中提出岗位变动意向和初步研究拟调整岗位的检察人员征求相关人员意见。不过,这种征询不涉及改革的方向,只涉及个人岗位的调整。另外,2015 年 4 月,上海市检察院启动"社会参与评议上海检察改革"活动,聘任包括人大代表、政协委员、法制官员、法学学者、媒体记者和群众代表在内的社会各界人士参与评议改革。应该说,此类参评在一定程度上提供了部分司法改革利益相关者的参与机会。当然,由于活动刚刚开始,目前很难对这个活动的效果进行评估。

审判委员会运行状况的实证研究

左卫民

摘　要：长期以来，基于不同的价值理念和研究方法，司法理论界与实务界对审判委员会制度的改革方向产生了较大分歧。由于审判委员会运作的公开性不够，既有的研究存在不少误读与偏见。实证研究发现：审判委员会委员兼具知识技术的专业性和政治上的官僚性，很难简单地对其人员构成状况予以消极评价；审判委员会只是极少数案件而非所有重大案件的最终决策者，且其功能发挥在不同级别、不同地域的法院之间存在较大差异；审判委员会的议事程序相对制度化，在讨论内容上事实问题与法律问题并重，讨论结果在整体上趋向于认同合议庭或审判法官的意见。审判委员会制度未来的改革方向是：大幅限缩审判委员会讨论常规案件的范围，审慎处理审判委员会对案件事实的讨论，分层级、分区域区别化界定审判委员会的功能，进一步构建制度化、民主化和公开化的议事讨论机制。

关键词：审判委员会　权力运作　实证研究

在当代中国法院体制特别是法院权力结构及其改革方面，审判委员会

---

* 本文原载于《法学研究》2016年第3期。
** 左卫民，四川大学法学院教授。

受到的关注颇多，其间可谓歧见纷纭。① 官方对之也非常重视，历次最高人民法院的司法改革纲要都把审判委员会的改革列为重要内容。对于审判委员会，虽然各界均言需要改革，但未来的改革之路应该如何走，至今仍存在较多争议。为了从经验层面准确把握审判委员会实践事实的多样性与复杂性，凝聚改革共识，提出可行的改革建议，笔者近期带领课题组对审判委员会制度展开了实证研究。② 出乎意料的是，实证研究发现：一方面，既往关于审判委员会的一些认识，似乎在变动不居的实践事实面前已显得过时，以这些认识为基础而提出的改革对策需要重新审慎评估；另一方面，在改革不断展开的当下，以往一些被认为难以实施的审判委员会改革方案逐步具有了可行性。本文拟利用实证调查所获取的材料，在实证分析

---

① 相关讨论参见左卫民、周长军、陆贤刚、吴卫军《法院内部权力结构论》，《四川大学学报》（哲学社会科学版）1999年第2期；苏力《基层法院审判委员会制度的考察及思考》，载强世功、李光昱、孔庆平主编《北大法律评论》第1卷第2辑，法律出版社，1998，第320—364页；贺卫方《关于审判委员会的几点评论》，载强世功、李光昱、孔庆平主编《北大法律评论》第1卷第2辑，法律出版社，1998，第365—374页；陈瑞华《正义的误区——评法院审判委员会制度》，载强世功、李光昱、孔庆平主编《北大法律评论》第1卷第2辑，法律出版社，1998，第381—412页；肖建国、肖建光《审判委员会制度考——兼论取消审判委员会制度的现实基础》，《北京科技大学学报》（社会科学版）2002年第3期；洪浩、操旭辉《基层法院审判委员会功能的实证分析》，《法学评论》2011年第5期；王文建《司法现代化与审判委员会制度改革》，《人民论坛》2013年第11期；张洪涛《审判委员会法律组织学解读——兼与苏力教授商榷》，《法学评论》2014年第5期。

② 笔者作为主持人之一的课题组根据审判层级和地域分布等情况，收集了2014年A省三级法院审判委员会委员构成情况。其中，重点收集了2010—2014年A省高级人民法院、5个中级人民法院及17个基层法院审判委员会的工作机制、组织结构、会议次数、讨论议题等相关数据，力求全面掌握审判委员会的实际运作样态。课题组共调研了中国西部A省高级人民法院，A市中级人民法院及其下属的1个基层法院a1法院，B市中级人民法院及其下属的6个基层法院b1、b2、b3、b4、b5、b6法院，C市中级人民法院，D市中级人民法院及其下属的8个基层法院d1、d2、d3、d4、d5、d6、d7、d8法院，E铁路运输中级人民法院及其下属的2个基层法院e1、e2铁路运输法院。其中，A市地处A省平原地区，是一座历史文化名城，2013年常住人口为1430万人，属于传统的大城市，经济发展水平较高，2014年该市GDP为10057亿元；B市地处A省平原、丘陵地区，2013年常住人口为298万人，2014年该市GDP为945亿元，经济发展水平属中等偏上；C市地处A省丘陵地区，2013年常住人口为322万人，2014年该市GDP为920亿元，经济发展水平属于中等水平；D市地处A省山地、丘陵地区，2013年常住人口为153万人，2014年该市GDP为462亿元，经济发展相对落后；E中级人民法院为驻A市的铁路运输法院。

的基础上,重新评估审判委员会的制度实践,探索其未来的变革之道,以就教于方家。

一 审判委员会的人员构成

在既往关于审判委员会的研究中,其存废问题一直是关注的焦点之一。废除论者的主要理据在于:审判委员会是"官会",由法院各层级领导组成,是行政化甚至官僚化的领导型法官控制审判权力的"行政会议"。① 但是,这种主张是否具有充分的合理性,能否成为废除审判委员会的根本理由? 对此,运用课题组收集的数据,我们可以提出另外一种更具合理性的关于审判委员会人员构成特征的解释。

表1的数据显然表明,审判委员会的主要构成人员确实是官员。其中,院领导、审判委员会专职委员、业务庭庭长和审判综合部门负责人所占的比例高达93%。就此而言,说它是"官会"也未尝不可。但值得注意的是,官员身份背后所隐藏的专业性或者说司法职业性。由表2可知,在这些审判委员会委员中,具有10年以上审判工作经验的委员所占的比例达到了84%,有法学学历背景的委员更是占到了94%。对此,可能的解释是,伴随着司法建设与司法改革的推进,法官的职业化程度已经成为法官任用的实质化评判标准,其对法院内各级领导的任用决策过程具有相当的影响力。② 因此,大多数法院领导包括法院的正副院长,基本上是以审判业务干部起家,从办案法官、庭长逐级晋升,具有较强的业务素质和较高的专业水平。这也可以从笔者进行的另外一项实证研究中得到印证。③ 也就是说,由于法官任用与晋升标准的变化,法院内部各领导层级的法官实际上都具备较强的专业性。从这一点来看,需要澄清的是:尽管审判委员会委

---

① 陈瑞华:《正义的误区——评法院审判委员会制度》,载强世功、李光昱、孔庆平主编《北大法律评论》第1卷第2辑,法律出版社,1998,第381—412页。
② 左卫民:《省级统管地方法院法官任用改革审思——基于实证考察的分析》,《法学研究》2015年第4期。
③ 笔者通过实证调研发现,2013年在A省A、B、C三市共39位基层法院院长中有31人(约占80%)出自法院及检察院这两个司法系统,而且这31位院长均具有10年以上的司法工作经历。参见左卫民《中国法院院长角色的实证研究》,《中国法学》2014年第1期。

员几乎都是法院内部各层级的"官",但他们往往很可能也是具有较高审判水平与丰富审判经验的"官",至少是曾经拥有一线审判经历的"官",并且大多是"审而优则仕"。

表1 2014年A省三级法院审判委员会委员构成情况

单位:人,%

	院领导	专职委员	业务庭庭长	审判综合部门负责人	资深法官	合计
高级人民法院	9	2	7	3	2	23
中级人民法院	147	34	124	16	25	346
基层法院	1064	215	578	89	132	2078
比例	50	10	29	4	7	100

注:A省三级法院总共包括1个高级人民法院、22个中级人民法院和186个基层法院,共计209个法院。表1和表2的考察对象为A省三级所有法院。

表2 2014年A省三级法院审判委员会委员审判经验与学历背景情况

单位:人,%

	从事审判工作年限			有无法学学历	
	4年及以下	5—10年	10年以上	有	无
高级人民法院	1	0	22	23	0
中级人民法院	4	21	321	339	7
基层法院	139	229	1710	1941	137
比例	6	10	84	94	6

在强调审判委员会专业化程度的议题上,专职审判委员会委员的设置值得关注。伴随着审判委员会职业化程度的提高,审判委员会中出现了业务性很强的专职委员。2006年中共中央《关于进一步加强人民法院、人民检察院工作的决定》明确了审判委员会专职委员的配备规格和条件。从调查的情况来看,专职委员在审判委员会委员中所占的比例约为10%。我们发现,实践中确立专职化审判委员会委员的直接目的,是解决法院内部优秀法官的政治和经济待遇问题。因此,这些委员往往是在法院的中层干部未能晋升副院长级别实职岗位的情况下被任命的。这些主要由业务部门负责人(如庭长)晋升上来、没有成为院长或副院长的专职委员,一般都是根据院长、分管副院长的授权来履行审判管理职责以及协调处理相关审判

业务工作的；① 其工作性质的专职化与关注领域的相对确定性，保证了其在审判委员会的案件审议和议题讨论上具有相对权威性。从调研情况来看，专职委员能够在案件过滤等过程中发挥一定作用，是审判委员会制度运行中新的重要一环。总体而言，不同于院领导工作的复杂多样和庭长工作的微观化、个案化，专职委员更有可能专心参与审判委员会的工作；其不仅能在微观上研究、介入案件的处理，而且能在宏观层面保障审判指导功能的实现。但是，也必须注意到，各级法院专职委员的配备不甚理想。实证研究发现，A省的中级人民法院平均每院有专职委员1.5人，而基层法院平均每个法院才有1.1个专职委员。所以，如何充分发挥专职委员的作用，是一个值得思考的问题。

必须指出，各审判业务庭庭长在审判委员会的人员构成中占据了重要位置。统计结果显示，业务庭庭长在审判委员会委员中占29%，仅次于院领导（见表1）。应该说，业务庭庭长是审判委员会委员中最接地气的一部分，因为他们基本上是各法院的审判业务骨干乃至专家，对其所在的审判庭的业务非常熟悉；其介入审判委员会的讨论、决策过程，能充分发挥业务庭庭长所具备的专业知识优势，确保本庭案件处理的大局感、平衡性和科学性，当然还有准确性。事实上，我们在调研中已经发现，庭长在审判委员会讨论案件时的"补充发言"相当重要，往往在承办人发言后起着重要的支持或反对作用。

另外一个值得探讨的现象是，综合部门的负责人也能进入审判委员会。调研发现，综合部门的负责人在审判委员会中所占的比例为4%。虽然整体上所占比例较小，但这种现象在各级法院具有普遍性。进一步考察发现，这部分构成人员的来源比较分散，其中包括了来自研究室、审判管理部门和办公室等部门的人员。在审判委员会的实际运作过程中，除了来自个别综合部门如研究室的委员能发挥一定作用外，这部分力量在整体上的作用未必明显。所以，这部分人员将来何去何从，值得考虑。

通过上文的分析，不难发现：审判委员会大体上是由法院内部具有一

---

① 参见 a1 法院关于审判委员会专职委员工作职责的相关规定。相关规范性文件中并没有关于审判委员会专职委员工作职责的明确规定，具体由各个法院自行掌握；实践中常常通过会议形式来确定专职委员的职责范围，而少有明确的相关规定。因此，仅以该法院的专职委员工作职责为例进行说明。

定权力和政治地位的法官尤其是领导型法官组成的；虽然也存在综合部门负责人进入审判委员会的情况，但审判委员会在专业性、技术性方面其实难以挑剔。进一步而言，我们认为审判委员会委员的构成呈现知识技术的专业性和政治上的官僚性兼具的一体两面特点，只不过官员的耀眼身份在一定程度上遮蔽了其技术知识上的专业属性。这种一体两面特点的要旨在于政治性与专业性相辅相成，很难简单地对其全盘否定。因此，仅仅因为审判委员会主要由法院领导群体构成就否定审判委员会，是很难站得住脚的。从这一点来看，如果真要以审判委员会的人员构成以法院领导群体为主作为否定审判委员会的理由，恐怕需要进一步的专门论证，给出更有说服力的解释，即论证"为什么是领导就要对其予以否定"。

二 审判委员会所议事项的数量与类型

审判委员会到底在做什么？很多主张废除审判委员会的论者往往认为，审判委员会广泛介入案件的实体处理，不审而判，这不仅违背审判的直接原则，而且侵蚀了法官的独立断案权。[①] 在各种话语的影响下，社会公众对审判委员会似乎也形成了粗浅且固化的印象，即审判委员会委员高高在上，坐在会议室里不审而判，通过讨论决定案件，是法院里掌握生杀大权的权力机构。对于这样一些认知，我们的实证研究发现，其不无真实之处，却也存在颇多模糊、扭曲的地方。

其一，由表3可知，实践中审判委员会的主要工作是讨论具体案件，这占到了其工作总量的93.3%；对宏观议题的讨论仅占6.7%。这一方面确实表明审判委员会主要是某些个案的讨论决定机构，其案件裁判（如果认为是裁判的话）功能非常明显；另一方面则说明制度所预设的审判委员会有关审判宏观指导的功能发挥欠佳。同时，我们还可以发现，在个案讨论与宏观指导的业务分配方面，在不同级别的法院之间存在明显差异。从比例来看，高级人民法院讨论个案的相对比例最高（见表3）。按照部分学者所持的审判委员会应当只讨论宏观议题而不讨论个案的观点，至少从目前来看，若贯彻这种思路则几乎相当于取消审判委员会。因为这样做的结

---

① 白迎春：《审判委员会制度的存废之谈》，《前沿》2015年第2期。

果是审判委员会的工作量将减少90%以上，对各级法院的审判委员会而言均是如此。还值得注意的是，平均每个法院审判委员会处理宏观议题的数量在三级法院之间存在差异。具体而言，高级人民法院最多，中级人民法院次之，基层法院最少（见表4）。这显然与我国对各级法院的不同功能定位有关。

表3 2010—2014年A省部分法院宏观指导议题数量与讨论案件数量总体对比情况

单位：件，%

	宏观指导议题数量		讨论案件数量		宏观指导议题与讨论案件数量之比
	总数	比例	总数	比例	
高级人民法院	108	4.4	2371	95.6	1∶22
中级人民法院	215	9.8	1978	90.2	1∶9.2
基层法院	105	6.1	1604	93.9	1∶15.3
总计	428	6.7	5953	93.3	1∶13.91

注：课题组对A省的1个高级人民法院、5个中级人民法院、17个基层法院，一共23个法院的审判委员会在2010—2014年的具体运作进行了实证考察，并对其进行了统计分析。其中，总数为被调查的三级23个法院5年间宏观指导议题的数量和讨论案件的数量，比例为被调查法院宏观指导议题数量与讨论案件数量分别占审判委员会议题总数（即前二者之和）的比例。表4的数据来源同表3。如无特别说明，下文中提到的"A省部分法院"特指这23个法院。需要说明的是，2010年最高人民法院《关于改革和完善人民法院审判委员会制度的实施意见》对审判委员会开展宏观指导的方式进行了细化规定，将制定司法解释和规范性文件、进行审判态势分析、讨论发布案例、开展案件质量评查等纳入了审判委员会宏观指导职能范围。由于制定司法解释、发布指导性案例为最高人民法院专属权限，所以，课题组针对A省各级法院审判委员会开展其他宏观指导工作的情况进行了统计分析。

表4 2010—2014年A省部分法院宏观指导议题情况

单位：件

	总数	平均每个法院数量
高级人民法院	108	108
中级人民法院	215	43
基层法院	105	6
总计	428	19

其二，虽然审判委员会的工作以讨论个案为主，但相对于法院的案件处理总量而言，其实际的个案决策功能仅限于非常小的一部分案件，且在

整体上逐步受到限制。在既往的认知中，社会各界认为审判委员会讨论决定了太多的案件,[①] 并将此作为批判甚至否定审判委员会的重要理由。但我们的实证调查发现。一方面，审判委员会讨论的案件在法院的全部案件中所占的比例非常低。由表5可知，无论是在经济发达地区、发展中地区还是欠发达地区，无论是在中级人民法院还是基层法院，审判委员会讨论的案件在法院受理的案件总量中所占的比例都很低，甚至个别法院全年仅讨论了1个案件。样本中比例最高的中级人民法院也不过5%左右，而基层法院的比例往往低于1%（见表5）。这表明，审判委员会个案决策功能的发挥，其实是极为有限的。这显然挑战了审判委员会控制着大多数至少是相当数量案件裁判结果的观点。[②] 而基层法院审判委员会相较于中级人民法院审判委员会明显更少讨论个案的现象，也质疑了"越是往下管控越多"的认知。当然，审判委员会讨论案件的数量状况在三级法院之间存在差异，特别是高级人民法院审判委员会讨论案件的绝对数量与相对比例高于大多数的某一个法院。对此略加分析便可推断，这与高级人民法院审判委员会实际履行的法定职责——讨论决定死刑案件，有相当大的关系。另

表5　2014年度A省部分法院审判委员会讨论案件数量与法院受理案件数量的比例

单位：件，%

	发达地区		发展中地区		欠发达地区	
	A市中级人民法院	al法院	B市中级人民法院	bl法院	D市中级人民法院	d8法院
讨论案件数量	232	91	74	30	76	1
法院受理案件数量	175252	11988	2036	4430	1409	1317
比例	0.13	0.76	3.63	0.67	5.39	0.08

　　注：这是指提交审判委员会讨论的案件在被统计法院2014年全年受理的案件（即民事、刑事、行政、执行案件之和）中所占的比例。课题组以经济发展水平为标准，选取了A市中级人民法院及其下属的al法院、B市中级人民法院及其下属的bl法院、D市中级人民法院及其下属的d8法院，分别代表经济发达地区、发展中地区和欠发达地区进行比较。

[①] 赵红星、国灵华：《废除审判委员会制度——公正与效率的必然要求》，《河北法学》2004年第6期；雷新勇：《论审判委员会审理制——价值追求与技术局限》，《人民司法》2007年第6期。

[②] 陈瑞华：《正义的误区——评法院审判委员会制度》，载强世功、李光昱、孔庆平主编《北大法律评论》第1卷第2辑，法律出版社，1998，第381—412页。

一方面，随着司法改革的推进，各级法院审判委员会讨论案件的比例持续降低。通过对 A 省部分法院审判委员会讨论案件的数量进行统计后发现，2010—2014 年的五年间，审判委员会讨论案件的绝对数量在整体上呈现下降的趋势，样本法院年平均减少 2.53%（见表 6）。如果考虑到法院实际受案数量日益增长的情况，就更容易得出审判委员会讨论案件的数量比例正在逐年下降的结论。这也就意味着审判委员会控制案件实体结果的情形正在减少，其讨论决定案件的功能正趋于弱化。

表 6 2010—2014 年 A 省部分法院审判委员会讨论案件数量变化情况

单位：件，%

年份	讨论案件数量
2010	1294
2011	1388
2012	1031
2013	1077
2014	1163
年平均增长	-2.53

其三，在审判委员会讨论决定的个案中，以刑事案件为主。与法院受理案件的分布形态不同，从表 7 中可以看到，在审判委员会讨论的案件中，刑事案件在高级人民法院和中级人民法院的审判委员会占据了较高的比例，分别达到了 63.6% 和 64.8%，远远高于刑事案件大约只占法院全部受理案件 10% 左右的比例。与之相对，审判委员会讨论民事、行政案件的比例较低，在中级人民法院、高级人民法院尤为如此。审判委员会之所以偏重刑事案件的讨论，可能是因为相关规范性文件的强制性规定。如《最高人民法院关于适用〈中华人民共和国刑事诉讼法〉的解释》第 178 条规定，拟判处死刑的案件、人民检察院抗诉的案件、合议庭成员意见有重大分歧的案件、新类型案件、社会影响重大的案件以及其他疑难、复杂、重大的案件等，应当或可以提交审判委员会讨论。也就是说，相关规范性文件规定的需要审判委员会讨论决定的刑事案件的范围本就较为宽泛。而相关刑事案件的一审、二审基本发生在中级人民法院和高级人民法院，这就使得大量刑事案件进入中级人民法院、高级人民法院的审判委员会。这一

解释思路在相当程度上也能解释审判委员会讨论民事、行政案件数量较少的现象。对于应当提交审判委员会讨论的民事、行政案件的范围，相关法律与规范性文件作了明确的限制性规定，包括案情重大、复杂，存在适用法律疑难问题或需请示的，处理结果可能产生重大社会影响的，合议庭有重大分歧难以决定的，具有指导意义的新类型案件，等等。① 显然，符合这些条件的案件远少于上述需要提交讨论决定的刑事案件，审判委员会实际讨论的民事、行政案件的数量与比例自然偏小。另外需要注意的是，比较三级法院可以看到，如表 7 所示，基层法院审判委员会讨论行政案件的比例高于中级人民法院和高级人民法院的审判委员会。其中关键的原因可能在于，基层法院需要处理的一审行政案件较多。

表 7 2010—2014 年 A 省部分法院审判委员会讨论案件类型分布情况

单位：件，%

		案件类型				
		刑事	国家赔偿	民事	行政	执行
高级人民法院	数量	1508	660	138	31	34
	比例	63.6	27.9	5.8	1.3	1.4
中级人民法院	数量	1282	518	140	26	12
	比例	64.8	26.2	7.1	1.3	0.6
基层法院	数量	678	733	89	103	1
	比例	42.3	45.7	5.5	6.4	0.1

综合上述分析与讨论，我们可以认为，以往把审判委员会当成中国法院内部多数案件或者所有重大案件决策者的判断，显然不符合当下的实践。事实上，审判委员会只是极少数案件的最终决策者，而且这些极少数案件也并不就是所谓"重大、复杂、疑难"案件，刑事案件尤其如此。从实证调查反映的情况来看，审判委员会讨论的案件，不一定都是具有较高专业难度的案件，甚至多数案件不具备这样的属性。因此，把审判委员会

---

① 参见《中华人民共和国民事诉讼法》第 198 条、《最高人民法院关于适用〈中华人民共和国民事诉讼法〉的解释》第 443 条、《中华人民共和国行政诉讼法》第 92 条、2010 年最高人民法院《关于改革和完善人民法院审判委员会制度的实施意见》第 9 条至第 11 条等规定。

讨论的案件等同于"高、精、尖"的疑难案件，是不准确的。① 从某种意义上讲，审判委员会讨论决定案件是由历史与现实的种种约束条件所决定的。例如，刑事案件之所以讨论得较多，在很大程度上是出于法院系统历来重视对刑事案件尤其是死刑案件的决策把控。再如，抗诉案件的处理之所以要经过审判委员会的讨论，显然与法院和检察机关之间的关系在目前的司法体制下需要慎重处理有关。

另外，审判委员会所议事项的数量与类型，还在相当程度上折射出审判委员会功能的发挥状况，在不同级别与不同地区法院之间存在差异。一方面，我们注意到，比较繁忙的审判委员会主要存在于高级人民法院和中级人民法院，而较为"清闲"的审判委员会更多存在于基层法院。从表7或表3均可以看出，地方法院的级别越高，提交审判委员会讨论的事项就越多，无论个案的数量（如样本高级人民法院2010—2014年共讨论2300多件个案，同期样本中级人民法院平均讨论接近400件个案，样本基层法院平均讨论接近100件个案）还是宏观指导议题数量均是如此。这表明，在目前的司法条件下，高级别法院的审判委员会确实承担着较多的宏观指导功能与重大案件把关功能，司法实践也需要其发挥这些功能。这与不同级别法院所面临的案件类型以及对其功能的界定有关。司法管辖权决定了基层法院面对的更多是普通案件，需要审判委员会讨论的必要性不大；而中级人民法院、高级人民法院所处理的案件往往是在事实认定和法律适用方面更为复杂，也更具有普遍指导意义的案件，因而有必要提交审判委员会讨论决定。此外，中级人民法院、高级人民法院的审判委员会更需要从宏观指导方面讨论决定一些具有普遍性的事项，如规范性文件的制定。所以，我们看到中级人民法院、高级人民法院（尤其是高级人民法院）审判委员会所讨论的宏观议题数量要多于基层法院审判委员会（见表4）。这在相当程度上表明，不同级别法院的审判委员会发挥的功能存在差异。另一方面，至少在中级人民法院层面，不同法院的审判委员会可能存在类型上的差异。审判委员会讨论案件的数量与法院所处地区的经济发展水平往往呈负相关关系，即经济发展水平越高，提交讨论的案件数量比例越小，经

---

① 其他实证研究也有类似发现。参见李雨峰《司法过程的政治约束——我国基层人民法院审判委员会运行研究》，《法学家》2015年第1期；洪浩、操旭辉《基层法院审判委员会功能的实证分析》，《法学评论》2011年第5期。

济发展水平越低，提交讨论的案件数量比例越大。对此，一个推测性的解释是：在经济发达地区，法官的整体素质和业务水平较高，其更有能力独立解决案件处理过程中遇到的问题，法院领导也更容易信任并放权于法官，因此法官较少将案件提交审判委员会讨论；而在经济欠发达地区，法官的业务水平参差不齐，更需要将案件提交审判委员会讨论，以统一办案标准、确保办案质量。

三　审判委员会的运行机制

虽然我们知道审判委员会的基本工作方式是围绕所议问题开会讨论并作出决定，但对于这种讨论如何展开，各个层次的主体在此过程中如何行动以及讨论的结果如何，社会各界可能并不完全知晓，甚至存在错误的认知。在笔者看来，或许正因为如此，社会各界才在某种程度上对审判委员会形成了一些偏见性认识。那么，实践中审判委员会到底是如何进行讨论的？

整体上看，审判委员会讨论案件主要以汇报与发表意见的方式展开。从实践来看，审判委员会已经形成了较为正式、固定的会议程序机制。如图1所示，审判委员会一般按照三个步骤展开，每一个步骤都有相应的议程安排。尽管相对于合议庭的集体讨论，审判委员会的会议式讨论机制是更为正式与有效的集体讨论机制，但实证考察也发现，审判委员会讨论案件的充分程度还存在较大局限，不少讨论属于例行公事的程序性要求。根据我们的统计与观察，审判委员会一次会议讨论的案件较多，通常为2—8件；在具体的会议过程中，承办人对案件的汇报较为充分，时间经常在半小时以内，所在庭的庭长、分管副院长的补充发言相对实质、扼要，其他委员提问与承办人回答的活跃度则视情况而定；表决时审判委员会成员多为表态式发言，单个时长可能仅一二分钟。这些情况意味着，大多数案件的讨论可能是简单、快速的讨论，其充分性明显不足。

具体的数据统计也许更能直观地反映上述事实。由表8、表9可知，审判委员会一般一次会议要讨论多个案件，中级人民法院、高级人民法院的审判委员会尤其如此。我们通过访谈得知，审判委员会的会议一般为半天（偶尔为全天），每次3—3.5小时。这意味着平均到每件个案的

讨论时间大多不会超过 1 个小时；刑事案件更是如此，相对较快的甚至只有 20 分钟左右。当然，在案件有争议尤其民事案件有争议时，审判委员会可能会花半天乃至全天讨论一个案件，但此类情况较少发生。所以，概括地讲，审判委员会并没有对多数案件进行充分、细致的讨论，它也无力对多数案件进行充分、细致的讨论，而只能也只需对少数案件进行实质、充分的讨论。

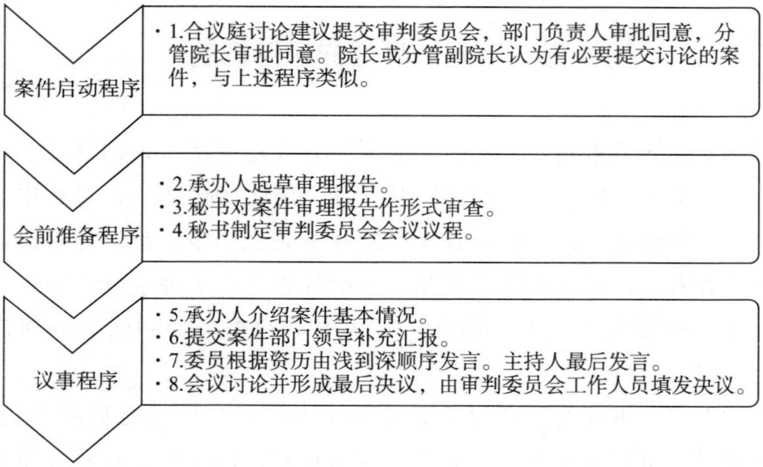

案件启动程序	·1.合议庭讨论建议提交审判委员会，部门负责人审批同意，分管院长审批同意。院长或分管副院长认为有必要提交讨论的案件，与上述程序类似。
会前准备程序	·2.承办人起草审理报告。 ·3.秘书对案件审理报告作形式审查。 ·4.秘书制定审判委员会会议议程。
议事程序	·5.承办人介绍案件基本情况。 ·6.提交案件部门领导补充汇报。 ·7.委员根据资历由浅到深顺序发言。主持人最后发言。 ·8.会议讨论并形成最后决议，由审判委员会工作人员填发决议。

图 1　审判委员会讨论案件流程

注：这是审判委员会讨论案件的一般程序，在此以 A 省高级人民法院审理的一起股权转让纠纷案为例进行说明。该案于 2014 年 6 月立案，合议庭经过两次开庭评议后，就案件的法律适用问题产生了分歧。合议庭提请庭长审查后提交分管副院长审批，分管副院长要求合议庭就相关问题进行复议。合议庭于 8 月 22 日复议后，仍无法就相关法律适用问题达成一致意见，分管副院长决定提交民事专业委员会讨论决定。审判委员会办公室对案件材料进行形式审查后，认为符合提交民事专业委员会讨论决定的形式要件，遂予以排期。会议主持人于 8 月 26 日决定第二天召集会议讨论该案。审判委员会办公室随即通过办案系统，将案件电子卷宗材料发送全体委员提前审阅，并通知相关人员参会。民事专业委员会于 8 月 27 日召开会议，此次会议有 13 名审判委员会委员参加，超过了审判委员会全体委员的半数（全体委员人数为 23 人）。在会上，首先由承办人简要汇报案情并对合议庭分歧进行说明，然后该案所在庭庭长进行补充汇报；接着主持人和其他委员针对案件的相关事实询问承办人，在得到答复之后，针对案件逐一发表个人意见；接下来经会议主持人归纳形成两点处理意见，其他委员对此均表示同意；最后，审判委员会作出同意合议庭多数意见的决议。8 月 29 日，合议庭按照审判委员会决议拟定了判决。

表8　2010—2014 年 A 省部分法院审判委员会会议讨论案件、宏观指导
议题的平均数量

单位：个，件

	会议数量	宏观指导议题		讨论案件数量	
		总数	平均数	总数	平均数
高级人民法院	529	108	0.2	2371	4.5
中级人民法院	149	43	0.3	396	2.7
基层法院	53	6	0.1	94	1.8

注：对于表 8 中的数据，需要进行说明。1. 中级人民法院审判委员会的宏观指导议题平均数较高，是因为讨论案例在其中占据了较大的比例；关于中级人民法院审判委员会讨论案件的平均数，因调研对象中某中级人民法院的案件数量较少，表中中级人民法院审判委员会讨论案件数可能略低于实际讨论的案件数。2. 关于审判委员会讨论不同案件所需时间，由于各级法院均缺乏相关统计，且开会时间不固定，有可能一上午 4 个小时都在讨论，也有可能 2 个小时甚至半个小时就讨论完，因此，无法对讨论不同案件所需时间进行明确的统计分析。

表9　2010—2014 年 A 省部分法院审判委员会会议讨论不同类型
案件的平均数量

单位：件

	案件类型				
	刑事	民事	行政	执行	国家赔偿
高级人民法院	2.9	1.2	0.3	0.1	0.1
中级人民法院	1.7	0.7	0.2	0.0	0.0
基层法院	0.8	0.8	0.1	0.1	0.0

还有一个发现值得一提，这就是实践中存在审判委员会委员在案件讨论中不发表意见或者附和其他委员意见的现象。造成这一现象的主要原因是，该委员可能对案件所涉及的专业知识不熟悉，若随意发言容易暴露自己的短板，使其在同事面前"丢面子"。不过，从调查的情况来看，这些较少甚至不发言的委员，有的可能本身就属于"拉郎配"，实际起着凑够法定出席人数的作用。在目前的制度设置下，不论专业委员会还是全体例会，出席会议的委员人数必须超过全体委员的半数，审判委员会才有可能形成决议。但由于绝大部分审判委员会委员为兼职，不能完全保证参会时间，加上审判委员会会议比较频繁，所以，很多时候仅通知相关专业委员会的委员参加会议，可能难以达到出席委员人数必须超过全体委员半数的要求。为解决出席委员人数不足的问题，就需要尽可能扩大参会委员范

围。因此，一些对所讨论案件所涉领域并不熟悉的委员，就出现在了审判委员会会议之中。

在明确了审判委员会的运行状况之后，审判委员会在个案讨论中所关注的焦点，自然应该成为考察分析的对象。从理论上说，审判委员会对个案的讨论应该侧重于案件的法律适用问题。[①] 然而，实证调查的发现与之有差异，即实践中审判委员会在讨论案件时，既关注事实问题也重视法律适用问题。如表 10 所示，事实问题在民事、行政案件的讨论中已经超过了对法律适用问题的讨论，两者的比例分别为 41.7%、35.7%；而在刑事案件中，审判委员会对事实问题的讨论也占到接近 1/3。数据统计所得情况也得到了访谈的印证。多名接受访谈的审判委员会委员表示，事实与证据是审判委员会讨论案件时的重点，尤其是在讨论民事案件时。这意味着证据判断与事实认定是一线法官目前面临的现实挑战，至少这是目前审判一线法官所关注的中心之一。所以，关于审判委员会应当只关注法律适用问题而无须关注事实认定问题的改革主张，似乎与实践需要颇有距离。

表 10　2010—2014 年 A 省部分法院审判委员会讨论案件时的讨论焦点比例

单位：%

	刑事案件	非刑事案件
事实认定	28.4	41.7
法律适用	54.2	35.7
社会影响等	4.1	8.1
其他	13.3	14.5

注：刑事案件 3468 件，非刑事案件 2485 件。

由于审判委员会讨论案件的结果直接关涉其与合议庭、独任法官这两种审判组织在审判权配置与行使中的关系，所以，我们在考察、分析审判委员会运行机制的过程中，还关注了审判委员会与合议庭、独任法官在案

[①] 夏孟宣、胡苗玲：《司改背景下审判委员会职能合理定位的路径选择——以温州市中级人民法院审判委员会改革为视角》，《法律适用》2015 年第 11 期；褚红军、陈靖宇：《审判委员会制度若干问题研究——兼论审判委员会制度的改革和完善》，《法律适用》2005 年第 10 期。

件处理意见上的关系。实证研究发现，二者之间基本上是一种认同型关系，而非否定式的关系。表 11 显示，审判委员会的决定与合议庭、独任法官意见（含合议庭多数意见，下同）相同的占 82.2%，审判委员会改变合议庭、独任法官意见（含同意合议庭少数意见，下同）的占 12.9%，审判委员会要求合议庭、独任法官补查补证的占 4.9%。也就是说，实践中审判委员会推翻或者改变合议庭、独任法官案件处理意见的情形并不常见，绝大多数情况下是认同二者的处理意见。这与我们既往形成的审判委员会通过讨论改变合议庭、独任法官的意见，从而侵害审判权独立行使的判断相悖。这在相当程度上挑战了学界所认为的审判委员会是法官独立审判的制约性因素的笼统判断。[①] 当然，这并不意味着审判委员会的讨论在案件的实体决策方面不起任何作用，相反它仍然发挥着重要的作用。这种作用除了审查办案法官的事实认定与法律适用之外，还包括支持或认同办案法官或合议庭的处理意见，甚至后者在某种意义上还更为重要与具有实质性。不管怎样，实证调查的这一发现，足以提醒我们需要重新评估审判委员会对审判权独立行使的影响。

表 11　2010—2014 年 A 省部分法院审判委员会决定与合议庭、独任法官意见的关系

单位：%

情形	比例
二者相同	82.2
同意合议庭少数意见	5.8
改变合议庭、独任法官意见	7.1
要求补查补证	4.9

在此需要进一步思考的是，为什么在大多数情况下审判委员会对合议庭、独任法官的意见持认同态度？在笔者看来，这可能与以下因素有关：很多被提交审判委员会讨论的案件在事实认定与法律适用上并不复杂，而

[①] 陈瑞华：《正义的误区——评法院审判委员会制度》，载强世功、李光昱、孔庆平主编《北大法律评论》第 1 卷第 2 辑，法律出版社，1998，第 381—412 页；肖建国、肖建光：《审判委员会制度考——兼论取消审判委员会制度的现实基础》，《北京科技大学学报》（社会科学版）2002 年第 3 期。

且合议庭或审判法官本身也没有争议或争议较小，提交案件给审判委员会讨论往往是法律规定使然，所以审判委员会的认同比例较高。即便不是法律规定必须提交审判委员会讨论的案件，提交讨论的原因往往也只有两种。一种是审判法官或合议庭的事实认定与法律适用并无问题，只是案外的其他因素使得案件的政治影响与社会效果不好把控，从而需要来自审判委员会层面的支持或者需要由其作出决策。在这种情形下，由于合议庭或审判法官提出的处理意见多数时候已经容纳了对多种因素的考量，审判委员会一般会支持或确认合议庭或审判法官的意见。另外一种是合议庭或审判法官在法律适用上拿不准，需要由审判委员会作出决策。根据我们的实证调查，在这种情形下，合议庭或审判法官往往会提出几种（通常为2—3种）可能的处理方案供审判委员会斟酌选择。此时，审判委员会的最后决定也容易被审判法官或合议庭所接受。总之，不管是基于何种理由将案件提交审判委员会讨论，审判委员会在多数情况下对合议庭或审判法官的处理意见起到了一种保证性的作用。事实上，通过观察经审判委员会讨论作出裁判的案件的上诉情形，可以发现：经过审判委员会讨论的案件，其上诉后的维持率高达93.2%，发回和改判的仅占6.8%（见表12）。这与同期未经审判委员会讨论的案件的发回重审率和改判率总体持平。显然，与审判委员会改变合议庭、审判法官意见的案件数量相比，被上级法院发回重审或改判的案件仍然属于极少数。鉴于提交审判委员会讨论的案件被发回重审或改判的概率本就可能高于普通案件，能够如此已属不易。这不仅在一定程度上证实了审判委员会讨论案件对案件质量的保障作用，还表明审判委员会讨论案件起到了提升案件质量的作用。

表12　2010—2014年A省部分法院审判委员会讨论决定案件的效果情况

单位：%

效果	比例
无改发	93.2
发回	1.9
改判	4.9

注：这些法院的审判委员会在2010—2014年一共讨论了5953件案件。

四 审判委员会进一步改革的建议

审判委员会长期被学界视作影响审判独立和法官独立的重要因素，以致大多数论者认为需要对审判委员会进行结构性改革，甚至是直接废除。迫于学术话语与公众判断的压力，以及审判委员会自身运行存在的问题，法院系统从上到下也一直在技术层面进行调整，而本轮的司法改革更是将审判委员会改革作为重要的改革议题。然而，基于实证研究我们发现，从整体上讲，审判委员会的运作形态是丰富多样的，且往往与坊间的认知大相径庭。[①] 当下审判委员会的人员构成具有审判经验与知识上的比较优势；审判委员会讨论个案的范围较为有限，其实际决策个案的功能也趋于弱化；并且，审判委员会还能起到一定的案件质量保障乃至提升作用。如果我们的实证调查具有统计学上的典型意义，那么，似乎可以认为审判委员会并非需要进行改革。其实，作为一个有生命的制度体，审判委员会自身已经在外部制度结构与制约因素变迁的裹挟或压力之下，不断进行着适应性变革。正是这些变革使得审判委员会的实践面貌、运行机理与其传统面相以及各界对其固有的认知渐行渐远，甚至审判委员会所具有的案件实体控制功能的发挥，也在司法专业化与职业化改革的挤压下降到了相对较低的程度。[②]

但是，审判委员会的这些变化，并不足以证成其自身在新的历史条件下不需要作进一步的改革。而且，审判委员会所存在的诸如效率较低、责

[①] 相关讨论参见李先伟《审判委员会司法权之理论基础与制度完善——兼评〈关于改革和完善人民法院审判委员会制度的实施意见〉》，《中州学刊》2011年第2期。

[②] 事实上，随着法官员额制的推行，在试点法院中，如贵州省遵义市汇川区法院、广东省东莞市第二法院，法院院长、庭长越来越多地亲自办案；相应地，交由审判委员会讨论的案件也越来越少。截止到2015年12月，遵义市汇川区法院入额院长、副院长、审判委员会委员、庭长审结案件数量已占全院已结案件数量的41.23%，平均每人办理案件135件，院长办理案件15件。2015年1—11月，东莞市第二法院院领导办结案件168件，业务庭及法庭庭长结案1682件，副庭长结案4469件，合计6319件，占全院总结案数的32%。与此同时，交给审判委员会讨论的案件越来越少。这表明院、庭长亲自办案与案件提交审判委员会讨论决定，具有显著的负相关关系。随着新一轮司法改革的推进，审判委员会的作用将进一步下降。参见人民网"司法体制改革研讨会"的相关报道，http://legal.people.com.cn/GB/43027/400291/index.html，最后访问日期：2016年1月18日。

任弥散以及运行封闭等固有问题，在其变迁过程中也未得到自我消解。因此，审判委员会仍需要在一定范围内进行改革创新。根据前文的实证分析，并结合调研感受，笔者在此提出以下几个方面的改革建议。

第一，审判委员会讨论案件的范围应该进一步限缩。实证研究表明，目前提交审判委员会讨论的大多数案件，特别是刑事案件甚至包括大多数死刑案件，并没有太多的争议；这些案件提交讨论的必要性不大，提交讨论反而降低了案件处理效率，也不利于法官责任意识的培育。因此，审判委员会讨论案件的范围可以而且也需要进行调整，可以将讨论范围限定在疑难案件，涉及法律创新、具有普遍适用性的指导性案件，从而把审判委员会从一个讨论案件的日常性、认同性、批准性组织变成一个讨论争议性、困难性、新颖性案件的决策性或参谋性组织。在此意义上，目前有关审判委员会讨论案件范围的制度规定，有必要进行一定的修改。事实上，最高人民法院2015年发布的《关于完善人民法院司法责任制的若干意见》已将审判委员会讨论个案的范围限定为"涉及国家外交、安全和社会稳定的重大复杂案件，以及重大、疑难、复杂案件的法律适用问题"。这一改革动向切准了审判委员会实际的案件决策功能其实已经较为形式化的特点，应该成为审判委员会改革转型的基本举措。如果能进一步具体化审判委员会讨论个案的范围，尤其是刑事案件的范围，其讨论案件的数量较目前可能会有大幅减少（根据笔者的粗略估算，可以减少1/3甚至一半以上）。在个案讨论的数量减少之后，审判委员会能够将更多的精力用于履行"总结审判经验、讨论决定审判工作重大事项的宏观指导职能"，从而促进审判委员会真正的功能转型。为了降低大幅限制审判委员会讨论案件数量后所可能带来的冲击，目前的一项改革措施是充分利用实践中已在很多法院运行且为最高人民法院所倡导的专业法官会议制度。具体而言就是，对于不属于审判委员会案件讨论范围的案件，在合议庭或独任法官无法准确把握案件事实或法律适用问题时，可以提交相应的专业法官会议研究讨论。

第二，审慎处理审判委员会对案件事实的讨论。实证研究发现，审判委员会所讨论的案件，尤其是民事案件往往涉及案件的事实问题，部分案件的讨论既涉及事实问题也涉及法律适用问题；而且，这些案件的讨论往往并非形式化的讨论，讨论确实影响了案件的处理结果。姑且不论审判委员会的讨论结果是否正确，上述事实至少意味着，合议庭或独任法官在相当程度上确实需要审判委员会在证据判断与事实认定上给予支持或把关。这一事实所反映的可能是，法官在案件处理的把握上尤其是事实的认定上存在能力上的欠缺，难以胜任对所有类型案件的事实认定与证据判断。从这一点来看，最高人民法院在《关于完善人民法院司法责任制的若干意见》中，将审判委员会讨论案件时的事项只限于法律适用问题的改革动议，在目前阶段似乎很难在所有层级法院推广实施。一旦把审判委员会的案件讨论限定为法律适用问题，某些个案的办案质量恐怕难以保证，从而损害个案层面的司法公正。其实，正如有论者所指出的那样，案件的事实认定与法律适用很难从本体论或认识论上加以明确界分，① 法律适用往往也要以事实与证据的认定为前提。因此，审判委员会只讨论法律适用问题在实践中并不具有可行性。质言之，即便审判委员会只关注案件的法律适用问题，也很难不涉及案件的事实认定与证据判断。因此，无论是从个案的办案质量保障，还是从事实问题与法律问题的交融性，目前我们很难一刀切地将审判委员会的案件讨论范围限定在法律适用问题之上。或许更为审慎的改革策略是，逐步限制审判委员会对案件事实问题的讨论，从而渐次过渡到只讨论案件的法律适用问题。

第三，根据法院的级别与所在地区，差异化地界定审判委员会的功能。实证研究发现，不同级别法院的审判委员会讨论案件的情况差异较大。基层法院的审判委员会较多讨论民事案件，中级人民法院、高级人民法院的审判委员会则偏重讨论刑事案件。虽然这与诉讼法上管辖制度的设置有关，但如果考虑到民事案件确实在一定程度上较刑事案件复杂，那么，这从另一方面也进一步显示了基层法院法官在司法能力上存在某种欠缺。因此，级别越高的法院越应当建设创新型审判委员会，其应当重点关注解决疑难、创新性的法律问题。在中级人民法院和基层法院，难度较低的案件依然会在某些情形下继续成为审判委员会关注和考虑的内容，因此，中级人民法院和基层法院的审判委员会应当被界定为日常型审判委员会。总之，对于审判委员会，应该根据各级法院的管辖权以及各级法院的整体司法水平，进行差异化对待。在基层法院法官专业素养较为欠缺的情

---

① 陈杭平：《论"事实问题"与"法律问题"的区分》，《中外法学》2011年第2期。

况下,权宜之计是继续有效发挥审判委员会的个案讨论功能。而对于高级别法院的审判委员会,改革的思路应是限缩其个案尤其是日常性个案的把关功能。另外,实证研究还发现,法院所在地区的经济发展状况是影响审判委员会功能发挥与作用实现的重要变量。一般而言,越是经济发达的地区,法官的素质与司法水平越高,审判委员会讨论案件的范围就越小,审判委员会所讨论的案件的疑难、创新程度也越高;反之,越是经济欠发达的地区,法官的素质与司法水平越低,审判委员会讨论案件的范围就越大,审判委员会所讨论的案件的疑难、创新程度也越低。因此,我们还需要根据不同地区的经济发展水平,来差异化地配置审判委员会的功能。

第四,构建制度化、民主化和公开化的审判委员会议事讨论机制。尽管实践中很多法院制定了审判委员会议事讨论的程序规则,但实证研究发现,审判委员会讨论决定案件的程序机制在很大程度上是一种"惯习",往往还带有一定的随意性,从而使得讨论的充分性、权威性难以得到保障。就此来看,最高人民法院在《关于完善人民法院司法责任制的若干意见》中提出的"按照法官等级由低到高确定表决顺序,主持人最后表决"的发言次序,无疑具有重要的制度意义,改革的问题意识也非常明确。但是,从审判委员会运行程序化与制度化的高度而言,仅仅明确规定审判委员会委员的发言顺序还远远不够。诸如承办人如何汇报、发言时间、如何提问与讨论、如何表决、如何进行规范的记录等,都应纳入审判委员会运行机制制度化改革的视野。此外,最高人民法院还提出了"审判委员会评议实行全程留痕,录音、录像,作出会议记录"的改革要求;这对于规范审判委员会运行机制,督促审判委员会委员认真履职,以及保障审判权独立运行,都具有极其重要的促进作用。但是,仍需更进一步解决审判委员会讨论案件的公开性不足的问题。在未来的改革中,可以考虑适度对外公开审判委员会讨论案件的情况,以有效保障当事人的知情权。例如,在讨论之前对当事人进行告知,或者在判决书中将审判委员会的讨论情况表现出来。目前,已有将审判委员会讨论意见甚至分歧意见载于判决书的尝试。[1] 这一做法值得学界关注、研究。最后,还值得注意的是,当前审判委员会在运

---

[1] 罗双江:《审委会观点有分歧,判决书写得清清楚楚》,http://news.163.com/16/0117/12/BDHIC2Q200014AED.html,最后访问日期:2016年1月18日。

行过程中的某些做法，会在一定程度上影响司法公正的实现。

典型的做法比如，检察院检察长列席审判委员会会议的制度实践。这在一定程度上打破了诉讼结构的平衡，从而难以保障诉讼各方意见的充分有效表达。对这种做法，应该加以改革。具体的思路有二：一是直接废除检察长列席审判委员会会议的制度；二是在保留检察长列席会议的情况下，准许辩护方列席会议。

图书在版编目(CIP)数据

法律实证研究的兴起与分化 / 陈柏峰主编 . -- 北京:
社会科学文献出版社, 2023.11
 (《法学研究》专题选辑)
 ISBN 978 - 7 - 5201 - 9671 - 0

Ⅰ.①法… Ⅱ.①陈… Ⅲ.①法律 - 中国 - 文集
Ⅳ.①D920.4 - 53

中国版本图书馆 CIP 数据核字(2022)第 018765 号

《法学研究》专题选辑
法律实证研究的兴起与分化

主　　编 / 陈柏峰

出　版　人 / 冀祥德
责任编辑 / 芮素平　侯婧怡
责任印制 / 王京美

出　　版 / 社会科学文献出版社·联合出版中心 (010) 59367281
　　　　　　地址: 北京市北三环中路甲29号院华龙大厦　邮编: 100029
　　　　　　网址: www.ssap.com.cn
发　　行 / 社会科学文献出版社 (010) 59367028
印　　装 / 三河市龙林印务有限公司

规　　格 / 开　本: 787mm × 1092mm　1/16
　　　　　　印　张: 27.25　字　数: 446 千字
版　　次 / 2023 年 11 月第 1 版　2023 年 11 月第 1 次印刷
书　　号 / ISBN 978 - 7 - 5201 - 9671 - 0
定　　价 / 168.00 元

读者服务电话: 4008918866

版权所有 翻印必究